U0965820

青少年社会工作上海探索系列丛书

组织编写

上海市阳光社区青少年事务中心

丛书主编

顾东辉

执行主编

黄旦闻

编 委 会 成 员

本书主编

费梅苹

本书编委会成员

（按姓氏笔画排序）

王琼蕾　扎翠红　厉逸晨　吉星明

许小兰　阮雨晨　张天真　张瑾瑜

郭　杨　郭　明　黄旦闻　黄怡珺

甄翠颖

（以上人员负责相关章节的撰写）

王　洪　卞　华　朱玉蓉　刘肇昂

汤　瑾　武　芳　孟秀玲　娄晓祯

顾倍倍　倪　俊　鲁　静

（以上人员负责素材的提供）

前　言

青少年是社会的未来与希望，然而在社会经济快速发展的同时，青少年的犯罪问题日益突出，愈来愈成为影响社会稳定、和谐发展的重要因素。上海市委、市政府于2003年着手构建预防和减少犯罪工作体系，专门批准在团市委设立上海市社区青少年事务办公室（现上海市青少年服务和权益保护办公室），专门成立上海市阳光社区青少年事务中心，运用政府购买服务的制度安排，为社区青少年提供社会工作专业服务，从源头上预防青少年违法犯罪，促进青少年健康成长。

经过20年的积极探索与努力，上海市青少年司法社会工作越来越标准化和体系化，现已形成涵盖闲散青少年、困境儿童、不良行为及严重不良行为青少年等共计六大类四十九小类的服务对象体系，围绕超前预防、临界预防、再犯预防构建起了分级分类干预的青少年司法社会工作服务体系和工作流程，并建成近700人的青少年司法社会工作服务队伍，为上海市青少年司法社会工作服务的开展提供了有力的支持与保障。在这20年的发展过程中，上海市青少年司法社会工作服务体系是如何构建、运作和发展的呢？取得了哪些成果呢？

《青少年司法社会工作：上海探索》一书正是对2003年至2023年间上海市青少年司法社会工作实践历程的系统介绍和整体回顾，同时也是对一线社会工作者实践智慧的总结提炼、对优秀服务案例的集中展示和反思。本书以“分级预防、干预和矫治”的理念为基础，系统介绍了上海青少年司法社会工作服务体系各个部分、各个服务环节的基本构成、功能与意义，以及该体系取得的整体服务成效，并对进一步发展青少年司法社会工作服务提出了建议。

本书由八章内容组成：第一章是青少年司法社会工作的概述，主要对青少年司法社会工作的基本内容、政策法律以及发展历程进行概括性的说明；第二章通过梳理青少年司法社会工作的政策文本和制度机制，呈现了上海预防和减少青少年违法犯罪工作体系的建构过程和运作原理；第三章主要涉及超前预防和临界预防阶段的社会工作服务，包括对预防犯罪的教育、对不良行为的干预和对严重不良行为的矫治服务的介绍；第四章主要介绍了涉刑事案件的青少年司法社会工作服务，展现了涉罪未成年人的生命轨迹和人群特征，并介绍了社会工作者参与有关司法程序的具体工作内容；第五章关于涉民事案件的青少年司法社会工作服务，结合涉案未成年人的需求，系统介绍了社会工作者在涉民事案件中较为常用的服务板块和内容；第六章为司法程序中涉及的其他青少年司法社会工作服务，主要涵盖治安案件、刑事案件、民事案件、行政案件、公益诉讼中涉及的未成年人司法社会工作服务，是对前面章节的补充；第七章是青少年司法社会工作实践研究，通过介绍驻所社会工作行动研究案例，呈现了上海青少年司法社会工作的实践研究成果及其对于服务推进发展的意义；第八章是对上海青少年司法社会工作的实践反思，包括成效评估、经验提炼、未来展望等内容。本书希望通过这八章的内容，能够尽可能全面地为读者呈现上海市于过去 20 年间在青少年司法社会工作领域的深耕与努力，也希冀读者能够从中获益，一起助推青少年司法社会工作的向上向深发展。

本书对于上海青少年司法社会工作服务的总结和分析，有助于进一步凝练上海的实践经验，彰显实践智慧，进一步优化青少年司法社会工作服务的专业内涵，促进青少年司法社会工作服务的相关政策、制度和流程机制的进一步完善。也希望本书能够为其他地区的青少年犯罪预防服务体系建设提供参考，共同推进全国青少年司法社会工作服务的高质量发展。

目　录

第一章　导　论

青少年司法社会工作，作为青少年及司法领域社会工作服务的重要组成部分，发展时间相对较早也较为成熟，有其特有的专业内涵，也有较为完整的法律和政策基础。作为全书的导论，本章第一节对青少年司法社会工作服务的定义、特点、服务原则、主要服务内容等基本情况做了概述；第二节主要介绍了青少年司法社会工作服务相关的法律政策；第三节在介绍了国内一些地区青少年司法社会工作服务发展概况的同时，分析了上海青少年司法社会工作服务的发展历程。

第一节　青少年司法社会工作概述

青少年司法社会工作是司法社会工作的一个分支，主要聚焦对青少年群体开展司法社会工作服务。学界对其服务范围、工作内容、介入流程和方法等并无统一的界定，本节结合该领域的研究成果及实践发展，对青少年司法社会工作的定义、特点、服务原则、主要服务内容，社会工作者的主要角色、职责任务及知识技能，服务对象的基本特征及主要服务需求等进行概述。

一、青少年司法社会工作的定义、特点

青少年司法社会工作是指社会工作者在专业价值理念的指导下，综合运用社会工作专业知识、方法与技巧参与司法活动，为边缘青少年、有不良行为的青少年、有严重不良行为的青少年、违法涉罪青少年、处于社区矫正状态的青少年、在押服刑的青少年、刑满释放的青少年、青少年被害人、青少年证人、司法程序中涉及的其他青少年提供预防、恢复、改善、提高青少年社会功能以及促进青少年健康成长的专业服务总称。目前，由于各国在社会结构、法律、文化、司法程序上存在诸多不同，所以青少年司法社会工作的服务范围、工作内容、介入流程和方法始终没有统一的界定。但可以肯定的是，青少年司法社会工作的实践空间和理论前景是十分广阔的。例如，以青少年司法体系为分类依据，可以划分出分类、分流、分级的青少年司法社会工作服务模式；以服务范围为分类依据，可以划分出司法体系内的社会工作服务和超司法体系的社会工作服务。其中，司法体系内的社会工作服务通常包含担任合适成年人、开展社会调查、参与观护帮教和附条件不起诉考察教育、提供羁押期帮教服务、开展社区矫正等内容，对应司法程序中侦查、起诉、审判、执行等环节。超司法体系的社会工作服务是在传统司法体系范畴之外、以犯罪预防为目的的延伸性社会服务，包括开展法治教育、思想引导、自我防护能力训练、家庭教育指导、社会融入训练等服务。我国的青少年司法社会工作目前尚处于探索发展阶段，近年来，随着《中华人民共和国未成年人保护法》(以下简称《未成年人保护法》)、《中华人民共和国预防未成年人犯罪法》(以下简称《预防未成年人犯罪法》)、《中华人民共和国家庭教育促进法》(以下简称《家庭教育促进法》)等法律的修订和实施，国家和社会对未成年人司法工作的重视程度日益提高，相关司法制度日臻完善，青少年司

法社会工作迎来了新的发展。

青少年司法社会工作具有以下特点：

第一，青少年司法社会工作具有跨专业行动的特性。青少年司法社会工作是一项与公检法司联合行动，保护青少年合法权益，挽救失足青少年的跨专业活动。在工作过程中，社会工作者在加强自身专业性的同时，不断增进与司法机关的横向和纵向联系，形成理念趋同、衔接紧密、资源整合、不断创新的长效工作机制，助力司法工作的有序开展。

第二，青少年司法社会工作内嵌于司法环境之中。就青少年司法领域来说，司法机关及其代表的司法力量占据绝对的主导地位，后发嵌入的社会工作更多地发挥着辅助作用。社会工作者开展服务需要遵守司法流程，接受司法机关的评估考察，并定期向司法机关汇报工作。

第三，青少年司法社会工作的服务方法以柔性为主。社会文明的进步发展要求刑罚思想逐渐转变，以适应当代社会的需要。青少年的身心发展尚不完善、辨别是非的能力较弱，需要进行必要的引导。社会工作者在服务过程中帮助青少年矫正错误观念及不良行为、搭建社会支持网络，助力罪错青少年以健康的身心状态重新回归社会。

二、青少年司法社会工作的服务原则

（一）最有利于未成年人原则

最有利于未成年人原则是指在服务过程中综合考虑各方面因素，权衡利弊，选择最有利于未成年人的方案，采取最有利于未成年人的措施，以及实现未成年人利益的最大化。2014 年，最高人民法院、最高人民检察院、公安部、民政部联合发布《关于依法处理监护人侵害未成年人权益行为若干问题的意见》，明确指出未成年人没有其他监护人的，人民法院应当根据最有利于未成年人的原则，为监护缺失的未成年人指定合适的监护人。指定监护人时，应当综合考虑其意愿、品行、经济条件、身体状况、与未成年人的生活情感联系等条件。《中华人民共和国民法典》（以下简称《民法典》）第三十五条、第一千零四十四条分别规定：监护人应当按照最有利于被监护人的原则履行监护职责，收养应当遵循最有利于被收养人的原则。当被监护人、被收养人是未成年人时，需要严格遵守最有利于未成年人的原则。社会工作者应当尊重未成年人的人格尊严，给予未成年人特殊、优先保护，采取教育和保护相结合的方式开展适合未成年人身心发展规律和特点的服务。

（二）社会工作伦理原则

社会工作是一门具有浓烈价值伦理色彩的学科，在实践中，社会工作者必须澄清自己的价值观，熟悉专业伦理守则，才能更好地运用专业优势和助人技巧，协助服务对象解决问题。从事青少年司法社会工作服务的社会工作者更需要坚持社会主义核心价值观，遵循社会工作者职业道德指引，在服务过程中重视专业责任，提高服务品质，为社会做出贡献。与此同时，社会工作者也应当尊重个体的独特性，以平等、接纳和非批判的态度真诚地对待服务对象，引导其发现自身的潜能、自身拥有的社会权利与对社会应尽的义务，主动做出改变。

（三）系统性原则

系统性原则要求社会工作者将服务对象与其周围环境视作一个整体，重点关注服务对象与环境之间或者系统与系统之间的关联性，全面评估青少年服务需求。服务设计遵循“人在情境中”的基本逻辑，以系统整体的优化为目标，协调青少年与其家庭、学校、朋辈、社区之间的互动关系，提供系统性的社会工作服务。

（四）协同性原则

在实际的专业服务过程中，社会工作者往往需要与多个部门合作，一起推动服务对象的改变。跨专业、跨部门的合作需要重视工作人员之间的沟通方式、角色分工以及做出决定的协商过程。负责未成年人工作的有关部门与社会工作服务机构应当分工合作、发挥所长、有机衔接，共同建立稳定高效、运转流畅的服务流程和工作机制。

(五) 保密原则

社会工作者应保护青少年特别是未成年人的名誉和尊严,尊重其个人的隐私权,这是与服务对象建立信任关系的基础。服务过程中涉及的相关信息,未经法定程序审查决定,不得提供给任何单位和个人,防止服务对象在专业服务中透露的信息被曝光。保密原则具有一定的条件限制,遵守保密原则是以遵守法律法规以及保障服务对象生命安全为前提的。

三、青少年司法社会工作的主要服务内容

青少年司法社会工作的主要内容包括接受司法机关、未成年人工作相关部门的委托,对预防犯罪阶段的社区青少年、有不良行为和严重不良行为的未成年人、涉刑事案件和涉民事案件的未成年人,以及司法程序中涉及的其他未成年人提供社会工作服务。

(一) 预防犯罪的社会工作服务

1. 开展思想引导

社会工作者对社区重点青少年群体、有不良行为和严重不良行为的未成年人,开展理想信念教育、社会主义核心价值观教育、中华优秀传统文化教育等服务,提升其思想道德水平。

2. 开展法治教育

社会工作者对社区重点青少年群体、有不良行为和严重不良行为的未成年人,开展法治宣传及教育、毒品预防教育、防艾教育等服务,提升其守法意识,矫正其偏差行为。

3. 开展心理健康教育

社会工作者对社区重点青少年群体、有不良行为和严重不良行为的未成年人,开展心理健康维护、心理行为问题矫正等服务,提升其心理健康意识,改善其对环境的适应能力。

4. 开展行为规范训练

社会工作者对社区重点青少年群体、有不良行为和严重不良行为的未

成年人，开展正向信念、品行修养、习惯养成、亲社会行为规范等服务，改善其对自身行为负责任的意识、态度和行为。

5. 提升自我防护意识和能力

社会工作者对社区重点青少年群体、有不良行为和严重不良行为的未成年人，开展青春期自护、安全防范等服务，提升其自我防护意识和能力。

6. 提升自我管理意识和能力

社会工作者对社区重点青少年群体、有不良行为和严重不良行为的未成年人，开展情绪管理、时间管理、沟通管理等服务，提升其自我管理意识和能力。

7. 提升生涯规划能力

社会工作者对社区重点青少年群体、有不良行为和严重不良行为的未成年人，开展学业及职业技能训练、生涯发展辅导，提升其生涯规划能力。

8. 促进人际交往

社会工作者对社区重点青少年群体、有不良行为和严重不良行为的未成年人，开展表达理解、人际融合、解决问题等技能训练，提升其人际交往能力。

9. 调适社会关系

社会工作者对社区重点青少年群体、有不良行为和严重不良行为的未成年人，开展改善朋辈关系、师生关系、家庭关系等服务，协助其建立良好的社会关系。

10. 开展家庭教育指导

社会工作者对社区重点青少年群体、有不良行为和严重不良行为的未成年人父母或者其他监护人，开展家庭教育指导，协助其树立正向教育观念，提升其子女教育及亲子沟通的知识和技能。

11. 建立社会支持网络

社会工作者对社区重点青少年群体、有不良行为和严重不良行为的未成年人，通过资源整合、环境改善、政策倡导等服务，建立有利于其健康成长的社会支持网络。

12. 引导社会参与

社会工作者对社区重点青少年群体、有不良行为和严重不良行为的未成年人，通过举办社会活动类、志愿服务类、运动类、职业技能类等社会服务活动，充实未成年人的闲暇时间，改善其社会参与的意愿、态度和技能，增加其获得社会参与的机会。

13. 参与保护处分

社会工作者对因年龄或情节等法定原因而没有达到刑事追究标准的严重不良行为未成年人，参与开展训诫、心理辅导、行为矫正、感化教育等专业服务，预防其违法犯罪。

（二）涉刑事案件的社会工作服务

1. 侦查、起诉、审判阶段的服务

（1）担任合适成年人

社会工作者对涉罪未成年人、未成年被害人、未成年证人开展服务，在讯问、询问或者审判时，因无法通知法定代理人、法定代理人不能（不宜）到场或者法定代理人是共犯或侵害人的，作为合适成年人到场，履行监督、沟通、抚慰、教育等职责，维护未成年人的合法权益。

（2）开展社会调查

社会工作者对涉罪未成年人开展服务，至其所在的家庭、学校、居（村）委会、工作场所等单位，对未成年人的性格特点、家庭情况、社会交往、成长经历、是否具备有效监护条件或者社会帮教条件等情况进行调查，并撰写社会调查报告，为司法处理提供参考依据。

（3）参与观护帮教

社会工作者对处于取保候审观护帮教、不捕不诉跟踪帮教期间的涉罪未成年人，定期开展思想辅导、日常监督、生活观察、行为矫正、安全保护、公益劳动等服务，以改善其行为、预防其再犯行为的产生，并做好服务记录，为司法处理提供参考依据。

(4) 参与附条件不起诉考察教育

社会工作者对处于六个月以上一年以下附条件不起诉考验期间的涉罪未成年人，定期开展日常监督、活动报告、生活观察、行为矫正、思想教育引导、心理健康教育、法治教育、公益劳动等服务，以改善其偏差行为，预防其再犯行为的产生，并做好服务记录，为司法处理提供参考依据。

(5) 开展家庭教育指导服务

社会工作者对涉罪未成年人父母或者其他监护人，开展家庭教育指导，主要包括建立家庭规则、学习沟通技巧、调和及重建家庭关系等，提升其家庭教育能力。

(6) 提供羁押期帮教服务

社会工作者对被羁押在拘留所或看守所的未成年人，根据其年龄、性别和思想行为特征，开展心理疏导、行为矫正、法治教育、思想教育、文化教育、出所衔接等服务，建立其亲社会行为，提升其社会适应能力。

(7) 参与刑事和解

社会工作者可对涉罪未成年人、非重大人身合法权益受到侵害的被害人和受罪错行为影响的任何其他未成年人，开展调解服务，激发涉罪未成年人悔改意识，鼓励涉罪未成年人主动做出获得对方谅解的行为，协助涉罪未成年人弥补对他人造成的伤害，修复涉罪未成年人与受害人之间的关系。

(8) 担任合适保证人

社会工作者可对符合取保候审条件，但无法缴纳保证金、提出保证人的未成年人，作为其合适保证人，在取保候审期间监督其言行。若发现被保证人发生违反法律规定的行为，则及时向执行机关报告。

(9) 服务未成年被害人

社会工作者宜对合法权益受到侵害的未成年人，提供心理疏导、关系修复、转移安置、技能培训等服务，提升其恢复正常生活和学习的能力。

(10) 服务未成年证人

社会工作者宜对了解案件情况并向司法机关作证的诉讼参与未成年

人，特别是目睹暴力者，全程关注其生理、心理、精神状态，必要时进行评估和干预。

2. 刑事执行阶段的服务

（1）参与未成年人社区矫正

社会工作者对未成年社区矫正对象，综合评估其被判处的刑罚种类、犯罪情况、悔罪表现、个性特征和生活环境等情况，开展思想引导、法治教育、心理健康教育、行为规范训练、教育学习、技能培训、就业指导、危机干预、家庭教育指导、社区服务、社会关系调适、公益活动等服务，矫正其犯罪心理和行为，提升其融入社会的能力。

（2）参与未成年人监狱矫正

社会工作者对未成年在押服刑人员，综合评估其年龄、性别和思想行为等情况，开展思想引导、法治教育、心理健康教育、文化教育、行为规范训练、技能指导、社会适应能力训练、出所衔接等服务，提升其再社会化能力。

（3）刑罚执行完毕后的服务

社会工作者对刑罚执行完毕的未成年人，开展思想引导、法治教育、困难帮扶和生活管理等服务，提升其就学、就业、社会融入等方面的能力。

（三）涉民事案件的社会工作服务

1. 参与庭前调解

社会工作者在家事案件中，应从原告和被告双方个人发展、家庭观念、子女教育等多方面开展调解工作，协助原告、被告双方舒缓情绪、解决冲突。

2. 开展家事调查

社会工作者应至家事案件中涉及的未成年人所在的家庭、学校、居（村）委会等场所，围绕其个人性格、身心状况、成长经历、居住环境、抚养现状，父母或者其他监护人的受教育程度、财产状况、工作情况等方面有针对性地进行调查了解，并向有关部门出具家事调查报告。

3. 提供心理疏导

社会工作者在家事案件中，应根据案件实际情况，在未成年人的父母或者其他监护人同意后，对未成年人开展情绪及心理辅导，提升其应对危机及家庭困境的能力。

4. 开展回访观护

社会工作者在家事案件中，在案件判决书或调解书生效后，应对未成年人及其家庭进行定期回访，了解未成年人权益保护情况，对侵害未成年人权益的行为进行适度干预，并向有关部门出具回访观护报告。

5. 开展家庭教育指导服务

社会工作者在家事案件中，应对未成年人父母或者其他监护人，开展家庭教育指导，主要包括学习情绪控制技巧、强化家长职责、掌握帮助未成年人充分发展性别角色的能力等，提升其家庭教育能力。

6. 担任权益代表人

社会工作者对处于法定代理人无法行使监护权、与未成年子女产生利益冲突或父母双方因离异而争夺抚养权等特殊情况下的未成年人，可由其代表未成年人作为独立的诉讼主体参与诉讼，全面参与庭审，包括调查、举证、发表主张、参与调解等。

7. 担任探望监督人

社会工作者在抚养权变更、抚养费纠纷、探望权纠纷的家事案件中，可承担行使探望权的陪同工作，减少双方矛盾的激化，维护未成年人合法权益。

（四）司法程序中涉及的其他社会工作服务

社会工作者对因家庭监护缺失或不当导致人身安全受到威胁或侵害的未成年人，以及民事、行政、公益诉讼案件中涉及的未成年人，应提供心理疏导、精神关爱、家庭教育指导、权益维护等服务，优化资源配置，加强社会支持。

四、社会工作者的主要角色、职责任务及知识技能

（一）社会工作者的角色

1. 支持者

社会工作者应运用专业知识与技巧帮助青少年表达自己的感受，引导

青少年发现自己的价值与能力，培育自信、自尊、自立、自强的精神。社会工作者应当鼓励青少年调动自己的能力来解决问题，激发其自身潜能，实现助人自助。

2. 教育者

社会工作者应对青少年进行法治教育、增能辅导，培育青少年的人际交往能力、抗逆力，引导青少年进行正确的朋辈交往，并对监护人提出家庭教育方面的建议。

3. 治疗者

社会工作者应正确评估青少年的问题与需求，帮助青少年调整心态、减少负面情绪、缓解心理压力、解决心理困惑、提升生活信念。

4. 关系协调者

社会工作者协助青少年学习处理社会关系的技巧，帮助他们处理好与他人、与环境不和谐的关系，搭建有效的社会支持网络。

5. 资源筹措者

社会工作者应始终关注服务对象的需要，与能够提供资源的组织、单位保持工作上的联系，为服务对象筹措所需资源。

6. 监督者

社会工作者对矫正期内的青少年负有一定的责任，督促其树立正确的价值观念、法律意识，协助其顺利度过矫正期，回归社会。

7. 倡导者

社会工作者应利用自己的身份与权利，努力改变边缘青少年群体的社会环境，积极倡导有关部门实行改革，与服务对象一起争取合法的资源与权利。

（二）社会工作者的职责任务

《未成年人保护法》强调了对涉罪未成年人实行“教育、感化、挽救”的方针，特别提出了引入社会力量介入涉罪未成年人司法过程。《预防未成年人犯罪法》指出未成年人犯罪预防工作需要调动各方力量，充分发挥社会力量的作用，将政府部门、人民团体、社会力量以及未成年人的家庭、学校等联合起来，形成未成年人犯罪预防的工作合力，为未成年人身心健康发展创造良好的社会环境。《预防未成年人犯罪法》对各责任主体的权责范围进行了明确界定，其中总则部分的第九条规定，“国家鼓励、支持和指导社会工作服务机构等社会组织参与预防未成年人犯罪相关工作，并加强监督”，这为专业社会工作介入少年司法领域提供了制度合法性。此外，2012 年修订的《中华人民共和国刑事诉讼法》（以下简称《刑事诉讼法》）将未成年人诉讼程序列为单章，对社会力量介入少年司法过程提出了明确规定，提出了合适成年人、附条件不起诉、社会调查等几项特殊制度。这几项特殊制度对社会工作介入提出了职责要求。

具体而言，社会工作者的职责任务包括以下六个方面。

1. 收集基本资料与预估

通过面谈、走访等途径收集青少年的基本资料、心理状态、家庭情况、社区表现等资料，对青少年进行初步了解和预估。

2. 稳定情绪

通过解释司法程序、提供心理辅导、开展放松训练等方式协助青少年稳定情绪，缓解压力及心理困扰。

3. 增强法律意识

青少年违法犯罪的原因之一是其法律意识淡薄，社会工作者通过开展各类普法活动引导服务对象树立守法观念。

4. 提升自我管理能力

针对服务对象自控能力较弱的情况，社会工作者协助其提高自控能力。

5. 重建社会支持网络

协助服务对象构筑和谐的社会关系，建立积极正向的社会支持系统。

6. 协助融入社会

鼓励服务对象重拾信心，树立生活目标，重新投入正常的社会生活。

（三）社会工作者的知识技能要求

1. 青少年个体层面的知识技能

基于青少年的年龄特点和行为特点，社会工作者需认同并采纳尊重、接纳、非批判、保密、服务对象自决和个别化的社会工作伦理原则，在专业服务中灵活选用个案辅导、小组工作、社区工作等社会工作基本方法，开展针对性、预防性、帮教性、增能性的服务。特别需要对青少年进行积极正面的引导和榜样示范，帮助青少年探索自我，形成改变的内生动力。

2. 青少年环境层面的知识技能

青少年的成长受到家庭、学校、社区、社会环境的影响。社会工作者需具备社会调查技能，正确收集有关青少年成长经历和生活环境的资料，并在此过程中整合各方资源，改善青少年的成长环境。社会工作者也可以通过政策倡导来争取更多资源，促进青少年成长环境的优化。

五、服务对象的基本特征及主要服务需求

服务对象系统是社会工作的改变对象系统，青少年司法社会工作的服务对象系统可以分为“青少年群体”与“青少年家长”两部分。上海已经由传统的闲散青少年、有不良行为或严重不良行为的青少年、流浪乞讨青少年、服刑在教人员未成年子女、农村留守儿童等五类重点青少年群体，进一步拓展与细化为预防犯罪阶段的青少年、涉刑事案件中的未成年人、涉民事案件中的未成年人、司法程序中涉及的其他未成年人等六大类四十九小类的服务对象系统①。以上海市阳光社区青少年事务中心为例，青少年司法社会工作的主要服务对象为35周岁以下的青少年群体及其父母或者其他监护人，根据2021年的数据统计，在册有效服务对象有33 468人，其中青少年服务人数为30 390人②。

---

① 参见《上海市阳光社区青少年事务中心青少年社会工作白皮书(2021年度)》。
② 参见《上海市阳光社区青少年事务中心青少年社会工作白皮书(2021年度)》。

（一）基本特征

青少年群体特征随时代发展发生变化，具体呈现以下三个基本特征。

第一，传统社区青少年服务对象数量萎缩。根据上海的实践，16 至 25 周岁的闲散青少年是青少年司法社会工作的重点服务群体。随着城市发展过程中人口的老龄化、少子化，职业教育的发展，以及青少年司法社会工作二十余年的努力，传统的社区青少年群体数量已显著下降。上海市阳光社区青少年事务中心统计的数据显示，闲散青少年从 2004 年年初的 6.3 万余人逐年下降至目前的 6 907 人，且短期内稳步下降趋势仍将继续①，这在一定程度上改变了青少年司法社会工作服务群体的构成。

第二，未成年人涉罪案由多元化。未成年人涉罪的类型从以抢劫等手段非法占有财物为目的的案件占较大比例，转变为多元化多类型犯罪②。其中，冲动暴力型犯罪数量居高不下，尤其是寻衅滋事案件居高不下。金钱型犯罪仍然是主流，如盗窃、诈骗、敲诈勒索、抢劫、抢夺等，主要体现在自身（家庭）的经济能力无法满足自身需求的未成年人群体、来沪青少年群体等服务群体身上。涉侵害女性权益案件、涉网络（电信）诈骗案件比例上升明显。涉罪案由的变化进一步扩大了涉罪未成年人群体涵盖的范畴。

第三，困境未成年人困境复合率较高。困境未成年人包括监护困境未成年人（监护不当或者监护缺失）与生活困境（低保、低收入等）未成年人③。监护困境未成年人同时处于生活困境的情况的比例远高于普通青少年群体。这类困境未成年人应该成为青少年司法社会工作的主要困境未成年人服务群体，服务优先度高于单一生活困境的未成年人。

（二）主要服务需求

结合青少年群体特征和处于不同成长时期青少年自我发展的需要，青少年群体在社会工作服务不同阶段有着差异化的服务需求。

① 参见《上海市阳光社区青少年事务中心青少年社会工作白皮书（2021 年度）》。
② 参见《上海市阳光社区青少年事务中心青少年社会工作白皮书（2021 年度）》。
③ 参见《上海市阳光社区青少年事务中心青少年社会工作白皮书（2021 年度）》。

预防犯罪阶段的服务对象群体主要包括社区重点青少年、有不良行为的未成年人、有严重不良行为的未成年人及其家庭。该阶段属于青少年司法社会工作服务体系的超前预防与临界预防服务层级，是对一般青少年群体、有不良行为的未成年人、有严重不良行为的未成年人的犯罪预防，阻止其进一步走向犯罪行为。美国著名的社会学家、犯罪学家特拉维斯·赫希(Travis Hirschi)提出的“社会联结理论”认为，人之所以不犯罪，是外在环境的教养、陶冶和控制的结果，在这种社会化的过程中，人和社会建立起强度大小不同的社会联结，以防止一个人去犯罪①。也就是说，当个人与社会之间的社会联结缺乏时，容易从事违法犯罪行为。依恋、奉献、参与、信念是社会联结的四项内容。因此，预防犯罪阶段的青少年群体的服务需求，集中体现为在其个体、家庭、学校、社区、社会等维度，建立依恋、奉献、参与、信念这四项社会联结。

涉刑事案件中的服务对象群体主要包括涉罪未成年人、未成年社区矫正对象、未成年在押服刑人员、刑罚执行完毕的未成年人、未成年被害人、未成年证人等涉及公检法机关在侦查、起诉、审判、执行阶段的未成年人及其家庭。该阶段属于青少年司法社会工作服务体系中的再犯预防服务层级。根据犯罪预防理论中的犯罪后预防措施，对已经实施犯罪行为的服务对象开展矫治和教育服务，预防其重新犯罪；对因犯罪行为导致合法权益受到侵害的服务对象提供关爱和保护服务，协助其回归社会。因此，青少年尤其是未成年人的服务需求主要体现在通过教育矫治预防重新犯罪与维护青少年的合法权益。

涉民事案件中的服务对象群体主要涉及家事案件纠纷中的未成年人及其父母或其他参与人。家事案件纠纷处理直接影响未成年人的生活、成长与发展，《未成年人保护法》提出“最有利于未成年人原则”，亟须重视涉民事案件中未成年人的参与权、发展权、受保护权、生存权等需求的满足。

---

① 吴宗宪. 赫希社会控制理论述评[J]. 预防青少年犯罪研究，2013(6)：76－88.

司法程序中涉及的其他服务对象群体主要包括因家庭监护缺失或监护不当导致人身安全受到威胁或侵害而进入司法程序的未成年人，以及民事、行政、公益诉讼案件中涉及的其他未成年人及其家庭。如上文所分析的困境未成年人，监护困境与生活困境并重，应优先满足这类困境复合率较高的服务对象在心理疏导、精神关爱、家庭教育指导、权益维护、社会支持等方面的需求。

第二节　青少年司法社会工作政策

社会工作的发展离不开法规政策的支持与引导，青少年司法社会工作的发展离不开未成年人保护相关法律法规及政策的支持与引导。本节主要介绍与青少年司法社会工作服务有关的法律政策，主要包括国际少年司法的相关法律、我国未成年人保护的相关法律和政策规定等。

一、国际少年司法的相关法律

少年司法制度的构建需要在相应的法律框架下进行，我国少年司法制度构建的法律依据主要有两个：一是国际少年司法的相关法律，二是我国未成年人保护法。国际少年司法的相关法律主要有三个，分别是《儿童权利公约》、《联合国少年司法最低限度标准规则》(《北京规则》)、《联合国预防少年犯罪准则》(《利雅得准则》)。这三个国际法文件对世界各国少年司法制度构建的一个总的指导思想是：对于违法犯罪的儿童不应强调监禁和惩罚，而应更多地使用非监禁的社会化手段帮助其顺利地回归社会。这事实上指出了社会力量介入少年司法的必要性。

社会力量介入少年司法是少年立法的内在要求。《儿童权利公约》第三十七条规定："对儿童的逮捕、拘留或监禁应符合法律规定并仅应作为最后手段，期限应为最短的适当时间。"第四十条规定："应采用多种处理办法，诸如照管、指导和监督令、辅导、察看、寄养、教育和职业培训方案及不交由机构照管的其他办法，以确保处理儿童的方式符合其福祉并与其情况和违法行为相称。”《北京规则》在总则中就明确提出：“应充分注意采取积极措施，这些措施涉及充分调动所有可能的资源，包括家庭、志愿人员及其他社区团体以及学校和其他社区机构，以便促进少年的幸福，减少根据法律进行干预的必要，并在他们触犯法律时对他们加以有效、公平及合乎人道的处理。”随后《北京规则》又多次提到要“采用各种各样的处理措施，使其具有灵活性，从而最大限度地避免监禁”“把少年投入监禁机关始终应是万不得已的处理办法，其期限应是尽可能最短的必要时间”。《利雅得准则》第五十八条规定：“为适应青少年的特殊需要，应培训一批男女执法人员及其他有关人员，尽可能地使他们熟悉和利用各种方案和指引办法，不把青少年放在司法系统中处置。”《利雅得准则》进一步强调：“应对儿童和青少年适当的个人发展给予应有的尊重，并应在其社会化和融合的过程中，把他们视为完全的、平等的伙伴。”

对国际少年立法相关内容的梳理发现，社会力量介入少年司法领域是必要的，而且具备立法支持。换言之，社会工作介入少年司法领域开展社会服务具备国际立法支持。社会工作尊重儿童和青少年的社会化发展需求，采取多种有利于儿童和青少年顺利回归社会的社区服务，以及调动所有可能的资源实现跨部门合作，促进儿童和青少年社会功能的恢复、改善与提高。

关于社会力量介入少年司法具体可以提供何种服务，《利雅得准则》第三条规定：“青少年应发挥积极作用，参与社会活动。”因此，社会力量可以鼓励、组织青少年积极参与社会活动，在社会活动中加速青少年的社会化进程。这种社会化应当具备以下几项基本内容：学会基本的生活技能；适应社会规范，如道德规范、法律规范和其他生活规则等；树立正确的生活目标，正确处理个人与社会的关系；担当合格的社会角色等。

《北京规则》提出：“为便利自行处置少年案件，应致力提供各种社会方案，诸如短期监督和指导、对受害者的赔偿和补偿等等。”“看管期间，少年应接受按照他们的年龄、性别和个性所需要的照顾、保护和一切必要的社会、教育、职业、心理、医疗和物质方面的个人援助。”“应对少年生活的背景和环境或犯罪的条件进行适当的调查，以便主管当局对案件做出明智的判决。”“应使主管当局可以采用各种各样的处理措施，使其具有灵活性，从而最大限度地避免监禁。有些可以结合起来使用的这类措施包括：(A) 照管、监护和监督的裁决；(B) 缓刑；(C) 社区服务的裁决；(D) 罚款、补偿和赔偿；(E) 中间待遇和其他待遇的裁决；(F) 参加集体辅导和类似活动的裁决；(G) 有关寄养、生活区或其他教育设施的裁决；(H)其他有关裁决。”《利雅得准则》第六条规定：“在防止少年违法犯罪中，应发展以社区为基础的服务和方案，特别是在还没有设立任何机构的地方。正规的社会管制机构只应作为最后的手段来利用。”《利雅得准则》进一步提出，预防少年犯罪“重点应促使所有儿童和青少年尤其是要通过家庭、社区、同龄人、学校、职业培训和工作环境以及通过各种志愿组织成功地走向社会化和达到融合”，指出预防少年违法犯罪应主要依靠基层社区组织，依靠社会成员自治力量。

因此，社会力量介入少年司法开展社会服务应当健全社会组织结构，增强社区功能。社区本身就是一种社会组织，它的各种功能必须依靠其内部的各种组织来发挥作用。要预防青少年犯罪，就必须有相应的帮助、教育、疏导机构。同时，要动员和组织社区内的部门单位和社会公众一起关心、爱护青少年，共同关注并解决青少年的各类问题。另外，需要建立并发展良好的社区文化，消除或减少不良文化的影响，为青少年提供一个优良的社区文化环境。这在上述三个国际法文件中体现为预防少年犯罪工作中各方力量合作的重要性。《儿童权利公约》第四十五条规定了促进公约的有效实施和鼓励在公约所涉领域进行国际合作的具体措施。《北京规则》第二十六条规定：“应鼓励各部会和部门之间的合作，给被监禁的少年提供适当的知识或在适当时提供职业培训，以便确保他们离开监禁机关时不致成为没有知识的人。”《利雅得准则》指出，要在各级政府之间开展密切的跨学科合作，“教育系统应设法与家长、社区组织和关注青少年活动的机构共同合作”。以上条款均说明做好预防少年犯罪工作需要政府部门、司法机关、学校、家庭、社区、志愿组织及其他有关社会团体等各方力量共同参与，各负其责，为少年身心健康发展创造良好的社会环境。

对国际少年立法规定的梳理发现，现代少年司法制度的构建需要多种社会力量的参与和介入。也就是说，社会力量介入少年司法是国际少年立法的内在要求，同时国际少年法律又为社会力量介入少年司法提供了法律上的支持和保障。同样地，我国少年司法制度与少年司法实践也需要社会力量的加入。随着专业社会工作在我国的蓬勃发展，其作为一支重要的社会力量，为少年司法实践注入了新鲜血液。

二、我国未成年人保护的相关法律

作为联合国的会员国，我国积极回应与履行国际少年立法规定，在国家层面先后制定、颁布、修订了几部重要的未成年人保护法律，主要包括《刑事诉讼法》、《中华人民共和国社区矫正法》(以下简称《社区矫正法》)、《未成年人保护法》、《预防未成年人犯罪法》、《家庭教育促进法》。

我国未成年人保护立法与国际少年立法在理念层面是一脉相承的。《未成年人保护法》中司法保护部分特别强调对违法犯罪的未成年人实行“教育、感化、挽救”的方针，坚持“教育为主、惩罚为辅”的原则;《预防未成年人犯罪法》指出未成年人犯罪预防工作需要政府部门、司法机关、人民团体、有关社会团体、学校、家庭、城市居民委员会、农村村民委员会等各方面的共同参与，强调了多种社会力量介入少年司法过程开展服务的必要性。这些方针和原则体现了传统报应刑理念向现代教育刑理念的转变，是对国际少年立法规定的指导思想——对于违法犯罪的儿童不应强调监禁和惩罚，而应更多地使用非监禁的社会化手段帮助其顺利地回归社会。

我国未成年人保护立法规定为社会力量介入青少年司法领域，特别是专业社会工作的参与，提供了制度支持与立法支持。有学者指出，专业社会工作参与青少年司法领域大致经历了零星化探索、制度支持下的系统化探索和立法支持下的制度化建构发展等三个阶段[①]。《刑事诉讼法》设置了未成年人诉讼程序专章，强调对涉罪未成年人的司法保护，明确规定了合适成年人、社会调查、附条件不起诉等几项特殊制度，这不仅强化了刑事诉讼过程中对未成年人权益的保护，同时也对社会工作介入少年司法过程提出了明确的需求。《社区矫正法》体现了社会工作获得立法支持，设置了未成年人社区矫正的专门性规定章节，指出"社区矫正机构根据需要，组织具有法律、教育、心理、社会工作等专业知识或者实践经验的社会工作者开展社区矫正相关工作"。该法律还提出了社会工作参与未成年人社区矫正的具体内容："社区矫正机构可以通过公开择优购买社区矫正社会工作服务或者其他社会服务，为社区矫正对象在教育、心理辅导、职业技能培训、社会关系改善等方面提供必要的帮扶。社区矫正机构也可以通过项目委托社会组织等方式开展上述帮扶活动。国家鼓励有经验和资源的社会组织跨地区开展帮扶交流和示范活动。"

2021年、2022年，《未成年人保护法》《预防未成年人犯罪法》《家庭教育促进法》的重新修订与实施是社会工作在立法层面获得支持的关键节点。其中，《未成年人保护法》第九十九条规定："地方人民政府应当培育、引导和规范有关社会组织、社会工作者参与未成年人保护工作，开展家庭教育指导服务，为未成年人的心理辅导、康复救助、监护及收养评估等提供专业服务。"第一百一十六条规定："国家鼓励和支持社会组织、社会工作者参与涉及未成年人案件中未成年人的心理干预、法律援助、社会调查、社会观护、教育矫治、社区矫正等工作。"《预防未成年人犯罪法》依据"分级预防、干预和矫治"的理念，将未成年人的犯罪预防内容分为预防犯罪教育、一般不良行为预防、严重不良行为矫治、再次犯罪预防四大板块，多处内容强调社会工作参与未成年人犯罪预防的必要性和相关服务内容。第九条规定："国家鼓

① 席小华."两法"修改背景下未成年人司法社会工作服务体系建设研究[J].华东理工大学学报(社会科学版),2021,36(5):86-95.

励、支持和指导社会工作服务机构等社会组织参与预防未成年人犯罪相关工作，并加强监督。”在具体参与方式上，《预防未成年人犯罪法》提出：一是开展学校社会工作，聘请驻校社会工作者参与预防和处理学生欺凌等行为；二是对专门学校服务提出了要求，社会工作者参与专门教育的评估工作，协助专门学校开展教育和矫治服务；三是社会工作者参与公安机关对未成年人的矫治教育。《家庭教育促进法》第七条规定：“将家庭教育指导服务纳入城乡公共服务体系和政府购买服务目录，将相关经费列入财政预算，鼓励和支持以政府购买服务的方式提供家庭教育指导。”第二十七条规定：“加强对专业人员的培养，鼓励社会工作者、志愿者参与家庭教育指导服务工作。”

我国未成年人保护的立法文件成为青少年司法社会工作获得立法支持和制度保障的重要支撑。不过，虽然立法支持和制度支撑为青少年司法社会工作的发展确立了地位、提供了保障、指明了方向，但是青少年司法社会工作实践仍需要配套的政策文件给予指导。

三、青少年司法社会工作服务的政策

青少年司法社会工作实践除了需要立法层面给予制度保障，同时还需要社会政策[①]的衔接和跟进。只有这样，社会工作服务的提供才能落地与可持续发展。作为司法系统与社会工作系统的交叉部分，青少年司法社会工作的服务内容聚焦于青少年犯罪预防、违法涉罪青少年权益保护与行为矫正、青少年被害人的司法救助、涉民事案件青少年权益维护等多个方面[②]；结合《预防未成年人犯罪法》分级预防、干预和矫治的理念及青少年社会工作实践，可进一步概括为预防犯罪的社会工作服务、涉刑事案件的社会工作服务、涉民事案件的社会工作服务、司法程序中涉及的其他社会工作服务四大类。每一类社会工作服务都具备相应的社会政策依据与支持。

① 席小华.社会工作介入少年司法的基础与现状：以《刑事诉讼法》修改为背景[J].预防青少年犯罪研究，2013(1)：75－80，89.

② 张晓灿.体系化服务：少年司法社会工作的实践与反思[J].开封教育学院学报，2016，36(8)：245－247.

（一）预防犯罪的社会工作服务的政策规定

预防犯罪的社会工作服务的主要服务群体是青少年犯罪高发群体。2010年，中央综治委预防青少年违法犯罪工作领导小组、中央社会治安综合治理委员会办公室发布《关于开展重点青少年群体教育帮助和预防犯罪工作试点的通知》（综治委预青领联字〔2010〕2号），将“闲散青少年群体、有不良行为或严重不良行为的青少年群体、流浪乞讨青少年群体、服刑在教人员未成年子女群体、农村留守儿童群体”作为重点青少年群体教育帮助和预防犯罪工作试点的五类青少年群体。在预防犯罪阶段，社会工作者的服务内容主要是重点跟踪这五类重点青少年群体，评估问题与需求、提供辅导和服务，助力青少年健康成长，预防其违法犯罪。

2014年，共青团中央、中央综治办、民政部等六部门印发了《关于加强青少年事务社会工作专业人才队伍建设的意见》（中青联发〔2014〕1号），该意见指出：青少年事务社工在服务青少年和维护青少年合法权益方面的作用日益凸显；要通过政府购买服务，做好青少年特别是重点青少年群体的服务管理和预防犯罪工作；青少年事务社会工作专业人才的主要服务领域为服务青少年成长发展领域、维护青少年合法权益领域、预防青少年违法犯罪领域。

2017年，中共中央、国务院发布《中长期青年发展规划（2016—2025年）》（中发〔2017〕12号），提出要把青少年社会工作服务纳入政府购买服务指导性目录，组织实施涵盖重点群体、重点领域、重点环节的青少年事务社会工作项目。该意见还在维护青少年合法权益、预防青少年违法犯罪等十个重点领域提出发展目标及发展措施。同年，共青团中央、民政部、财政部印发《关于做好政府购买青少年社会工作服务的意见》（中青联发〔2017〕16号），列出了包含“青少年合法权益维护和社会保障支持服务”“青少年违法犯罪预防”等的政府购买青少年社会工作服务清单，以丰富社会工作服务供给，更好满足青少年成长发展需求。

(二)涉刑事案件的社会工作服务的政策规定

涉刑事案件的社会工作服务的主要服务群体是涉及刑事案件中的未成年人，包括涉罪未成年人、未成年社区矫正对象、未成年在押服刑人员、刑罚执行完毕的未成年人、未成年被害人、未成年证人等。社会工作者为服务对象提供行为矫正与权益保护服务，具体包括担任合适成年人、开展社会调查、开展观护帮教、参与附条件不起诉考察教育、开展家庭教育指导服务、提供所内服务、开展社区矫正、开展被害人的司法救助、服务未成年证人、担任合适保证人、参与刑事和解等。

2010 年，中央综治委预防青少年违法犯罪工作领导小组、最高人民法院、最高人民检察院、公安部、司法部、共青团中央印发《关于进一步建立和完善办理未成年人刑事案件配套工作体系的若干意见》(综治委预青领联字〔2010〕1 号)，首次提出社会工作者可以作为合适成年人到场，并提出共青团组织以及其他社会组织可以协助开展涉刑事案件未成年人的社会调查等规定。

2012 年，最高人民检察院出台《关于进一步加强未成年人刑事检察工作的决定》，提出要建立健全法定代理人、合适成年人到场制度，逐步建立起一支稳定的合适成年人队伍。该文件对社会调查的内容也做了相应的规定，提出“建立健全逮捕必要性证明制度和社会调查报告制度。……人民检察院也可以根据情况，自行或者委托有关部门、社会组织进行社会调查，并制作社会调查报告”。在社会工作者参与观护帮教和附条件不起诉考察教育方面，提出“促进未成年人权益保护和犯罪预防帮教社会化体系建设。……有条件的地方要积极建议、促进建立健全社工制度、观护帮教制度等机制，引入社会力量参与对被不批捕、不起诉的未成年人进行帮教”，“建立健全不起诉制度。……认真做好对被附条件不起诉人的监督考察”，还可以邀请社会工作者参加对不起诉未成年人的教育。

2015 年，最高人民检察院发布《检察机关加强未成年人司法保护八项措施》，强调检察机关对未成年人司法保护对象范围的全覆盖，将检察机关的司法保护对象，从以前的刑事检察工作中的涉罪未成年人，进一步扩大范围到未成年被害人以及检察机关办理所有案件过程中涉及的未成年人。同时，推动建立未成年人司法借助社会专业力量的长效机制。该文件还提出，要“大力支持青少年事务社会工作专业人才队伍建设工作，主动与青少年事务社会工作专业机构链接，以政府购买服务等方式，将社会调查、合适成年人参与未成年人刑事诉讼、心理疏导、观护帮教、附条件不起诉考察教育等工作，交由专业社会力量承担，提高未成年人权益保护和犯罪预防的专业水平，逐步建立司法借助社会专业力量的长效机制”。

2018 年，最高人民检察院、共青团中央签署《关于构建未成年人检察工作社会支持体系合作框架协议》，从目标任务、合作方式、合作内容、配套保障等方面加强未成年人司法保护，通过政府购买服务的方式，以项目化运作为载体，支持和引导社会工作服务机构向涉罪未成年人、未成年被害人以及民事、行政案件未成年当事人提供必要的社会服务。

（三）涉民事案件的社会工作服务的政策规定

涉民事案件的社会工作服务的主要服务群体是涉及离婚纠纷、抚养关系纠纷、探望权纠纷、抚养费纠纷中的未成年人、父母本人及其他参与人。2016 年 6 月，最高人民法院在全国选取了 118 家中基层法院，开展为期两年的家事审判方式和工作机制改革试点，拉开了家事审判改革的序幕。2018 年，最高人民法院印发《关于进一步深化家事审判方式和工作机制改革的意见（试行）》（法发〔2018〕12 号），提出“不断创新工作机制，积极争取各级党委和政府的支持，加强与相关职能部门和单位的协调配合，动员和激励社会各界力量共同参与，推动建立司法、行政和社会相结合的多元化纠纷解决机制，共同打造共建共治共享的社会治理格局”，鼓励社会力量承担家事调查、心理疏导等工作。社会工作者在婚姻纠纷等家事案件中，通过与法院合作，为涉及相关案件的未成年人及其父母或者其他参与人提供的具体服务为：参与庭前调解、开展家事调查、提供心理疏导、开展回访观护、开展家庭教育指导服务、担任权益代表人、担任探望监督人等。

（四）司法程序中涉及的其他社会工作服务的政策规定

司法程序中涉及的其他社会工作服务的主要服务群体是因家庭监护缺失或监护不当而进入司法程序中的未成年人。2016年，国务院发布《关于加强困境儿童保障工作的意见》（国发〔2016〕36号），鼓励支持社会力量参与，提出“加快孵化培育专业社会工作服务机构、慈善组织、志愿服务组织，引导其围绕困境儿童基本生活、教育、医疗、照料、康复等需求，捐赠资金物资、实施慈善项目、提供专业服务”，“支持社会工作者、法律工作者等专业人员和志愿者针对困境儿童不同特点提供心理疏导、精神关爱、家庭教育指导、权益维护等服务”。社会工作者为进入司法程序的困境未成年人及其父母或者其他监护人提供心理疏导、精神关爱、家庭教育指导、权益维护等服务，优化资源配置，加强社会支持。

青少年司法社会工作体现出未成年人司法与社会工作二者之间的紧密互动，通过社会工作服务机构提供专业的青少年司法社会工作服务，可以将未成年人司法系统所无法实现的行为矫治、知识技能教育、心理疏导、社会适应能力提升等有利于未成年人回归社会的功能承担起来，已在实践中发挥预防青少年犯罪、帮助违法涉罪青少年回归社会的重要作用[①]。《最高人民法院关于审理未成年人刑事案件的若干规定》（法释〔2001〕9号）中对社会专业力量的介入做出了规定。《最高人民检察院关于进一步加强未成年人刑事检察工作的决定》（高检发诉〔2012〕152号）中使用了“社会力量”“犯罪预防帮教社会化、一体化体系建设”等术语。《检察机关加强未成年人司法保护八项措施》（2015）从司法解释层面将各地探索的经验进行了总结、提炼和规范，明确提出“推动建立未成年人司法借助社会专业力量的长效机制”，这为未成年人司法的社会支持体系提供了法律依据和支持。各地司法机关在未成年人司法社会支持体系建设方面进行了许多有益探索，主要涉及合适成年人、社会观护、社会调查、附条件不起诉考察帮教等领域，力图解决合

① 宋志军．论未成年人刑事司法的社会支持体系[J]．法律科学（西北政法大学学报），2016，34(5)：99－109.

适成年人到场、非羁押措施适用、社会调查及附条件不起诉考察教育过程中社会支持缺位的问题。《关于构建未成年人检察工作社会支持体系合作框架协议》(2018)提出了建设未成年人检察社会支持体系的目标与任务。2019年4月，最高人民检察院、共青团中央启动了未成年人检察社会支持体系建设试点工作，经过申报和审核，确定在北京市海淀区等40个地区开展未成年人检察社会支持体系建设试点。通过试点工作，不断积累复制经验，培养专业社会支持力量，建立完善社会服务机构，进一步推动整个未成年人司法社会支持体系建设取得实质性的发展和进步。①

四、青少年司法社会工作政策分析

青少年司法社会工作政策为推动社会工作在预防青少年违法犯罪与维护青少年合法权益方面的实践带来了积极的政策效应。②

(一) 优化青少年司法社会工作发展的外部环境

未成年人保护立法、未成年人刑事政策等诸多规定强调“教育、感化、挽救”方针、坚持“教育为主、惩罚为辅”原则，确保最有利于未成年人原则得以贯彻实施。这些政策要求，统一了未成年人司法保护工作的理念、原则、目标。若干政策明确提出推动司法借助社会专业力量，通过政府购买服务的方式，加快孵化培育社会工作服务机构，为社会工作者开展青少年司法社会工作服务提供了依据、提出了要求、优化了外部环境，青少年司法社会工作发展的环境型政策效应凸显。

(二) 创建了青少年司法社会工作服务的内容

以《未成年人保护法》《预防未成年人犯罪法》为主的诸多法律政策提出了社会工作机构及社会工作者的服务内容：参与涉及未成年人案件中未成年人的心理干预、法律援助、社会调查、社会观护、教育矫治、社区矫正等工

① 席小华，史卫忠. 建构未成年人司法社会支持体系的理论框架与实践路径[J]. 预防青少年犯罪研究，2020(5)：25-37.

② 费梅苹. 促进未成年人保护领域社会工作发展的积极政策效应[J]. 中国社会工作，2022(1)：15.

作;驻校社会工作协助开展道德教育、法治教育、生命教育和心理健康教育，参与预防和处理学生欺凌等行为;提供家庭教育指导服务;做好性侵害未成年人犯罪预防和未成年被害人的心理安抚、疏导工作;对困境儿童提供心理疏导、精神关爱、家庭教育指导、权益维护等服务。这些政策内容，表达了青少年司法社会工作服务的政策需求，彰显出需求型政策效应。

(三) 推动青少年司法社会工作服务制度、组织及人才建设的政策要求

政策提出：将专门教育发展和专门学校建设纳入经济社会发展规划;将相关服务纳入城乡公共服务体系和政府购买服务目录，将相关经费列入财政预算;充分发挥市场机制作用，支持社会组织等举办服务机构，财税部门要依法落实税费减免优惠政策;培育、引导和规范有关社会组织、社会工作者参与未成年人保护工作;加强对专业人员的培养等。这些政策内容对青少年司法社会工作的经费支持、人才队伍及能力建设提出了要求，供给型政策效应明显。

第三节 青少年司法社会工作发展

21 世纪以来，我国开始在社区矫正领域大力推进司法社会工作，上海、北京等地也开始在青少年犯罪预防、社区戒毒与社区康复等领域不断拓展司法社会工作的服务范畴。在此进程中，青少年司法社会工作开始萌生和发展。本节主要介绍上海、北京、广州、深圳以及云南、陕西等地区青少年司法社会工作发展的基本情况，分析了上海青少年司法社会工作服务的发展历程，从而进一步总结青少年司法社会工作发展的主要经验。

一、国内主要地区青少年司法社会工作的发展概况

上海是我国未成年人司法工作的发源地。早在 1984 年 10 月，上海市长

宁区人民法院成立了我国第一个少年法庭；1986 年 6 月，上海市长宁区人民检察院设立了我国第一个“少年刑事案件起诉组”，开启了我国少年司法制度改革的先河。上海市未成年人司法工作也较早形成了公检法司“政法一条龙”和多部门参与的“社会一条龙”融合的“上海经验”。21 世纪初期，由吸毒人员、刑释解教人员、闲散青少年组成的高危人群成为上海预防犯罪工作关注的特殊群体，传统工作格局和力量配置在对高危人群的教育、管理和服务中凸显出其弊端，具体体现在传统工作方法注重持续的高强度打击、专门机构力量薄弱、社会化程度低、信息化不足、配套设施缺乏等方面①。面对高危人群，上海亟须转变工作战略和策略，有效应对高危人群由可能犯罪成为现实犯罪。2003 年 7 月 30 日，最高人民法院、最高人民检察院、公安部、司法部联合发布了《关于开展社区矫正试点工作的通知》(司发〔2003〕12 号)，提出开展社区矫正试点工作。刑罚执行制度改革的文件进一步推动了上海启动预防和减少犯罪工作体系的建设。2003 年 9 月 15 日，中共上海市委办公厅转发《中共上海市委政法委员会关于构建预防和减少犯罪工作体系的意见》(沪委办〔2003〕16 号)，上海市在全国率先提出构建预防和减少犯罪工作体系。2003 年、2004 年，上海市委连续两年转发市委政法委关于推进预防和减少犯罪工作体系建设的文件，使这项工作迅速全面地转变为全市性的预防和减少犯罪的基础性工作。上海市从积极防范的要求出发，按照“政府主导推动，社团自主运行，社会多方参与”的总体思路，采取政府购买服务的运作方式，推动成立了上海市阳光社区青少年事务中心等专业社会工作服务机构。2005 年，上海市浦东新区检察院开始尝试与专业社会工作者合作，在刑事诉讼过程中开展青少年司法社会工作服务。这种社会化运作模式，将青少年工作纳入预防和减少犯罪工作体系中，通过政府购买服务的运作方式，建立专业的青少年社会工作者队伍，管理、服务和协助青少年发展，从而为上海青少年司法社会工作的发展奠定了制度基础。

① 吴志明. 社会管理创新：预防和减少犯罪的上海实践[M]. 上海：上海人民出版社，2011：6 - 7.

经过二十余年的实践，上海探索社会工作服务机构以承接政府购买服务的方式，作为专业的社会力量介入青少年司法领域。全市级中心、区级工作站、街镇社工点三级架构体系覆盖全市各区各街镇，近七百名全职的青少年社会工作者队伍开始成为体系中重要的专业社会工作人才队伍。2004年至今，共青团上海市委员会、市公安局、市人民检察院、市高级人民法院等职能部门相继出台相关通知、意见、协议、规定等地方性政策文件，这些制度性内容成为推动和指导上海青少年司法社会工作发展与实践的重要因素。与此同时，上海青少年社会工作者从关注和服务社区重点青少年群体开始，逐步参与涉刑事案件中青少年的观护帮教和考察教育工作、涉民事案件中未成年人及其父母或其他参与人的纠纷调解服务、进入司法程序中困境儿童的权益维护服务，现已形成涵盖闲散青少年、困境儿童、不良行为及严重不良行为青少年等共计六大类四十九小类的服务对象体系，涉及未成年人司法社会工作、学校社会工作、社区青少年服务、困境儿童服务等多个领域①。

云南省昆明市盘龙区是较早开始合适成年人制度探索与实践的城市之一。2002年，盘龙区与英国儿童救助会（简称“英助会”）合作，开始“触法未成年人司法分流试点”项目，“合适成年人”被作为一项关键制度引入。2006年，盘龙区检察院尝试引入专业社会工作者开展合适成年人工作，推进青少年司法社会工作的萌芽与发展。经过多年的探索和实践，盘龙区政府多部门于2016年开始探索从未成年人司法保护到司法程序内外结合的综合儿童保护，并于2017年在昆明市公安局盘龙分局启动试点“少年警务”工作，在法制大队设立“少年警务办公室”。同时，在到上海、宁波等地考察学习国内先进经验的基础上，2018年3月，建成针对性侵害案件未成年受害人取证与保护的“一站式”中心，开启盘龙区儿童友好司法体系构建的新篇章。

北京市司法社会工作较早推进的实务领域是社区矫正社会工作，2003

① 参见《上海市阳光社区青少年事务中心青少年社会工作白皮书（2021年度）》。

年，作为全国首批社区矫正社会工作的试点城市之一，北京市司法局与首都师范大学社会工作系合作，开展司法社会工作在社区矫正领域的实务探索。2009年，首都师范大学社会工作系与北京市海淀区检察院开启社会工作者与青少年司法部门的合作，探索青少年司法社会工作服务模式。2010年，首都师范大学少年司法社会工作研究与服务中心成立。2012年，北京超越青少年社工事务所成立，该机构与北京市各级司法机关建立合作，为涉嫌犯罪未成年人提供社会调查、安置帮教、被害人救助、合适成年人等专业社会工作服务。2012年，社会工作与少年司法机关的合作在全市范围内推广①，从检察院合作拓展到公安局和法院，服务区域也从最早探索的海淀区拓展到北京市的16个区县。2015年，北京市制定和颁布了“北京市未成年人司法保护1+6文件”②，从制度层面确立了社会工作者介入少年司法领域开展社会服务。

2007年9月，共青团广州市委和共青团海珠区委联合中山大学社会工作教育研究中心探讨在广州开展青少年社会工作服务的可能性，深入海珠区海幢、赤岗、华洲三个街道展开调研工作，完成并提交了在海珠区开展青少年社会工作服务的方案③。2007年年底，海珠区被团中央、民政部、综治委确定为全国首批青少年事务社会工作者试点城区。2008年2月，广州市中山大学罗观翠教授率领社工系第一批毕业生注册成立广州市首个社会工作服务机构——启创社会服务团队，并于同年承接广州市海珠区“青年地带”青少年专项服务项目④，开始与海珠区政府、共青团海珠区委员会合作，在上述三个街道，以“三街五站”为基点，为海珠区各类青少年提供个性化服务⑤。

① 席小华．社会工作在少年司法场域的嵌入性发展：以B市实践为例[J]．青年研究，2017(6)：68-78，93.
② 席小华．司法社会工作在北京的发展[J]．中国社会工作，2017(4)：34-35.
③ 周晓耿．政府购买青少年社会工作服务的实践：以广州市海珠区为例[J]．广东外语外贸大学学报，2013，24(6)：76-80.
④ 董沛兴，刘玉珊．启创：海珠区“青年地带”青少年事务社工服务的十年[J]．大社会，2019(Z1)：74-75.
⑤ 周晓耿．政府购买青少年社会工作服务的实践：以广州市海珠区为例[J]．广东外语外贸大学学报，2013，24(6)：76-80.

2009年10月，广州市民政局将海珠区“青年地带”确定为市级层面社工人才队伍建设试点项目。2012年8月，广州市民政局联合海珠区政府公开招标青少年社会工作服务，购买了启创社会服务团队为期三年的青少年社会工作服务，由此“三街五站”拓展为“六片区十八站”，海珠区青少年社会工作服务全面铺开①。从2015年7月开始，广州“青年地带”正式转型发展为预防青少年违法犯罪服务站，全市11区23个“青年地带”站点为6至25岁的重点青少年、涉案未成年人两大群体提供超前预防、临界预防和矫正预防社会服务，搭建三级预防的服务模式②。“青年地带”项目成为广州市青少年司法社会工作本土化实践的蓝本。

作为改革开放的窗口城市并由于毗邻香港的地缘优势，深圳的青少年社会工作一直坚持探索和创新性发展。2004年，共青团深圳市委提出《深圳市亟须建立专业化的(青少年)社会工作者队伍》的议案，并于同年和次年安排基层青少年社工队伍赴港考察。2006年，深圳市盐田和龙岗两区启动“青少年社工服务站点”试点工作③。2007年10月，深圳市委、市政府发布《关于加强社会工作人才队伍建设推进社会工作发展的意见》(“1+7”文件)，对深圳市发展社会工作，加强社会工作人才队伍建设做了全面部署④，深圳司法社会工作也在此基础上逐渐在全市全面发展。2009年2月，深圳司法社会工作者开始探索专门针对违法涉罪青少年介入的专项服务，探索出“嵌入式岗位运作模式”“需求为本项目化运作模式”“违法涉罪青少年介入1-2-3服务模式”“违法涉罪青少年个案管理服务模式”“矫正与预防并重服务模式”五类符合深圳本土特色的多元化服务模式⑤。2016年年

① 周晓耿.政府购买青少年社会工作服务的实践：以广州市海珠区为例[J].广东外语外贸大学学报，2013，24(6)：76-80.

② 董沛兴，刘玉珊.启创：海珠区“青年地带”青少年事务社工服务的十年[J].大社会，2019(Z1)：74-75.

③ 张文.深圳青少年社会工作探索与展望[J].中国青年研究，2007(7)：45-48.

④ 徐道稳.我国社会工作发展模式研究：以深圳、长沙试点区调查为基础[J].华东理工大学学报(社会科学版)，2010，25(1)：1-6，12.

⑤ 李林兰，吴先锋.深圳司法社工介入涉罪青少年五个模式[J].中国社会工作，2016(27)：61-62.

底，深圳市福田区检察院引入司法社会工作者和未检[①]干警，依托“大爱福田”项目，构建以帮扶涉罪未成年人回归社会为目标的精准化帮教的社会化支持体系和专业干警队伍[②]。2017 年 6 月，深圳市民政局与深圳市检察院联合印发《关于联合推进深圳社会工作者参与未成年人检察工作的意见》，深圳市首家专注于涉罪未成年人及未成年被害人服务的社会服务机构——深圳市点亮心光社会工作服务中心在相关职能部门和社会各界的推动与支持下成立，组建专业社会工作者介入青少年司法领域[③]。2019 年 7 月，精准帮教“深圳版”标准（四个文件）发布[④]，精准帮教涉罪未成年人的探索和实践在深圳全面发展。

陕西青少年司法社会工作以陕西指南针司法社工服务中心从事未成年人司法保护工作为代表。2014 年 12 月，由西北政法大学刑事法学院刘仁琦副教授、宋志军教授等老师发起，省内第一家司法社会工作机构——陕西指南针司法社工服务中心在陕西省民政厅注册成立了。到目前为止，其也是陕西省唯一的青少年司法社会工作机构。指南针司法社工服务中心与西安大部分辖区的公检法机关签订了未成年人司法保护项目合作协议，中心组建了专业的未成年人司法保护工作团队，以西北政法大学硕士研究生志愿者为主体，以专职社会工作者为主导，全面开展合适成年人、社会调查、社会帮教等服务[⑤]。

二、上海青少年司法社会工作的发展历程

2003 年，上海市社区青少年（具有本市户籍，年龄 16 至 25 周岁，没有固定工作和收入，没有进一步就学或就业，缺乏监管的青少年）约有 6.3 万名。

① “未成年人刑事检察”的简称。
② 张寒玉，王英，龚江. 精准帮教涉罪未成年人制度的发展[N]. 检察日报，2020－10－15(7).
③ 李潇. 汇聚力量　点亮心光：深圳市开展未成年人司法社会工作纪实[J]. 中国社会工作，2019(33)：34－35.
④ 张寒玉，王英，龚江. 精准帮教涉罪未成年人制度的发展[N]. 检察日报，2020－10－15(7).
⑤ 焦悦勤. 西安市合适成年人参与刑事诉讼实证研究：以陕西指南针司法社工中心为样本[J]. 青少年犯罪问题，2018(5)：105－111.

由于缺少社会足够的关爱与支持，社区青少年封闭在自我环境中与社会隔离，自信不足、情绪低落甚至抑郁，给社会、家庭、个人带来诸多矛盾。政府有关部门对现状进行了反思：长期以来预防青少年违法犯罪工作重“战术”缺“战略”，缺少针对边缘青少年源头的预防工作；单纯依靠行政组织，只重严管忽视服务，这种传统的社会控制方法正面临越来越大的挑战。在充分调查研究的基础上，上海市提出了预防和减少社区青少年违法犯罪的综治工作新模式①。2003 年 9 月，上海正式启动构建预防和减少犯罪工作体系建设，于同年和次年，上海市委连续两年发布关于推进预防和减少犯罪工作体系建设的文件，正式将社区青少年工作全面纳入预防和减少犯罪工作体系中②。2004 年 2 月，上海市阳光社区青少年事务中心注册成立，上海社区青少年社会工作服务正式全面开启。

上海开展构建预防和减少犯罪工作体系的积极探索已有二十余年，预防和减少犯罪工作中的青少年司法社会工作在这二十余年的发展过程中，经历了探索准备、初步探索、逐步规范、专业发展与综合拓展、专业提升发展等五个不同阶段，完成了相应的工作内容。

2002 年至 2003 年是探索准备的阶段。在构建预防和减少犯罪工作体系专题调研的基础上，提出构建工作体系的重要性和紧迫性，并启动工作体系建设，设置专门政府机构——上海市社区青少年事务办公室（团市委下设），在浦东新区、徐汇区、卢湾区（现已并入黄浦区）和闸北区（现已并入静安区）率先开展体系建设的试点工作。2003 年 9 月 15 日，中共上海市委办公厅转发《中共上海市委政法委员会关于构建预防和减少犯罪工作体系的意见》，上海预防和减少犯罪工作体系建设全面展开。

2004 年至 2005 年是初步探索并夯实工作基础的阶段。一是组建专业

① 江宪法.上海社区青少年工作与预防和减少犯罪工作体系建设[J].青少年犯罪问题，2006(1)：27－29.

② 香港青年协会，上海市青年联合会.预防犯罪与青年工作：沪港两地的探索与实践[M].上海：华东理工大学出版社，2005：189.

机构，按照“政府主导推动、社团自主运作、社会多方参与”的总体思路，2004年2月18日，上海市阳光社区青少年事务中心挂牌成立。二是开展专业培训与考察，建立对社会工作专业的认知，探索如何针对社区青少年开展社会工作服务成为这一阶段的主要工作任务。

2006年至2008年是服务逐步规范的阶段。2004年上半年至2007年10月，社会工作者通过上门探访、社区走访、职能部门询访等方式，完成对服务对象的基本建档工作及动态管理的常规化运行。随着基本服务工作的完成，社会工作者面临如何运用专业方法开展专业服务这一主要任务。为此，上海市阳光社区青少年事务中心制定了个案、小组、社区社会工作服务流程、规范文本、服务标准等专业服务制度；对社会工作者进行专业提升，比如落实全体社工培训、加强骨干社工培训、探索特色培训与境外交流、开展课题研究等；制定了对社会工作者专业规范建设的考核制度，比如社工考核制度、社工站评估制度等。

2009年至2011年是专业发展与综合拓展的阶段。根据上海市阳光社区青少年事务中心2009年至2011年工作总结资料[①]，该阶段在专业发展与综合拓展上主要表现为两个方面：一是社会工作服务的项目化运作获得快速发展，具体发展与拓展内容包括“考察教育”“阳光下展翅”“共享阳光”“E展翅”“世博宣传”“竹蜻蜓——特殊人员子女关爱活动”“阳光乐园”“联校社工”等项目工作得到深化，虹口区“In桌益”项目、长宁区“家庭亲职培训手册”等区级特色项目百花齐放；二是巩固犯罪预防，整合多方资源，拓展服务领域。在服务对象方面，拓展在校问题学生、来沪青少年、来沪务工人员子女、特殊人员子女等青少年人群为服务群体。在服务的项目化运作方面，重点推进“联校社工”“驻所社工”工作；探索“驻市场社工”试点工作，并适时召开“特色工作推进会”；首次创办以“网络成瘾矫治”为专门服务内容的机构；成功申请并实施“小海豚——新市民培训计划”项目；探索九星市场“商企社

① 参见《上海市阳光社区青少年事务中心2009年度至2011年度工作总结报告》。

工”试点工作。在筹措与整合资源方面，社会工作服务机构及社会工作者通过整合各方资源，向全市各区县困难社区青少年发放帮困款，向外地来沪贫困青少年发放长途电话卡。上述资料显示，在这一阶段，社会工作服务的专业化建设获得发展，社会工作者队伍更符合专业化建设的要求，社会工作服务机构主动拓展服务领域和范围，通过整合多方资源、塑造社会形象，提升社会工作服务的认同度[①]。

2012 年至今是专业提升发展的阶段。根据上海市阳光社区青少年事务中心 2012 年至 2022 年这十年的工作总结资料[②]，该阶段的青少年司法社会工作通过项目化运作的持续推进与深化，一直在不断地提升专业服务水平。在服务对象方面，服务的青少年群体从传统的“失学、失业、失管”社区青少年逐步扩大到“五类重点青少年”群体，再到 2019 年已经形成的“六大类四十九小类”的服务群体，而且更聚焦服务群体的不同需求和社区不同资源的整合。在服务内容方面，从传统的社区青少年社会工作服务进一步拓展到涵盖预防犯罪的社会工作服务、涉刑事案件的社会工作服务、涉民事案件的社会工作服务、司法程序中涉及的其他社会工作服务，形成“超前预防”“临界预防”“再犯预防”的社会工作服务体系，而且更注重运用专业理论，注重服务成效。在服务方法方面，依托项目化运作，整合个案、小组、社区社会工作方法，探索不同场域下的最有效服务方法和模式，以及应对新需求探索本土的咨询与干预工作方法，而且项目化运作更聚焦品牌化、价值化。

在专业提升发展阶段，上海市阳光社区青少年事务中心依托上海市阳光青少年社会工作研究院，在专业研究上进一步发力，整合实务工作与专业研究，坚持探索和创新。2018 年起推出了专业期刊——《橙报》。其是阳光社区青少年事务中心全体青少年事务社会工作者及有关同行的集体作品，

① 费梅苹. 上海青少年社会工作专业化发展的十年回顾与展望[J]. 青年学报，2014(4)：34－40.
② 参见《上海市阳光社区青少年事务中心 2012 年度至 2022 年度工作总结报告》。

分别从理论思考和实务体验多维度视角展现青少年社会工作的专业信息[①]。2019年，纪念阳光社区青少年事务中心十五周年系列丛书工作启动，于2022年拟定出版《青少年社会工作上海探索》系列丛书[②]。2020年，完成上海市青少年服务和权益保护课题"未成年人司法社会工作服务规范研究"，出台该领域全国首个省级、上海市地方标准《未成年人司法社会工作服务规范》(DB31/T 1236—2020)[③]，这既是十几年青少年司法社会工作实践的知识成果，也进一步指导青少年司法社会工作的再实践。

在整合资源和参与制度构建上，阳光社区青少年事务中心积极探索与推动上海市学校社会工作建设[④]。2021年9月，宝山区成为上海市学校社会工作试点区，区内部分小学、初中、高中、职校与阳光社区青少年事务中心签订联驻校协议，逐步探索将专业社会工作引入学校领域，呵护青少年成长。2022年1月底，宝山区学校社会工作(试点)已圆满完成。宝山区学校社会工作试点工作的成功实践，助推学校社会工作在全市的全面发展，有11个区16所"学校社会工作站"挂牌。此外，上海青少年司法社会工作二十余年的发展为上海地方立法《上海市未成年人保护条例》《上海市预防未成年人犯罪条例》的修订、研制工作贡献了实践经验。

长期以来，上海依托"党委牵头、政府负责、社团承接、社会参与"的预防青少年犯罪工作机制，探索形成由政府部门(含司法机关)和专业社会工作机构合作推进的上海特色青少年司法社会工作模式。在二十余年里，上海团市委组织引导专业青少年社会工作者为青少年群体及其家庭提供社会工作服务，成效显著。至今，上海青少年司法社会工作已逐步向标准化、制度化方向发展。

---

① 参见《上海市阳光社区青少年事务中心2018年度工作总结报告》。

② 参见《上海市阳光社区青少年事务中心2019年度工作总结报告》《上海市阳光社区青少年事务中心2022年度工作总结报告》。

③ 参见《上海市阳光社区青少年事务中心2020年度工作总结报告》。

④ 参见《上海市阳光社区青少年事务中心2021年度工作总结报告》《上海市阳光社区青少年事务中心2022年度工作总结报告》。

三、青少年司法社会工作发展的主要经验

本节通过梳理我国主要地区青少年司法社会工作的发展，概括出以下几个方面的主要经验。

首先，国内各地青少年司法社会工作发展路径差异显著但殊途同归。纵观国内主要地区青少年司法社会工作的发展概况，大体可以归纳为三种类型：一是由政府主导推动的青少年司法社会工作发展，如上海青少年司法社会工作二十年的实践、云南盘龙区儿童友好司法体系的构建；二是由高校发起并推动的青少年司法社会工作发展，以北京超越青少年社工事务所、陕西指南针司法社工服务中心的实践为代表；三是由政府和社会工作服务机构合作探索的青少年司法社会工作发展，以广州“青年地带”项目、深圳市违法涉罪青少年介入的“五类服务模式”和深圳市点亮心光社会工作服务中心专注于涉罪未成年人及未成年被害人服务为代表。也就是说，各地青少年司法社会工作发展路径虽然不同，但对于青少年司法社会工作整个服务体系应涵盖内容的设计逐渐趋同，且政府（含司法机关）主导推动与合作、社会工作服务机构坚持探索与创新、地方高校助力专业实践与研究、青少年多元化需求这几大要素共同存在，促进各地青少年司法社会工作从萌发、成长到成熟发展。

其次，青少年司法社会工作发展不平衡的特征显著。上海、北京、云南、深圳、广州、陕西等地发展较早，服务机制相对完善，服务内容也相对完整。然而放眼全国发展情况，大部分地区发展缓慢，呈现点面严重不平衡的状态。

再次，各个地区不同司法机关对社会工作接纳的程度差异显著。总体而言，检察院、法院对社会工作等专业力量介入的接纳度较高，相对而言，公安机关对社会工作专业介入的接纳度较低。应该看到的是，近年来，伴随着《未成年人保护法》《预防未成年人犯罪法》的重新修订，与此相对应，上海实施《上海市未成年人保护条例》《上海市预防未成年人犯罪条例》，加快推进

了公安机关与社会工作之间合作机制的建立。

最后，青少年司法社会工作的专业化发展水平有待进一步提升。我国青少年司法社会工作无论在制度机制建设，还是在服务内容和服务领域拓展等方面都取得了重要成就，获得了快速发展。然而，结合国际少年司法社会工作发达地区的经验和做法，目前我国青少年司法社会工作发展仍有诸多空间，比如青少年司法社会工作服务的制度体系和服务机制需要建立、服务机构和服务人员相对不足、服务水平亟待提升等，这些特征的存在都会成为限制我国青少年司法社会工作发展的重要因素。

小　结

青少年司法社会工作是青少年及司法领域社会工作服务的重要组成部分，是司法社会工作的重要分支领域，有其特定的专业意涵。源于国际少年法、我国未成年人保护法律及政策的支持，青少年司法社会工作得以快速萌芽并发展起来。在我国上海、北京、广州、深圳以及云南、陕西等地区，青少年司法社会工作发展出了具有各自地域特色的实践路径、服务模式等。

本章第一节聚焦青少年司法社会工作概述，论述青少年司法社会工作的定义及特点、服务原则、主要服务内容，社会工作者的主要角色、职责任务及知识技能，服务对象的基本特征及主要服务需求等方面。第二节厘清青少年司法社会工作政策，列举国际少年相关法律、我国未成年人保护相关法律、我国青少年司法社会工作服务的政策规定，明确政策支持与指导下青少年司法社会工作的服务内容、服务保障等。第三节概述青少年司法社会工作在我国主要地区的发展情况，以上海、北京、广州、深圳以及云南、陕西等地区为主要代表，梳理青少年司法社会工作的发展现状，进一步呈现了上海青少年司法社会工作的发展脉络，从而总结青少年司法社会工作发展的主要经验。

上述基本内容体现了社会工作在青少年违法犯罪预防和权益维护方面已经形成专业化、职业化的领域，彰显了青少年司法社会工作独特的专业优势。一是具备较完整的基础知识内容，二是具备法律及政策支持的基础，三是形成了多元化的实践模式。

第二章　上海预防和减少青少年违法犯罪工作体系

本章主要介绍上海预防和减少青少年违法犯罪工作体系的基本内容。第一节主要介绍相关的法律及政策，第二节主要介绍相关制度及机制，第三节主要介绍青少年司法社会工作服务体系。

第一节　上海预防和减少青少年违法犯罪工作的法律及政策

2003 年，上海率先在全国范围内提出构建预防和减少犯罪工作体系，并将青少年工作纳入体系之中。在国家预防和减少青少年违法犯罪工作、未成年人保护工作相关法律和政策的指导下，上海制定并实施地方性法规及政策，进一步支持与指引上海预防和减少青少年违法犯罪工作。本节主要介绍上海未成年人保护立法《上海市未成年人保护条例》《上海市预防未成年人犯罪条例》，上海市地方标准《未成年人司法社会工作服务规范》，以及上海青少年司法社会工作服务的政策规定。

一、上海青少年司法的地方立法

地方性的法规，是指根据《中华人民共和国宪法》和《中华人民共和国立法法》等有关法律的规定，省、自治区、直辖市和较大市的人民代表大会及其常委会，根据本行政区的具体情况和实际需要，在不与宪法、法律、行政法规相抵触的前提下制定的规范性文件，以及自治州、自治县的人民代表大会依照法定职权和程序制定的自治条例和单行条例，地方性的法规可以被称为“条例”[①]。作为我国少年司法的发源地，上海的先发优势和创新实践为完善我国预防未成年人犯罪制度、推动我国未成年人权益保护发挥了不可或缺的积极作用。就未成年人保护立法而言，上海积极探索实现与上位法《未成年人保护法》《预防未成年人犯罪法》的有效衔接，修订并施行了《上海市未成年人保护条例》及《上海市预防未成年人犯罪条例》。

（一）《上海市未成年人保护条例》

早在1987年6月，上海市第八届人民代表大会常务委员会发布《上海市青少年保护条例》（已废止，2004年修订为《上海市未成年人保护条例》），并于当年正式实施。该条例是中华人民共和国首部专门关于未成年人权益保护和犯罪预防的地方性法规。自此，中国特色社会主义青少年保护法律体系从上海开始建设，全国各地迅速开花结果，中国预防未成年人犯罪及未成年人权益保护进入了发展的新时期。随着社会经济的快速发展，在未成年人保护工作中开始出现一些新的问题，比如未成年人抽烟、喝酒、沉迷网络等。但《上海市青少年保护条例》并没有青少年网络使用层面等内容，要解决这些新的问题，还需要法律制度进一步的支持和保障。为了适应新形势、新要求，上海市人大常委会决定制定《上海市未成年人保护条例》。《上海市

① 关信平. 社会政策概论（第三版）[M]. 北京：高等教育出版社，2014：21.

未成年人保护条例》经过调研、起草、多次审议、广泛征求群众意见、多番修改等工作，于 2004 年 11 月 25 日在上海市十二届人大常委会第十六次会议上通过，自 2005 年 3 月 1 日起施行。2013 年《上海市未成年人保护条例》进行了修改，增加并调整了部分内容。2021 年以来，市民政局作为市未成年人保护委员会办公室所在单位，牵头完成了《上海市未成年人保护条例》的再次修订任务。2022 年 2 月 18 日，《上海市未成年人保护条例》经上海市十五届人大常委会第三十九次会议表决通过，并于 2022 年 3 月 1 日起施行。

《上海市未成年人保护条例》共 9 章，87 条。其既与上位法《未成年人保护法》相衔接，也体现了上海未成年人保护工作的地方特点，及时回应上海未成年人保护领域的新情况、新问题，总结固化上海的经验、做法。在体例和结构上，加强了家庭保护和自我保护，对学校保护进行了进一步细化，对社会保护内容进行了完善，对网络保护的职责进行了明确，同时将政府保护和司法保护相结合，增设特别保护章节。

第一章“总则”，明确“本市坚持最有利于未成年人的原则”。

第二章“家庭保护和自我保护”，对家庭监护职责、安全保障、看护责任等内容予以明确，对未成年人提升自我保护意识和能力给予引导。

第三章“学校保护”，对传染病防治、突发事件应对、欺凌防治、性侵害预防、心理健康关注、学生学习、休息和娱乐时间合理安排等职责予以明确。特别是第三十四条规定：“鼓励学校设置社会工作专门技术岗位或者引入专业社会工作者，参与家庭教育指导、学生心理或者行为干预和教育转化等工作，为未成年学生提供专业化、个性化指导和服务。”

第四章“社会保护”，对与未成年人密切相关的公共场所便利服务设施设置、不适宜未成年人活动的场所管理、烟酒彩票管理等内容做出规定，并对公共文化体育设施向未成年人开放要求、未成年人个人信息处理规则、未成年人接受医疗美容服务限制等社会关注度较高的热点问题做出了回应。其中，第三十六条规定：“本市鼓励、支持和引导人民团体、企业事业单位、社会组织以及其他组织和个人，开展有利于未成年人健康成长的社会活动和服务。”

第五章“网络保护”，对相关主体共同参与预防和整治未成年人网络沉迷、网络暴力、非理性消费、网络不良行为等内容作出补充、细化规定，并进一步强化网络产品和服务提供者的主体责任，比如要求其针对未成年人设置相应的时间管理、权限管理、消费管理等功能。

第六章“政府保护和司法保护”，明确市、区民政部门具体承担未成年人保护工作，街镇设立未成年人保护工作站或者指定专门人员办理相关事务，规定公安机关、检察院、法院、司法行政部门履行建立司法保护联动机制，开展法律援助与司法救助，落实办案保护、违法犯罪未成年人保护制度、指派法治副校长等司法保护职责。其中，第七十四条规定：“国家机关可以通过购买服务、专家咨询等方式，引入社会组织、社会工作者、专家等社会专业力量，提高未成年人保护工作专业化水平。鼓励和支持有关社会组织、社会工作者、志愿者参与国家机关的未成年人保护工作，为未成年人心理干预、法律服务、法律援助、个案帮扶、社会调查、社会观护、教育矫治、社区矫正、家庭教育指导、家庭监护能力评估及收养评估等提供专业服务。”

第七章“特别保护”，面向存在监护缺失或监护不当情形的未成年人，民政部门可以会同乡镇人民政府、街道办事处和社会工作服务机构，参考家庭监护能力评估结果，为未成年人及其家庭提供监护指导、医疗救治、心理辅导、行为矫治等支持性服务。此外，第八十三条提出：“鼓励有条件的未成年人救助保护机构、儿童福利机构拓展社会服务功能，开展农村留守儿童、困境儿童、散居孤儿、残疾儿童、孤独症儿童等的临时照料、康复训练、特殊教育等服务。”

《上海市未成年人保护条例》对于上海乃至全国各地未成年人权益保护机制建设和保护体系建设起到了巨大的引领价值和标杆作用。该条例坚持最有利于未成年人原则，充分体现以人为本的精神，在回应《未成年人保护法》中家庭保护、学校保护、社会保护、网络保护、政府保护、司法保护这“六大保护”的基础上，增设“自我保护”和“特别保护”章节。《上海市未成年人保护条例》中明确政府购买服务、引入社会工作者参与未成年人保护工作，是从实际出发、从本地出发、从具体情况出发，尊重本地特色、解决本地问题、保持地方特色的举措，为各地方条例的研制提供了重要借鉴。

（二）《上海市预防未成年人犯罪条例》

《上海市预防未成年人犯罪条例》由上海市十五届人大常委会第三十九次会议于2022年2月18日表决通过，自2022年3月1日起施行，是上海市首部全面规范和推进预防未成年人犯罪工作的地方性法规。《上海市预防未成年人犯罪条例》的颁布和实施有效填补了上海市预防未成年人犯罪立法的空白，设有总则、预防支持体系、预防犯罪的教育、对不良行为的干预、对严重不良行为的矫治、对重新犯罪的预防、法律责任、附则等共8章60条。

《上海市预防未成年人犯罪条例》的亮点之一是专门设置“预防支持体系”作为第二章，明确上海将建立健全标准引领、专业保障、基层联动、社会协同、公众参与的预防未成年人犯罪工作支持体系。“预防支持体系”是指预防未成年人犯罪工作不但需要公安机关、检察机关、审判机关、司法行政部门等发挥作用，更需要社会组织、公众的专业力量，形成司法“一条龙”与社会“一条龙”协同参与犯罪预防体系。该章节第十三条规定：“本市根据预防未成年人犯罪和未成年人保护工作需要配备青少年事务社会工作者，完善专业服务网络，实施全覆盖服务；完善青少年事务社会工作者薪酬制度，健全招聘、培训、轮岗、考核、表彰、晋升的人才培养体系。”同时，确定社会工作服务机构向未成年人及其父母或者其他监护人提供社会工作专业服务，包括：“开展预防犯罪的宣传教育、家庭教育指导、心理辅导和未成年人司法社会服务等工作。”“预防支持体系”有助于解决未成年人犯罪预防难题。受管辖范围限制，司法机关对未成年人的前端非犯罪行为不能进行有效预防，社会组织提前介入可以将预防犯罪关口前移，对未成年人存在的不良行为或严重不良行为进行预防、干预，从而避免未成年人走向犯罪①。

《上海市预防未成年人犯罪条例》第三章“预防犯罪的教育”、第四章“对不良行为的干预”、第五章“对严重不良行为的矫治”、第六章“对重新犯罪的

① 潘巧. 上海专门立法预防未成年人犯罪[N]. 民主与法制时报，2022-03-01(3).

预防”分别回应了上位法《预防未成年人犯罪法》中的相关章节，有诸多鼓励与支持社会工作参与预防未成年人犯罪的立法规定。

第三章“预防犯罪的教育”，第二十六条提出：“居民委员会、村民委员会应当积极开展预防未成年人犯罪宣传教育活动，协助公安机关维护学校周围治安，及时掌握本辖区内未成年人的监护、就学、就业情况，组织、引导社会组织参加预防未成年人犯罪工作。”

第四章“对不良行为的干预”，第三十二条提出“学校对实施不良行为的未成年学生”，“要求接受青少年事务社会工作者或者其他专业人员的心理辅导和行为干预”。第三十四条规定：“本市探索青少年事务社会工作者驻校或者联系学校工作机制，依托青少年事务社会工作站点及青少年事务社会工作者协助中小学校开展道德法治教育、生命教育、心理健康教育、毒品预防教育、行为矫治等活动。”

第五章“对严重不良行为的矫治”，第四十条提出：“未成年学生实施严重不良行为……可以由学校或者未成年学生住所地的青少年事务社会工作站点提供专业服务。”针对防治校园欺凌、专门学校和专门教育，《上海市预防未成年人犯罪条例》一一回应《预防未成年人犯罪法》中的相关立法规定，并且细化操作内容。

第六章“对重新犯罪的预防”，第五十二条规定：“公安机关、人民检察院、人民法院对无固定住所、无法提供保证人的未成年人适用取保候审，并依法指定青少年事务社会工作者、观护基地帮教人员、教师或者其他合适成年人担任保证人的，保证人应当履行保证人义务，并配合开展相关矫治教育工作。”

《上海市预防未成年人犯罪条例》依据上位法《预防未成年人犯罪法》“分级预防、干预和矫治”的理念，坚持“教育、感化、挽救”的基本方针、“教育为主、惩罚为辅”的原则，与教育和保护未成年人相结合，采用符合未成年人生理、心理特点和行为特征的方式，进行分级预防、早期干预、科学矫治、综合治理。“合适成年人”“社会观护”等多项社会工作参与预防未成年人犯罪的举措，被国家立法吸收并在全国推广。

二、上海市地方标准：《未成年人司法社会工作服务规范》

2020年10月1日，由上海市青少年服务和权益保护办公室、上海市阳光社区青少年事务中心、上海市高级人民法院、上海市人民检察院、上海市公安局、上海市社会工作者协会以及上海市益扬青少年社会工作促进中心作为标准起草单位，共同起草的上海市地方标准《未成年人司法社会工作服务规范》正式施行，这是全国首个未成年人司法社会工作服务领域的省级地方标准。《未成年人司法社会工作服务规范》的研制经历了前期酝酿及准备阶段、走访调研及草拟阶段、征求意见及审定阶段、后期完善阶段、公示阶段，对未成年人司法社会工作服务的对象、原则、内容、方法、流程、管理和保障等进行规定。

《未成年人司法社会工作服务规范》确定未成年人司法社会工作的九类服务对象，分别是有不良行为的未成年人、有严重不良行为的未成年人、涉罪未成年人、未成年社区矫正对象、未成年在押服刑人员、刑罚执行完毕的未成年人、未成年被害人、未成年证人、司法程序中涉及的其他未成年人。社会工作服务以恢复、改善、提高未成年人社会功能，促进未成年人健康成长及全面发展作为总体目标。

《未成年人司法社会工作服务规范》围绕这九类服务对象群体，按照总体目标，从上海青少年司法社会工作实践经验中提炼并形成"犯罪预防的未成年人社会工作服务""涉刑事案件的未成年人社会工作服务""涉民事案件的未成年人社会工作服务""司法程序中涉及的其他未成年人社会工作服务"四大板块内容。此外，《未成年人司法社会工作服务规范》在"服务方法、委托与服务流程、服务保障、服务质量评价和持续改进"等业务内容和服务要求方面做出创新设计。其中，"服务方法"着重体现社会工作的专业性，尤其是"针对特定需要的介入方法"，包括个案管理、危机介入、家庭治疗、朋辈辅导、历奇辅导和亲社会行为训练；"委托与服务流程"从服务委托方和服务提供方出发，着重体现了司法保护和社会保护之间的联动；"服务保障"涵盖制度要求、机构要求、人员要求、场地要求，围绕委托制度、社会工作服务制度、人力资源管理制度、行政管理制度、部门合作与协调制度、社会工作者与社会工作督导等内容全面保障社会服务的推进；“服务质量评价和持续改进”重视成效评估和实践研究，及时总结未成年人司法社会工作实践的有效性和服务模式。

《未成年人司法社会工作服务规范》既是从上海预防和减少青少年违法犯罪工作体系建设的实践经验中总结提炼青少年司法社会工作全覆盖、分阶段、情景式、个性化服务等服务亮点，也为今后上海司法工作体系进一步完善和发展提供指引。与《未成年人司法社会工作服务规范》出台相呼应的是，上海已经于2020年孵化了上海市阳光星辰少年司法社会服务中心。该中心以《未成年人司法社会工作服务规范》为指引，按照“一门式受理、转介”的工作思路推动形成覆盖未成年人警务、未成年人检察、未成年人审判、未成年人民事等未成年人司法社会工作全过程的工作模式。上海市阳光星辰少年司法社会服务中心从推广落实《未成年人司法社会工作服务规范》、建立未成年人司法社会工作质量监控及评估体系、提升未成年人司法社会工作者专业性和服务品质、促进社会工作者参与司法保护的岗位细化改革等角度出发，推动完善上海未成年人司法社会工作服务体系建设。

三、上海青少年司法社会工作服务的相关政策

地方政策的制定是处理地方社会公共事务的重要导向，它既具有导向与规范功能，也有利于中央文件精神的贯彻落实，但地方政策不是对中央政策的生搬硬套，而是根据上级政策解读理解文件精神，对照符合本地方实施政策进行执行的过程行为。从上海制定的有关预防和减少青少年违法犯罪工作的政策中，不难看出，其密切结合地方实际情况，充分考虑到上海市未成年人的发展现状。21世纪初，社会转型是社会环境的主要特征，在转型过程中，上海在出现了多元因素融合趋势的同时也导致了社会冲突的状态[①]，青少年犯罪率日益增高。为减少青少年犯罪问题，稳定社会秩序，上海政府

① 费梅苹．次生社会化：偏差青少年边缘化的社会互动过程研究[M]．上海：上海人民出版社，2010：3.

部门出台了相应政策，与中央文件保持一致。上海出台的相应政策也明确指出对于未成年人应该坚持“教育、感化、挽救”的基本方针，坚持贯彻“教育为主、惩罚为辅”的原则，强调社会的“共同参与、综合治理”。

2003 年 9 月 15 日，中共上海市委办公厅转发《中共上海市委政法委员会关于构建预防和减少犯罪工作体系的意见》的通知，明确了构建预防和减少犯罪工作体系。从源头上预防和减少犯罪是加强社会管理、维护社会稳定的重要举措，上海市在 2003 年、2004 年、2009 年、2013 年、2014 年等连续多年发布关于推进预防和减少犯罪工作体系建设的相关文件，使这项工作迅速全面地转变为全市性的预防社区青少年犯罪的基础性工作[①]。

上海制定的地方政策主要回应如何引导社会工作服务机构参与预防和减少青少年违法犯罪工作体系，涉及社会工作参与的工作范围、服务内容、服务群体、人力支持、岗位设置、经费支持等内容，具有可操作性强的特点。同时，政策指引与支持是社会工作者开展社会工作服务的政策依据，从以下社会工作服务中可见具体的政策指引与支持。

（一）预防犯罪的社会工作服务的政策规定

预防犯罪社会工作服务的主要群体是青少年犯罪高发群体，具体包括闲散青少年群体、有不良行为或严重不良行为的青少年群体、流浪乞讨青少年群体、服刑在教人员未成年子女群体、农村留守儿童群体[②]。为前移开展犯罪预防工作阵地，2005 年，上海市阳光社区青少年事务中心借鉴发达国家未成年人保护经验和香港“驻校社工”的做法，推出了“社工联驻校”工作制度，首次将服务对象延伸至 16 周岁以下的在校学生。以“联驻校社工”的成功经验为基础，上海市阳光社区青少年事务中心不断在全市各区推广社工驻校和社工联校（含专门学校）项目。根据 2013 年《上海市进一步推进重点

① 江宪法. 上海社区青少年工作与预防和减少犯罪工作体系建设[J]. 青少年犯罪问题，2006(1)：27－29.

② 参见《关于开展重点青少年群体教育帮助和预防犯罪工作试点的通知》(综治委预青领联字〔2010〕2 号)。

青少年群体服务管理和预防犯罪工作实施意见》（沪综治委预青组联字〔2013〕1号）、2014年《关于加强预防和减少犯罪体系青少年事务社工队伍建设的通知》（沪团委联〔2014〕36号）等政策文件，上海青少年事务社会工作者从家庭、学校、社区三个层面为青少年及其家庭提供服务，由点及面地形成了青少年服务网络，不仅协助青少年个体达到生理、心理、社会的平衡，也在专业服务中形成了青少年犯罪预防与权益维护的良好基础。

（二）涉刑事案件的社会工作服务的政策规定

涉刑事案件的社会工作服务主要包括社会工作者担任合适成年人、开展社会调查、参与观护帮教和附条件不起诉考察教育、提供羁押期帮教服务、服务未成年被害人、参与未成年人社区矫正、参与保护处分等内容。这些服务内容都经历了服务探索、文件出台、全市推广等一系列过程。

1. 担任合适成年人的政策规定

2004年，上海市长宁区人民检察院尝试合适成年人制度，上海市阳光社区青少年事务中心的青少年事务社会工作者在全国首次作为专业社会工作者出现在了合适成年人队伍的名单内。2010年，上海市高级人民法院、上海市人民检察院、上海市公安局和上海市司法局等有关部门联合制定了《关于合适成年人参与刑事诉讼的规定》（沪检发〔2010〕121号），明确办案机关可委托专业社会工作者作为合适成年人行使法定代理人的部分诉讼权利。上海市阳光社区青少年事务中心依托全市站点网络优势，保证有24小时合适成年人工作联络人，保障在第一时间到达案件审理现场，秉持专业操守在参与过程中发挥“监督、抚慰、沟通、教育”四大功能，使青少年事务社工成为如今上海合适成年人队伍的主力军。

2. 开展社会调查的政策规定

2005年起，上海市闵行区人民检察院与上海市阳光社区青少年事务中心合作，开始委托青少年事务社会工作者进行刑事案件中未成年人的社会调查工作，之后其他区也开始跟进。2013年3月，上海市人民检察院与上海市社区青少年事务办公室共同印发《涉罪未成年人帮教与维权工作备忘录》

（沪检未检发〔2013〕9号），明确检察机关可以委托社会工作服务机构开展刑事案件中未成年人的社会调查。以《涉罪未成年人帮教与维权工作备忘录》为依据，2013年，上海市阳光社区青少年事务中心开始全面介入全市检察院阶段涉刑事案件未成年人的社会调查工作，并在之后逐步向前推进至公安侦查立案阶段，向后推进至法院审判阶段。

3. 参与观护帮教和附条件不起诉考察教育的政策规定

2003年，上海市闵行区开始建设社会观护体系。2004年，上海市浦东新区人民检察院与上海市阳光社区青少年事务中心合作，对未成年犯罪嫌疑人尝试施行诉前考察教育工作。2005年，上海市综合治理办公室下发了《关于对违法犯罪情节较轻的未成年人实行考察教育制度的意见》（沪综治办〔2005〕2号）。随后，上海市公安局、共青团上海市委员会、上海市社区青少年事务办公室、上海市人民检察院、上海市高级人民法院等纷纷下发有关青少年事务社会工作者参与对违法犯罪情节较轻的未成年人实施诉前考察教育工作的政策文件。与此对应，上海市阳光社区青少年事务中心配套出台相关工作制度，全市500多名青少年事务社会工作者全面介入取保候审、考察教育等环节开展帮教服务。2014年，上海市检察机关制定《未成年人刑事检察部门附条件不起诉工作细则》（沪检未检〔2014〕6号），在“监督考察”方面提出人民检察院应当会同社会帮教力量，组建帮教小组，帮教小组的成员包括未成年人保护组织的有关人员以及专业社工等，共同开展监督考察工作。

4. 提供羁押期帮教服务的政策规定

2013年，上海市综治委预防青少年违法犯罪专项组、市社会管理综合治理委员会办公室、共青团上海市委员会等11部门印发《上海市重点青少年群体服务管理和预防犯罪工作实施方案》（沪综治委预青组联字〔2013〕4号），鼓励社会工作者进驻拘留所、看守所等特殊场域，同时也在固定经费投入、工作力量建设等方面提出了要求①。基于政策文件的要求，经市公安局、司

① 费梅苹，李丹阳. 从入场、对话到合作：驻所社会工作者的实践策略研究——基于上海市Y机构驻所社会工作实践[J]. 社会工作，2022(1)：24-35，102-103.

法行政机关等部门沟通，共青团上海市委及市委政法委等部门以政府购买服务的方式，支持和推动驻所社会工作发展。社会工作者以联所和驻所的形式深入看守所、拘留所，运用专业社会工作方法，从个人层面、社会支持网络层面及体系衔接层面，为羁押在看守所、拘留所的青少年提供专业化服务。

5. 服务未成年被害人的政策规定

2016 年，上海市人民检察院印发《关于未成年人刑事检察部门办理成年人侵害未成年人犯罪案件的若干意见》(沪检发〔2016〕1 号)，提出“未检部门应当加强与专业机构的协作，组建心理咨询专家团队，共同做好未成年被害人的心理安抚、疏导工作，并探索建立未成年被害人及其家庭长期心理支持体系”“建立健全司法服务体系，开展司法救助、身体康复、转移安置、技能培训、经济帮扶等综合救助工作”，上海检察机关推进未成年被害人“一站式”取证工作机制显成效。

6. 参与未成年人社区矫正的政策规定

上海始终将未成年人社区矫正工作作为社区矫正工作的重中之重。上海市新航社区服务总站自 2004 年成立至今，一直秉持“以人为本，助人自助”的工作宗旨，为居住在上海市辖区内的社区矫正对象、五年内刑满释放人员提供专业化帮教服务，其中亦包括未成年人社区矫正对象和刑满释放的未成年人。2008 年，市矫正办制定《关于进一步加强青少年社区服刑人员分类矫正工作的实施意见》(现已失效)、《关于开展未成年社区服刑人员个别化矫正工作的暂行意见》(现已失效)，上海未成年人社区矫正以分类矫正为基础，以个别化矫正为抓手，将未成年人与成年人分开进行社区矫正①。2011 年 2 月，上海市综治委预防青少年违法犯罪工作领导小组、上海市高级人民法院、上海市人民检察院、上海市公安局、上海市司法局、共青团上海市委员会印发《上海市关于进一步建立、完善和规范办理未成年人刑事案件配套工作体系的若干意见》(沪综治委预青领联字〔2011〕2 号)，进一步畅通相关职

① 上海市高度重视做好未成年人社区矫正工作[J]. 中国司法，2012(9)：109－110.

能部门的合作渠道，规定司法行政机关社区矫正工作部门、共青团组织或其他社会组织应当接受公安机关、人民检察院、人民法院的委托，承担对未成年人的社会调查和社区矫正可行性评估工作，及时完成并反馈调查评估结果。2020 年 8 月 13 日，上海市高级人民法院、上海市人民检察院、上海市公安局、上海市司法局印发《关于贯彻落实〈中华人民共和国社区矫正法实施办法〉的实施细则》（沪司发〔2020〕74 号），该文件是对上海市原有社区矫正工作制度的总结和延续，强化了社区矫正机构与公安机关、审判机关的工作衔接配合，并对社区矫正对象的日常管理考核与分级矫正做了规范。

7. 参与保护处分的政策规定

为贯彻对未成年人坚持“教育、感化、挽救”的基本方针和“教育为主、惩罚为辅”的原则，规范开展未成年人保护处分工作，实现对罪错未成年人的分级干预、精准化帮教，2021 年，上海市发布《关于对罪错未成年人开展保护处分工作的规定（试行）》，确定保护处分是指：“检察机关立足于教育和保护，对实施了不良行为、严重不良行为、违反治安管理行为以及因年龄、情节等法定原因没有被追究刑事责任的罪错未成年人，采取刑罚之外的专门性教育矫治措施进行提前干预，预防再犯的制度”。随之，上海市公安局、共青团上海市委员会、上海市青少年服务和权益保护办公室印发《关于进一步加强涉未成年人案件社会支持的实施办法（试行）》，以文件下发的形式明确青少年事务社会工作者参与到公安阶段开展相关服务，服务对象包括严重不良行为矫治教育的未成年人、办案过程中发现需要社会支持的未成年人、办案过程中发现需要接受家庭教育指导的未成年人父母或其他监护人，以及其他需要社工机构介入的群体。

（三）涉民事案件的社会工作服务的政策规定

2011 年 9 月，上海市长宁区人民法院与上海市阳光社区青少年事务中心合作，聘请青少年事务社会工作者担任未成年人民事案件中的“社会观护员”。同年，共青团上海市委员会与上海市高级人民法院签署《上海法院审理未成年人民事、行政案件开展社会观护工作的实施意见》，这标志着上海在全国率先建立了未成年人民事、行政案件社会观护机制。以此意见为依据，2011 年，上海市阳光社区青少年事务中心选拔组建了 334 人的社会观护员队伍，全面参与未成年人民事、行政案件社会观护工作，以更好地保护未成年人合法权益。2016 年 6 月，最高人民法院在全国选取了 118 家中基层法院开展为期两年的家事审判方式和工作机制改革试点，以此为依据，上海市高级人民法院、共青团上海市委员会印发《关于建立青少年事务社工参与涉青少年家事纠纷解决机制的协议》（沪高法〔2016〕182 号）。2017 年，上海市高级人民法院、共青团上海市委员会签署《关于进一步规范和完善青少年事务社工参与涉未成年人家事案件纠纷解决机制的合作协议》（沪高法〔2017〕315 号）。上海市阳光社区青少年事务中心静安工作站和普陀工作站作为首批试点站点，分别参与到所在区人民法院的家事审判案件中，协助推进家事审判多元化纠纷解决机制建设。2018 年，上海市阳光社区青少年事务中心将阵地拓展至上海市第二中级人民法院，根据审理涉未成年人家事案件的需要，委派青少年事务社会工作者参与对涉案未成年人、当事人或其家庭成员开展的家事调查、庭前调解、心理疏导、回访观护等工作。2021 年，上海市阳光社区青少年事务中心开展的涉民事案件的社会工作服务覆盖至上海市第一中级人民法院及其他六家基层法院。

（四）司法程序中涉及的其他社会工作服务的政策规定

为回应《上海市未成年人保护条例》中对处于监护缺失或监护不当情形的未成年人的特殊保护，上海制定相关政策文件，推动对困境儿童的保护工作。早在 2017 年，上海就实施了《上海市人民政府关于加强本市困境儿童保障工作的实施意见》（沪府发〔2017〕32 号），提出坚持“儿童优先”原则，形成政府主导、社会支持、多方参与的运行机制，为困境儿童健康成长营造良好环境。该意见鼓励支持社会力量参与，通过政府委托、购买服务、项目合作等方式，依托和动员社会服务机构、慈善组织、志愿者等社会力量，参与对困境儿童的临时照料、教育辅导、医疗康复、精神关爱、权益维护等服务。同时，该意见还对服务设施建设、人才队伍建设、财力保障力度等保障措施提出了要求。2022 年 7 月 6 日，上海市民政局、市高级人民法院、市人民检察院、市公安局等 10 部门印发《上海市未成年人特别保护操作规程》(沪民规〔2022〕7 号)，明确了对上海市行政区域内因监护缺失或监护不当情形陷入困境的未成年人给予应急处置、临时监护和保障、家庭监护能力评估、监护干预等特别保护措施。

2013 年，上海市人民检察院与市综治委预防青少年违法犯罪专项组、共青团上海市委员会、市财政局等单位共同确立了“检察机关委托—社团承接—专业社会服务”的未检工作社会支持体系。2016 年，上海市人民检察院与市综治委预防青少年违法犯罪专项组签署了《关于建立上海市未成年人检察社会服务体系的合作协议》(沪综治委预青组联字〔2016〕4 号)。司法机关、市综治委预防青少年违法犯罪专项组、共青团上海市委员会积极推动，使未成年人司法社会支持服务由检察院阶段逐步延伸至公安、法院等阶段。

对上海地方政策梳理后发现，上海未成年人工作的相关部门一直在致力于积极回应与落实未成年人保护国家政策。同时，作为我国少年司法改革与发展的前沿阵地，上海充分结合本地区的历史文化情境、青少年成长和发展需求，转变工作理念、创新工作模式，以应对和解决社会转型过程中出现的青少年违法犯罪等社会治理难题。作为一种地方经验和实践智慧，上海实践转化成地方政策，既是一种地方性知识的总结，也能为国家进一步优化未成年人保护法规政策提供路径的参考。

四、上海青少年司法社会工作政策分析

上海预防和减少青少年违法犯罪工作的相关法律及政策为上海青少年司法社会工作实践与发展带来了积极的政策效应①。

(一) 优化青少年司法社会工作发展的外部环境

无论是在《上海市未成年人保护条例》《上海市预防未成年人犯罪条例》

① 费梅苹. 促进未成年人保护领域社会工作发展的积极政策效应[J]. 中国社会工作，2022(1)：15.

中，还是在预防和减少青少年违法犯罪工作的政策中，都明确指出对青少年违法犯罪的惩罚、约束与教育遵循“教育、感化、挽救”的基本方针和“教育为主、惩罚为辅”的原则。青少年违法犯罪者既是社会秩序的破坏者，也是复杂社会环境的受害者。从破坏者角度来看，青少年违法犯罪对他人安全、社会治安等都造成了严重威胁；从受害者角度来看，青少年正处于成长阶段，其身心发展都尚未成熟，辨别是非的能力薄弱，对于行为的模仿性较强，容易受到外在环境的影响。正是因为青少年思想尚不成熟，可塑性较强，“教育、感化、挽救”方针及“教育为主、惩罚为辅”原则才对其有着重要的意义，若对青少年进行正确的价值观、人生观的引导，他们完全有可能成为社会发展的建设者。这些法律及政策坚持最有利于未成年人的原则，通过政府购买服务的方式，加快扶持与发展青少年社会工作，使恢复与改善青少年的社会功能、促使其顺利回归社会的环境型政策效应凸显。

（二）创建了青少年司法社会工作服务的内容

法律及政策中多次提出未成年人保护工作要有专业社会工作的参与，并规定了若干社会工作服务的内容，比如《上海市未成年人保护条例》中规定，鼓励和支持有关社会组织、社会工作者等“为未成年人心理干预、法律服务、法律援助、个案帮扶、社会调查、社会观护、教育矫治、社区矫正、家庭教育指导、家庭监护能力评估及收养评估等提供专业服务”；《上海市预防未成年人犯罪条例》第十四条、第三十四条、第五十二条等分别对社会工作从社会层面参与预防未成年人犯罪、从学校层面参与预防未成年人犯罪、服务特殊未成年人（无固定住所、无法提供保证人）等进行了明确规定。上海市地方标准《未成年人司法社会工作服务规范》更是从上海实践出发，系统总结与提炼了社会工作者担任合适成年人、开展社会调查、开展观护帮教、参与附条件不起诉考察教育、参与保护处分、开展社区矫正、提供未成年被害人服务、开展涉民事案件的社会工作服务、开展司法程序中涉及的其他社会工作服务。这些法律及政策内容表达了青少年司法社会工作服务的政策需求，彰显出需求型政策效应。

（三）提供青少年司法社会工作服务制度、组织及人才建设的政策供给

《上海预防未成年人犯罪条例》中专门增设“预防支持体系”章节；《关于加强预防和减少犯罪体系青少年事务社工队伍建设的通知》（沪团委联〔2014〕36号）对青少年事务社工人才队伍建设提出了要求；还有诸多法律及政策中明确提出鼓励和支持社会力量参与，要通过政府委托、购买服务、项目合作等方式，引入专业社会工作，以及加大财力保障力度等。这些内容对青少年司法社会工作服务制度、合作机制、经费支持、人才队伍及能力建设等提出了要求，供给型政策效应明显。

第二节　上海预防和减少青少年违法犯罪工作的制度及机制

按照“政府主导推动、社团自主运作、社会多方参与”的总体思路，上海预防和减少青少年违法犯罪工作在全市全面展开。本节主要对政府主导推动的基本体制、社团自主运作的主要机制、社会多方参与的类型与机制进行概述。

一、政府主导推动的基本体制

（一）政府购买服务机制

2003年8月，上海市委政法委、上海市社会治安综合治理委员会印发《关于推进“构建预防和减少犯罪工作体系”试点工作的意见》；2003年9月15日，中共上海市委办公厅转发《中共上海市委政法委员会关于构建预防和减少犯罪工作体系的意见》，指出上海要支持社会团体按照政府的委托和授权从事预防和减少犯罪工作，要通过政府购买服务，整合社会资源，探索替代性公共服务产品的生产、供应机制。根据预防和减少犯罪工作体系建设的框架要求，上海市社区青少年工作按照“政府主导推动、社团自主运作、社

会多方参与"的总体思路来开展。通过专门成立市级政府管理机构和社团，组建职业化、专业化的青少年事务社会工作者队伍，运用社会工作的理念、知识、方法，帮助青少年解决问题，促进青少年健康成长，从根本上预防和减少青少年违法犯罪。

（二）市、区、街道（镇）三级管理运作体制

上海市社区青少年工作管理体制形成了同政府行政管理体制相协调的三级管理体制，即市、区、街道（镇）。每一级行政管理体制的主体大体上都可以分为五类。一是推动社区青少年工作开展的领导协调机构，包括市级层面的市委政法委、区级层面的区委政法委以及区综治办、街道（镇）层面的街道（镇）综治办。二是社区青少年工作的主管机构，代表政府直接介入社区青少年工作的运作之中，承担着监督管理的职能，包括市级层面的上海市青少年服务和权益保护办公室（原上海市社区青少年事务办公室）、区级层面的团区委以及街道（镇）层面的团工委；同时，这类机构作为同级社区青少年工作联席会议办公室，还发挥着协调同级联席会议成员单位（如公、检、法等司法机构及劳动、教育等部门）参与社区青少年工作的作用。三是社区青少年工作的运作实体，负责社区青少年工作的具体开展和操作，包括市级层面的上海市阳光社区青少年事务中心、区级层面的工作站以及街道（镇）层面的社工点。四是其他一些民间组织，如居委会、心理咨询机构和企业组织。五是个人，如热心青少年事务的志愿者。

（三）上海市社区青少年工作联席会议制度

1. 市级

按照市委、市政府领导提出的要求，上海市建立了"市社区青少年工作联席会议制度"，明确了联席会议及其成员的主要职责。联席会议由团市委、市综治办、市教委、市高级人民法院、市人民检察院、市公安局、市司法局、市文明办、市财政局、市劳动和社会保障局、市文广局、市体育局、市新闻出版局、市工商、市民政局、市妇联、市保监办、市爱心工程基金会等组成，其主要任务是加强对全市社区青少年工作的领导和协调，建立多方配合、齐抓

共管的工作机制，研究解决工作中的突出问题，推动各项工作措施落到基层，取得实效。各个成员在职责范围内推进上海市社区青少年工作的开展。联席会议不定期地举行成员单位联络员会议，以检查和推动全市范围内社区青少年工作的开展。联席会议办公室设在团市委，负责日常工作的推进与协调，由团市委书记任办公室主任，市综治办、市教委、市劳动和社会保障局领导任副主任。

2. 区级

全市各区结合区域实际情况，在《关于建立上海市社区青少年工作联席会议制度及职责分工的通知》（沪综治委〔2002〕9 号）、《关于加强上海市青年工作联席会议制度建设的若干意见》的基础上，明确区级社区青少年工作联席会议办公室以及各成员单位的职责和任务。

（四）设立上海市社区青少年事务办公室

上海市社区青少年事务办公室于 2003 年 8 月成立，接受团市委的领导。其主要职能是推进上海市全市社区青少年工作，办理社区青少年维权、保护等相关事务，依法行使作为社区青少年社团组织业务主管单位的监督管理职能。它内设综合协调处、服务维权处和社工工作处三个部门。

综合协调处的主要职能：(1) 参与研究、制定本市社区青少年工作法规并组织实施，负责制定本市社区青少年工作规划并组织实施；(2) 组织社区青少年工作的理论研究和课题调研；(3) 社区青少年工作重要文稿的起草工作；(4) 对外联系、接待工作；(5) 上海市社区青少年事务办公室内有关工作项目的协调工作；(6) 上海市社区青少年事务办公室的财务、会务、后勤保障等行政管理工作等。

服务维权处的主要职能：(1) 开展与服务社区青少年工作相关的各类活动；(2) 社区青少年工作、活动和典型的宣传工作；(3) 编发社区青少年工作简报：(4) 指导社区青少年工作志愿者队伍建设和工作开展；(5) 社区青少年活动阵地的建设等。

社工工作处的主要职能：(1) 参与研究、制定本市社区青少年工作政策并组织实施；(2) 管理和指导本市从事社区青少年工作的社团组织；(3) 联系各区综治办及团组织的工作；(4) 指导社工的任职、培训、交流、调配、考核、晋级和表彰等工作；(5) 社区青少年信息系统的建设等。

2015 年，上海在全国率先启动群团改革试点。上海市社区青少年事务办公室与团市委权益部合署，更名为上海市青少年服务和权益保护办公室。

（五）建立上海市社会工作者协会青少年社会工作专业委员会

上海市社会工作者协会青少年社会工作专业委员会于 2006 年 11 月成立，是上海市社会工作者协会的分支机构，不具有独立的法人资格，在协会的统一带领和管理下开展工作。

专业委员会的宗旨是遵守宪法、法律法规和国家政策，贯彻上海市关于青少年社会工作相关的政策和规定，在协会与专业青少年社会工作者之间发挥桥梁和纽带的作用，坚持社会工作的价值理念，为青少年事务社会工作者提供继续教育、业务指导、日常管理等工作，促进青少年社会工作向职业化、专业化方向发展。

专业委员会的成立说明上海在青少年社会工作方面形成了专业队伍、督导团队及工作网络，推动上海青少年社会工作发展进入“快车道”。

（六）职业晋阶和薪酬管理制度

根据《中共上海市委政法委员会关于构建预防和减少犯罪工作体系的意见》精神，上海市青少年事务社会工作者队伍成立之初，规定的月薪为“大专学历不低于 1 500 元、本科学历不低于 2 000 元”，社工人均总费用为 4 万～6 万元。

随着经济社会的发展，原先的薪酬制度没有对社工晋升及薪酬递增方面制定相应规定，这导致社工收入难以体现工作成效的差异，难以体现社工工作的难度、强度和工作成效，难以满足社工职业发展的需求，难以吸纳和留用优秀的专业社工，难以进一步提升社会工作者的专业形象和地位。为此，上海市社区青少年事务办公室开展调研，形成了《职业晋阶与薪酬制度研究》。2009 年 2 月，依托研究成果，上海市社会治安综合治理委员会办公室、上海市禁毒委员会办公室、上海市社区矫正工作办公室、上海市社区青少年事务办公室联合印发《禁毒、社区矫正、青少年事务社会工作者职业晋阶制度和薪酬管理实施细则》。实施细则规定了从社会工作师助理到初级社会工作师、中级社会工作师、副高级社会工作师、高级社会工作师的晋升路径和配套的薪酬办法，首次明确社工的职业晋阶制度包含了晋职分为5段、同一职务段设置不同的级别，以及评审流程和评审人员等内容。

随后，在2014年、2016年、2018年、2019年，上海市社会治安综合治理委员会办公室分别发文，通过调整薪点系数、增加考勤及绩效奖金的方式，将社工的人均总费用调整到139 903元。尤其在2019年，文件中首次提出体系建设社工薪酬标准参照政府购买服务人员中文书管理类薪酬标准执行并保持同步调整，福利待遇参照机关、事业单位工作人员福利费提取标准执行并保持同步调整。2022年，上海再次发文，将体系建设社工服务经费调整为167 203元。

二、社团自主运作的主要机制

（一）上海青少年事务社工队伍及机构的建立

1. 青少年事务社工队伍组建

上海市率先在浦东新区、卢湾区、闸北区、徐汇区四个区试点，按照一名社工负责管理150名社区青少年的比例开始组建青少年事务社工队伍。首批青少年事务社工队伍由两部分人员组成，组建初期考虑到可招聘的社会工作专业人才数量不足，部分青少年事务社工从政法、教育部门选调，其余从社会招聘。2003年8月底，上海市委政法委启动招聘青少年事务社工的工作，面向全市公开招聘。158名青少年事务社工参加了由市委政法委组织的社工培训班，较系统地接受了“社会转型与社会发展”“社会发展与社会工作”“香港外展社工的工作机制及方法”“社工的职业道德”“社工应具备的素质”“社会工作心理辅导”等社会工作专业知识及有关法律法规的培训。经过培训，这批之后成长为机构骨干的青少年事务社工了解并掌握了基本的社会工作专业知识与方法，为提供社会工作专业服务奠定了基础。2003年11月10日，浦东、卢湾、徐汇和闸北四个试点区的青少年事务社工正式上岗。2004年6—7月，上海开展了全市范围内的新一批青少年事务社工的招聘工作。7月12—30日，最终录取的388名青少年事务社工在华东师范大学接受了为期三周的岗前培训，培训内容涉及社会工作实务、社会学、心理学、社会政策和法律常识等二十余门课程。8月上旬，经过各区自行组织的培训后，青少年事务社工正式上岗。

2. 上海市阳光社区青少年事务中心

2004年2月，上海市阳光社区青少年事务中心正式成立，其是由共青团上海市委员会出资，经上海市民政局批准成立的民办非企业单位，主营业务为社区青少年教育、服务和管理，实行的是理事会领导下的总干事负责制。在试点期间，中心分别与浦东、卢湾、徐汇、闸北等四个试点区的青少年事务社工签订劳动合同或劳务协议。在全市招聘青少年事务社工后，负责对16个区的青少年事务社工统一进行管理、调配。上海市阳光社区青少年事务中心与上海市社区青少年事务办公室签订《政府(青少年事务)服务采购合同》，以项目化购买的方式，承担政府委托的青少年事务管理有关职能，并依据合同接受业务主管单位的指导、监督和评估。目前，该机构有11个派出工作站，负责上海11个行政区域的青少年教育、服务和管理工作。

3. 上海中致社区服务社

2007年7月，浦东新区政府结合综合配套改革试点，在原上海市自强社会服务总社浦东工作站、上海市新航社区服务总站浦东工作站、上海市阳光社区青少年事务中心浦东工作站的基础上合并重组，成立上海中致社区服务社。该机构是由上海市浦东新区社工协会、上海市浦东新区社会帮教志愿者协会、上海市浦东新区青年联合会出资，经上海市浦东新区民政局批准成立的民办非企业单位。业务主管单位为浦东新区区委政法委，同时接受浦东新区禁毒办、司法局和团区委的业务指导。中致社区服务社与区委政法委办公室签订《社会工作服务合同》，根据政府购买服务合同的要求，为浦东新区药物滥用人员、刑释解教人员、社区服刑人员以及16至25岁的“失学、失业、失管”青少年提供专业化的社会工作服务。

4. 上海奉贤区思齐社会工作服务中心

2009年6月，由上海市奉贤区社会帮教志愿者协会发起，在原上海市自强社会服务总社奉贤工作站、上海市新航社区服务总站奉贤工作站、上海市阳光社区青少年事务中心奉贤工作站的基础上合并重组，并经上海市奉贤区民政局批准注册民办非企业单位——上海奉贤区思齐社会工作服务中心。作为从事预防和减少犯罪工作的综合性机构，其业务主管部门为上海市奉贤区司法局，受奉贤区禁毒办、区司法局、团区委的业务指导。

5. 上海茸城社区平安服务社

2010年7月，在原上海市自强社会服务总社松江工作站、上海市新航社区服务总站松江工作站、上海市阳光社区青少年事务中心松江工作站的基础上合并重组，成立上海茸城社区平安服务社。其主要为松江区药物滥用人员、社区服刑人员、5年内刑释解教人员以及16至25岁的“失学、失业、失管”青少年提供社会工作服务。

6. 上海市嘉园社区青少年事务中心

2015年1月，在上海市阳光社区青少年事务中心嘉定工作站的基础上重组，经上海市嘉定区民政局批准注册成立民办非企业单位——上海市嘉园社区青少年事务中心。其业务主管部门为共青团上海市嘉定区委员会，主要关注嘉定区6至35岁青少年的健康成长，以“控制规模、有效管理、加强教育、切实服务、减少犯罪”为目标开展嘉定区重点青少年群体服务管理和预防青少年违法犯罪工作。

7. 上海奉贤区启贤青少年社会工作服务中心

2019年6月，由上海奉贤区青年社会组织服务中心发起，在原上海奉贤区思齐社会工作服务中心青少年社工站的基础上重建，并经上海市奉贤区民政局批准注册民办非企业单位——上海奉贤区启贤青少年社会工作服务中心。其业务主管部门为共青团上海市奉贤区委员会，以预防青少年违法犯罪为主要目标，为奉贤区 6 至 35 岁的社区青少年提供思想引领、权益维护、社会融入等专业社会工作服务。

这些机构所形成的工作网络，覆盖了上海全部的街道（镇），形成了一张牢固的未成年人保护网，能在第一时间为有需求的青少年及其家庭提供专业服务。机构依据法律法规、章程自主运作，立足专业建设，信守职业操守，发挥社团专业性、社会性等优势，实现最佳的社会效果。

（二）专业协助机制

1. 专家督导委员会

2006 年 11 月，上海市青少年事务社会工作专家督导委员会正式成立，委员由上海市阳光社区青少年事务中心进行聘任，负责社区青少年工作职业化、专业化建设的研究、指导、咨询、服务工作。其主要任务包括：(1) 对社团专业化建设进行规划、建议；(2) 提出、调研有关青少年社会工作专业发展中的重大课题；(3) 对全市青少年事务工作进行督导，负责专业咨询、培训和考核评估等相关工作；(4) 指导和促进机构的改革、建设和发展。这些委员主要是来自上海高校的社会工作、法学以及心理学领域的专家学者，并愿意给予机构专业的支持。

2. 伦理委员会

2017 年 10 月，上海市青少年事务社会工作伦理委员会成立，规模为 5～7 人，由上海市阳光社区青少年事务中心理事会提名组成。委员由该机构理事会代表、监事会代表、专家学者代表、社工代表及其他相关人士组成。其主要任务包括：(1) 上海市青少年事务社工职业守则的解释、咨询、修订与倡导；(2) 对机构全体青少年事务社工接受伦理教育训练的课程、课时予以督促，并提供相关培训；(3) 对涉及社工违反社会工作伦理的事件进行调查判断，并做出处理决定建议。

伦理委员会形成了相关工作开展的流程：涉及职业守则解释修订的工作流程为收集、审议、建议案、决议；涉及伦理教育培训督促的工作流程为制定计划、反馈；涉及调查审理的工作流程为调查审理适用对象、上报、调查、审议、建议案、决议。

3. 上海市阳光青少年社会工作研究院

2019年8月，上海市阳光社区青少年事务中心在理事会会议上全票决议通过，成立上海市阳光青少年社会工作研究院。该研究院旨在激发上海青少年事务社工的实务研究热情和能力，充分发挥上海诸多高校社会工作专业的资源优势，通过将一线社工的实务工作与高校理论研究的高度融合，更好地促进上海青少年社会工作专业化发展，进一步夯实上海在全国青少年社会工作领域中的专业领先地位。研究院下设学术委员会，每年通过向上海高校发布研究项目指南完成研究项目的签约立项、过程监管、结项答辩工作。

（三）服务运作机制

上海预防和减少青少年违法犯罪工作体系在党和政府的政策方针引领下，在服务人群、服务方式、服务路径等方面不断进行新的调整与发展。

1. 委托

在社区内开展社区青少年的服务，基本采取全覆盖、建立一人一档、开展三大专业工作方法、持续跟进的工作机制。在未成年人司法领域，基本采取了委托的工作机制。公安机关、检察机关、审判机关、司法行政部门通过委托社会工作服务机构的形式来开展转介、协调、合作等工作。

主要通过签订委托协议，明确服务的范围、标的、数量和质量要求，同时对服务期限、服务经费、支付方式及权利义务、违约责任做相应的约定。社会工作服务机构在签订委托协议后，安排合适的青少年事务社工进入接案、预估、服务设计、服务实施、成效评估、结案、回访跟进的工作流程。

在为青少年提供服务的过程中，若青少年的实际居住地发生变化或是青少年有特定的需求，超出了机构服务的范围，经评估可以终止委托。由委托方找到合适的社会工作服务机构再次发起委托。

2. 转介

转介所针对的服务对象通常有两种：一是人户分离社区青少年，指本人常住地址和户籍不一致的社区青少年；二是需要外部其他专业力量介入的青少年，指需要其他专业组织或机构介入方能解决问题、促进其成长和发展的青少年。

针对人户分离社区青少年，预防体系内的社会工作服务机构已通过“上海社区青少年管理信息系统”实现了十五个区之间的服务转介。主要步骤为：人户分离社区青少年资料核实、人户分离社区青少年资料录入、人户分离社区青少年资料转案。对预防体系外或涉及其他社会组织间的转介工作，则通过填写“服务转介情况表”来达成。“服务转介情况表”包含了求助日期、求助平台、转介原因、转介机构、接收机构、主要诉求、相关情况等信息。同时还需要与服务对象及家长协商，充分沟通、听取意见，获得同意后联系合适的接收方，填写“服务转介情况表”完成具体信息、资料的转介。

在转介中，要充分考虑到服务对象的家庭情况、经济承受能力，首先考虑也能提供免费服务的接收机构。在特定情况下，经服务对象和家长同意，可以转介给收费的社会组织。转介后，在三个月至六个月内需要做一次回访，了解后续服务情况、青少年现状。

3. 评估

目前在未成年人司法领域的评估主要为机构内部评估。机构内部评估包含了需求评估、服务方案评估、服务过程评估、结果评估。

需求评估：机构要求青少年事务社会工作者在提交个案、小组、社区活动申请或项目方案之前，都要开展此项评估，比如在驻所社会工作服务中，通过开展“生命历程访谈”以评估服务对象的需求。

服务方案评估：在形成初步服务方案后，督导团队针对方案整体的内容、可行性、针对性、预案开展评估。

服务过程评估：督导团队根据目标、分目标及对应的具体行动计划，定期对青少年事务社会工作者进行督导，对过程中出现的问题或新情况及时回应、处理。

结果评估：督导团队与青少年事务社会工作者共同回顾是否完成设定

的指标，是否达到了预期的效果。

以上四项内容的内部评估，一般由青少年事务社会工作者、督导团队（同工督导、督导助理、督导）在各自的职责、权限范围内来完成相应的评估工作。

目前，委托方直接评估或第三方评估的形式正在积极探索中。上海市阳光星辰少年司法社会服务中心作为未成年人司法社会工作领域的评估机构，已初步建构了针对考察教育、合适成年人、社会调查等传统未成年人司法社会工作的评估指标体系，并在部分区域开展了评估试点工作。这部分的评估工作将完全从第三方的角度，客观地去发现问题，通过反馈、监测，以调整、改善现有的服务质量。

4. 机制特色

上海在未成年人司法社会工作领域，已形成了“试点嵌入—推动发文—全面落地”的机制特色。

试点嵌入。根据市场需求、政策导向或相关部门改革方向，在全市选择1～2个条件较为成熟的区域开展服务拓展或创新试点工作，比如与法院合作的家事工作试点，就是借由普陀区、静安区的两家基层法院的内部改革为契机而进行的。

具体考量指标包括两方面。在机构内部，要有足够能力、足够数量的社工；有团队来形成试点方案并推进实施；有督导做持续跟进和支持；有支撑开展服务的资金、路径和对话渠道；有完善的内部管理、项目运作和财务制度。在机构外部，需要有明确的服务对象；合作方（某区域或某部门）要有明确的试点动机和意向，且有引入社会工作服务机构共同参与或合作的发展策略。

在具体嵌入过程中，要把双方的工作流程、路径进行再造，能融合彼此的工作目标、内容，凸显彼此的专业和优势。加强双方沟通、明确合作协议、对合作方相关工作人员开展培训（理念和意识方面）是有效嵌入的前提条件。

推动发文。通常试点嵌入工作周期为1～2年，在这周期内定期向业务主管部门进行沟通，介绍典型案例、服务成效，以及困难、需要支持的部分。在周期结束前，形成相应数据分析及研究报告，以专报的形式让业务主管部门知晓拓展或创新工作的全过程。与业务主管部门共同拜访相关合作方、联合发文方，介绍试点嵌入工作整体情况并参与制定文件，将试点嵌入形成的服务策略、服务经验、服务流程进行总结、提炼和固化。

全面落地。形成的文件通常以“通知”“备忘录”等形式出台，在这个部分中，要保障文件传达给与之有关联的部门或人员，并且对相关人员进行培训，解读文件内容、流程和要求。同时形成具体工作指引或工作方案，让每一名实务工作者能清楚知晓。在过程中还要听取执行中的意见和反馈，找到需要改善的问题，进一步优化工作方案和流程。

总体来讲，服务运作机制基于上海成熟的工作网络以及体系建设的框架设计，通过“行动—学习—反思—行动”的良性循环，使社会服务有效嵌入预防青少年违法犯罪的制度链中，实现了服务机制的有效运作。

（四）考核管理制度

1. 对一线社工的考核

上海市阳光社区青少年事务中心为了推动日常工作开展的规范化、职业化、专业化，准确评估社工的工作绩效，自2004年就颁布《上海市青少年事务社会工作者考核办法（试行）》。该办法对一线社工的考核包括专业伦理与自身建设、工作量、工作成效三个方面。在2012年和2020年，分别对一线社工的考核工作进行了改版。目前对一线社工的绩效考评内容，包含了目标管理、质量管理、综合表现、工作站自定义四个方面，强调给予派出工作站一定的权限，以根据区域资源、服务人群、岗位设定等情况形成更有针对性的绩效评价指标。

2. 对管理人员及工作站的考核

上海市阳光社区青少年事务中心制定的《工作站管理人员绩效管理办法》（2020版）明确了绩效考评内容，包含目标管理、综合表现、全视角满意度评估三个方面。目标管理是指年度目标与工作站评估情况；综合表现是指培训、出席会议、工作纪律、惩戒等情况；全视角满意度评估是指自我、区相关部门、总部职能主任、管理层四个方面的评估。

《工作站评估管理办法》(2020 版)包含了目标管理、专业工作评估、综合评估三个方面。目标管理包含年度目标、基础目标工作完成情况；专业工作评估包含重点工作评估和工作记录评估；综合评估包含工作落实度和工作贡献度两个方面。

《工作站管理人员绩效管理办法》与《工作站评估管理办法》有一一对应之处，也有不同考量部分。通过具体指标的设定将管理人员的绩效与工作站整体运作管理、相关方关系维系捆绑起来，从而让上海市阳光社区青少年事务中心在松散型管理中能有的放矢，保质保量完成各项工作。

（五）信息管理系统

在市委政法委、团市委的高度重视和支持下，2005 年，上海市阳光社区青少年事务中心作为主要试点方与开发公司上海德茂信息技术有限公司开始探索研制国内首个青少年社会工作信息系统，并正式命名为“上海社区青少年管理信息系统”。2005 年 5 月，上海市委政法委、市综治办、团市委在全市下发《关于在本市推进社区青少年管理信息系统建设的意见》，当年年底 500 余名青少年事务社工经全市摸底工作后录入的 47 000 多条社区青少年信息，为全市社区青少年服务信息化建设工作迈出了坚实的第一步。

在设计之初，系统主要是为了了解青少年动态信息，及时掌握青少年群体情况。并通过系统处理平台即时显示区域内青少年的行为特征以及整体犯罪比率图示，方便社工机构和社工做出及时准确的预判。因此，系统一直在根据运行的情况以及青少年事务社工的反馈，做系统模块的调整。

2008 年至 2013 年期间使用的第二版系统，在青少年事务社工层次权限方面做出较大改动，将一线社工、督导、管理人员工作权限内容进行细分；新增了与个案工作、小组工作、社区工作专业方法相适应的功能模块，首次将社会工作专业流程以系统表单的形式引入信息系统，结合工作日志、数据报表、志愿者工作等模块，基本涵盖青少年事务社工日常工作，使无纸化办公真正成为现实。

2013年至2016年期间的第三版信息系统在表单操作简化、功能实用性、用户体验、界面美观等各个方面有了长足进步。增加了日志及服务记录的录入时间锁、工作量统计、考核评分、项目工作等功能。在字段和青少年分类方面重新界定了五类重点青少年群体。配合上海市阳光社区青少年事务中心2013年同步出台的《中心信息化管理手册》《中心信息系统使用规定》等要求，以规范促发展，极大地推动了该中心工作专业化、精细化发展。

2017年至今使用的第四版系统，新增了绩效报表模块、在线培训和线下培训报名功能。还将以往未能单独体现在系统中的未成年人司法服务工作情况，即合适成年人、观护帮教及考察教育工作、社会调查工作、社工参与家事案件这四大板块直接在系统内进行呈现，努力打造上海市阳光社区青少年事务中心在参与未成年人司法保护工作中服务流程、服务内容的标准化和专业化。

三、社会多方参与的类型与机制

在体系建设过程中，市委政法委、团市委协调社会各方资源，发动社会力量积极支持上海市阳光社区青少年事务中心发展。

（一）与企业的合作

上海市阳光社区青少年事务中心与企业最初的合作，始于2004年7月接受了上海大众出租汽车公司捐赠的5台电瓶车。随后，随着业务的发展和社工知晓度的提升，与企业的联结进一步加强，逐渐形成助困、助业、社会融合与青年多元交流的“四叶草”社企合作模式。

1. 助困

通过企业出资，以结对、定期出游或活动的形式，给予困境儿童家庭一定的支持。2011年9月，加拿大国宝级剧团太阳马戏团赞助了“阳光下展翅”班的48名贫困青少年、“小海豚”项目的来沪青少年、家长代表，邀请他们观看了太阳马戏团最经久不衰的剧目《艺界人生》。2014 年，上海市阳光社区青少年事务中心联合绿地商业集团开展“冬日阳光·爱满全城”公益活动，为困难儿童送去关爱，爱心志愿者、企业代表纷纷拿出企业产品、个人收藏品参与慈善义拍。2018 年，上海市阳光社区青少年事务中心联合马克华菲公司为云南贫困儿童筹办“阳光阅览室”及 100 位学生的生活学习物资，并通过“陪孩子过节”庆“六一”系列活动带去温暖和关怀。

2. 助业

企业在上海市阳光社区青少年事务中心的组织和安排下，提供活动场地、就业岗位，通过讲述企业文化、岗位特性及安排员工现身说法，拓宽青少年视野，增强就业动力，做好个人职场规划。2008 年，上海市阳光社区青少年事务中心与百思买企业合作，在社区开展增强社区青少年就业动力的活动，外籍员工在青少年事务社工的带领下，与青少年合作，共同完成挑战。2020 年至 2022 年，上海市阳光社区青少年事务中心运作“青橄榄”社区青少年就业增能项目，组织青少年参与“网络直播与运用培训班”“泰隆银行职业训练营”“互联网电商青年人才训练营”，引导青少年开阔眼界，结识同龄人，并链接众多企业资源助力青少年增能、就业。

3. 融合

通过与企业合作，让更多人士关注到重点青少年群体，了解青少年事务社工的服务方式，在未来能促成更深入的合作。2014 年，上海市阳光社区青少年事务中心联合布丁酒店合作推出“中途驿站”，为离家出走或无家可归的青少年免费提供三至五天的临时住所，以陪伴、疏导化解危机。2018 年，上海市阳光社区青少年事务中心联合欧莱雅公司开展企业员工家庭日活动，以绘本故事、互动游戏等形式倡导公益环保，推动积极融合。2019 年，上海市阳光社区青少年事务中心联合上海中国青年旅行社开展儿童家庭日活动，增进社会交往，亲近自然，促进亲子亲密度和社会融入度。

4. 多元交流

通过与企业合作，搭建青少年相互交流、相互合作的平台，通过同伴交往与支持,汲取榜样示范和成长能量。2004 年 10 月,上海市阳光社区青少年事务中心与肯德基公司进行项目合作,在全市范围内开展社区青少年“三人篮球推广赛”活动,共有 576 支队伍、3 000 余名社区青少年报名参加了比赛。2005 年,上海市阳光社区青少年事务中心联合耐克公司与中国篮球巨星姚明及姚基金合作,在社区内开展青少年公益篮球培训班,共同推动青少年篮球运动在中国的发展;联合花旗银行开展“春天花花游园会”志愿者活动,企业员工作为志愿者与儿童组成临时家庭,用鼓励和支持燃起孩子们的信心。

（二）与基金会的合作

1. 针对青少年

上海市阳光社区青少年事务中心与基金会的合作,主要通过项目的形式进行。2004 年,该中心与上海市慈善基金会联合开展“阳光下展翅”上海社区青少年就业援助行动,为社区青少年提供免费的学历和技能培训,并向中国移动、中国联通等企业推荐就业,首期 194 名学员中培训合格率达 98.5%,成功就业率达 78.5%。该项目持续了 11 年,促进了社区青少年的学历提升与再就业。2010 年,上海市阳光社区青少年事务中心获得上海市民政局福彩基金的资金资助,开展了“E 展翅”青少年淘宝网络创业公益行动,主要协助青少年在淘宝上进行创业。之后,上海市阳光社区青少年事务中心又分别与上海市禁毒基金会、上海市青少年发展基金会、上海市爱心帮教基金会、南都公益基金合作,成功开展了与青少年成长发展相关的项目。

2. 针对青少年事务社工

2006 年 8 月,上海新梅置业股份有限公司先后向上海市阳光社区青少年事务中心捐赠 100 万元,注入阳光社工关爱发展基金,用于对优秀社工的奖励,对困难社工家庭提供资金、物质及精神等各种形式的帮助,增强青少年事务社工队伍的凝聚力,促进该中心的发展。2020 年 3 月,北京亿世界商业经营管理有限公司向上海市青少年发展基金会的阳光社会工作发展基金先后捐赠近 93.5 万元,用于员工培训、研究等方面的支出。

（三）志愿者与共建单位的参与

上海市阳光社区青少年事务中心通过自行发展、网上招募、高校巡展及社区宣传等方式，逐步建立了以社区青少年、律师、心理咨询师、社区热心人士为主体的志愿者队伍，按照社工与志愿者 1∶5 的比例配备。截至 2022 年，有效在册社区青少年社会工作志愿者有 2 396 名。

志愿者主要协助青少年事务社工开展以下四个方面工作：（1）提供教育咨询、心理咨询、法律咨询、卫生保健咨询、就业咨询等（提供咨询服务的志愿者需具有相关专业、工作背景或持有相关职业资格证书）；（2）协助开展工作站、社工组织的社区青少年活动；（3）协助开展针对社区青少年的课业辅导，外语、才艺、技能培训等提升服务；（4）协助工作站、社工开展社区宣传活动。

上海市阳光社区青少年事务中心每年向志愿者提供 24 学时的培训。培训内容涉及机构介绍、青少年事务社会工作介绍，以及社会工作、心理学、法律、社会保障等相关知识讲座。上海市阳光社区青少年事务中心每年对相关志愿者进行表彰和奖励，根据志愿服务时长，评出“纪念奖”“骨干奖”“突出贡献”等奖项。

共建单位是上海市阳光社区青少年事务中心整合社会人力、智力、物力、财力资源的有效手段。本市、外省市的学校、企/事业单位、社会团体、党团组织等与上海市阳光社区青少年事务中心或派出工作站有密切合作关系的都可视作共建单位，可参与关于青少年事务社会工作的研究、培训、活动、发展等。上海市阳光社区青少年事务中心每年也会对共建单位进行表彰。志愿者与共建单位在机构业务开展和运作发展过程中均发挥了极其重要的作用。

（四）与青联、青企协的合作

上海市阳光社区青少年事务中心是团属社会服务机构，可以充分整合共青团服务青少年的相关资源。其中市区两级的青年联合会（以下简称“青联”）和青年企业家协会（以下简称“青企协”）的作用就不容小觑。

2015 年 6 月，上海市青联社专、金融、非公界别共同发起“青春与公益同行　阳光与青年相伴”联合助困众筹活动，上海市阳光社区青少年事务中心承办了后续的“双百志愿活动”。7 月，上海市青联及长宁区青联的志愿者们与首批来自崇明县(现崇明区)的 30 名留守儿童组建临时家庭共游自然博物馆；8 月，上海市青联的志愿者们与来自杨浦区、黄浦区、闸北区、长宁区以及普陀区的 25 名家庭困难青少年组建临时家庭，共同遨游上海海洋水族馆；9 月，上海市青联的志愿者们与来自崇明县的 25 名留守儿童分成四个小队，共同参观上海博物馆；10 月，杨浦区内的 30 名贫困家庭儿童与杨浦区青联志愿者一行参观了中国武术博物馆，并参与了趣味攀岩体验活动；11 月，白领青年志愿者与青少年事务社工与崇明县的 30 名留守儿童组队共游自然博物馆。这些持续性的活动，给青少年带来了不同的感受和体验。

2020 年，在上海市阳光社区青少年事务中心开展“爱成长”困难青少年关爱服务中，上海市青联和青企协共为 915 名困境儿童筹集帮扶补贴 457 500 元，为参与线上学习存在困难的 255 名困境未成年人提供智能手机、上网卡，有效保证疫情防控期间困境儿童的生活、学习。上海市青联和青企协的会员还与 668 名困境青少年、234 名事实孤儿和社会孤儿结对，通过定期慰问、组建临时家庭、集体出游等形式，共同关心青少年，促进青少年与社会的联结。

上海市阳光社区青少年事务中心自成立以来，通过不断强化体制、完善工作机制，有序推进了专业服务纵向深入、精细化发展，预防社区青少年工作、减少青少年违法犯罪工作都取得了显著的成效。

第三节　上海青少年司法社会工作服务体系

上海青少年司法社会工作服务体系是预防和减少青少年违法犯罪工作体系建设的重要内容，依据“分级预防、干预和矫治”的理念与犯罪预防理论、标签理论等理论基础，形成超前预防、临界预防、再犯预防三级预防的社会工作服务内容。本节对上海青少年司法社会工作服务体系的理念及理论依据、三级预防服务内容进行概述，进一步分析上海青少年司法社会工作服务体系的构成、功能与意义。

一、服务理念及理论依据

（一）分级预防、干预和矫治

预防和减少青少年违法犯罪工作是一项系统工程，《预防未成年人犯罪法》(2021)强调“预防未成年人犯罪，立足于教育和保护未成年人相结合，坚持预防为主、提前干预”，涉及预防犯罪的教育、对不良行为的干预、对严重不良行为的矫治、对重新犯罪的预防等内容。这充分体现了预防和减少青少年违法犯罪应坚持“分级预防、干预和矫治”的理念。《上海市预防未成年人犯罪条例》(2022)也强调“预防未成年人犯罪，立足于教育和保护未成年人相结合，采用符合未成年人生理、心理特点和行为特征的方式，进行分级预防、早期干预、科学矫治、综合治理”，同时也对预防犯罪的教育、对不良行为的干预、对严重不良行为的矫治、对重新犯罪的预防提出了相应的要求。上海预防和减少青少年违法犯罪工作在“分级预防、干预和矫治”理念的指导下，形成了超前预防、临界预防、再犯预防三级预防基础上的青少年司法社会工作服务体系。

（二）犯罪预防理论

犯罪预防是为了消除诱发犯罪行为产生的原因而采取防止或者尽量减少犯罪行为发生的各种措施。根据犯罪预防理论，预防青少年犯罪主要包括社会预防与法律预防。社会预防分为宏观、中观、微观三个层面：宏观社会预防主要是完善社会制度与社会政策；中观社会预防通过社区预防、学校预防来实现；微观社会预防的主要机制是家庭预防与个体社会化[①]。法律预

① 吴志明.社会管理创新：预防和减少犯罪的上海实践[M].上海：上海人民出版社，2011：22－28.

防包含了“直接—间接预防”与“犯罪前—犯罪后预防”两个维度，通过完善司法体系、增强法律意识、开展社区矫正等内容实现法律预防犯罪的功能[①]。也有学者基于犯罪预防对象人群的不同，将犯罪预防分为一般预防、临界预防和再犯预防三种类型[②]。其中，一般预防针对普通人群，旨在消除可能诱发犯罪的危险因素；临界预防针对已经表现出犯罪危险特征的人，采取专门措施阻止其向犯罪人演变；再犯预防则针对已经实施犯罪行为的人，重点是预防其重新犯罪[③]。基于犯罪预防理论，超前预防、临界预防、再犯预防三级预防体系成为上海青少年司法社会工作服务体系的主要构成。

（三）标签理论

标签理论（Labeling theory）萌芽于20世纪30年代，形成于60年代，以符号互动论为理论基础，重点探讨越轨的过程而非越轨的原因，将研究的视角从犯罪人转向对犯罪人有重要影响的环境与控制犯罪的机构这些因素对犯罪的影响。标签理论区分了初级越轨和次级越轨，其代表人物雷默特（E. Lemert）认为，当初级越轨者被标定为越轨者，越轨者会产生自我预言的过程，即认定自己是越轨者，此时的社会越轨变成习惯性的、永久性的和程度严重的越轨，也就是次级越轨[④]。换言之，该理论强调越轨的相对性，认为犯罪是社会给某些行为规定为“犯罪”，社会成员成为罪犯是因为社会给其贴上了“犯罪者”的标签，从而不得不屈从于被标定的罪犯的角色、以罪犯的形象来理解自我[⑤]。青少年违法犯罪尤其是未成年人违法犯罪，传统的社会控制手段和措施不但无法避免其犯罪行为对他人和社会造成的严重伤害，还会导致这些人格尚未成熟的未成年人远离正常的教育和生活轨道，并终生

---

① 吴志明. 社会管理创新：预防和减少犯罪的上海实践[M]. 上海：上海人民出版社，2011：22－28.

② 吴志明. 社会管理创新：预防和减少犯罪的上海实践[M]. 上海：上海人民出版社，2011：22－28.

③ 董邦俊，王小鹏. 未成年人临界行为及预防对策研究[J]. 政法论丛，2016(4)：85－94.

④ 项亚光. 西方社会越轨理论与青少年犯罪的预防和控制[J]. 外国中小学教育，2010(6)：31－35.

⑤ 于改之，吴玉萍. 多元化视角下恢复性司法的理论基础[J]. 山东大学学报(哲学社会科学版)，2007(4)：39－44.

背上犯罪人的标签难以自拔，进而对他们自身和家人以及整个社会造成“二次伤害”。因此，标签论者提出对一些罪行较轻的犯罪实行非犯罪化、非刑罚化的处罚，避免使犯罪者过早进入刑事司法体系而被贴上犯罪者的标签，以减轻标签的影响。这与预防未成年人犯罪工作“分级预防、干预和矫治”的理念是相契合的，需要对处于不同阶段的青少年分别开展预防犯罪的教育、对不良行为的干预、对严重不良行为的矫治和对重新犯罪的预防。

二、超前预防服务

超前预防是社会工作者针对普通青少年的犯罪预防，是在青少年尚未出现违法犯罪倾向之前所采取的预防犯罪的社会工作服务。

（一）服务对象

超前预防阶段的服务对象主要是青少年违法犯罪高发群体，从上海青少年司法社会工作实践来看，超前预防阶段的服务对象具体指社区青少年、来沪青少年、困境儿童及其父母或者其他监护人。

（二）服务目标

超前预防阶段的服务目标主要包括两个。

一是社会工作者从个体、家庭、学校、社会等维度的介入工作，消除或减少可能导致青少年走向违法犯罪行为的各种消极因素，强化对青少年的保护和教育。

二是社会工作者通过开展教育类、成长发展类活动，促进青少年亲社会行为的产生，从而达到预防犯罪的目的。

（三）服务内容

《预防未成年人犯罪法》规定“国家、社会、学校和家庭应当对未成年人加强社会主义核心价值观教育，开展预防犯罪教育”。社会工作在预防犯罪的教育中立足国家政策、家庭教育、学校教育、社会教育，结合未成年人的特点和需求，采取多种方式为青少年提供有针对性的预防犯罪服务。

1. 个体社会化

社会化是指个体在与社会的互动过程中，通过对社会文化的内化和角色知识的学习，逐渐适应社会生活的过程①。社会工作者链接青少年法治教育基地、青少年宫、儿童活动中心的平台资源，为青少年开展社会主义核心价值观教育、法治宣传和教育等多种形式的预防犯罪教育和服务，使青少年从小树立遵纪守法和防范违法犯罪的意识，提高自我管控能力。

2. 家庭教育指导

《家庭教育促进法》规定"鼓励社会工作者、志愿者参与家庭教育指导服务工作"。一方面，社会工作者协助青少年的父母或者其他监护人依法履行监护职责，积极关注青少年的心理和行为变化，及时进行教育、引导和劝诫，培养青少年的良好品行。另一方面，社会工作者对青少年的父母或者其他监护人开展家庭教育指导服务，树立正向教育观念，提升其教育子女及亲子沟通的知识和技能。

3. 学校社会工作

《预防未成年人犯罪法》在学校教育方面提出"教育行政部门鼓励和支持学校聘请社会工作者长期或者定期进驻学校"。社会工作者与学校及其教职员工、法治教育老师、法治副校长、校外法治辅导员、心理健康教育老师、未成年学生及其父母或者其他监护人等形成合力，开展道德教育、法治教育、生命教育和心理健康教育，参与预防和处理学生欺凌等行为。

上海市阳光社区青少年事务中心积极推进社工联驻校工作，以 2021 年为例，中心 11 个工作站(闵行除外)在各区 144 个学校内开展联驻校社会工作服务②，通过多种方式加强与学校的联络与合作，寻求与学校的共需点，通过提升青少年就业、守法、抗挫、沟通等能力，最终达到预防和减少青少年违法犯罪的目的。其中，"青春健康教育""校园反暴力"等社工联驻校项目工作得到了许多参与学校师生的认可，上海城建职业学院等部分职校主动前

---

① 郑杭生. 社会学概论新修[M]. 北京：中国人民大学出版社，2003：83.

② 参见《上海市阳光社区青少年事务中心 2021 年度工作总结报告》。

来寻求合作，并出资购买社工服务。

4. 社会支持与社会参与

社会工作者整合街道(镇)、居(村)民委员会等资源，积极关注社区青少年群体，通过电话、网络、上门走访等多种方式，及时掌握本辖区内社区青少年的监护、就学、就业情况。2018 年，上海市阳光社区青少年事务中心对全市青少年开展需求调研工作，共实际排摸 146 409 人①。

社会工作者为已满十六周岁准备就业的未成年人，联动职业培训机构、用人单位开展职业培训、职业生涯规划等服务。2020 年，上海市阳光社区青少年事务中心开展"青橄榄"社区青少年就业增能项目，对全市未就业、难就业、怕失业的在册社区青少年和职业适应困难的青年开展增能服务，以提升社会适应力和就业软技能为目标，积极整合社会资源搭建支持网络，促进青少年实现自我价值，以更好地融入社会②。

三、临界预防服务

临界预防是预防和减少青少年违法犯罪工作的一道重要防线，社会工作者针对已经表现出违法犯罪危险特征的青少年，通过探索预防犯罪的社会工作服务，阻止其实施犯罪行为。

(一) 服务对象

临界预防阶段的服务对象主要是实施偏差行为而具有犯罪风险的青少年，从上海青少年司法社会工作实践来看，临界预防阶段的服务对象具体指有不良行为的未成年人、有严重不良行为的未成年人及其父母或者其他监护人。

(二) 服务目标

临界预防阶段的服务目标主要包括两个。

一是社会工作者以"家—校—社联动机制"的建立为服务重点，探索学

① 参见《上海市阳光社区青少年事务中心 2018 年度工作总结报告》。
② 参见《上海市阳光社区青少年事务中心 2020 年度工作总结报告》。

校社会工作服务，开展对不良行为未成年人的干预服务。

二是社会工作者通过参与专门学校服务和公安机关的矫治教育，开展对严重不良行为未成年人的矫治服务。

（三）服务内容

临界预防阶段的服务内容主要包括社会工作者对不良行为未成年人提供学校社会工作服务、家庭教育指导服务，对严重不良行为未成年人提供专门学校服务，以及参与公安机关训诫教育、保护处分等矫治教育工作。

1. 学校（含专门学校）社会工作

对于未成年人的不良行为，《预防未成年人犯罪法》规定，“学校对有不良行为的未成年学生”，根据情况，“要求接受社会工作者或者其他专业人员的心理辅导和行为干预”。社会工作者在家校合作的基础上，协助学校对有不良行为的未成年学生进行干预，阻止不良行为的进一步发展；开展体验式专题教育，比如学生欺凌、生命教育、自我发展等主题活动；开展家庭教育指导服务等。

对于未成年人的严重不良行为，《预防未成年人犯罪法》进行了更为细致的区分和界定，一类是“未成年人实施的有刑法规定、因不满法定刑事责任年龄不予刑事处罚的行为”，另一类是“严重危害社会”的九小类行为，并对这两类严重不良行为做出了不同处遇级别的矫治措施规定，即专门教育和专门矫治教育。作为专门教育指导委员会的组成人员之一，社会工作者为有严重不良行为的未成年人申请进入专门学校接受专门教育，以及对未成年人实施刑法规定的行为、因不满法定刑事责任年龄不予刑事处罚进行专门矫治教育，开展专业评估工作。此外，社会工作者协助专门学校对接受专门教育的未成年人分级分类进行教育和矫治，有针对性地开展道德教育、法治教育、心理健康教育、职业教育等服务。

2. 家庭教育指导

从未成年人角度而言，社会工作者协助未成年人的父母或者其他监护人发现、制止未成年人发生不良行为，并加强引导和教育。从未成年人父母或者其他监护人角度而言，社会工作者协助未成年人的父母或者其他监护人依法履行监护职责、参与家庭教育指导服务、支持和配合学校进行管理教育。

3. 参与公安机关的矫治教育

《预防未成年人犯罪法》规定“公安机关在对未成年人进行矫治教育时，可以根据需要邀请学校、居民委员会、村民委员会以及社会工作服务机构等社会组织参与”，这使社会工作者为处于公安阶段的有不良行为未成年人和有严重不良行为未成年人提供社会工作服务具备了立法支持。从目前来看，社会工作者参与公安机关矫治教育的具体内容主要包括两部分。

一是社会工作者参与训诫教育。社会工作者与公安机关、居（村）民委员会合作，及时掌握辖区内有不良行为未成年人的监护、就学、就业等情况，协助发现及制止未成年人不良行为、对未成年人开展教育和救助等服务活动。

二是社会工作者参与保护处分。社会工作者对因年龄或情节等法定原因而没有达到刑事追究标准的严重不良行为未成年人，协助公安机关开展训诫、定期报告活动情况、心理辅导、行为矫治、社会服务活动、社会观护等矫治教育。

四、再犯预防服务

再犯预防主要是社会工作者针对已经实施了犯罪行为的青少年进行行为矫正与权益维护，防止其重新犯罪。这一层级的预防大多属于刑事司法系统内部的内容，社会工作机构及社会工作者与公安机关、检察院、法院、司法行政部门展开委托与合作，开展涉刑事案件的社会工作服务。

（一）服务对象

再犯预防阶段的服务对象主要是涉刑事案件中的未成年人群体，从上海青少年司法社会工作实践来看，再犯预防阶段的服务对象具体指涉罪未成年人、未成年社区矫正对象、未成年在押服刑人员、刑罚执行完毕的未成年人、未成年被害人、未成年证人等。

（二）服务目标

再犯预防阶段的服务目标主要包括两个。

一是社会工作者为涉刑事案件中的未成年人开展行为矫正服务，帮助回归社会。

二是社会工作者为涉刑事案件中的未成年人开展权益维护服务，加强社会支持。

（三）服务内容

如何让涉刑事案件中的未成年人尽可能少地受到刑事司法的影响而顺利地回归社会、避免其重新犯罪，一直是社会关注的难点问题，这也促使公安机关、检察院、法院、司法行政部门与社会工作服务机构之间建立委托与合作机制。《未成年人保护法》明确规定"国家鼓励和支持社会组织、社会工作者参与涉及未成年人案件中未成年人的心理干预、法律援助、社会调查、社会观护、教育矫治、社区矫正等工作"，这使涉刑事案件的社会工作服务具备了立法支持与依据。再犯预防阶段的涉刑事案件社会工作服务具体包括五个部分。

1. 担任合适成年人

社会工作者为涉罪未成年人、未成年被害人、未成年证人开展服务，在讯问、询问或者审判时，因无法通知法定代理人，法定代理人不能、不宜到场，或者法定代理人是共犯或侵害人的，作为合适成年人到场，履行监督、沟通、抚慰、教育等职责，维护未成年人的合法权益。以 2021 年为例，上海市阳光社区青少年事务中心共为 626 名刑事司法程序中的未成年人开展合适成年人工作 1 059 人次。[①]

2. 开展社会调查（涉刑事案件）

社会工作服务机构接受司法机关的委托，对未成年犯罪嫌疑人或者被

① 参见《上海市阳光社区青少年事务中心 2021 年度工作总结报告》。

告人的成长经历、犯罪原因、监护、教育等情况进行社会调查，撰写社会调查报告并提交司法机关，作为办理案件和教育未成年人的参考。以 2021 年为例，上海市阳光社区青少年事务中心共开展涉刑事社会调查 50 个。其中，公安阶段 3 个，检察院阶段 47 个①。

3. 参与观护帮教、附条件不起诉考察教育

社会工作者为处于取保候审观护帮教、不捕不诉跟踪帮教期间的涉罪未成年人，以及为处于六个月以上一年以下附条件不起诉考验期间的涉罪未成年人开展观护帮教、附条件不起诉考察教育。社会工作者参与观护帮教与附条件不起诉考察教育的差异主要在于涉罪未成年人在司法程序中所处的阶段不同，提供的教育矫治服务与再犯预防的目标基本一致，服务内容具体为：开展思想辅导、日常监督和生活观察、行为矫正、安全保护、心理健康教育、法治教育、公益劳动、其他有利于犯罪预防的个性化服务活动②。上海市阳光社区青少年事务中心接受公安机关、检察机关、审判机关、司法行政部门委托，参与对涉罪未成年人的帮教维权工作，规范流程，进一步发挥社工的专业优势，给予涉罪未成年人关怀及保护，对涉罪行为进行矫正。

4. 开展家庭教育指导

与犯罪预防社会工作服务、涉民事案件社会工作服务中的家庭教育指导不同，涉刑事案件的家庭教育指导具有家庭教育令的强制性，在指导的方向上也更聚焦涉罪未成年人的再犯预防。社会工作者为涉罪未成年人父母或者其他监护人开展家庭教育指导，主要包括建立家庭规则、学习沟通技巧、调和及重建家庭关系等，提升其家庭教育能力。

5. 其他涉刑事案件的社会工作服务

(1) 担任合适保证人。社会工作者接受司法机关的委托，对于无固定住所、无法提供保证人的未成年人适用取保候审的，担任其合适保证人，并为未成年人开展社会观护。

① 参见《上海市阳光社区青少年事务中心 2021 年度工作总结报告》。
② 参见上海市地方标准《未成年人司法社会工作服务规范(DB31T 1236—2020)》。

（2）服务未成年被害人及证人。根据上海现有未成年被害人及证人的服务实践，社会工作者主要是协助司法机关，为未成年被害人、对了解案件情况并向司法机关作证的诉讼参与未成年人，特别是目睹暴力者及其家庭，进行紧急的心理疏导、后续的关系修复、家庭教育指导等支持性服务。

（3）提供羁押期帮教服务。社会工作者对被羁押在监所（拘留所、看守所）的青少年，协助开展管理和教育。以上海市阳光社区青少年事务中心为例，在社工驻监所工作方面，截至 2021 年，该中心宝山、杨浦、普陀、长宁、静安、徐汇、闵行共 7 个工作站分别在本区拘留所或看守所内提供驻所社会工作服务。驻所社会工作行动研究团队总结并提炼了“以提升青少年亲社会行为为核心”“以‘3＋X’为框架”的驻所青少年社会工作服务内容[①]。

（4）未成年人社区矫正与刑满释放后的服务。社会工作者对刑满释放的未成年人，协助落实安置帮教措施；对未成年社区矫正对象开展社区矫正，提供法治教育、职业教育，以及配合安置帮教工作部门落实或者解决未成年社区矫正对象的就学、就业等问题。

社会工作服务或实践体系是社会工作体系建设的重要组成部分[②]。学界对社会工作服务体系进行了相关研究工作，认为社会工作服务体系建设包括社会政策、部门协同、“政府—企业—社会”合作的社会服务体系和制度、服务保障、服务监督等[③]。在司法社会工作领域，费梅苹教授认为社区矫正社会工作服务体系基本构成应包括社会政策、社会治理制度、社会服务内容方法及流程、部门协同、质量监督及服务保障等要素[④]。席小华教授提出未成年人司法社会工作服务体系应从服务通用基础体系、服务保障标准体

① 参见《驻所社会工作实务研究报告》（由上海市阳光社区青少年事务中心、华东理工大学驻所社会工作实务研究团队于 2017 年 9 月完成，“3＋X”的“3”指个人层面、支持网络层面、体系衔接层面这三个层面的服务内容，“X”指各区工作站的特色服务内容）。

② 王思斌．中国特色社会工作体系建设的内容、特点与原则[J]．中国社会工作，2019(13)：14－15．

③ 王思斌．中国特色社会工作体系建设的内容、特点与原则[J]．中国社会工作，2019(13)：14－15．

④ 费梅苹，邓泉洋．中国特色社区矫正社会工作服务体系研究——基于“社区矫正法”的要求[J]．社会工作，2020(1)：49－59，108－109．

系、服务提供体系等方面着力①。在回顾学界对社会工作服务体系相关研究的基础上，结合上文对青少年司法社会工作法律及政策规定、上海青少年司法社会工作实践历程、上海预防和减少青少年违法犯罪工作制度及机制、社会工作服务体系理念及理论基础、社会工作服务内容的讨论，我们认为青少年司法社会工作服务体系基本构成应包括法律及政策、预防青少年违法犯罪工作制度及机制、社会工作服务内容方法及流程、部门协同、服务质量监督、服务保障等要素。

青少年司法社会工作服务体系的构建是一项体系化的工作，包括中观和宏观层面的社会政策环境、政府引入社会工作参与的制度设计、服务质量监督、服务保障等；微观层面既包括为实现预防青少年违法犯罪与维护青少年合法权益的目标而需要依托的社会工作服务内容、方法及流程，也包括社会工作服务机构及社会工作者在实践中与行动系统中的其他主体展开合作而需要依托的部门协同。

从上海青少年司法社会工作服务体系的构建来看，其具备优良的社会政策环境与制度基础：以上海未成年人保护立法为代表的法律及政策规定为服务体系建设提供了法律及政策支持，上海预防支持体系为青少年社会工作的参与确立了制度基础，上海地方标准系统总结的服务内容、服务质量监督和服务保障为社会工作服务的有效实施提出了规范性要求。从上海青少年司法社会工作实践来看，以上海市阳光社区青少年事务中心为代表的社会工作服务机构，依托预防犯罪社会工作服务、涉刑事案件社会工作服务、涉民事案件社会工作服务、司法程序中涉及的其他社会工作服务，为“六大类四十九小类”服务对象提供专业服务。“政府主导推动、社团自主运作、社会多方参与”总体思路指导下的部门协同制度及机制，为社会工作服务机构及社会工作者与其他主体的合作畅通了部门联动机制。

① 席小华.“两法”修改背景下未成年人司法社会工作服务体系建设研究[J].华东理工大学学报(社会科学版)，2021，36(5)：86-95.

由此可见，青少年司法社会工作服务体系的构建，既需要从横向上不同层面所有这些元素发挥作用来推动与保障，从纵向上也需要挖掘行动系统中各个主体的优势，形成合力来共同保障青少年司法社会工作服务体系的有序运转，从而更好地实现预防和减少青少年违法犯罪工作体系建设的目标。开展青少年司法社会工作服务体系建设须坚持以青少年为中心，在借鉴发达地区青少年司法社会工作发展经验与总结地方实践经验相结合的基础上，促进社会工作服务制度化、科学化、高质量发展。

小　　结

作为上海预防和减少青少年违法犯罪工作体系建设的重要内容，青少年司法社会工作服务体系建设需要从宏观层面的法律及政策、中观层面的制度及机制、微观层面的社会工作服务三个层面着力。

就宏观层面而言，法律及政策为社会工作服务体系的建设营造良好的社会政策环境。本章第一节重点介绍上海市未成年人保护法、上海市地方标准、上海青少年司法社会工作服务的政策规定。就中观层面而言，制度及机制为社会工作服务体系的建设提供了坚实的制度保障。第二节重点概述政府购买服务制度、社会工作服务机构运作机制、服务提供与转介机制、政社及社社合作机制。就微观层面而言，社会工作服务内容是社会工作服务体系建设的核心。第三节重点论述超前预防、临界预防、再犯预防社会工作服务理念及理论基础、服务内容，进一步分析上海青少年司法社会工作服务体系的基本构成、功能和意义等。

上海青少年司法社会工作服务体系的建设过程体现了上海构建预防和减少青少年违法犯罪工作体系的特点和优势。一是加强制度保障，制定与实施地方立法，印发诸多政策文件指导社会工作服务的供给，十分注重从顶层设计上保障青少年司法社会工作服务的运作。二是强化政社合作。通过完善政府购买服务制度，畅通政府（含司法机关）部门、社会工作服务机构之间的有效联动机制。三是夯实社会工作服务基础。上海市阳光社区青少年事务中心自2004年成立至今，为“六大类四十九小类”服务对象提供社会工作服务，参与研制上海市地方标准，成立上海市阳光青少年社会工作研究院等，通过实践研究不断夯实青少年司法社会工作服务基础。

第三章　预防犯罪的青少年司法社会工作服务

2020 年新修订的《预防未成年人犯罪法》强调了提前及分级干预的法律要求，规定了对未成年人的不良行为、严重不良行为进行分级预防、干预和矫治。上海市经过近 20 年的探索和发展，也已经形成了超前预防、临界预防和再犯预防三级青少年司法社会工作服务体系。本章主要论述超前预防和临界预防阶段的社会工作服务，涉及预防犯罪的教育、对不良行为的干预和对严重不良行为的矫治服务。

超前预防阶段的服务，主要针对未出现犯罪倾向，未出现任何不良行为（含严重不良行为）和违法犯罪行为的青少年开展预防教育服务。预防犯罪教育服务是积极的犯罪预防，致力于消除或减少青少年健康成长的各种消极因素，主要开展教育类、成长发展类活动，促进青少年的健康成长与亲社会行为。临界预防阶段的服务，主要指对不良行为青少年的干预和对严重不良行为青少年的矫治服务，是青少年犯罪预防社会工作服务的重点。对于出现不良行为，尤其是严重不良行为的未成年人，要加强教育保护和帮助服务，防止他们从不良行为向犯罪行为的转化[①]。

本章第一节主要对预防犯罪社会工作服务人群的定义、特征、主要问题及需求进行分析；第二节、第三节、第四节分别对上海市预防犯罪教育中的社会工作服务、对不良行为干预的社会工作服务、对严重不良行为矫治的社会工作服务的发展历程、具体服务内容、服务策略进行阐述；第五节通过案例呈现上海开展预防犯罪社会工作的具体服务情境。

第一节　预防犯罪的青少年司法社会工作服务人群分析

预防犯罪社会工作服务主要面向容易对社会秩序形成威胁的重点青少年群体。根据中央综治委预防青少年违法犯罪工作领导小组、中央社会治安综合治理委员会办公室《关于开展重点青少年群体教育帮助和预防犯罪工作试点的通知》(综治委预青联字〔2010〕2 号)、《上海市进一步推进重点青少年群体服务管理和预防犯罪工作实施意见》等文件的要求，结合地区青少年违法犯罪的现实情况，上海市在超前预防和临界预防阶段，主要针对社区青少年、来沪青少年、有不良行为的未成年人、有严重不良行为的未成年人及困境儿童等五类重点人群开展青少年司法社会工作服务。主要服务内容是跟踪这五类重点青少年群体，评估其问题与需求，提供教育、干预、矫治服务，帮助他们健康成长、预防犯罪。

一、预防犯罪的青少年司法社会工作服务人群概述

(一) 服务人群界定

1. 服务人群的定义

(1) 社区青少年

社区青少年是上海市预防犯罪社会工作服务的基础服务人群，也是开

① 郭开元. 青少年犯罪预防的理论和实务研究[M]. 北京：中国人民公安大学出版社，2014：38.

展预防犯罪社会工作最早的服务对象。社区青少年指具有上海市户籍、14至25周岁，无固定工作和收入，且未进一步就学的青少年，也被称作“社会青年”“闲散青少年”“边缘青少年”等[①]。

由于未进一步就学或就业，社区青少年往往处于家庭、学校、社会“三不管”的真空地带，游离于社会控制之外，社会关系网络非常薄弱。加上他们处于尚不成熟的年龄阶段，人生观、价值观和道德观念等尚不成熟，缺乏自我控制能力，极易受到不良朋辈的影响，成为违法犯罪和受害的高危群体。

(2) 来沪青少年

来沪青少年，也被称为流动青少年，一般指不具有上海市户籍、从外地来到上海市务工的青少年或外来务工人员的未成年子女。上海作为超大型城市，吸引了大量外地青少年在此工作、生活。随着来沪青少年数量的增多，青少年违法犯罪中来沪人员的占比迅速增长，来沪青少年成为青少年违法犯罪的主体，“十一五”期间上海来沪青少年违法犯罪占全市青少年犯罪比例已达93%左右[②]。为此，上海积极调整预防青少年犯罪服务的覆盖人群，将来沪青少年纳入预防犯罪的青少年司法社会工作服务体系中。

(3) 有不良行为的未成年人

《预防未成年人犯罪法》规定，不良行为是指未成年人实施的不利于其健康成长的下列行为：

a. 吸烟、饮酒；

b. 多次旷课、逃学；

c. 无故夜不归宿、离家出走；

d. 沉迷网络；

e. 与社会上具有不良习性的人交往，组织或者参加实施不良行为的团伙；

---

① 蔡忠.《上海市社区青少年工作的实践与探索》，载《预防犯罪与青年工作——沪港两地的探索与实践》，上海：华东理工大学出版社，2005：189.

② 周建军.运用社会工作方法开展预防青少年犯罪工作的探索与思考[J].预防青少年犯罪研究，2013(1)：72－74.

f. 进入法律法规规定未成年人不宜进入的场所；

g. 参与赌博、变相赌博，或者参加封建迷信、邪教等活动；

h. 阅览、观看或者收听宣扬淫秽、色情、暴力、恐怖、极端等内容的读物、音像制品或者网络信息等；

i. 其他不利于未成年人身心健康成长的不良行为。

在上海的预防犯罪社会工作服务中，这一部分服务人群主要包括有不良行为的在校学生，涵盖小学生、初中生、中职生、高中生等。预防未成年人的不良行为转化为严重不良行为甚至犯罪行为是青少年犯罪预防工作的重点，为此，上海市积极探索青少年事务社会工作者联驻校工作机制，依托青少年事务社会工作站点及青少年事务社会工作者，协助中小学校开展道德法治教育、生命教育、心理健康教育、毒品预防教育、行为矫治等活动。

（4）有严重不良行为的未成年人

《预防未成年人犯罪法》规定，严重不良行为是指未成年人实施的有刑法规定、因不满法定刑事责任年龄不予刑事处罚的行为，以及严重危害社会的下列行为：

a. 结伙斗殴，追逐、拦截他人，强拿硬要或者任意损毁、占用公私财物等寻衅滋事行为；

b. 非法携带枪支、弹药或者弩、匕首等国家规定的管制器具；

c. 殴打、辱骂、恐吓，或者故意伤害他人身体；

d. 盗窃、哄抢、抢夺或者故意损毁公私财物；

e. 传播淫秽的读物、音像制品或者信息等；

f. 卖淫、嫖娼，或者进行淫秽表演；

g. 吸食、注射毒品，或者向他人提供毒品；

h. 参与赌博赌资较大；

i. 其他严重危害社会的行为。

在我国现行法律规定中，部分未成年人已经实施了违法犯罪行为，但由于没有达到刑事责任年龄或者情节轻微等原因，尚未达到刑事犯罪标准，不需要承担刑事责任。对这部分未成年人，一般采取责令其父母或其他监护人加以管教，或由公安机关进行行政拘留、依法送专门学校接受教育矫治等处罚措施，这一群体是预防犯罪社会工作服务的重点对象。在具体实践中，预防犯罪社会工作服务所面向的严重不良行为未成年人主要包括接受公安矫治教育措施的未成年人和就读于专门学校的未成年人。上海市积极开展针对严重不良行为未成年人的预防犯罪社会工作服务，社会工作者深入专门学校、检察院、公安（派出所）等部门开展合作，为严重不良行为未成年人提供行为矫治、自我成长、社会融入等方面的服务。

(5) 困境儿童

困境儿童是指由于儿童自身、家庭和外界等原因陷入困境，需要予以帮助或保障的儿童。包括因家庭贫困导致生活、就医、就学等陷入困境的儿童；因自身残疾导致康复、照料、护理和社会融入等困难的儿童；因家庭监护缺失或监护不当遭受虐待、遗弃、意外伤害、不法侵害等导致人身安全受到威胁或侵害的儿童。在实践中，社会工作者发现一部分儿童存在家庭监护缺失或监护不当的问题，虽然目前尚未遭受虐待、遗弃、意外伤害、不法侵害等，但从最有利于未成年人的原则出发，为预防这部分儿童人身安全受到威胁或侵害以及因监护困境对未来生活造成劣势影响，上海市将“目前存在家庭监护缺失或监护不当但未遭受虐待、遗弃、意外伤害、不法侵害等导致人身安全受到威胁或侵害的儿童”也纳入预防犯罪社会工作服务范围，将困境儿童区分为生活困境儿童和监护困境儿童，并将监护困境儿童作为重点服务对象，主要包括城市监护困境儿童、农村留守儿童等人群①。

有研究显示，监护缺失或监护不当的童年成长环境对未成年人将来罪错行为的产生起到深远的潜在影响②。因此，为监护困境儿童及时提供支持性服务缓解其困境对预防犯罪具有重要意义。

---

① 参见上海市阳光社区青少年事务中心内部资料《服务对象分类标准(2020年版)》。

② 张瑾瑜，沈黎.罪错未成年人生命转折研究：基于21个案例的生命历程回溯[J].都市社会工作研究，2021(1)：19－39.

2. 服务人群的分布特征

超前预防和临界预防阶段的社会工作服务人群存在范围广、人数多及边界模糊的特征，难以进行精确的界定和统计。为大致呈现预防犯罪社会工作服务人群的结构分布，本书仅以上海市阳光社区青少年事务中心 2021 年在册服务对象为例，呈现五类服务人群的大致特点。

根据 2021 年度《上海市阳光社区青少年事务中心青少年社会工作白皮书》的数据，截至 2021 年 9 月 13 日，上海市阳光社区青少年事务中心在册有效青少年服务人数为 30 390 人。其中，具有本市户籍的青少年为主要服务群体，占服务对象总数的 88.9%，来沪青少年占 11.1%；男性占 55.3%，女性占 44.7%。

根据白皮书的数据，在上海市阳光社区青少年事务中心的服务对象中，涉及本章预防犯罪社会工作服务人群的人数为：社区青少年(18 至 25 周岁的闲散青少年)6 907 人；有不良行为的未成年人 67 人(含来沪未成年人 21 人)，有严重不良行为的未成年人 172 人(含来沪未成年人 107 人)；困境儿童 8 392 人；联驻校项目青少年 4 918 人；驻场项目青少年 659 人，这部分服务对象是上海市阳光社区青少年事务中心积极探索来沪人员聚集区服务的探索性服务对象，主要包括来沪务工青少年群体。可以看出，社区青少年和困境儿童在人数上占有较高比例。有不良行为和严重不良行为的未成年人人数上相对较少，但为了及时识别和提前预防未成年人出现不良行为和严重不良行为而拓展的联驻校项目所服务的青少年人数有增长趋势。

(二) 服务人群的变化特征

上海市预防青少年犯罪社会工作的服务人群随着社会的发展及青少年群体内部结构的变化而不断变化，呈现出以下两个特征。

1. 服务人群范围不断拓展

一直以来，16 至 25 周岁的社区青少年是上海市预防犯罪社会工作服务的重点服务群体。但随着上海城市人口的老龄化及少子化、职业教育的发展、青少年社会工作的成效体现等主客观因素的影响，上海的社区青少年群体数量逐年下降。来沪青少年、不良行为和严重不良行为在校生等群体的数量则呈现上升趋势。随着学校社会工作服务的实践范围和规模的扩大，在校学生也成为预防犯罪社会工作服务的重要服务人群。具体来看，服务人群的拓展主要体现在以下三个方面：

一是拓宽了服务人群的年龄范围，将服务对象的年龄由最开始的16至25周岁，放宽至6至25周岁，将更多有需求的青少年纳入服务范畴。

二是拓展了服务对象的户籍限制。2003年上海市预防青少年犯罪社会工作服务体系建立之初，服务的目标群体主要是“失学、失业、失管”的具有本市户籍的社区青少年。2009年以后，随着来沪人员增多，来沪青少年犯罪比例上升，社会工作的服务范围逐渐向来沪青少年延伸。

三是服务人群由社区青少年拓展至在校青少年。青少年司法社会工作服务机构在社区服务的基础上进一步将服务向学校延伸，主动联系学校，进行提前干预，将学校中具有不良行为的未成年人和严重不良行为的未成年人作为重点服务对象。同时，随着对青少年犯罪认识的深入，意识到家庭困难处境对儿童发展的不利影响，逐渐将困境儿童纳入服务范围。

2. 服务人群需求层次逐渐提高

随着服务人群的多元化以及青少年群体整体能力素质的变化，其服务需求也在变化，并呈现出不断提升的趋势。社区青少年和在校学生在数量上仍占较大比重，具有本市户籍的社区青少年相比于二十年前，学历水平有了明显提升，其在学历提升上的需求降低，但在就业创业上的需求仍较高。随着服务人群学历水平逐年稳步提升，在就业促进服务中，青少年也已不满足于简单的岗位信息提供，开始对就业过程中的尊重、自我实现等有了高阶的需求，期盼回应职业技能提升、求职技巧、心理调适、潜能激发等个性化和发展性需求。同时，在校学生和困境儿童等服务人群的需求也更加多元，除了直接服务于青少年，帮助解决其面临的现实困境，还需要帮助营造有利于青少年成长的家庭、学校和社会环境。

二、预防犯罪的青少年司法社会工作服务需求分析

预防犯罪社会工作的重点服务人群为社区青少年、来沪青少年、有不良行为的未成年人、有严重不良行为的未成年人及困境儿童，人群范围广，问题及需求多样。总体上来说，服务人群具有学历低、技能低、自我评价低的特点，在就学和就业方面面临诸多挑战；在人际交往方面易受到挫折，虽然渴望与人交往，展现自己，获得认同，但缺乏机会和技能；社会支持也普遍较弱，很多青少年面临家庭不健全、学校不支持、社会不接受的困境，与社会的联结薄弱。因而，这部分服务人群具有较高的违法犯罪风险，其中部分服务人群已经存在一些不良行为或严重不良行为，亟须社会工作者的关注。

美国耶鲁大学的克雷顿·奥尔德弗(Clayton Alderfe)在马斯洛需要层次理论的基础上，进行了更接近实际经验的研究，提出了一种新的人本主义需要理论。奥尔德弗认为，人们共存在三种核心的需要，即生存的需要、关系的需要和成长发展的需要①。生存的需要是人们最基本的需要，指人在衣、食、住、行等物质方面的需要。关系的需要，即要求与人们交往及维持人与人之间和谐关系的愿望。成长发展的需要，即人们要求在事业、前途等方面得到发展的内在愿望。

根据奥尔德弗的需要理论，结合青少年的身心特点和预防犯罪工作中的实际案例，可以将服务人群的主要需求整合为以下三点。

（一）生存需求

1. 基本生活保障需求

服务人群需要有安全的住所，得到基本的生活物资保障；缓解家庭贫困，维持正常的生活。虽然大部分服务对象的基本生存已经能够得到较好的保障，但是仍存在部分青少年面临居无定所或者因家庭变故导致生活困

① ALDERFER C P. An empirical test of a new theory of human needs[J]. Organizational Behavior and Human Performance, 1969, 4(2): 142-175.

难的困境,社会工作者需要及时回应其需求。

2. 生命安全需求

服务人群有免于遭受来自家庭、学校、社会的伤害的需求,社会工作者需要为青少年成长提供安全、温馨、和谐的家庭环境、学校环境、社会环境,从而为青少年的发展奠定基础。

3. 身心健康需求

服务人群正处于身心发展的关键时期,加上预防犯罪服务对象本身处于家庭不健全、学校不支持、社会不接受的弱势困境,更容易出现抑郁、焦虑等身心健康问题,需要得到合适的照顾和疏导。

(二) 关系需求

1. 人际交往需求

服务人群正处于人生发展的关键期,他们渴求交往、渴望被理解。良好的人际关系不仅可以使他们获得理解与支持,维持心理健康,形成良好品质并具有安全感、归属感,也是其自我实现与社会化的重要途径和方式。

2. 良好同辈关系需求

同辈交往是青少年生活中重要的一部分。同辈群体能够满足青少年的情感交流需求,促进情感、学习和兴趣爱好的发展,是青少年获得生活经验和社会信息的主要来源。同时对青少年生活目标和价值观养成、社会角色培养、行为规范学习有较大的影响,有利于提升青少年环境适应能力和合作竞争的本领。相比于一般同龄群体,预防犯罪社会工作的服务人群在同辈交往中更加自卑,存在不敢交往、不会交往的问题,需要社会工作者给予一定的引导和训练。

3. 家庭关系改善需求

家庭关系对青少年成长的影响持续而深远,甚至会影响其一生。健康的家庭关系有助于培养青少年抗逆力,当他们面对压力时,一定的内部支持有助于他们更轻松地应对不断变化的压力并更快地从压力中恢复,从而减少消极情绪的出现，降低行为风险。但是预防犯罪的服务人群普遍面临着紧张的家庭关系或不健全的家庭结构，能从家庭中获得的支持非常有限，很多青少年不良行为的产生即源自家庭冲突。因而，服务人群具有迫切的改善家庭关系、强化与家庭情感联系的需求。

（三）成长发展需求

1. 形成清晰自我的需求

青少年期是为工作、婚姻和未来做出重要决定的一个时期，往往会面对"我是谁""我到底想成为什么样的人""什么事对我来说是重要"等诸多问题①，如果这些问题不能得到很好的回答，可能会引发同一性危机。对预防犯罪社会工作的服务人群来说，面对并不如意的现实处境，他们更难以找到答案，也更缺乏他人的引导。协助青少年探索自我、认识自我，确立生活目标和人生理想，是青少年司法社会工作的应有之义。

2. 就学需求

学校教育是青少年学习知识、培养技能、习得社会规范的重要途径。获得更高层次的教育是青少年提升自我、自我实现的内在要求。部分服务对象学历较低或具有学业困扰，对其健康成长带来消极影响。

3. 就业需求

就业是青少年承担社会责任、确立自己在社会中位置的重要途径。部分青少年在就业中存在"学历低""缺技能""缺定位"的情况，面对工作岗位少、竞争压力大的外部环境现状时，他们容易产生畏难情绪，缺少求职积极性。加上缺少系统化的技能培训，也没有相关的工作经验，他们往往难以寻找到一份合适和稳定的工作。即便如此，服务对象依然具有在事业、前途等方面得到发展的内在愿望，需要得到社会工作者的协助。

4. 社会参与需求

服务人群具有获得他人尊重和社会认可的需求，也希望参与到学校和

① ［美］劳伦斯·斯滕伯格. 青春期：青少年的心理发展和健康成长（第七版）［M］. 戴俊毅，译. 上海：上海科学院出版社，1905：265.

社区的事务当中，确立其作为社会成员的身份认同。特别是对处于边缘地位的社区青少年和来沪青少年来说，提供更多的社会参与机会有助于促进其社会融入。

第二节　预防犯罪教育的青少年司法社会工作服务

预防犯罪教育是超前预防阶段的工作重点，体现了预防为主的理念，旨在增强青少年的法治观念，使青少年树立遵纪守法和防范违法犯罪的意识，提高自我管控能力。预防犯罪的教育是上海市预防青少年犯罪社会工作服务体系的基础内容，也是最早开始探索的重点服务领域，主要服务对象是社区青少年、来沪青少年、困境儿童等重点青少年群体。预防犯罪教育的社会工作服务，重在提升青少年的思想道德水平和法治意识，增强青少年自我发展能力，改善青少年与其家庭、朋辈及学校的互动关系，促进其社会参与和社会联结。

2003 年，上海市建立各区各街镇全覆盖的市级中心、区级工作站、街镇社工点的三级架构体系，500 多名全职的青少年事务社会工作者开始投入预防青少年违法犯罪工作当中。经过多年的发展，服务人群不断拓展，服务内容不断创新，形成了以社会联结理论为核心理念的预防犯罪教育社会工作服务模式。

一、预防犯罪教育的青少年司法社会工作服务发展历程

根据《预防未成年人犯罪法》的要求，国家、社会、学校和家庭都应当开展预防犯罪教育，增强未成年人防范违法犯罪的意识和能力。但不同主体在开展预防犯罪教育方面会存在各自限制，难以完全、有效地回应未成年人的需求，这为社会工作的参与提供了空间。

上海市从2003年开始探索预防青少年犯罪的社会工作服务，经过十几年的发展，服务对象和服务内容不断拓展。根据服务对象年龄和范围的变化，可将上海市预防犯罪教育的社会工作服务大致分成三个阶段。

第一阶段(2003—2008年)，以16至25周岁的具有本市户籍的社区青少年为主要服务对象。2003年9月，上海市委办公厅转发了《中共上海市委政法委员会关于构建预防和减少犯罪工作体系的意见》，正式将社区青少年，即具有上海市户籍，16至25周岁，没有固定工作、没有就学、缺少监管的青少年，全面纳入预防和减少犯罪工作体系中。在这一阶段，社会工作者开展了对社区青少年的排摸、建档、动态管理工作，并探索从开展基础性工作向运用专业方法开展专业服务转化。

第二阶段(2009—2019年)，随着预防青少年犯罪形势的变化和专业服务的深入开展，社会工作者逐渐突破原有制度安排对服务对象条件的限定，不断拓展服务对象范畴。资料显示，2009年上海市违法犯罪青少年80%以上为来沪青少年①，根据这一现实形势，社会工作者在原有以社区青少年为核心服务人群的基础上将服务延伸至来沪青少年、在校问题学生等重点群体②，切实回应了这部分青少年的现实需要。2014年，上海市阳光社区青少年事务中心正式将服务群体从最初定义的具有本市户籍的16至25周岁未进一步就学就业的青少年，调整为上海市常住人口中14至25周岁、没有稳定工作且未进一步就学就业的青少年③。此次调整除了再次明确将来沪青少年纳入服务人群外，还进一步将服务对象的年龄由原来的16岁前移至14岁，这是对青少年违法犯罪低龄化趋势的积极回应。

随着服务群体的拓展，青少年司法社会工作服务场域也由原来的社区拓展至学校、大型市场、城中村、工业园区等；服务内容从学历提升、就业促

① 参见上海市综治委预防青少年违法犯罪工作领导小组办公室编：《上海市2009年度预防青少年违法犯罪工作报告》。

② 参见《上海市阳光社区青少年事务中心2010年工作总结》。

③ 参见《上海市阳光社区青少年事务中心2014年工作总结》。

进、心理辅导拓展至思想引导、生命教育、关系调适、社会参与等各个方面，形成了系统性的专业服务体系。

第三阶段（2020 年至今），2020 年，上海市进一步拓宽服务对象的年龄限制，由原来的 14 至 25 周岁调整为 6 至 25 周岁，将困境儿童等有需要的小学阶段学生纳入服务范围，再一次将预防犯罪社会工作服务前移。在服务过程中，社会工作者发现较多出现违法犯罪行为的青少年在童年时期处于监护缺失或监护不当的成长环境，童年时期的成长困境对其将来的罪错行为具有深远的潜在影响。将服务对象年龄大幅度前移，针对困境未成年人及时提供支持性服务，是社会工作者在十几年的实践中积极回应青少年需求、坚持以青少年需求为中心的真实写照。

总体而言，在预防犯罪教育的社会工作服务中，上海市形成了以社区青少年、来沪青少年、困境儿童等重点人群为主要服务对象，以促进青少年与他人、群体和社会联结为基础的服务模式。

二、预防犯罪教育的青少年司法社会工作服务内容

上海市预防青少年犯罪社会工作服务以促进青少年与他人、群体和社会的社会联结为核心，在加强青少年对家庭、学校、同伴的情感联系，促进青少年对学业和职业成功的追求，提升青少年对社会活动的参与，协助青少年树立正面价值信念等方面开展了大量专业服务。

社会工作服务将预防犯罪教育融于营造健康成长环境之中，围绕犯罪预防和健康发展这一核心目标，主要内容可概括为以下五项。

（一）调适社会关系，促进情感联结

1. 改善家庭关系

家庭冲突是重点青少年群体普遍面临的问题，家庭关系尤其是亲子关系的改善是这部分青少年的迫切需求。家庭矛盾不仅会削弱青少年的家庭支持，也容易引发青少年的不良行为。而家庭冲突的缓解，家庭关系的改善，则有助于促进亲子情感联结，预防青少年犯罪。

社会工作者在改善家庭关系服务中，以家庭系统为服务对象，同时为青少年及其家庭成员提供服务。一方面，提高父母对孩子的了解和理解，使其反思自身教育方式是否符合青少年的需要，提升家庭对青少年的教育支持；另一方面，协助青少年倾听和理解父母的需求，使其通过自我调节进行有效沟通。具体来说，社会工作者为青少年及其家庭提供以下服务：

(1) 开展家庭教育指导。针对在亲职教育方面存在需求的家长，提供青少年身心发展特征、亲子沟通方法、情绪管理等方面的知识和技巧，提升青少年家长家庭教育能力。

(2) 开展亲子活动。部分青少年家庭缺乏亲子互动的机会和平台，社会工作者开展各类亲子活动，在丰富青少年家庭业余生活的同时也为他们创造沟通的平台，提升亲子之间的情感交流。常见的亲子活动包括亲子课堂、亲子沙龙、亲子趣味运动会、亲子手工、亲子野营、亲子表演等。

(3) 组织家庭会议。在实践中，青少年与家长之间的亲子冲突往往是沟通不畅造成的。家庭会议旨在为家庭成员提供沟通与交流的机会，共同讨论面临的困难，分享彼此的情感，表达个人观点，寻求相互理解和帮助，以期达成共识，进而增进亲子关系。针对中国人在情感表达方面比较含蓄的特点，社会工作者引导家庭成员之间通过书信的方式表达对彼此的情感。在家庭服务中，最重要的目的就是协助青少年和家长澄清问题、表达想法，增进沟通和理解。

(4) 进行家庭治疗。针对存在一定关系问题的家庭，社会工作者以家庭为介入单位，探索青少年问题背后的家庭结构和互动关系，促进家庭内在系统的改变，优化青少年成长的家庭环境。家庭治疗的目的是改善并重建青少年和家庭成员之间的关系，实现家庭成员之间的良性互动。

2. 改善同伴关系

同辈群体是青少年阶段的重要他人，同伴关系的和谐也对青少年犯罪预防具有重要意义。社会工作者在同伴关系服务中有两个关注重点：一是协助青少年提升同伴交往能力，处理同伴交往冲突；二是引导青少年远离不良朋辈，建立健康的同伴圈子。为促进青少年的同伴交往、建立和谐的同伴关系，社会工作者开展校园欺凌预防、同伴交往小组、成立自助互助团体等服务。

除此之外，青少年期是性生理和性心理逐渐成熟的过渡期，部分青少年将进入恋爱甚至婚姻关系中，情感困扰和情感冲突也是青少年面临的重要挑战，如何处理异性关系是预防青少年犯罪社会工作服务的重要内容。针对青少年面临的情感困扰，社会工作者为其提供情感咨询、情感矛盾调解、异性交往知识教育、婚姻家庭法律咨询及法律援助等服务。

3. 调适工作关系

工作中的人际关系也是青少年非常重要的社会关系，在预防犯罪社会工作服务中，社会工作者也发现部分青少年群体生活比较懒散、受不了约束、做事缺乏毅力，具有很强的独立意识但自我约束能力较差，在工作中容易与同事、雇主产生矛盾。社会工作者为面临职场矛盾的青少年提供倾诉和情绪宣泄的安全环境，及时疏导其不良情绪，并提供人际关系辅导、协助其尽快适应工作环境、调整工作关系。针对与雇主或同事出现较大纠纷的社区青少年或来沪青少年，社会工作者帮助协调青少年与雇主、同事之间的矛盾，尽量化解纠纷，必要时提供法律咨询和法律援助。

（二）完善自我管理，增强奉献意识和能力

1. 调整自我认知

社区青少年和来沪青少年普遍缺乏清晰的自我认知，缺乏对未来生活的目标和信心。社会工作者可以协助青少年增进自我探索、自我反思、自我接纳，建立清晰的自我认知和有意义的生活目标，发掘自己的潜能，树立生活信心。

2. 提升自我管理意识和能力

服务人群往往面临难以控制情绪、行事冲动等问题，社会工作者开展情绪管理、沟通管理、时间管理等服务，提升青少年的自我管理意识和能力。

3. 就学就业服务

协助青少年将时间和精力投入接受更高层次的教育、获得更良好的职业发展中是预防青少年犯罪的重要内容。针对社区青少年和来沪青少年在就学就业方面面临的学历水平低、就业技能不足、就业信息少的困难，社会工作者开展丰富的服务，包括提供生涯发展指导、提供学历提升培训、开展学业和职业技能训练、就业信息提供和岗位匹配、职场适应培训、职场环境优化等。

青少年事务社会工作者开发了“全程式—全人式”的就业促进服务。全程式是指青少年在职前、职中、职后均有社会工作者跟进；全人式是指社会工作者的服务涵盖青少年观念改变、能力提升、信息提供、岗位匹配、职场适应、职场培训、环境监督、职场环境优化等全链条式服务。

上海具有丰富的企业资源，为社会工作者的就业服务提供巨大便利。社会工作者充分发挥资源链接者和整合者的角色，与各类企业合作，提升青少年的就业技能，促进青少年的对口就业。比如“爱在阳光下”励业项目，针对低收入家庭的16至25岁有就业困难的青少年，以促进就业为目的，与知名企业合作，以企业对入门级员工的专业技能需求为基础，依托培训机构，开发出半年期的入门级员工初级技能培训课程。青少年不仅能免费接受半年期的技能培训课程，培训结束后还可到企业定点实习，并且在培训和实习期间，均有青少年事务社会工作者持续地跟进和支持，及时处理青少年在技术、沟通、人际交往以及职场上的各种问题。

（三）创造机会，促进社会参与

1. 开展各类社会服务活动

社会工作者对社区青少年、来沪青少年等服务人群，通过举办各类社会活动，充实青少年的闲暇时间，增进群体间交流，改善其社会参与的意愿、态度和技能，增加其获得社会参与的机会。从已经举办的社区服务活动看，主要包括：宣传类活动，如法治宣传、禁毒宣传、预防艾滋病宣传等；服务类活动，如学雷锋活动、关爱困境儿童活动、敬老联欢活动、助残志愿者活动；仪式类活动，如18岁成年礼、烈士陵园宣誓仪式等；娱乐竞技类活动，如节日联欢活动、球类比赛、亲子游戏、郊游等；参观类活动，如参观禁毒馆、烈士陵园、博物馆等；讲座类活动，如就业技能讲座、青春期性知识讲座、家庭教育讲座等。

例如针对来沪青少年群体，社会工作者开办来沪青少年学校，开设学说上海话、日常英语、公关礼仪等课程，举办交友联谊、文体娱乐等各类社区活动。来沪青少年通过参与社区活动，不仅丰富了业余生活，建立起群体间的联结，还增进了对社区的融入感和归属感。同时，也能激发青少年的责任感，为青少年增能。

2. 引导青少年参与志愿服务

青少年群体具有精力旺盛、时间充足、思维活跃的优势，社会工作者非常注重引导青少年参与志愿服务。通过开展志愿服务培训、协助成立志愿服务团队、引导组织志愿服务活动等服务提升青少年参与志愿服务的意识、能力和主体性。青少年参与志愿服务充分体现了社会工作助人自助和挖掘潜能的价值理念，对志愿服务活动的投入极大地增强了青少年的价值感和社会责任感，对预防犯罪具有积极影响。

志愿服务内容多种多样，包括为特殊人群提供服务，如看望老人、为特殊儿童举办活动、与民工子弟学校学生联谊、关爱服刑人员子女等；参与禁毒宣传、预防艾滋病宣传等宣传类活动；参与社会工作服务，成为青少年司法社会工作服务的志愿者等。

（四）开展思想教育，强化正面信念

1. 开展思想引导

社会工作者针对重点青少年群体，通过讲故事、参访红色教育基地等方式开展理想信念教育、社会主义核心价值观教育、中华优秀文化教育等服务，提升其思想道德水平。

2. 开展法治教育

社会工作者为青少年开展法治教育，提升青少年的法律意识，强化青少年对法律法规的认同与遵守。同时，也为有需要的青少年提供法律咨询，引导青少年运用法律武器维护合法权益。例如，上海市阳光社区青少年事务中心的“愉法同行进校园”在校生普法系列活动，通过互动游戏、动画视频、案例分享、小组讨论等形式，教授学生法律知识和拒绝违法犯罪行为的方法和技巧，受到青少年的喜爱。

3. 开展生命教育

通过开展生命安全、自我保护、青春期健康、禁毒、艾滋病预防等生命教育活动，唤起青少年对生命的热爱，关注生命的成长，追求生命的价值，树立起积极的价值观。例如，上海市阳光社区青少年事务中心已打造“青苹果”禁毒宣传、“守护花季”青春健康教育、“青苗成长”自护教育等品牌项目，受到社区和学校的欢迎。

（五）保障基本生存，维护合法权益

1. 提供困难帮扶

针对家庭经济困难或遭遇突发变故的青少年，为保障其基本生活和继续学业，通过链接来自爱心企业、基金会、政府部门等的资源，为困境青少年提供生活补助、学业补助、物资帮扶等服务。针对贫困家庭青少年、残疾青少年，帮助他们获得政府救济和保障以及社会资助和帮扶，同时培养自强自助的生活态度。比如阳光社区青少年事务中心持续开展的“冬日阳光”活动，整合个人、组织、社会企业资源，为困境儿童、困难青少年等群体提供困难帮扶。

2. 提供安全住所

针对有家不回、无家可归、离家出走的青少年，社会工作者及时开展危机介入，并提供安全的临时住所，保障其生命安全。例如，浦东新区的彩虹中心建立了中途宿舍①，上海市阳光社区青少年事务中心与布丁酒店联合开设“中途驿站”，为一些无家可归或因各种矛盾不愿回家的青少年提供临时

① 蔡忠. 项目为本：上海市青少年事务社会工作的本土探索[M]. 上海：华东理工大学出版社，2009：118.

住所。

3. 权益保护

社会工作者为青少年提供个案维权服务，耐心解答青少年的求助咨询，及时跟进并协调解决家庭虐待、人身伤害、吸食毒品、沉迷网络等侵害未成年人合法权益的事件。

4. 开展心理疏导

社会工作者缓解或消除青少年的心理问题，促进其健康人格的形成，特别关注农村留守儿童、监护困境儿童等特殊群体的心理关爱问题。针对有自杀倾向或自杀行为的青少年，社会工作者及时进行危机介入，评估其发生自杀或再次自杀的风险，并开展情绪疏导、心理辅导。针对特殊的个案，除及时联系家人或照顾者外，社会工作者还将上报社会工作机构启动疑难个案处理程序，必要时形成跨专业、跨部门合作团队，以保护生命、防止悲剧的发生。

三、预防犯罪教育的青少年司法社会工作服务策略

预防犯罪教育具有服务人群范围广、服务场域多、服务内容多元的特点，需要平衡服务覆盖面与服务针对性、社工人手少与服务对象数量多的矛盾。为尽可能惠及更多有需求的服务对象，同时保障服务的有效性，上海市在十几年的探索中，形成了以下服务策略。

（一）全覆盖分类服务

1. 建立了全覆盖的青少年事务社会信息管理系统

青少年事务社会工作者的常规工作之一就是摸清服务人群底数，把握服务对象信息，将所有社区青少年纳入服务范畴。社会工作者通过上门探访、社区走访、职能部门询访等方式了解服务人群的基本信息。为切实掌握社区青少年的人数和生活状况，上海市建立了青少年事务社会信息管理系统，对青少年进行“一人一档”的信息化、动态化管理。社会工作者定期开展青少年底数排摸和数据库更新，及时核实新增服务对象的信息并录入系统，

并将已搬离、已超龄、接受服务后情况已稳定的服务对象移入历史库，实现对服务人群的动态掌握。

2. 提供分类服务

针对不同类型的青少年服务对象，为了更精准地提供服务，同时也为了合理使用有限的社会工作人力资源，上海市阳光社区青少年事务中心制定了《服务对象分类标准》①，将服务人群细分为六大类四十九小类，根据服务对象类型及服务需求程度，又将服务对象分成红、蓝、绿三类，社会工作者针对不同的服务对象分别提供不同类别的有效服务。在预防犯罪教育中，主要面向绿色服务对象开展服务。

红色服务对象是指有“轻微罪错”“严重不良行为”或有比较明显的心理障碍和疾病的青少年，红色服务对象必须开展个案服务。原则上要求每1周至少有1次接触服务(本人面谈、电话、微信、外围访谈等)，每2周至少有1次本人面谈服务。

蓝色服务对象是指有“不良行为”、12个月以上持续失学、失业或有比较严重的心理问题的青少年。原则上要求每2周至少有1次接触服务(本人面谈、电话、微信、外围访谈等)，每1个月至少有1次本人面谈服务。对于蓝色服务对象建议开展个案服务。

绿色服务对象是指除上述两类外的青少年，社会工作者针对不同服务对象的实际情况提供不同的服务。绿色服务对象要求每1个季度至少有1次接触服务(本人面谈、电话、微信、外围访谈等)。预防犯罪教育的社会工作服务人群中的社区青少年、困境儿童、来沪青少年一般属于绿色服务对象。有特殊需要的青少年，比如长期与社会脱节的“隐蔽青少年”或发生紧急情况需要社会工作者开展危机介入的服务对象，也必须开展个案服务。

当然，对服务对象的分类以及针对每一类服务对象提供的服务，只是一

① 参见上海市阳光社区青少年事务中心内部资料《服务对象分类标准(2020年版)》。

般性的服务指引。在实践中，社会工作者需要根据服务对象的具体情况，从最有利于青少年的原则出发，灵活调整服务内容。

（二）三大工作方法的融合运用

青少年事务社会工作者普遍运用个案工作、小组工作、社区工作三大方法开展服务，但不同服务方法并非单独使用，而是系统分工，相互融合促进。三大方法在预防犯罪教育的社会工作服务中具有不同的功能，也取得了较好的服务效果。具体表现如下：

(1) 个案工作在与青少年及其家庭建立专业关系方面发挥了重要作用。通过个案工作的开展，社会工作者协助青少年及其家庭缓解了就学就业、亲子矛盾、同伴交往等实际问题，与青少年建立了信任，这部分青少年也成为社会工作者的核心服务群体。

(2) 小组工作重在帮助青少年建立同伴支持网络。小组工作可以增进同伴之间的交流，促使青少年建立良好的同伴关系，甚至组建自助互助团体。通过参与小组活动，青少年提升了社会交往能力，增强了自信，逐渐形成了良好的相互支持的同伴关系。部分小组成员在社会工作者的引导下成为社区工作的核心骨干，有的成为志愿者甚至社区活动的策划者和组织者①。

(3) 社区活动为青少年参与社区事务创造机会。一方面，社会工作者策划和组织的社区活动，为青少年走出家门、走出封闭的自我，参与到社会生活和社区事务中提供了机会。另一方面，青少年志愿者、青年领袖或者青少年自助互助团体，是青少年参与社会事务的重要力量。他们参与社会工作者的社区活动设计和策划，协助社会工作者发动更多的社区青少年参与活动。通过参与社区活动，青少年提升了作为社区成员的主体性，增强了服务社会的意识和能力，也增强了社区归属感②。

① 费梅苹. 社区青少年社会工作方法与技巧研究[M]. 上海：华东理工大学出版社，2006：24.
② 费梅苹. "融和型"社区青少年社会工作服务模式探究[J]. 华东理工大学学报(社会科学版)，2005(3)：41-44.

综合运用三大工作方法，同一个服务对象可以接受三个层面的系统服务。比如在禁毒宣传服务中，社会工作者鼓励个案服务对象参与禁毒宣传的小组工作。在小组工作中，社会工作者对青少年进行禁毒知识培训，并组建禁毒宣传志愿者团队；小组服务结束后，小组组员即成为志愿者，参与社区禁毒宣传。这一做法具有多重效果：一是增加了青少年的知识、提升了技能；二是促进了青少年之间的交流，形成了有益的同伴关系；三是增强了青少年的社会责任感，促进青少年的社区参与；四是培养了志愿者队伍，一定程度上缓解了服务对象多而社会工作者人手有限的问题；五是促进了社会工作者与志愿者的合作。

（三）阵地建设与外展服务相结合

借鉴香港的先进经验，社会工作者开展了青少年外展服务。外展社会工作主要针对16至25周岁青少年，以中途辍学、失依、无家可归、经常出入不良场所的青少年为服务对象。针对这类服务对象的特殊性，社会工作者到青少年经常流连或聚集的场所，比如街头巷尾、公园球场、游乐场、网吧等，主动与其接触并建立关系，结合个案、小组、社区工作等方法，就其所遭遇的家庭、学业困扰、同辈关系等问题，提供情绪辅导、就业安排、资源提供、团体活动等立即性或者长期性的服务。

上海市早期预防犯罪社会工作服务的对象较多混迹于网吧、溜冰场、KTV等娱乐场所，对此社会工作者成立外展服务队，为这些青少年举办团康活动，提供健康的娱乐场地，宣传招聘信息，发放积分券换取饮用水和点心等服务。目前社会工作者的外展工作较多用于来沪青少年的服务中，针对来沪青少年较少能参与到社工站点服务的情况，主动将服务开展到来沪青少年聚集的市场、工业园区等场域。

社区阵地是青少年社会工作服务开展的重要平台和载体，有助于拓宽服务领域，提高服务质量。以固定阵地服务社区青少年和流动青少年，是预防犯罪社会工作服务的有益探索，主要包括以下两个方面的工作。一是开展社会工作站（点）标准化建设。以上海市阳光社区青少年事务中心为例，标准化站点包括办公区、谈心区、活动区、展示区等功能，提升了青少年服务的社会效应和服务效果。二是整合活动空间，打造综合性服务场地。社会工作服务机构通过与社区有关部门的合作，开辟综合性服务场地，由社会工作者负责场地管理和项目运作，为青少年提供多样化服务。比如上海市阳光社区青少年事务中心静安工作站建立“七浦汇”群团服务站，在七浦路服饰市场搭建集服务、维权、凝聚、引领等功能于一体的综合性服务阵地，为来沪青少年提供漂书角、沙盘体验、技能学习、法律咨询等日常服务。上海市阳光社区青少年事务中心崇明工作站社工站建立“守护星 E 空间”，为每个空间站配置了平板电脑以及无线网卡、守护星亲子邮箱等设施，方便留守儿童实现与父母的网络视频通话及沟通。

阵地建设和外展服务的结合，既为青少年犯罪预防提供了稳定和标准的服务场所，也通过外展将社会工作服务延伸到未能参与阵地服务的青少年，拓宽了预防犯罪教育服务人群的范围。

（四）建立线上线下立体服务网络

针对服务人群数量多、分布范围广，甚至具有一定隐蔽性的特点，上海在发展常规线下面对面服务的同时，不断探索网络社会工作服务，打破时空限制，拓展服务范围，以期服务更多有需求的青少年。

《2021 年全国未成年人互联网使用情况研究报告》[①]显示，2021 年我国未成年人网民规模达 1.91 亿人，互联网普及率达 96.8%。根据对上海市社区青少年的调查结果，上网已经成为社区青少年闲暇生活的第一选择[②]，青少年是非常活跃的互联网用户，通过网络平台提供线上服务符合青少年的互动特点。微信、QQ 等通信工具不仅是社会工作者与服务对象日常联系的工具，也是提供服务的平台。微信群、微信公众号、微信小程序、QQ 群等成

① 共青团中央维护青少年权益部、中国互联网络信息中心：《2021 年全国未成年人互联网使用情况研究报告》，2022 年 11 月。

② 共青团上海市委员会、上海市社区青少年事务办公室：《关于上海市社区青少年群体出现“结构性变化”风险及其对策的情况专报》，2013 年 9 月 2 日。

为服务信息传播和非治疗性沟通的平台，不仅能够让青少年获取信息，还有助于形成线上虚拟社区，促进青少年群体凝聚力的提升①。

特别是在疫情防控期间，社会工作者把服务转移到互联网平台，创新了社会工作服务方式。例如，上海市阳光社区青少年服务中心在疫情防控期间开通了“阳光在线咨询”小程序，这是预防犯罪网络社会工作服务的一次大胆尝试。小程序开通后，有需要的青少年或者家长通过微信小程序即可方便快捷地进行咨询，后台值班的社会工作者将给予及时回应。又如，2022 年，在因疫情防控导致线下服务受阻的情况下，青少年事务社工化身线上“小主播”，通过腾讯会议、钉钉、微信视频号直播等形式在线组织各类活动 26 场，有效帮助参加线上活动的 2 297 名青少年解决焦虑等情绪问题②。

当然，作为一种新的尝试，社会工作者将面临诸多实务与伦理方面的挑战，在现场干预与现场服务的切换与整合、公共与私人的界限、管控社工权力与赋予服务对象权能等方面还需要进行进一步的探索③。

（五）整合资源，形成社会合力

资源整合和社会参与是预防青少年犯罪社会工作服务的重要保障。社会工作者积极推动社会资源整合，构筑起青少年社会工作服务机构、居（村）委会、街道共青团组织、街道办事处相关部门、派出所、企业、公益基金会等各类政府和非政府部门之间的合作网络。合作网络的建立，不仅为社会工作服务提供了人力、物力、信息等方面的支持，也为青少年构建了良好的成长环境，是预防青少年犯罪工作的重要组成部分。上海市预防青少年犯罪工作取得的成绩，在很大程度上得益于全社会的积极参与。在政府层面积极倡导社会参与的同时，社会工作者在具体服务过程中的资源链接和资源

① 吴越菲. 迈向跨区域服务传送的乡村振兴：网络社会工作的实践可能[J]. 中国农业大学学报(社会科学版)，2021，38(5)：39－48.

② 参见《上海市阳光社区青少年事务中心 2022 年工作总结》。

③ 王进文，徐炜. 网络时代社会工作的新服务范式及其实践路向[J]. 江汉论坛，2022(11)：137－144.

整合同样非常重要。

（六）以增能视角开展预防犯罪教育

(1) 培育同伴自助团体

在预防犯罪教育服务中，青少年不只被看作被动接受服务的对象，而且被看作具有能力的合作者。青少年事务社会工作者通过培育社区青少年同伴互助团体，激发青少年自身力量，管理自身事务。

青少年同伴自助团体具有介于正式群体和非正式群体之间的特性。社区青少年同伴自助团体通常先由社会工作者对一些有影响力和号召力的青少年进行有目的的培训，使其掌握一定的知识和技巧，然后再由这些青少年对周围青少年产生潜移默化的影响。特别是通过共同参与小组活动，增加成员间的互动与情感交流，在社会工作者的适当推动下逐步形成自主运作的团体。社区青少年同伴自助团体以"社工主导推动，团体自主运作"的模式，实现青少年的自我管理，引导团体成员融入社区，服务社区，促进青少年共同进步和全面发展。

青少年同伴自助团体的类型多样，有一般性的兴趣团体，比如吉他俱乐部、"虹人馆"剧社、手语社团、心理辅导社团等；也有具有一定组织特征的社团，比如"新上海人"俱乐部，发展来沪青少年为俱乐部成员，开展形式多样的社团活动；还有一些服务性团体，比如同心圆"零距离问职空间站"、防艾宣传小组等。总体来看，青少年同伴自助团体兼具自助、互助和助社会的功能。团体成立后，社会工作者不仅协助指导团体的维持和发展，也注重引导各类团体开展志愿服务，进一步激发青少年的主体性和参与感，促进社会参与。

(2) 参与志愿服务

参与志愿服务是青少年服务的重要方法，是一种基于增能视角的服务方式。在上海的预防犯罪教育社会工作实践中，社会工作者在为青少年提供服务的同时也推动青少年参与志愿服务，将青少年发展为志愿者，甚至形成志愿服务团体。志愿服务的工作方式激发了青少年的主体性，增强了青少年的自我认同感，提升了青少年的能力和素质，帮助其自我成长。在这种基于增能视角的青少年志愿服务中，青少年与社会工作紧密合作，高度参与志愿活动，具有提升青少年自我实现性、社会性和共同体性等多层面的效果。志愿服务带来的服务对象的改变是真正源于他们内心自我力量的增强，从而让他们与社会更好地联结①。

第三节　对不良行为干预的青少年司法社会工作服务

对未成年人实施的不利于其健康成长的不良行为进行干预是预防犯罪的重要内容之一。新修订的《预防未成年人犯罪法》将对不良行为的处置措施由预防改为干预，突出了“提前干预”的立法理念。学校作为未成年人接受教育的重要场所，对不良行为的干预，负有重要的责任。《预防未成年人犯罪法》第三十一条规定，“学校对有不良行为的未成年学生，应当加强管理教育，不得歧视；对拒不改正或者情节严重的，学校可以根据情况予以处分”，或者予以训导、要求遵守特定的行为规范、要求参加特定的专题教育、要求参加校内服务活动、要求接受社会工作者或者其他专业人员的心理辅导和行为干预等管理教育措施。第三十二条规定：“学校和家庭应当加强沟通，建立家校合作机制。”《预防未成年人犯罪法》不仅为学校对不良行为学生的干预提出了具体的要求，也为社会工作者进入学校开展服务提供了法律依据。《上海市预防未成年人犯罪条例》规定：“本市探索青少年事务社会工作者驻校或者联系学校工作机制，依托青少年事务社会工作站点及青少年事务社会工作者协助中小学校开展道德法治教育、生命教育、心理健康教育、毒品预防教育、行为矫治等活动。”这进一步对社会工作者在学校场域的

① 韩晓燕，费梅苹. 正面成长：青少年社会工作案例研究[M]. 上海：华东理工大学出版社，2017：220.

社会工作服务提出了要求。

上海市自2004年起开始探索学校社会工作服务，在对不良行为学生的干预方面，以“家—校—社联动机制”的建立为服务重点，取得了良好的预防犯罪效果。本节将结合学校场域的实践，呈现对未成年人不良行为干预的社会工作服务。

一、对不良行为干预的青少年司法社会工作发展历程

青少年正处于从不成熟向成熟转变的发展阶段，其自我认知水平、身体和心理能力均未达到成熟的标准，容易受到环境影响，存在产生不良行为的风险。不良行为不仅会阻碍青少年自身发展，更具有潜在的社会危害性，是违法犯罪的预警。学校是未成年人生活的重要场域，学校教育肩负着培育未成年人正确三观和预防其违法犯罪的职责。为预防和减少未成年人违法犯罪，上海市阳光社区青少年事务中心自2004年开始探索学校社会工作服务，通过发动一线社工、社区工作站自行联系、挖掘有需求的学校这一自下而上的形式，以签订联驻校协议的方式陆续进入全市部分小学、初中、高中、职校、专门学校，将专业社会工作带入学校这一特定场域，开展“愉法同行进校园”“青苗成长计划”、预防校园欺凌、正面成长课程等主题活动，形成了干预未成年人不良行为的初步经验。截至2023年，上海市阳光社区青少年事务中心共为上海市约270所学校提供了联校、驻校社会工作服务。其中联校252所，驻校18所。共开展涉校个案732个、危机介入223人次、校内小组工作398个、校内主题活动2 356个，覆盖学生总计111 677人次。

为进一步提升服务效果，上海市阳光社区青少年事务中心积极探索更加系统的“家—校—社联动机制”，以期阻断未成年人不良行为和极端行为的发生。2021年9月，上海市阳光社区青少年事务中心依托新修订的《未成年人保护法》《预防未成年人犯罪法》等相关法律条文，在上海市教育局、上海市青少年服务和权益保护办公室、宝山区教育局、宝山区学校心理健康教育发展中心的支持下，在上海市宝山区开展了一个学期的“家校社一体化”

学校社会工作试点。此次试点工作包含联校8所、驻校2所，共开展个案6个、校内体验式危机预防服务80次、家庭教育指导8次，覆盖学生总计1 506人次。试点在促进学生个体成长、改善学生支持网络、助力班级建设、促进家校互动、提升家长的家庭教育意识、促进社会教育、助益素质教育和师资建设等方面均发挥出良好作用。在此基础上，自2022年起，上海市阳光社区青少年事务中心对18所学校开展了新一轮的学校社会工作探索。

二、对不良行为干预的青少年司法社会工作服务策略

经过多年的探索，上海的学校社会工作实践取得一系列干预未成年人不良行为的有效经验，主要包括以下四个方面：一是构建了关系为本的危机学生干预模式，对具有不良行为的个体进行及时干预，阻断不良行为的进一步发展；二是探索实施体验式的危机预防服务，开展了学生欺凌、生命教育、自我发展等主题的活动，促成学生个体、班级集体等的良性发展；三是开展家庭教育指导，提升了家长的家庭教育意识及能力，激发家庭的正向功能；四是形成了“家校社一体化”的合作机制，构建系统化的提前干预支持体系。

（一）构建关系为本的危机学生干预模式

许多违法犯罪行为是由青少年时期的不良行为发展而来的，犯罪青少年的发展呈现出从抽烟、喝酒、旷课，到与父母吵架、结交不良同伴、离校或离家出走，直至违法犯罪的轨迹。有研究显示，触法或犯罪青少年的初次不良行为较多发生在学校期间①。因而，对不良行为未成年学生的干预具有深远意义。

学生群体中存在的不良行为主要包括打架斗殴、说脏话、逃课厌学、网络成瘾、不遵守课堂纪律、吸烟、酗酒、自残、说谎等。赫希的社会联结理论认为，个体与周围群体之间形成的持久且稳定的联结关系能够给个体带来安全感，帮助个体适应环境变化。自生命初期开始，婴儿便与主要照顾者建

---

① 张瑾瑜，沈黎．罪错未成年人生命转折研究：基于21个案例的生命历程回溯[J]．都市社会工作研究，2021(1)：19－39.

立依恋关系，伴随着个体的成长和发展，依恋的对象也逐渐扩展至同伴、师长、恋人等角色。可以说，个体的生活始终围绕着各种亲密关系展开。社会关系能够抑制不良行为和犯罪，青少年如果与他人保持较强的社会关系，就会在行动之前认真衡量自己的行为是否会对他人或群体造成损害，减少不良行为和越轨行为的发生。基于此，针对有不良行为的学生，社会工作者开展关系为本的危机干预。危机学生干预服务严格按照"接案（建立关系）—预估（收集资料）—计划（制定目标）—实施（落实计划）—结案（总结评估）"的服务程序进行。首先向心理老师、班主任初步收集资料，正式接案后以个案会谈为主与学生建立关系，深入收集资料后，进行问题的预估和专业判断，并设定服务目标和介入策略，分别从个人、家庭、同伴、社会四个层面开展学校社会工作服务，协助学生与其周围的关系主体重塑良好关系，以促进其个人成长，预防犯罪。

比如在下面的案例中，针对亮亮学业表现差，多次翻墙逃课和偷拿同学财物的行为，社会工作者及时进行了干预。在服务过程中，社会工作者运用箱庭疗法，让亮亮随意在沙箱中摆放玩具，将情绪情感投射到作品中，让亮亮释放压力、缓和冲突、增强自信。同时，针对亮亮母亲的情绪问题和不当教育方式，社会工作者先对其进行情绪疏导，并通过情景再现、换位思考等方式，共同模拟她与儿子的日常互动情况，让其看到自身教育方式的不妥之处；并为其链接家庭工作坊的资源，提供学习家庭教育方式方法的机会。在学校层面，社会工作者也及时与老师沟通亮亮的情况，协助老师制定有针对性的、个性化的教育方案；而亮亮行为的变化，也得到了同学的积极反馈。可以看出，社会工作者通过开展关系为本的危机学生干预服务，较好地改善了亮亮与父母、老师和同学的关系，增进了情感，也阻断了不良行为的进一步恶化。

案例一：

亮亮，男，12 岁，四年级学生，出生成长于上海。亮亮在课堂上注意力不集中，小动作较多，常常不能按时交作业，学业成绩是全班倒数，数学和外语学习尤其困难。近一个月，他三次从学校翻墙逃课，并多次偷拿同学的钱财，被母亲发现后被暴打一顿。亮亮不讲究穿着，个人卫生较差，同学们经常因为其身上散发的气味而远离他，他在班里没有可以交流的人。亮亮经常无故担心或心烦，平时喜欢独处，有时也会产生莫名冲动，做出一些出格行为。

亮亮的父母是外来务工人员，均是小学毕业。父亲在私人玻璃店打工，母亲是钟点工，夫妻感情尚可。亮亮由母亲一手带大，从小会受到母亲的打骂，特别是在其读书后更是变本加厉。母亲情绪容易激动且不稳定，在亮亮不听话时，她通常用手、脚、鞋子、木棍、衣架、皮带等物抽打亮亮的臀、腿、胳膊等部位。特别是在亮亮升入四年级后，随着学业难度的增加，其功课经常不能完成，这种暴打几乎每天一次，在双休日最频繁的时候一天多达2～3次。亮亮对母亲既爱又怕，两人很难正常沟通。亮亮的父亲老实木讷，对亮亮相对宽容，但他对于儿子的教育同样感到无能为力。

社会工作者经过评估发现，服务对象迫切需要矫正逃学和偷窃的不良行为。但在解决这些问题的过程中，需要协助其父母改进家庭教育方法和技巧，同时增进学校老师和同学对其行为的理解和帮助。

为此，社会工作者为其提供了以下服务：

1. 紧急介入，建立关系

在接案后，社会工作者第一时间和服务对象及其家长见面。为了能更好地倾听服务对象的心声，社会工作者采取了与服务对象、家长分别访谈的方式。

(1) 和服务对象的接触。社会工作者并没有质问服务对象逃学的原因，而是采取了尊重、共情、理解的方式，耐心地了解服务对象的学习生活状况和需求。

(2) 和服务对象父亲的接触。服务对象的父亲老实木讷，他意识到孩子问题的严重性，也表现得很焦虑。社会工作者在安抚了他的情绪之后，对其家庭，特别是母亲和孩子之间的日常交流、教育的情况，进行了相关信息的搜集。同时，针对服务对象的需求和现状予以讨论，并给予其相关建议。

2. 箱庭辅导，疏导疗愈

社会工作者一共协助服务对象制作了12份箱庭作品，经历了问题呈现、抗争及积极重构、统合转化三个阶段，从最开始的作品情节混乱、无主题、消极力量占主导，到最后对“家”的用心刻画。服务对象在这个过程中逐渐释放了压力，表达了内心的真实感受。

3. 家庭访谈，修复亲情

(1) 服务对象母亲的情绪辅导

在针对服务对象母亲的辅导中，社会工作者感受到她的暴力行为源自其成长发育期对父母爱的需求一直没有得到满足，因此在内心长期有一种愤怒的压抑。当孩子的行为触动到她的创伤点时，双重的情绪叠加更会激发她积压的怒火。因此社会工作者采用了一些专业辅导技术完成了她和亲人之间的对话和亲情链接，协助她“内心的小孩”获得情感修复。接着，社会工作者又利用“情景再现”“换位思考”的方式，和她共同模拟了她与儿子的日常互动情况。当服务对象母亲感受到自己的行为对儿子产生的伤害时，她后悔得痛哭起来。在安抚了服务对象母亲的情绪后，社会工作者针对性地传授给她一些情绪管理的方法，希望她能够尝试和运用。最后，社工针对观察到的服务对象注意力分散、坐立不安的现象，建议服务对象母亲带孩子到有关部门进行鉴定，然后根据实际情况来做出更加适合的对策和选择。

(2) “家长工作坊”的经验借鉴

服务对象母亲参加了社会工作者搭建的“家长工作坊”活动，通过这个家校联动平台，在和其他组员的互动中，她进一步反思自己家庭教育的欠妥之处，逐步学习和掌握了一些亲子知识并付诸实践，实现了和服务对象的共同成长。

4. 师生互动，和睦相融

(1) 与老师的联系。社会工作者在服务过程当中，及时向班主任及各任课老师进行反馈。根据服务对象的实际情况，他们也逐步放低了对服务对象各方面的要求，在这种轻松的氛围当中，服务对象反而每天基本能完成作业。

(2) 与同学的互动。随着服务对象着装和个人卫生的改变，同学们和他说话时不会再刻意保持距离，服务对象也不再喜欢独处。

(二) 开展体验式主题服务

1. 防治"学生欺凌"主题服务

教育部等十一部门于2017年12月印发了《加强中小学生欺凌综合治理方案》(教督〔2017〕10号)，其中提到，"教育行政部门要通过委托专业第三方机构或组织学校开展等方式，定期开展针对全体学生的防治学生欺凌专项调查，及时查找可能发生欺凌事件的苗头迹象或已经发生、正在发生的欺凌事件"，"民政部门负责引导社会力量加强对被欺凌学生及其家庭的帮扶救助，协助教育部门组织社会工作者等专业人员为中小学校提供专业辅导，配合有关部门鼓励社会组织参与学生欺凌防治和帮扶工作"。根据新修订的《预防未成年人犯罪法》和《未成年人保护法》，教育部于2021年6月颁布了《未成年人学校保护规定》，这些相关法律和部门规章都对学校社会工作服务和学生欺凌防治进行了明确规定，主张通过发挥学校社会工作的独特作用来实现对学生的保护。《未成年人保护法》对学生欺凌进行了明确界定，将学生欺凌界定为"发生在学生之间，一方蓄意或者恶意通过肢体、语言及网络等手段实施欺压、侮辱，造成另一方人身伤害、财产损失或者精神损害的行为"。

在防治学生欺凌的社会工作服务中，社会工作者主要通过个案、小组、体验式课程服务等方式对学生欺凌关系人开展专业辅导服务。

(1) 个案工作

社会工作者将学生欺凌行为实施者或受害者作为个案服务对象，根据前期的资料收集与分析，结合服务对象的年龄和心理特征，在行为认知、法治意识、社会关系(同伴、家庭等)、自我认同、增权赋能等多维度进行干预和调适，帮助服务对象恢复功能、提升潜能、获得成长。

(2) 小组工作

在实务过程中，社会工作者可根据情况为具有同质性(同为欺凌者、受害者或第三方旁观者）的学生开展小范围的、具有连贯性和针对性的系列小组活动。通过强化小组过程中的团体互助与情感支持，促使组员彼此之间建立良好的关系，形成良性的同伴支持网络，从而完成小组服务目标。

常用的对学生欺凌防治具有成效的小组主题有以下四个。

① 安全自护小组：帮助被欺凌的学生了解如何辨别危机情景及其危险因素、掌握如何应对等知识与技能，提升组员的判断与危机应对能力，提升自我保护意识和勇于帮助他人的意识。

② 人际沟通小组：社会工作者发现大多数学生欺凌事件源于人际矛盾，因此针对受害学生在人际交往方面的困扰策划小组活动。通过提升人际沟通能力，改善不良的人际交往方式或选择有益的同伴交往，进而使服务对象融入班集体，降低欺凌行为的发生风险。

③ 网络素养提升小组：随着互联网和移动设备上网的普及，青少年网络欺凌的风险增高。社会工作者针对目前学生群体喜爱上网的特性开展小组活动，使学生认识到网络欺凌的危害，培养学生良好的网络道德规范和上网行为规范，避免成为网络欺凌的参与者或受害者。

④ 欺凌行为控制小组：针对欺凌实施者开展小组工作，结合法律普及、行为认知、情绪管理等主题开展小组活动，提升其法治观念，正视欺凌行为的危害，学习理性管理情绪，控制并改善自身行为。

（3）体验式课程服务

在驻校服务过程中，社会工作者可以以学生欺凌防治为主题开展体验式课程服务，以学生为直接服务群体，以老师和家长为间接服务群体，营造和谐、友善的校园氛围。

针对学生群体，社会工作者联动司法机关人员、律师等专业人员结合真实案例开展专题讲座，增强学生的法治意识。也可以通过开展主题演讲、辩论赛、情景剧展演、板报评比、友好班级评比、影视赏析等形式多样的活动，潜移默化地宣传学生欺凌的危害，内化和谐友善理念。社会工作者致力于改善学生欺凌旁观者群体的态度和选择，营造和谐友善的校园文化氛围。

经过广泛实践，小学阶段使用影视赏析、课件讲解的效果和接受度较好，初高中阶段使用情景模拟、真实案例解析等更为直接的形式效果更佳。

教师是学校场域最具权威的成年人之一，教师对学生欺凌事件的态度和参与同样会影响到学生群体的选择。针对教师的活动目标聚焦认知、法律、应对三个方面：帮助教师了解学生欺凌的定义、类型和人员构成；帮助教师了解学生欺凌的危害以及有关学生欺凌的法律规定；帮助教师发现、判断萌芽时期的学生欺凌，并掌握预防和干预学生欺凌的具体方法和措施。社会工作者可以通过专题培训、法治讲座等形式，提升教师群体的学生欺凌防治意识，在教学外肩负起监管学生欺凌行为的责任，提升发现、处理学生欺凌事件的能力。

家长群体虽处于学校场域之外，但其影响却一直存在且重要。亲子关系、夫妻关系、价值观传递等微观因素都会影响学生个体对于欺凌行为的态度及看法。社工可以通过家长课堂、家庭教育指导等形式为家长普及学生欺凌的基本知识，改变学生欺凌只是同学之间小打小闹的错误观念，为孩子及时提供支持和引导。

2. “自我发展”主题服务

自我发展是青少年阶段的重要任务，其过程更被认为是青少年不断社会化的过程。上海市阳光社区青少年事务中心结合学龄阶段青少年的特点，探索出一套促进青少年自我发展的体验式课程服务。服务中运用的自我发展理论包括埃里克森和凯根的学说。埃里克森认为自我是一个“内在机制”，通过不断演化来保护个人的内在秩序。他指出自我的发展经历了八个阶段，每个阶段都会产生特定需求，被满足则会顺利发展到下一阶段，若需求未被满足，发展则会出现危机。凯根则认为由于环境文化的介入与个体认知水平的发展，个体会不断选择新的社会意义、生活意义并告别旧的意义，由此出现了主体与客体之间的失衡，而伴随主客体之间的调整又会产生新的平衡，从而使自我的发展进入一个新的阶段。其认为主体与客体之间分化、整合与调整的过程即自我发展的过程，而意义采择过程中经历的“平衡—失衡—再平衡—再失衡”是自我发展的必由之路，这是其“结构—发展”的自我发展理论的要义。凯根将自我发展分为一体化自我阶段、冲动性自我阶段、唯我性自我阶段、人际的自我阶段、法规性自我阶段、个人间的平衡阶段。

自我发展主题的体验式课程的目的在于帮助学生更清楚地认识自己及未来发展的可能性；协助学生发掘内在的潜能，并使之得到充分的发展；透过学生间的互动与分享，强化其自我表达的能力；提升学生自我觉察和觉察他人需要的能力；强调学生间彼此回馈和反应的重要性，不只帮助了个人的自我成长，也帮助了他人成长；协助学生能够自我接纳、自我完成，终至自我实现。

青少年自我发展与意义探索服务框架由纵、横两个方面交叉建构：纵向的自我发展关注与年龄相匹配的自我发展阶段，并依据青少年学龄发展特点将其划分为小学阶段、初中阶段与高中（职中）阶段三个时期；横向的自我发展聚焦自我在不同维度的发展，依据多维分层模型及其修正成果，并结合青少年自我发展现状将自我分为自我认知、自我意义、学业自我、关系自我、身体自我与情境自我六个维度，具体服务框架如表 3－1 所示。

表 3－1　自我发展主题的体验式课程

自我发展阶段	阶段目标	自我发展维度	具体内容
小学阶段	协助发展对家庭、学校与社会的角色识别	自我认知	初步完成对“我是谁”的认知
		自我意义	了解生命的发生发展知识，初步感知生命
		学业自我	初步感知学业扮演的角色
		关系自我	了解亲子关系与朋友关系并初步具备建立关系的能力
		身体自我	了解性别及性别差异
		情境自我	了解情绪类别和情绪管理方法

续 表

自我发展阶段	阶段目标	自我发展维度	具 体 内 容
初中阶段	协助初步探索自我意识与自我角色	自我认知	探索并初步形成对自我的认知
		自我意义	引导学生关注自身情绪，尝试探索自我心理感受
		学业自我	青春期学业问题（厌学、逃学等）的疏解
		关系自我	实现对亲子与同辈关系的认知，并探索良性人际互动的方法；开展恋爱观教育
		身体自我	完成青春期生理知识认知，并开展禁毒、防艾等的宣传教育
		情境自我	识别自我与他人的情绪，并能初步进行情绪管理
高中（职中）阶段	促成自我意识与自我角色的阶段确立	自我认知	形成对自我的科学认知
		自我意义	引导学生关注自我角色定位，理解当前面对的心理困惑
		学业自我	学业压力的疏导
		关系自我	增强亲子互动与同辈互动的能力，实现良性互动
		身体自我	持续推进禁毒、防艾等的宣传教育，增强其健康身体与良好形象的管理能力
		情境自我	增强情绪管理能力，保持较稳定的情绪水平

3. “生命教育”主题服务

青春期往往伴随着好奇、寻求刺激的性格特点，容易受到外界环境的影响，也容易遭受不良诱惑。大多数青少年虽然知道毒品、艾滋病等危害安全的风险，但不知如何进行有效的预防。社会工作者致力于通过体验式危机预防课程让青少年正确认识身边的不良诱惑，提高自我防范能力。在联校和驻校过程中，社会工作者与学校心理老师保持联系，了解学校生命教育的开展情况以及学生的需求，在此基础上策划开展了青春期教育、安全教育、健康教育、环境教育、禁毒和预防艾滋病教育等生命教育专题活动，引导学生热爱生命、尊重生命，树立积极的人生观。

生命教育的体验式课程时间多为35～45分钟，以整班参与的方式进行。针对小学、初中、高中(职中)不同年龄段学生的特点，社会工作者分别策划了有不同侧重点的方案。以防艾滋病教育的专题活动为例，小学版的方案侧重于讲解艾滋病的基本知识和对生活和身体的危害性；初中版的方案侧重于帮助学生了解艾滋病病毒的传染途径并学习预防措施，引导学生热爱生命、尊重生命、树立积极的人生观；高中版的方案侧重于使参与成员了解艾滋病的病理及对人体的影响，并澄清相关误区，对艾滋病的传播途径进行现场解析，增强参与成员的批判性思维能力，鼓励他们接纳艾滋病病人。

社会工作者在讲解的过程中尽量使用学生们所能理解与接受的话语，少用专业名词，并列举相关的例子。课程以PPT展示的形式开展，在课程开始前，社会工作者需要先熟悉课程内容、顺序，并对课程的时间进行有效的把握。社会工作者根据参与学生的人数抽取15％～20％的学生发放前后测问卷，并通过问卷对全体参与的学生进行满意度调查，这些也都需要在课程进行前准备完成。

(三) 开展家庭教育指导

除校园环境外，家庭环境无疑是青少年最重要的成长环境。家长作为孩子的启蒙老师，与青少年朝夕相处。来自家长的关心、支持和正确的教育引导，对这一时期的青少年至关重要。家庭教育历来为人们所重视，家庭教育得当，则有利于增进家庭成员之间的情感，促进孩子的全面发展；反之，若家庭教育不完善，则会阻碍孩子的个人成长和进步。家长是家庭教育的施教者，只有他们的观念和方法正确，才能使孩子获得最大的支持。家庭教育的过程，其实是家长和孩子共同成长、相互促进的过程。为此，上海市阳光社区青少年事务中心与学校老师商议策划了家庭教育指导方案。该方案计划通过家长沙龙、家长讲座的形式，为存在家庭监护缺失或不当、亲子关系紧张或冲突等情形的家庭提供咨询和关系调适类服务，传播正面管教理念。该方案同样得到了学校老师们的认可与支持。下面介绍三种常用的家庭教育指导活动。

1. 正面管教的理念解析

家庭教育指导系列活动以正面管教理念为基础。社会工作者通过讲解正面管教的内涵协助家长掌握正面管教的基本概念与方法，知晓孩子在不同成长阶段与家庭的关系变化，并从正面管教理念出发，让家长学习如何与孩子相处。正面管教强调对孩子正面引导，讲究不惩罚、不骄纵，和善而坚定地有效育儿，既要和孩子有比较好的情感联结，又要建立一定的界限。因此，社会工作者要结合青少年在不同阶段的身心发展情况、家长对于有效家庭教育方式的学习需求，以及学校的教学需要来设计相应课程，协助家长学习与孩子相处的要领。

2. 家庭会议

“家庭会议”是正面管教中的一项重要工具。它是指全家人通过共同互动、商量来解决问题的过程，是加强家人之间合作和亲密感的好方法。家庭会议可以使家庭成员在平等尊重的基础上，通过头脑风暴、共同承担家务等方式学习尊重、沟通、解决问题的技能，培养自理自律、责任感等品质。同时，家庭会议的优势还体现在：第一，家长可以把自己与孩子之间或在家里遇到的每一个问题或挑战放在家庭会议的议程上来解决，具有及时性；第二，会议议程预示着这个问题将在一周内解决，具有效能性。每周一次的家庭会议可以成为一个传统，给孩子提供幸福感、自信感、自我价值感和归属感，同时还能提供家庭娱乐、相互尊重、解决问题的体验和幸福回忆。

社会工作者以班级为单位召集有需要的家长，人数控制在 30 人左右。在讲解的过程中尽量以家长容易理解的语句，少用专业名词，营造出良好氛围。活动可以结合PPT、视频播放、授课和活动互动等方式开展。在课程开始前，社会工作者需要先熟悉课程内容、顺序，并对课程的时间进行有效把握。结束后通过问卷对在场人员进行满意度调查，这也需要在课程进行前准备完成。课程时间为60分钟左右。

3. 孩子行为重读

孩子行为重读意在使父母重新思考孩子所做出的在父母看来是错误的行为。对于父母而言，孩子的每个阶段都会有一些“错误”行为，这些行为对于父母来说都存在一定的“问题”，但在某种意义上，孩子的这些行为蕴含着更深层的含义，可能是孩子期望通过这些行为引发家长的注意和关爱。如果家长能够理解孩子行为背后的心理，则有助于找到更积极的方法来帮助孩子找到归属感。

社会工作者根据小学、初中、高中（职中）不同年龄阶段青少年的特点设计相应的课程，并进行相应的案例列举和互动。孩子行为重读的家长沙龙一般由30人左右组成。社会工作者在讲解的过程中结合丰富的事例重现家长眼中孩子的问题行为，随后引导识别孩子不良行为背后的错误观念和行为目的，并运用正面管教理念做出有效预防与处理。社会工作者也可以邀请几名家长组成案例模拟小组，就案例进行角色扮演，进行家庭互动和换位思考。最后进行讨论分享，社会工作者及时点评和总结。整个家长沙龙持续时间约60分钟。社会工作者需要在课前、课中、课后随时了解家长的需要，以便对内容及时调整，使家长在集体学习中获得能量。

（四）形成“家校社一体化”的合作机制

学校社会工作者在工作中通过建立家校联动、开展多元化家庭教育指导、提供较为丰富的社会教育活动、链接社区资源等服务，有效推进了“家校社一体化”的协同育人服务机制建设。

第一，通过学生将服务延伸至家庭，建立家与校的联动。一方面，通过摸排重点学生将服务延伸至家庭。学校社会工作者通过问卷、教师反馈等方式筛选出具有较高一致性的具有不良行为的学生，并通过班主任、心理老师、德育老师等途径收集该类学生的信息，排摸出疑似存在家庭监护缺失或不当，亲子关系处于紧张、冲突等情形的家庭。针对该类重点学生家庭，经与学校确认服务名单与计划，在充分预估需求的前提下，学校社会工作者通过开展个性化的家庭教育指导服务、家访等方式为该类家庭提供服务，以家庭与学校的双向沟通促成家与校的联动。另一方面，学校社会工作者通过家长会、宣传单页等途径服务学生家长，成为家庭与学校之间的桥梁，畅通家庭与学校的沟通渠道，以家校关系的调整促进家庭与学校的互动。

第二，开展多样化家庭教育指导，促成家、校、社的联动。学校社会工作者通过发放宣传单页、发放告家长书、参与线上或线下家长会、参与校内大型主题活动、参与校园环境布置等，提升学生及其家庭对学校社会工作的知晓度，并从中关注、介入在亲子沟通、家庭教育指导等方面有实质需求的学生家庭。在此基础上，通过跨学科多部门合作平台联动家庭教育、心理学等与家庭教育相关的专家资源，并通过联动街镇、社区资源，开展多样化的家庭教育指导活动，提升家庭的教育意识与能力，促成家庭、学校与社区的联动。

第三，开展社会教育，促成校与社的联动。社会教育是一种题材丰富、形式灵活的教育，能够完善青少年的教育体系。在试点过程中，学校社会工作者结合不同年龄阶段学生的特点，开展自我发展、生命教育、预防学生欺凌、禁毒宣传等主题课程，满足了学生不同层次的多样需求，同时也弥补了家庭教育和学校教育在这些方面的不足。体验式课程重点关注学生的主体性，通过启发思维、调动思考、寓教于乐的方式，激发学生的兴趣和激情，受到师生的热烈欢迎。自我发展系列课程帮助学生客观认识自我，敢于自我表达，不断提高自信体验，青少年在活动中不断发现自己更多的优点，寻找、摆脱自卑的束缚，找到自信的依据，建立理性的自信系统，在认识自我的基础上悦纳自我，获得全面发展。借助小组合作的形式，学生进一步学习建立人际关系的技巧，在小组工作中体会合作、团结精神的意义，体验互助、分享的过程，不断获得自身能力的提升；在社区相关活动中，青少年逐渐消除了内心的陌生感，打开了封闭的内心大门，开始接触新的人、新的事物、新的环境，开始建立社区认同感与归属感。

第四，链接社区资源，促成家与校、校与社的联动。学校社会工作者相比于学校，具有链接社区资源的主体优势。一方面，学校社会工作者可以通过链接社区资源而深入了解学生的家庭情况，有利于沟通学校与家庭的信息，促成家与校的联动。另一方面，学校社会工作者还可以通过链接社区资源为学生提供社会实践平台与教育资源，促成校与社的联动。

第四节　对严重不良行为矫治的青少年司法社会工作服务

未成年人的违法犯罪行为通常是一个由轻及重、不断恶化的过程。临界预防重在对未成年人出现的一些尚未构成犯罪的严重不良行为进行干预和矫治，是预防犯罪的重中之重。

预防未成年人犯罪立足于教育矫治，要坚持教育与保护相结合。根据《预防未成年人犯罪法》的规定，针对严重不良行为未成年人的矫治措施主要包括：一是公安机关实施矫治教育；二是接受专门教育；三是针对未成年人实施的有刑法规定、因不满法定刑事责任年龄不予刑事处罚的行为，开展专门矫治教育。依据法律规定，预防未成年人犯罪的社会工作服务，不仅可以在原有的家庭服务、社区服务、司法保护等领域持续开展，更为在学校、公安机关及专门学校合作开展青少年矫治教育服务提供了法律依据，这是青少年司法社会工作在制度层面的又一次突破性进展[①]。

上海市在预防青少年违法犯罪体系建立之初就积极探索对严重不良行为青少年的矫治教育，开展的社会工作服务主要聚焦在参与公安机关的矫治教育和专门学校服务，本节也将从这两个层面介绍上海市的实践经验。

---

① 费梅苹.构建“提前及分级干预”的预防未成年人犯罪社会工作服务体系：基于新《中华人民共和国预防未成年人犯罪法》的要求[J].中国社会工作，2021(1)：14－15.

一、严重不良行为矫治的青少年司法社会工作服务发展历程

相比预防犯罪社会工作的其他服务群体，有严重不良行为的未成年人具有数量少、分散化的特点。能否接触到这部分服务对象，是社会工作者参与对严重不良行为未成年人矫治服务的关键。公安机关能够第一时间接触到有严重不良行为的未成年人，并具有对其进行矫治教育的责任和权力；而专门学校是集中接收严重不良行为未成年人进行专门教育和专门矫治教育的机构。因而，社会工作参与对严重不良行为未成年人的矫治教育主要聚焦在与公安机关及专门学校的合作。根据参与内容的变化，上海市严重不良行为矫治社会工作服务的发展历程大体可以分成三个阶段。

（一）第一阶段（2004—2015年）：参与专门学校服务与公安机关的缓处考察教育

社会工作者对严重不良行为未成年人矫治教育服务的探索最先是从专门学校开始的。自2004年起，上海市各青少年社会工作服务机构就开始探索以联校或驻校的方式进入专门学校开展社会工作服务，在实践过程中与全市12所专门学校中的10所建立起合作关系。社会工作者进驻专门学校，开展心理行为矫正、自我探索、生涯规划、亲职教育等专业服务，加强和补充了专门学校教师对严重不良行为未成年人的教育和矫治工作，在预防严重不良行为转化为犯罪行为方面起到了良好的效果。

在与公安机关的合作方面，上海市从2005年开始探索针对违反《中华人民共和国治安管理处罚条例》（2006年3月起已废止，《中华人民共和国治安管理处罚法》同时施行）的未成年人的社会工作服务。2005年，上海市综治办下发了《关于对违法犯罪情节较轻的未成年人实行考察教育制度的意见》，提出对违反《中华人民共和国治安管理处罚条例》，依法可以处罚的未满18周岁的未成年人，实行考察教育。随后，上海市公安局颁发《关于公安派出所对违法情节较轻的未成年人实行缓处考察制度的实施细则（试行）》（沪公发〔2005〕206号），提出青少年事务社工参与对非在校未成年人的考察

教育。同年，共青团上海市委员会、上海市社区青少年事务办公室、上海市阳光社区青少年事务中心联合下发《关于青少年事务社工参与对违法情节较轻的非在校未成年人实行"缓处考察教育"的实施细则（试行）》（沪团委联〔2005〕2号），配套出台了相关工作方案、流程、表单和制度。当时全市500多名青少年事务社会工作者全面介入对违法情节较轻的非在校未成年人的帮教服务，服务内容包括定期面谈、开展法治教育、督促参与公益活动、定期与未成年人监护人沟通等。但在随后的实践中，考察教育制度较多用于违法涉罪青少年服务中，公安派出所对违法情节较轻的未成年人的缓处考察教育并未得到持续的重视，后续的政策支持也不足，这导致在之后的很长一段时间内，在公安机关针对严重不良行为未成年人的矫治教育中，社会工作者的参与受到限制。

（二）第二阶段（2016—2019年）：参与检察院的保护处分

自2016年起，以观护帮教与考察教育社会工作服务的实践经验为基础，在检察系统的大力推动下，上海开始探索对"未达刑责"未成年人（实施了有刑法规定、因年龄情节等法定原因没有被追究刑事责任的未成年人）的"保护处分"工作。以上海市阳光社区青少年事务中心为代表的上海社会工作服务机构参与到对这部分严重不良行为未成年人的训诫、心理辅导、行为矫正、感化教育等服务中①。

在这一阶段，受到生源减少、政策支持不足等因素的影响，专门学校面临发展危机，部分学校被撤并，专门学校的社会工作服务也受到影响，仍然坚持合作的学校只剩下5所。在此情况下，专门学校的社会工作服务面临如何进一步深化合作模式、提升服务质量的现实需要。

（三）第三阶段（2020年至今）：参与专门学校和公安机关矫治教育的新机遇

2020年，对严重不良行为未成年人矫治的社会工作服务迎来新的契机。

① 参见张瑾瑜：《经验与创新的融合——上海市地方标准〈未成年人司法社会工作服务规范〉诞生始末》，内部分享资料，未发表。

新修订的《预防未成年人犯罪法》明确了公安机关对严重不良行为未成年人的矫治教育责任。据此，上海市阳光社区青少年事务中心积极推动与公安部门开展针对违警触法未成年人社会工作服务的试点工作，推进青少年社会工作服务机构与公安机关针对严重不良行为未成年人的即时转介和跟进服务机制①，预防未成年人由严重不良行为走向犯罪。根据前期试点工作的经验，2021 年，上海市公安局、共青团上海市委员会、上海市青少年服务和权益保护办公室联合印发了《关于进一步加强涉未成年人案件社会支持的实施办法(试行)》，明确了公安机关办理涉未成年人案件时需要社会工作机构介入的群体、社会工作机构的职责、社会工作者可提供的服务等内容，进一步规范了社会工作者的矫治教育服务。

同时，《预防未成年人犯罪法》也对专门学校建设提出了新的要求，为社会工作参与专门学校的矫治教育提供了空间。特别是在 2022 年施行的《上海市预防未成年人犯罪条例》中，明确提出"为专门学校配备驻校或者联系学校的青少年事务社会工作者"。这些法律条文不仅为专门学校的建设和发展提供了制度支持，也为社会工作参与专门学校学生的矫治教育提供了新的机遇。

二、参与公安机关的青少年矫治教育服务

(一) 服务界定

《预防未成年人犯罪法》第四十一条规定，对有严重不良行为的未成年人，公安机关可以根据具体情况，采取以下九种矫治教育措施：(一) 予以训诫；(二) 责令赔礼道歉、赔偿损失；(三) 责令具结悔过；(四) 责令定期报告活动情况；(五) 责令遵守特定的行为规范，不得实施特定行为、接触特定人员或者进入特定场所；(六) 责令接受心理辅导、行为矫治；(七) 责令参加社会服务活动；(八) 责令接受社会观护，由社会组织、有关机构在适当场所对

① 参见《上海市阳光社区青少年事务中心 2020 年工作总结》。

未成年人进行教育、监督和管束；（九）其他适当的矫治教育措施。同时，第四十二条规定，公安机关在对严重不良行为未成年人进行矫治教育时，可以根据需要邀请社会工作服务机构等社会组织参与，这为社会工作者的参与提供了法律依据。

社会工作者积极参与到公安机关的矫治教育中，发挥社会工作柔性服务的作用，与公安机关的刚性权威相配合，有助于提升犯罪预防的效果。

（二）服务内容

根据《关于进一步加强涉未成年人案件社会支持的实施办法（试行）》，社会工作者应在对严重不良行为未成年人的矫治教育中开展以下服务。

1. 心理健康教育

社会工作者开展心理健康维护、心理行为问题矫正等服务，提升其心理健康水平，改善其对环境的适应能力。进入公安矫治教育阶段的未成年人，可能出现实施违法甚至涉刑行为后的担忧、害怕、悔恨等情绪，社会工作者需要进行一定的疏导。同时，还需要修复引发其实施严重不良行为的不良心理，及时给予引导和纠正。

2. 法治教育

结合他们自身所实施的严重不良行为，开展法治宣传及教育、毒品预防教育、防艾教育等服务，帮助他们了解我国法律法规，知道哪些行为会触犯法律，对自身行为进行分析和反思，提升其守法意识，矫正其偏差行为。

3. 行为规范训练

开展正向信念、品行修养、习惯养成、亲社会行为规范等服务，改善其对自身行为负责的意识、态度和行为。结合他们的行为，强调行为规范对个人及公众社会生活的影响和作用，鼓励他们养成良好的行为规范。

4. 引导社会参与

通过举办社会活动类、志愿服务类、运动类、职业技能类等社会服务活动，充实未成年人的闲暇时间，改善其社会参与的意愿、态度和技能，增加其获得社会参与的机会。通过鼓励社会参与，一方面使严重不良行为未成年人与他人、社会建立更强的联结，远离原有的不良圈子；另一方面也有助于其增强自信，走出原有行为的影响。

5. 接受社会观护

定期开展思想辅导、日常监督、生活观察、行为矫正、安全保护等服务，以改善其行为。同时，整合资源，切实解决他们在生活、学习、就业中遇到的困难，如给予经济资助或法律援助、举办就业培训等，使其掌握一定的生存技能，帮助解决其他各种问题。

6. 开展家庭教育指导服务

对未成年人父母或其他监护人，开展家庭教育指导，主要包括协助其树立正向教育观念，建立家庭规则，学习沟通技巧，调和及重建家庭关系等，提升其家庭教育能力。

（三）服务策略

结合上海市十几年的探索以及近期的实践经验，在参与公安机关的矫治教育中，需要充分发挥公安机关和社会工作的双重优势，既体现矫治教育的强制性和严肃性，也要体现矫治服务的柔和性和保护性。刚柔并济，切实纠正未成年人的严重不良行为，解决其实际问题，改善其成长环境，实现对犯罪的有效预防。

1. 警社融合，体现矫治教育的警示性和教育性

对严重不良行为未成年人的社会工作服务，不同于一般性的预防教育，是一种司法处遇措施，具有强制性和法律约束力，只有让服务对象及其家长意识到矫治教育的权威性，才能起到应有的警示作用，发挥惩治与教育的功能。社会工作的参与，是对公安机关矫治教育的补充和延伸，缓解公安机关因基层民警教育能力不足、日常工作量大等造成的功能失灵困境[①]。比如在下面的案例中，社会工作者与公安民警紧密配合：通过民警的训诫责令服务对象及其家长学习相关法律知识，认识到孩子行为的严重性；同时，社会工

① 张瑾瑜，沈黎．罪错未成年人生命转折研究：基于21个案例的生命历程回溯[J]．都市社会工作研究，2021(1)：19－39.

作者在民警的支持下，协助督促服务对象反思自身行为，学习法律知识，并对家长进行家庭教育指导，引导家长改善家庭教育方法，为未成年人营造良好的家庭环境。警社融合，一方面让严重不良行为未成年人及其家长认识到事情的严重性，引起足够的重视；另一方面也通过社工的服务缓解其心理压力，协助解决服务对象及其家长面临的人际交往、亲子冲突、学业困难等实际问题，帮助他们积极面对未来的生活。

案例二：

小A，14周岁，因家长导致的学业压力以及为满足个人花销的欲望，实施了偷盗行为。因小A不满法定刑事责任年龄，不予刑事责任处罚。案件发生后，未检检察官、办案民警、青少年事务社工、小A家长共同到场签订为期1个月的社会观护，检察官与办案民警也在现场对小A进行了法治教育。

社会观护期间，青少年事务社工协助和督促小A学习相关法律知识、撰写思想汇报，办案民警与社工保持沟通，了解小A教育矫治情况。针对不当的家庭学业压力，在办案民警的支持下，社工为小A家长进行了家庭教育指导，引导小A家长改善家庭教育观，为小A的持续向好提供积极的家庭支持与督促。

2. 矫治教育与关爱服务相结合

严重不良行为未成年人往往面临诸多实际困难，社会工作者在矫治教育服务中除开展法治教育、行为矫治外，还需要协助解决青少年面临的现实问题，改善成长环境，真正达到预防犯罪的目的。比如在小D的案例中，小D因涉嫌盗窃接受公安机关的矫治教育，社会工作者受派出所委托参与提供服务。在服务过程中，社会工作者从心理疏导、法治意识、行为规范等多维度对小D进行了矫治教育，也增进了对小D的了解。服务期间，小D具有积极的就业意愿，但面临没有身份证和学历低的问题。社会工作者通过咨询相关部门，全程陪同小D办理了身份证；并联系小D原来就读的学校争取了补考机会，补考通过即可补发毕业证。身份证的办理和毕业证的发放切实解决了小D就业过程中的最大难题，也加强了小D与社会的联结，减少了犯罪风险。

案例三：

小D，17周岁，小学学历，初二辍学，常住在宝山区。因在徐汇区涉嫌盗窃接受公安机关处理。宝山工作站接到委托后，委派资深的青少年事务社工为小D提供徐汇区案发地派出所委托的社会服务。青少年事务社工走访了小D的属地居委会、父母与祖辈家以及过往学校，以了解其成长过程及相关情况，完成社会调查报告；通过开展家庭教育指导服务，引导小D父亲加强与小D的沟通，缓解亲子关系紧张；从心理健康、法治意识、行为规范等多维度对小D进行教育矫治。服务期间，小D有积极就业的意愿，青少年事务社工全程陪同小D办理了身份证，并通过联系学校争取了补考的机会，获得补发毕业证的机会。

3. 构建"公安—社区/学校衔接机制"，开展持续性服务

公安机关对严重不良行为未成年人的矫治教育具有一定的时限性，社会工作者需要做好公安阶段矫治教育与社区和学校预防教育服务的衔接和转介。上海市已建立覆盖所有街镇的社区青少年服务体系，接受过公安机关矫治教育的严重不良行为未成年人可以通过公安机关转介给社区青少年事务社工或驻校社工，继续接受服务。

（四）工作流程

社会工作参与公安机关的矫治教育涉及社会工作机构与公安机关两个主体的合作，为保证工作流程的规范性，上海市在实践过程中初步探索出了一套工作流程，规定了从委托开始到服务完成的步骤和主要内容，为社会工作者参与公安机关实施的矫治教育服务提供指引。

1. 公安机关视情况委托青少年社工机构为涉案未成年人开展服务，社工站对委托任务进行评估，指派青少年事务社工参与该项工作；

2. 接受指派的青少年事务社工及时到达现场，向公安机关了解涉案未成年人的案情和基本情况；

3. 公安机关及时向相关未成年人、监护人告知青少年事务社工的身份、法律地位、权利、所受委托事宜及后续社会服务措施；

4. 青少年事务社工根据所受委托的服务类别定期为涉案未成年人开展社会服务；

5. 公安机关定期汇总相关信息和工作情况；

6. 青少年事务社工在服务完成后的10个工作日内将服务情况反馈至提出委托的公安机关。

三、开展专门学校的矫治教育服务

（一）服务概述

专门学校之前被称为“工读学校”，始于1955年北京市海淀区设立的我国第一家工读学校，“工读”意为学习与劳动参半。为淡化“工读痕迹”和避免标签化，2012年修正的《未成年人保护法》将其改称“专门学校”。2020年新修订的《预防未成年人犯罪法》提出要加强专门学校建设，规定专门教育是国民教育体系的组成部分，是对有严重不良行为的未成年人进行教育和矫治的重要保护处分措施。

专门学校主要面向存在严重不良行为或是触犯刑法规定的行为但未达刑事责任年龄的未成年人，对其开展分级分类的教育和矫治。《预防未成年人犯罪法》也对进入专门学校的途径做出规定，除了保留原有的由未成年人的父母或者其他监护人、所在学校向教育行政部门申请入学这一途径外，对严重不良行为情节恶劣或者拒不配合接受教育矫治措施的未成年人，新增了由教育行政部门会同公安机关决定送入专门学校接受专门教育的途径。根据《预防未成年人犯罪法》的规定，社会工作者可以作为成员参与专门教育指导委员会的评估工作。同时，社会工作者在专门学校分级分类的教育和矫治工作中也能发挥重要作用。

基于近20年的实践探索，社会工作者在工读学校为严重不良行为未成年人提供思想引导、法治教育、心理健康教育等服务方面已经积累了较为丰富的经验，得到了校方及受助者的认可。因此在《预防未成年人犯罪法》的要求下，社会工作者进一步参与专门学校学生矫治教育有了良好基础，部分学校以项目的形式支持社会工作服务，还有部分区向社会工作服务机构购买面向专门学校严重不良行为未成年学生的教育矫治服务。

（二）服务内容

《预防未成年人犯罪法》规定，专门学校应当有针对性地开展道德教育、法治教育、心理健康教育，根据实际情况进行职业教育，对未完成义务教育的未成年人，要求专门学校应当保障其继续接受义务教育。当然，由于学生的特殊性，专门学校所开展的教育应当更具针对性，对严重不良行为未成年人分级分类进行教育和矫治。

结合《预防未成年人犯罪法》的规定和上海市的实践经验，专门学校社会工作服务主要包括参与专门教育指导委员会的工作、参与对专门学校学生的矫治教育等内容。

1. 参与专门教育指导委员会的工作

(1) 参与评估

根据专门教育指导委员会的职责，作为指导委员会的成员之一，社会工作者可以参与指导委员会的评估工作。社会工作者可以参与评估指标的制定，参与对严重不良行为未成年人的风险和需求评估。

一是对未成年人是否有必要送入专门学校进行评估。通过评估，判定未成年人是否有必要进入专门学校，对于不必进入专门学校的学生，也要协同学校、家庭共同制定后续帮教方案，转介学校或社区社工跟进开展服务。

二是在每个学期对接受专门教育的未成年学生的情况进行评估。对经评估适合转回普通学校就读的，专门教育指导委员会应当向原决定机关提出书面建议，由原决定机关决定是否将未成年学生转回普通学校就读。

(2) 参与学校教育管理

社会工作者作为专门教育指导委员会的组成人员之一，还可以参与研究确定专门学校教学、管理等相关工作。

2. 参与对专门学校学生的矫治教育

（1）开展思想教育

根据严重不良行为未成年人的实际情况，对其开展针对性的道德教育、法治教育、心理健康教育，改善其认知，提升其法治意识。例如，社会工作者开展“以法护航，点亮精彩人生”小组工作服务，通过情景模拟、观看电影、案例讨论、知识竞答等活动形式，提升专门学校青少年知法守法并依法维护自身合法权益的意识。

（2）开展行为规范训练

针对专门学校学生的严重不良行为，开展行为规范训练，引导未成年人识别不良行为及其影响，学习社会行为规则，训练自身遵守行为规范。比如，针对专门学校学生普遍存在的学生欺凌问题，社会工作者实施青少年正面成长计划项目，综合运用个案、小组、社区工作方法开展反学生欺凌服务，并组织具有学生欺凌行为的未成年人参加行为规范小组，协助其纠正不良行为。

（3）开展生涯规划指导

进入专门学校的学生往往存在学习、行为、心理等多方面的问题，难以进一步升学，如何对以后的生涯进行规划，是专门学校学生面临的重要课题。社会工作者协助专门学校学生进行生涯规划，一方面协助他们深入认识自身的个性特质、能力、兴趣和生涯价值观，发现和强化个人能力与兴趣，并建立个人的职业发展目标与职业理想；另一方面，也引导未成年人对当前的职业发展环境有所了解，认识到环境因素对个人职业选择的限制，平衡好自己和他人的期望，从而对自己的未来发展做出妥善的安排。

（4）开展家庭教育指导

严重不良行为未成年人主要通过两种途径进入专门学校：一是由未成年人的父母或者其他监护人、所在学校向教育行政部门申请；二是由教育行政部门会同公安机关决定送入专门学校。这两种途径背后都暗含了未成年人父母或其他监护人在孩子教育方面面临困境。社会工作者通过家庭访问、家庭教育讲座、亲子活动等方式引导家长学习家庭教育知识，转变家庭教育方法，完善教养方式。作为被送入专门学校的孩子的家长，在家庭教育方面通常经历了长期的无助状态，社会工作者要注意激活家庭正向功能，激发家长的责任感和价值感，提升其改变的信心和能力。

（三）服务策略

1. 强化平等尊重的价值理念，赋能专门学校学生

由于专门学校的特殊性，专门学校学生常被社会大众标签化为问题学生，他们自己也容易内化这一标签，合理化自身行为。专门学校学生较多具有焦虑、孤独、冲动、敌对等不良心理倾向，常出现打架、斗殴等攻击性行为。社会工作者在开展服务过程中应秉持尊重、平等、非评判的价值理念，协助激发未成年人的主体性和潜能。在专门学校中，社会工作者开展的团体活动非常受欢迎，比如上海市阳光社区青少年事务中心在龙漕中学开展的“多彩绘艺，快乐成长”学生素质拓展课程、在彭顺中学开展的禁毒系列团体活动，以及在培成中学开展的青春加油抗逆力小组等服务都深受学生的喜爱。服务对象通过社会工作服务中的积极体验习得积极的行为方式，也提升了应对问题的能力，从而逐渐改善自身行为，实现矫治教育的目标。

2. 构建立体化服务体系

专门学校是社会工作者为专门学校学生提供服务的主要场所，但其服务内容并不局限于学校场域内。根据“人在情境中”理论，社会工作者构建了“个人—群体—社区”的涵括微观、中观、宏观三个层面的立体化服务体系，通过综合性服务助力专门学校学生的矫治教育。服务内容不仅关注学生个体心理和行为矫治，也关注学生所处的环境及其与环境的互动。由于专门学校是严重不良行为学生的聚集地，不同于公安阶段零散性的个体服务，在专门学校，社会工作者可以灵活运用个案工作、小组活动、社区活动等方法，综合介入学生个体及其环境。

3. 促进矫治教育的多元联动

(1) 建立“专门学校—家庭—社区”的联动

专门学校学生的矫治教育不应仅局限于学校内部，还需要根据实际情

况，积极联动家庭、社区，形成以专门学校为中心，重视家庭环境、积极联动社区的全方位矫治教育模式。必要时需要在学生假期以及毕业离校后进行持续性跟进，这就需要建立专门学校与家庭、社区的联动，及时了解学生动态，提供相应的服务。

（2）加强社会工作与未检、公安、教育等部门的多方联动

根据《预防未成年人犯罪法》，专门学校作为面向严重不良行为未成年人的矫治教育机构，与普通学校不同，除了教育行政部门外，民政、公安、司法行政、检察院、法院、共青团、妇联等相关部门也负有建设责任。社会工作在其中发挥了“串联”的作用，促进专门学校和相关部门之间的联系，整合不同部门的资源，为专门学校学生的矫治教育提供支持①。

第五节　预防犯罪的青少年司法社会工作服务案例

本章第一节对预防犯罪社会工作的服务人群进行了分析，第二节、第三节、第四节分别对社会工作参与对预防犯罪的教育、对不良行为的干预、对严重不良行为的矫治等预防犯罪工作的发展历程、服务内容、服务策略进行了总体介绍。本节将通过三个青少年服务案例，来更为具体地呈现预防犯罪社会工作服务的内容和过程。

一、来沪青少年服务案例：“七浦汇”群团服务站运营项目②

（一）背景介绍

静安区七浦路服饰商业街区是一个典型的以来沪从业人员为主的聚集

① 董宇文.专门学校教育矫治模式研究及对学校社会工作的启示[D].华东理工大学，2021：54.

② 本案例素材由上海市阳光社区青少年事务中心静安工作站提供，本章编者修改完成。“七浦汇”群团服务站项目自2016年开始运营，本案例主要呈现的是该项目2021年的服务内容。

区域，该区域中从业人员的多元化、高流动性、高聚集性等特征决定了其服务需求是不断变化的。“七浦汇”群团服务站自2016年运营以来，在团区委、街区管委会、上海市阳光社区青少年事务中心的指导下，依托服务站这个实体阵地，充分发挥上海市阳光社区青少年事务中心专业青少年事务社工队伍的专业性，整合街区工会、共青团、妇联等群团组织的行政支持和资源整合，为街区青少年提供可持续的专业化服务，为街区青少年搭建了集服务、维权、凝聚、引领于一体的综合性服务阵地。项目在多年的实践过程中，建立了定期的跟踪调查和需求评估机制，以街区从业青少年的实际需求为导向，满足其提升职业技能、增强人际交往能力、改善亲子关系、搭建支持性平台、增强维权意识、提升社区融入感等需求。项目计划以青少年感兴趣的活动为载体，丰富、充实他们的业余生活和精神世界，促使他们主动参与街区青少年成长发展、街区自治、街区安全维护，共同营造有序、和谐的氛围。

（二）需求分析

1. 社区参与的需求。该区域的成员以来沪青少年为主，他们的社区参与感和社区融入感较弱，也缺乏参与社区活动和社区事务的机会。

2. 提升技能的需求。该区域的从业人员主要以服饰售卖为主要的收入来源，从业者对直播带货、形象管理等实用技能需求大。

3. 增进亲子互动的需求。大多数从业人员忙于工作，亲子之间缺乏良好的沟通，具有较强的亲子沟通与亲子互动的需求。

（三）理论依据

地区发展模式强调从当地居民的需求出发，发动社区内部资源满足居民需求和解决问题，强调居民的参与、合作，培养社区凝聚力和归属感。在项目开展前，进行跟踪调查和需求调研，以街区从业人员的实际需求为导向，组织和动员街区从业人员、社区群团组织等共同解决社区的问题，满足从业人员的需要。

（四）服务目标

1. 总目标

加强群团组织的价值引领作用，发挥社工的专业特长，根据街区从业人员实际需求，为市场搭建集服务、维权、凝聚、引领等功能于一体的综合性服务阵地。

2. 分目标

(1) 通过提供日常服务和“暖心佳节汇”等活动，丰富来沪青少年的业余生活，营造和谐美好的阵地服务氛围；

(2) 通过开展技能学习，提升来沪青少年的职业技能和职业竞争力；

(3) 通过开展“候鸟成长汇”，改善来沪青少年的亲子关系；

(4) 通过志愿服务平台的建设、公益活动的参与，促进来沪青少年的社区融入和参与。

(五) 介入过程

本项目的主要服务有“志愿服务汇”、日常服务、“平安公益汇”“技能学习汇”“形象管理汇”“候鸟成长汇”以及“暖心佳节汇”。具体如表 3－2 所示：

表 3－2　“七浦汇”项目服务及活动内容

计划开展的服务/活动		具体活动内容
志愿服务汇	“七浦汇”志愿服务平台建设	**活动名称：**“七浦汇”志愿者互动学习交流会 **活动内容：**(1) 社会工作者总结近年来在街区志愿服务活动中所取得的成绩。(2) 志愿者代表分享志愿服务经验。(3) 志愿者互动交流环节：“如何当好志愿者，做好志愿服务”，促使志愿者们对志愿服务有更深层的了解，帮助他们提升志愿服务的能力
日常服务	“七浦汇”服务热线	社会工作者接听七浦汇服务热线，咨询内容涉及：询问七浦汇活动开展情况，询问七浦路周边交通路线，询问七浦路周边租房事宜，询问入党相关事宜；询问兼职工作事宜，询问七浦路市场分布情况，询问“青春漂书角”图书借阅，询问机动车和非机动车停放位置，询问春节前返乡相关信息，询问市场复工、租金减免等问题。对于来电人员的询问，社会工作者均给予耐心回复，无法直接回答的问题转接给有关部门

续 表

计划开展的服务/活动		具体活动内容
日常服务	沙盘体验及心理咨询	对学习困难、社交焦虑、自信心不足等问题的从业人员和“候鸟”儿童进行针对性的辅导训练，帮助他们疏导情绪，改善认知，释放压力，增强自信心
	“青春漂书角”	七浦汇“青春漂书角”为服务人群提供图书借阅服务，图书类型包括文学类、职场类、美妆类、心理学类、服装销售类、亲子类等
	信息公告栏	信息公告栏每月月初更新，主要内容包括：“候鸟儿童”暑期系列活动回顾、“趣享直播汇”系列活动、消防宣传等
	七浦汇微信特辑	七浦汇微信特辑定期发布活动信息，帮助街区广大群众及时了解项目活动开展情况及活动成效
	服务站升级改造	**形式**：对服务站进行活动区域重新设计、格局调整、阵地内硬件更新、墙面粉刷及装饰等 **频次**：1 年一次 **受益人群**：七浦路服饰商业街区从业人员
平安公益汇	“落实消防责任，防范安全风险”119 消防宣传活动	为夯实七浦路服装市场火灾防控基础、大力普及消防安全知识，引导市场经商务工人员关注消防、学习消防、参与消防，进一步提高街区群众消防安全素质及认真贯彻落实“119 消防日”精神，七浦汇阳光社工计划在“119 消防日”，在七浦路服饰商业街区开展消防宣传活动
	“双减”新政下家庭教育的有效途径主题讲座活动	帮助家长对“双减”政策有明确的认知，提升他们的认知能力，促进其原有的家庭教育模式的改变，缓解焦虑的情绪
	安全防范伴我行——春运防疫不放松	宣传春节期间疫情防控知识，加强街区从业人员的疫情防控意识
	美在静安·志愿服务我践行——七浦汇“3·5 学雷锋”志愿服务活动	义诊专家咨询活动；消防宣传等

续 表

计划开展的服务/活动		具体活动内容
技能学习汇	“趣享直播汇”	线下直播授课+实践操作
形象管理汇	“眉丽绽放”七浦汇美妆活动	帮助从业人员提高画眉技能，提升个人自信与形象
	“秋风花甲”七浦汇美甲活动	帮助女性从业青年了解穿戴甲的基本使用技巧，并装饰指甲
	品牌形象塑造营	专业老师在店铺内进行一对一教学，讲解服饰搭配的秋冬流行色，从业人员进行现场练习。帮助从业人员提升服饰搭配的知识和技巧，激发从业人员学习服饰搭配的热情，更好地提升店铺知名度及服务质量
“候鸟”成长汇	亲子互动吧(一)	**活动名称：**“我心向党”DIY手工制作活动 **活动内容：**增强街区青少年的爱国、爱党意识，改善街区从业人员与子女的亲子关系
	亲子互动吧(二)	**活动名称：**“遨游太空航天梦”手工DIY活动 **活动内容：**增强街区青少年的航天知识及动手能力，弘扬航天精神，改善街区从业人员与子女的亲子关系
	亲子互动吧(三)	**活动名称：**“童心画奥运”亲子互动吧 **活动内容：**增进孩子们对国际奥林匹克运动会的认识，进一步学习奥运精神，培养孩子积极向上、勇于拼搏的精神
	亲子互动吧(四)	**活动名称：**“趣享阅读汇”亲子读书活动 **活动内容：**激发孩子的阅读兴趣，培养他们良好的阅读习惯，营造亲子阅读氛围，增进亲子互动
	亲子互动吧(五)	**活动名称：**“亲情加油站”奶油胶DIY手工制作 **活动内容：**增进这些孩子和父母之间的沟通交流，提升亲子关系，同时丰富儿童的假期生活，进一步激发儿童的手工创作灵感和创作热情

续 表

计划开展的服务/活动		具体活动内容
“候鸟”成长汇	安全教育大课堂	**活动名称：**网络安全我知道 **活动内容：**（1）协助儿童了解网络的特征，使用网络的益处与潜在的弊端；（2）协助儿童了解网络的安全隐患，学习如何进行隐私保护
		活动名称：拒绝欺负我知道 **活动内容：**帮助儿童预防和应对校园欺凌，建立防范意识，提高守法意识。
		活动名称：身体保护我知道 **活动内容：**引导儿童在与周围人群的互动中，辨别行为的安全性，提升自护能力
		活动名称：防拐防骗我知道 **活动内容：**邀请了静安分局北站街道派出所的警官为从业人员子女授课，重点讲解出行安全、防拐防骗、防火安全等方面的知识
暖心佳节汇	迎新主题活动	**活动名称：**“迎元旦，庆新年”迎新活动 **活动内容：**现场讲授元旦传统文化并讲解制作灯笼的流程；与来沪青少年一起制作灯笼，增强街区的节日氛围，营造节日气氛
	学家庭教育法，做智慧好家长——“三八”妇女节主题宣讲活动	解读《中华人民共和国家庭教育促进法》及讲授学做智慧好家长的有效方法
	五四青年节主题活动	**活动名称：**追逐青春梦想——五四青年正奋“静” **活动内容：**深入市场，宣传五四青年活动，引导青年从业人员思考自己的梦想，以及为梦想做出努力，展示新时代青年积极进取、开拓创新的精神风貌
	“粽香情浓”主题活动	讲授端午节的由来和历史，教授制作香囊，分享交流对民族文化的认识和体会，增强从业人员对民族文化的认同感和自豪感，提升七浦路的和谐氛围
	“庆国庆，迎中秋”主题活动	讲授国庆节的由来和历史，学习自制冰皮月饼，制作国庆贺卡，拍摄视频送祝福

（六）成效评估

1. 对服务对象的影响

（1）极大地丰富了来沪青少年的业余生活，提升了他们的社区参与积极性，营造了安全、有序、和谐、繁荣的街区氛围，为街区的转型升级奠定了良好的基础。

（2）帮助市场从业青少年搭建了学习的平台，提升了职业技能。

（3）帮助市场从业青少年提升了自我价值感和自我效能感，在奉献和服务中增强融入感，促进街区和谐。

（4）协助市场从业青少年处理了工作和生活中的纠纷，加强了他们的法治意识，同时也提高了他们依法做事和依法维权的能力。

（5）增强了从业青少年对街区的认同感和凝聚力，有助于建立其新市民身份。

2. 对社区环境的影响

（1）社区变得更"温暖"了，提升了从业人员对社区的认同感和融入感，增强了凝聚力，彼此相互联结、关爱和支持。

（2）社区的环境变整洁了，通过从业人员积极参与志愿服务活动，从业人员爱护街区环境卫生的意识提升了，创建绿色七浦也成为街区从业人员共同的努力方向。

（3）社区的功能增强了，"七浦汇"为从业人员搭建了一个综合性服务平台，如服务热线、服务岗亭、"青春漂书角"、休闲吧、党员之家、职工之家、青年之家、妇女之家等，社区功能不断拓展，为从业人员提供了最直接和有效的服务。

3. 对行业及社会带来的影响

（1）"七浦汇"群团服务站以党团为引领，开展社会工作专业服务，打造联系、服务、凝聚广大街区青年的综合性服务平台，为其他地区的外来人员管理和服务提供了参考。项目实施期间，市、区、街道相关部门领导先后前来"七浦汇"参观并指导工作，给予服务站项目工作极大的肯定。外省市来访团通过来访参观交流，对“七浦汇”群团服务站的项目运营模式给予了高度的评价，并表示会学习服务站的创新经验。

(2)“七浦汇”群团服务站的服务也受到人民网、微信公众号“周到”等媒体的报道，不仅传播了社会工作的服务，也传播了来沪青少年的正面形象。

（七）专业反思

在本服务项目中，群团合作及专业服务是项目取得成功的有效保障。一方面，群团服务站的建立依托于团区委、街区管委会、街区工会、共青团、妇联等群团组织的行政支持和资源整合，在来沪青少年工作的市场建立固定的服务阵地，是对来沪人员综合治理的有效尝试。另一方面，群团服务站通过专业的社会工作服务，回应来沪青少年的多元需求，促进其社区参与和社会融入，有效预防犯罪。在服务过程中，要深入走访所在商圈、相关部门和从业人员，了解总体架构、人群结构、性质特点，以市场从业人员的需求为导向，在活动内容和形式设计上更有吸引力和更加便利，有效吸引从业青少年的参与。同时，注重资源整合，为从业人员搭建服务平台，提供更多的福利和帮助。

项目采用地区发展模式，以集体的形式来挖掘和利用市场资源，共同解决街区问题，满足街区需求，增强街区凝聚力和归属感。项目注重发挥从业青少年的潜能和自主性，通过为他们提供参与的平台和机会，提升他们对街区的认同；也鼓励青少年从业人员通过自助和互助解决街区问题，培育七浦路服饰市场从业人员自我管理、自我提升、自我成长的能力。

二、困境儿童服务案例：“跨学科多部门合作”的运用[①]

（一）背景介绍

1. 家庭背景

服务对象丸子，女，12岁，某公办学校六年级学生，从小父母离异，由外

① 本案例素材由上海市阳光社区青少年事务中心宝山工作站李诗蕙提供，本章编者修改完成。

婆带大，外婆对其宠爱有加，原本的生活较富足、家庭也较和睦。但从2019年8月起，丸子母亲生意失败，借“套路贷”负债80余万元，引发家庭矛盾，冲突不断激化，虽然派出所、街道、居委会曾多次上门调解，都未能彻底解决。随着丸子母亲的暴力行为升级，疼爱丸子的外婆被诊断为严重精神抑郁，这也直接导致丸子的精神崩溃、生活紊乱，不得不中断学业。

2. 服务对象情况

2019年9月刚进校的第一个月，丸子表现正常。但到了10月底的一天，青少年社工突然接到了丸子所在学校的求助电话，在与政教主任的面谈中，社工得知丸子在开学一个月后的某天与老师交流，表示家庭情况非常糟糕，已经有2个多月没能休息好，家中一直争吵、打架，自己情绪非常低落，严重影响到她的饮食和作息；政教主任还告诉青少年社工，这期间虽然学校也做了大量工作，但丸子的情况每况愈下，医生也给出了重度抑郁和重度焦虑症的诊断报告，学校无奈之下想到了经常来校做青春健康教育活动的青少年社工，希望社工能帮助丸子。

3. 家庭情况

(1) 成员构成

丸子很小时父母离异，父亲给了母亲30万元后签了离婚协议，并表示今后不再来往；外公、外婆虽年事已高，但仍在照顾她。

(2) 家庭互动

丸子从小与外婆一同居住，丸子的母亲以为了生计需在外谋生为由对其极少照顾，经常不在家中，而丸子父亲则从未联系过她。外婆对丸子关爱有加，生活也算过得安稳。但丸子母亲与外婆间一直存在着矛盾，丸子母亲认为其生活都是被孩子的外婆所主宰，婚姻的失败也怪罪于孩子的外婆，认为外婆过于强势，这是造成她生活与工作失败的主要原因。

(3) 家庭问题表现

2019年8月，丸子母亲因做珠宝生意失败，借“套路贷”欠了80多万，债主经常上门要债。丸子母亲认为这一切都是自己从小被母亲控制所造成的，母亲毁了她一生，故把所有的怨气都发泄在自己的母亲身上，并且表示非常恨自己的母亲，在家里争吵不断甚至动手打了丸子外婆。丸子母亲的暴力行为导致丸子外婆精神崩溃，被医生诊断为重度抑郁，需住院治疗。丸子原本无忧无虑的生活被彻底打破，家里的物品大多已被丸子母亲损坏，现在丸子天天生活在恐惧中，这已经严重影响到她的身心健康，无法正常生活和学习，有时实在没有办法，丸子只能去朋友、同学处寄宿。她也曾去找过父亲，但父亲不接受她，这一切使得幼小无助的她彻底处于绝望中……

青少年社工根据前期的调研与评估，认为丸子目前的状态可以归结为以下几点：一是亲子关系断裂、矛盾激化，造成其对自我的认知出现了偏差；二是丸子本人处于危机状态，身心发展受到威胁，现迫切需要解决其危机处境。为了解决这些问题，青少年社工首先通过与丸子的家人和监护人面谈，沟通孩子的生存及治病问题；其次，在街镇层面，整合街道、居委会相关的资源，联合学校召开一次由家长、学校、青少年社工、街道、居委会的多方合作协调会；最后，通过市级层面上海市阳光社区青少年事务中心的"跨学科多部门合作"平台来为服务对象提供专业服务。

（二）需求分析

1. 服务对象

(1) 迫切需要有一个安静的环境，能过正常的生活。

(2) 希望丸子母亲不要打外婆，与家人和平相处。

2. 服务对象家人

(1) 丸子母亲：希望有人能照顾孩子，其已无能力照顾；希望能帮其找一份工作，或帮其解决债务问题。

(2) 外公：希望能给丸子一个安静的生活环境，帮助其家庭解决目前的生活困难问题。

3. 学校老师

(1) 与丸子家长达成共识，让丸子休学，在家养病，减少对同学的影响。

(2) 希望青少年社工能对丸子进行危机处理和心理辅导，调节丸子和母亲的亲子关系。

（三）理论依据

根据丸子目前的情况，青少年社工决定前期先通过危机介入，帮助丸子暂时离开家庭危机处境。丸子因家庭冲突已经出现了一些过激行为，医生也给出了重度抑郁和重度焦虑症的诊断报告。青少年社工需要协助服务对象暂时搬离家庭，与其母亲分开，找一个安全的环境让服务对象居住，以缓解其面临的危机境遇。

在服务的中、后期，运用认知疗法，采用认知重建、心理应付、问题解决等技术进行心理辅导和治疗，其中认知重建最为关键。艾利斯认为，经历某一事件的个体对此事件的解释与评价、认知与信念，是其产生情绪和行为的根源，不合理的认知和信念引起不良的情绪和行为反应，只有通过疏导谈论来改变和重建不合理的认知与信念，才能达到治疗目的。贝克也指出，心理困难和障碍的根源是异常或歪曲的思维方式，通过发现、挖掘这些思维方式，加以分析、批判，再代之以合理的、现实的思维方式，就可以解除痛苦，更好适应环境。丸子认为家庭所遭遇的变故都是她的错，这一不合理的认知严重影响了其心理健康，社会工作者需要帮助其重建认知。

（四）服务目标

1. 总目标

服务对象的身体和心理都受到了极大的伤害，青少年社工认为目前迫切需要进行危机干预和重建不合理的认知，并整合资源，协助解决家庭成员面临的经济困难和精神疾病问题，改善家庭关系，营造安全和健康的家庭环境。

2. 分目标

（1）通过危机干预，帮助服务对象解除危险事件的发生，以期避免对服务对象的伤害和减轻其恐惧心理。

（2）通过认知疗法，改变服务对象的认知方式，达到认知、情感、行为三者的和谐。

(3) 通过整合资源，推动多方联动，为服务对象的母亲及外婆提供经济援助和疾病治疗。

(五) 介入过程

1. 早期：紧急介入，危机干预

由于突然接到了服务对象所在学校政教主任的求助电话，青少年社工通过与老师的交流，了解到服务对象因家庭冲突、矛盾升级，已有2个多月没能休息好，无法正常就学，已经出现了一些过激行为，医生也给出了重度抑郁和重度焦虑症的诊断报告。而深爱她的外婆也被诊断为重度抑郁，这使得服务对象情绪彻底失控，这一切的发生都让她感到非常的无助和恐惧。

在迅速了解和掌握了服务对象的主要问题后，青少年社工第一时间与服务对象在学校心理室进行了面谈。青少年社工发现服务对象的状态不佳，遂问其："是不是饿了？晚上睡眠如何？"服务对象马上说："现在好想吃东西啊！我已经好久都没好好吃东西了，非常想睡觉可怎么也睡不着，天天没有精神。"青少年社工听罢，就建议其先吃一些东西，然后在心理治疗室休息一下。随后，拿出饼干和牛奶，开始了边吃边聊，有效稳定了服务对象的情绪，并与服务对象建立起信任的合作关系。在得到服务对象认可后，青少年社工就试探性询问了服务对象是否有破坏行为的出现和危险行为的发生，在确认其以前有过，但目前暂时没有后，让其先睡一会儿，由老师看护。

隔天，青少年社工又与服务对象的母亲进行了面谈，找到了问题所在：母亲的不负责任、推卸责任和家庭暴力，都是让服务对象情绪失控的主要原因。对于这些，青少年社工告知其母亲：首先，其作为丸子的监护人，有责任与义务照顾她；其次，对于所欠债务，只能是尽快找到一份工作，解决目前的困境；最后，因丸子的外公、外婆年事已高，身体欠佳，希望丸子母亲能主动承担起家庭的责任而不是一味地推脱和逃避。

青少年社工又与丸子外公交谈，得知服务对象是如何从一个开朗活泼、热爱舞蹈的孩子，变成现在这样一个焦虑、情绪失控、已到崩溃边缘的孩子。青少年社工给予丸子暂时搬离家里，与其母亲分开，找一个安全的环境让其居住，并且由外公陪伴的建议，外公也同意社工的建议。

青少年社工在走访居委会时，了解到居委会干部早已介入。丸子的母亲一直在家闹事、砸东西，甚至对自己的孩子大打出手，家人也曾多次报警，但问题的根本仍未解决。

2. 中期：资源链接，多方助力

(1) 资源链接，搭建平台

青少年社工在确定服务对象目前暂无危险的情况下，与学校协商，联合了由学校、街道青保[①]、居委会青保、青少年社工共同参与的协调会。在这次协调会上，学校表示会资助服务对象 2 000 元，帮助其先渡过难关，同时，建议服务对象先休学半年，视病情的发展再决定何时返校；街道相关部门也表示，会给予一些经济补贴；居委会表示会向服务对象的母亲推荐就业信息，帮助其重新就业；青少年社工表示除了做好安抚工作外，还会制订计划来帮助服务对象，并且会向上级领导汇报，聘请专业的心理老师给予服务对象心理治疗和情绪辅导，青少年社工还建议，希望外公能带服务对象在外租房，暂时换一个安全的居住环境，让服务对象摆脱目前的危机。

(2) 专业辅导，用心服务

青少年社工与服务对象进行面谈，帮助澄清其一直“认为”家中出现的问题都是因为自己不该出生，自己的父母不喜欢她，连最爱她的外婆都因此生病等自卑和极端想法。青少年社工告诉她，对于现在家庭所遭遇的变故，都不是因为她，而是母亲处理问题和教育的方式有偏差，外婆生病只是年纪大了，身体不适，这些都和她无关，并不是她的原因，她没有错；成年人有自己应负的责任和义务，而她只需好好休息、好好生活才是最重要的。

青少年社工与服务对象约定，来参加社工组织的手工活动，与小朋友一起交流。在得知其喜欢动漫后，社工让其在下次见面时交流一下，其也欣然答应。

---

① 青少年保护委员会的简称。

最后，社工与丸子母亲沟通，让她能担负起监护人的责任，并让其能正视目前的处境，希望她反思自身出现的问题，及其给孩子和家庭造成的后果；与其外公面谈，希望外公能多照顾服务对象的生活起居，平时可以多带孩子外出走走、找一些孩子有兴趣的事情做，分散其注意力；外婆也被及时送到了精神卫生医院，开始了治疗。

经过一段时间的辅导，服务对象的不安情绪得到了缓和，心情也好了许多，脸上出现了久违的笑容，家中也出现了少有的宁静。

(3) 又遇突变，多方助力

原本以为事情已向好的方向发展，丸子母亲再一次突如其来的情绪大爆发，彻底使事态发展到无法控制的地步。外公突然向青少年社工求助，丸子母亲已经有几个晚上情绪失控、拿刀刺向他。这是因为丸子母亲出现了幻觉，认为自己被债主追债，她去了派出所自首，民警已带她去做了精神鉴定，被鉴定患有严重的精神分裂症。丸子母亲还扬言要扼死丸子，导致丸子害怕极了。

青少年社工把服务对象接到了社工点安抚其情绪，并及时把这一紧急情况向上级部门汇报，宝山团区委也及时通知了有关部门，在第一时间制定了紧急处置方案。不久，在团区委的关心和指导下，社工再次邀请了心理老师为丸子做了心理辅导；同时联系街道、派出所等各部门，拿到了丸子母亲患有严重精神病的诊断书，准备送丸子母亲到专门的医院住院治疗。

对于这一特殊案例，团区委也及时与上海市阳光社区青少年事务中心负责人沟通，在大家的合力支持下，青少年社工再次陪同服务对象来到了徐汇区精神卫生中心由专家会诊，丸子母亲也被及时安排进了精神卫生中心进行住院治疗。

3. 后期：赋予能量，重新出发

经过不懈的努力，服务对象的情绪开始得到改善，主动参与了社区活动，与新朋友交往，脸上出现了久违的笑容，连走路都显得十分轻快。

“六一”儿童节前期，青少年社工亲自上门送给丸子喜欢的笔记本和一些学习用品，丸子也在六一儿童节当天收到了“青春战役　爱心结对”项目的志愿者送来的节日礼物，这让她十分开心。

更开心的是，丸子外公用卖掉原住房的部分钱款替丸子母亲还清了债务，还重新购置了一处房子，让服务对象开始了新的生活。

（六）成效评估

虽然整个服务过程跌宕起伏、意外不断，但在多部门协作和青少年社工的不懈努力下，最终服务对象解除了危机，事态也慢慢向好的方面发展。

目前，服务对象通过青少年社工的辅导，建立了积极的自我认知，情绪变得稳定；在多方努力下，服务对象外婆和母亲也得到了专业的治疗，精神状态趋于稳定；外公替服务对象母亲还清了债务，重新购置了房产，服务对象也有了安全的住所；家庭生活归于平静，服务对象也已重回校园，开始了新的学习与生活。

（七）专业反思

虽然本案已结案，但回顾这一段艰难的服务过程，青少年社工认为，服务对象的危机情况，一是来自其家庭的环境突变与人际冲突，二是其对于这些家庭问题出现的错误认知。青少年社工帮其梳理好家庭成员的关系、各自的责任，还通过疏导与交流，帮其确认问题，去除不合理的认知与信念，让其从不自信变成自信，重塑正确的认知，提升了对自我的肯定。

在服务的工作方式上，面对受到家庭重创的服务对象，社工作为教育者，教导服务对象处理问题的正确方式，以使家庭处理问题的方式对服务对象产生的影响降到最低。社工还充当使能者，协助服务对象树立面对生活的正确态度，激发服务对象面对问题和解决问题的能力；此外，社工也要发挥资源链接者的角色，为服务对象争取资源，助推服务对象能够安稳且健康地生活。

本案中，青少年社工从传统意义上的单个角色转变成多重角色：通过街道、学校等层面的资源，帮助服务对象及其家人获得相应的政策支持和权益的保护；通过多方联动和联结资源，把有效的服务输出给需要者，取得了良好的效果。

本案中，青少年社工结合上海市阳光社区青少年事务中心新成立的“跨学科多部门合作”应急平台（联合心理学、护理学、社会学、法学、精神病学等各方面单位），实现了工作互联、平台互通、资源共享、载体互融、优势互补的工作新格局，为陷入困境的青少年提供及时、有效的援助。

在服务的过程中，社工要先解决危机，使服务对象处于一种安全稳定的环境中，然后再改变其认知和行为。其实，在介入服务对象的过程中，社工与服务对象是双向成长的过程。社工帮助服务对象摆脱目前的糟糕状态；而服务对象的问题摆在社工面前，激发社工的思考与探索，处理该案例对于社工来说，也是一个成长的过程。

三、严重不良行为未成年人服务案例：社会工作者参与保护处分[①]

（一）背景介绍

服务对象明明，男，幼年时父母离异，监护权归属父亲，父母离异后各自再婚，明明日常与爷爷奶奶一起居住，从小缺少父母的关爱及教育。明明所处社区环境一般，对社区的归属感较弱，友伴群体中混杂有社会青年。

服务对象因与被害人发生矛盾，纠集社会人员殴打被害人，未造成轻微伤害的后果。但事情结束后，社会人员在明明不知情的情况下又对被害人实施了强拿强要，被害人随即报警。案发后，明明家长对被害人进行了赔偿，并获得了被害人谅解。检察院对明明做出保护处分决定，委托社会工作者对其进行两个月的观护帮教工作。

社会工作者通过分析明明的成长经历及家庭教养等情况，探寻其犯罪的原因，进而评估明明的需求，以此为切入点，尝试更有效地开展服务。

（二）需求分析

服务对象严重不良行为的成因包括个人、家庭和社会三个层面，与此对

① 本案例素材由上海中致社区服务社周泉提供，本章编者修改完成。

应的需求也可分为三个方面。

1. 个人层面

服务对象有较强的自尊心，遇到他人挑衅或自己遇到突发事情时，情绪易冲动，往往会选择非理性的方式。但服务对象在心理上是自卑的，外显强势是因为缺乏安全感，是为掩饰、保护自己做出的防御行为。服务对象需要理性地管理自己的情绪，妥善与他人沟通，才能更好地处理冲突、化解矛盾。

2. 家庭层面

服务对象幼年时父母离异，后各自再婚。服务对象跟着爷爷奶奶生活，缺乏父母的陪伴及对其良好思想、品行和习惯养成的教育。服务对象内心渴望家人尤其是父母的关心爱护和陪伴，但一直得不到满足。

3. 社会层面

服务对象处于青春期，有自我认同的需求，在成长过程中结识了社会不良朋辈，期望在“圈子”中奠定自己的地位。服务对象其实是想得到家庭及社会的认可，获得成就感及认同感。

（三）理论依据

赫希把人和社会所建立起来的社会联结来解释为人为什么不犯罪：当社会联结正常时，人便远离是非；而当社会联结缺位，人就比较容易犯罪。赫希将社会联结作为解释青少年犯罪的重要论点，在防控青少年犯罪问题上作出了巨大贡献。社会联结主要由四个核心因素构成：依恋、参与、奉献和信念。

(1) 依恋：个人与父母、朋辈及学校的联系。当个人对这些事物的依恋程度较高时，会受彼此共有的规范所约束，他们犯罪的机会便较少。

(2) 参与：个人对传统社会活动的投入时间。当个人投入于传统社会活动的时间较多时，个人便没有时间和精力感知诱惑，考虑和从事犯罪活动。

(3) 奉献：个人在日常生活中愿意对事情做出承担及努力。当个人的奉献程度较高时，他们犯罪的机会便较少，因为其会考虑由此而引起的代价。

(4) 信念：社会公民共同分享的价值观及道德标准。健全的信念能强化个人的自我控制力，减少犯罪的机会。

根据社会联结理论，社会工作者希望挖掘并联结服务对象与家庭及社会的依恋，通过良性参与的体验，激发其自身的投入与热情，逐渐建立其对社会规范的认同。

（四）服务目标

1. 总目标

促进服务对象与社会、家庭和自身的联结，预防严重不良行为的再犯。

2. 分目标

(1) 协助服务对象与其父母建立依恋关系；

(2) 引导服务对象进入良性朋辈圈，参与正向活动；

(3) 帮助服务对象在奉献中重拾信心，规划未来；

(4) 引导服务对象建立对社会规范的认同。

（五）介入过程

1. 服务计划

(1) 通过心理疏导协助服务对象克服自卑，建立自信，运用理性情绪疗法提升其情绪管理能力。

(2) 通过行为规范训练，提升服务对象沟通技巧。

(3) 通过增加家庭成员的陪伴，强化服务对象亲子沟通及其对家人的依恋，也增强其对社会的联结。

(4) 通过安排服务对象参加小组及社区活动，建立并扩大其良性社会支持网络。

(5) 通过职业能力技巧的辅导及培养，帮助服务对象认识自身优劣势，从而科学规划自身发展。

(6) 通过安排服务对象学习《生活中的法》、参加公益劳动兼家庭劳动，以及学习道德养成故事，提升其法治意识。

(7) 通过增强家庭照顾者的教养能力,帮助改善服务对象的家庭环境。

2. 服务过程

社会工作者对服务对象开展为期两年的个案服务,根据社会联结理论,将服务具体过程划分为以下四个阶段。

(1) 第一阶段:启弹“依恋键”——溪润心门,涤心淤泥,依恋有宿

社会工作者对服务对象开展社会调查工作,通过轻叩其心门,了解到在服务对象幼年时,父母离异,又各自重组家庭。年幼的服务对象处在“多余”的尴尬位置,由父亲交由爷爷奶奶进行日常照顾。社会工作者在内心思考,服务对象成长经历中,他的依恋在哪里?祖辈的确是关爱服务对象的,但原生父母的爱却是无法替代的。在接下来的保护处分观护帮教中,社会工作者又发现,服务对象的朋辈圈混杂有社会青年,尤其是当服务对象步入青春叛逆期后,其更愿意加入不良朋辈圈中,以期获得存在感和认同感。

社会工作者抓住社会联结理论的核心因素,并以此为突破点,阻止服务对象的内心继续在泥泞中越陷越深。社会工作者从内心关心服务对象的日常生活,通过不断、及时的鼓励来输入希望,并联系其父母,强化亲子间的沟通。在社会工作者开展的社区活动中,鼓励服务对象母亲陪同其参加亲子绿植盆栽活动。另外,也引导服务对象的父亲多回爷爷奶奶家陪伴服务对象,让服务对象能感受到家庭的温暖。在HTP测试中,社会工作者发现服务对象是个内心自卑但外在尖锐的孩子,无法容忍他人的挑衅,纠集社会青年去教训他人正是企图奠定自己在朋辈圈里的地位。在社会工作者与其父母的沟通中,父母明白了服务对象的处境,约定一周三次分别带服务对象一起生活,从内心上温暖,从衣食住行中体现,以此重新建立依恋感。比如在服务对象开电瓶车摔伤时,母亲能够开车在医院与家之间接送,父亲对服务对象的实习工作也是放在心上,有所安排。通过点点滴滴的事件,让服务对象在内心深处重新认可家庭,体悟到父母的关爱。

从家庭中流淌而出的暖流,逐渐渗透进服务对象的内心,化成涓涓溪流,润化防卫的心门,开始涤荡封存的心之淤泥。

（2）第二阶段：长奏“参与键”——心河渐融，搭桥依恋，引流参与

此阶段，服务对象对社会工作者也产生了信任感，社会工作者希望通过正面的影响，引导服务对象进入良性朋辈圈及职场中。社会工作者主办了“绿泥交响乐”“筑梦花季”等小组和社区活动，通过不同的趣味游戏开场，让同龄人的欢笑如河流般浇灌进服务对象半开半闭的心门，鼓励他们互相支持，进而冲破服务对象与他人之间的冷淡枷锁，帮助其融入集体；又通过角色扮演，服务对象辨识了高危情境中非理性情绪的产生及特征、区别了采用理性情绪和非理性情绪行为的后果、模拟学习了职场中人际沟通交流的技巧。同时服务对象也积极参加检察院组织的各类活动。

小河有时会起风浪，但有良性朋辈手拉手般地筑堤支持，友谊的小船将会行驶得更稳定，沿途参与所获的美好风光让人心旷神怡，用心用情往前，会探寻到另一头的源头将是奉献。

（3）第三阶段：激荡“奉献键”——心湖洗礼，乐享奉献，茁壮提升

人的成长都要经历风雨，服务对象的成长之路也时常会受到挑战，心灵的湖泊时有动荡。在服务对象职场上遇到挫折时，社会工作者给予不断的鼓励，其良性朋辈圈也成了避风的港湾。社会工作者建议服务对象进一步提升参与感，尝试进入志愿者队伍，也能感受不一样的生活体验。于是社会工作者邀请服务对象加入“青少年英雄联盟”，成为一名志愿者。在暑期中以志愿者身份参加“跟柯南，破毒谜”活动，为社区里的小学生普及禁毒知识。另外，在反邪教宣传活动中，服务对象也主动报名参加志愿者后勤保障工作。在参与活动中，服务对象学到了如何与他人交流沟通、如何团队合作等，更好地巩固相互支持的网络，也为服务对象后续的就业之路做良好的铺垫。

该阶段中，服务对象顺利完成了实习，本来可以留下继续工作，但服务对象有了挑战自我的信心，在与父亲沟通下，决定进入企业工作。工作中发生的趣事，服务对象会经常与社会工作者分享，工作虽然辛苦，但是服务对象现在全身心地投入，奉献着自己热情，得到单位领导的认可，同时也远离

了之前的不良朋友圈。

（4）第四阶段：永按“信念键”——心纯如海，信念导航，海阔天空

这个阶段的服务对象已经成熟了许多。服务对象与母亲共同去泰国旅游，母子关系融洽。在工作上有师傅指导，服务对象真诚且虚心向师傅学习技术，不断提高工作能力；工作之余，服务对象意识到健康生活的重要性，经常到朋友工作的健身房进行健身。社会工作者近期与服务对象分享其成长的点点滴滴，真心地感受到服务对象的改变。服务对象也感受到自己的变化，表示现在的自己虽不出色，但自己的内心是想进步的，会经常思考自己的未来。服务对象表示，社会工作者曾邀请其参加的“恋爱与婚姻”知识讲座给了自己莫大的启发，他会认真思考该如何对待自己的婚恋，如何避免自己的下一代重蹈覆辙。“非淡泊无以明志，非宁静无以致远”，《诫子书》的道德智慧犹在服务对象心海间发光为灯。

社会工作者帮助服务对象寻找到自己的明灯，但是人生的舵轮还是要服务对象自己把握，导航定位依靠的就是服务对象的信念。

（六）成效评估

社会工作者运用社会联结理论，使服务对象将对不良朋辈圈的情感转移到对家庭的依恋，内心被家庭成员的关爱所感化。同时，社会工作者与服务对象建立信任感，参与到服务对象的再社会化过程中，帮助服务对象建立良性圈子。之后，服务对象基本能独立应对生活中的困难及挑战，有了承担，懂得奉献，社会工作者在此过程中给予积极肯定与行动鼓励。最后，服务对象在具备能力之后，能主动关心家庭，勤于劳动，为社会做出自己的贡献，此时的服务对象建立了正向信念，在社会工作者的协助下激发出真诚、善良、勇敢及自我成长的潜能。

个人层面：服务对象工作稳定，身心状态稳定，与师傅和同事关系融洽，想继续工作下去，目前没有再出现违法犯罪的情况。

家庭层面：服务对象目前和父母沟通良好，父亲和母亲分别在工作及生活方面给予关心，服务对象也能主动关怀爷爷奶奶。

社会层面：服务对象目前优化了朋辈圈，愿意参加社区活动及公益志愿者活动，精神面貌和言行举止都有了很大的改观。

（七）专业反思

本案例的服务对象是严重不良行为青少年，严重不良行为的背后是家庭关怀的缺失、不良朋辈群体的误导以及自我认知的不足。服务对象幼年时父母离异，与爷爷奶奶共同生活，父母对其陪伴、教育不足，使得良好品行及道德养成的家庭教育过程比较缺乏。青少年群体会受亚文化影响，在得不到家庭及社会的认同时，很容易在社会上结识到不良朋辈，以此获得归属感及认同感。同时，像服务对象这样的青少年，内心是自卑的，外显为较强的自尊心，当遇到或认为他人挑衅时，情绪管理能力不足，易冲动，不懂得良性沟通、用理解化解矛盾，容易选择用错误的方法来表达自我。

由于以上问题，青少年很容易碰触到法律的红线。反之，家庭完善的教育和关爱功能，从青少年的人生起点阶段，就起到重要的作用，随着青少年成长及社会化，学校及社会应更多地给予青少年良好的接纳、认同及支持，能减少青少年不良行为的产生，减少不良圈子的滋生，从而减少此类案例的发生。

社会工作者在对严重不良行为青少年开展服务时，要多维度地考量不良行为产生的原因，多元归因与重点解决相结合。本案例的介入重点就是聚焦服务对象本人，从社会联结入手，帮助服务对象规避不良行为，规划自己的未来。另外，在案例中，社会工作者充分发挥"爱"的作用。爱是具有传导性的，无论何时都不要忽略爱、放弃爱，父母的原生之爱、朋辈的友情之爱、社会工作的真诚之爱以及社会中他人的关心之爱，都会是涓涓细暖，润心无声，滋养青少年的心田。社会工作者在其中的角色作用基本上就是牵线搭桥，重新连接原生家庭成员之间的依恋之爱，渐渐引入良性朋辈支持的参与之爱，青少年自身开始凝成自立有为的奉献之爱，最终迎来海阔天空般的信念之爱。

小　结

上海自2003年起探索预防犯罪的社会工作服务，针对高风险青少年群体，建构起了超前预防和临界预防分级服务网。预防犯罪的社会工作服务要兼顾服务覆盖面与服务针对性，在社会工作者人手有限而服务对象数量多、范围广的情况下，如何提供有效的服务是社会工作者面临的挑战。在十几年的探索过程中，社会工作者积累了丰富的实践经验，由于篇幅有限，本节仅以三个案例来展现青少年事务社工的实践智慧。

在第一个案例中，针对来沪青少年具有一定聚集性的特点，在其聚集工作的市场打造综合性的固定服务阵地，提升了服务的可及性和便利性，也实现了对流动人口的有效治理。通过社会工作服务的提供，切实解决来沪青少年生活和就业中的问题，丰富他们的业余生活，提供参与社区事务和融入城市生活的机会和平台，较好地起到了预防犯罪的效果。案例二是针对困境儿童开展的多部门合作的服务案例，服务对象需求涉及家庭矛盾、经济困难、精神疾病治疗等多个方面，单靠社会工作服务机构无法有效回应。在此过程中，社会工作者充当资源链接者，整合各方资源，有效回应了服务对象的复杂需求。第三个案例是参与对严重不良行为未成年人的保护处分，社会工作者通过发掘社会联结断裂对服务对象行为的影响，从增强服务对象对家庭和良性朋辈的情感联系、提升服务对象对社会活动的参与、促进服务对象对职业和志愿服务的奉献、协助服务对象树立正面价值信念等方面开展服务，不仅有效矫治了其偏差行为，还激发了服务对象自我成长的潜能。

上述案例也体现了社会工作在预防犯罪工作中的服务特点和优势。一是服务内容以服务对象需求为本。在预防犯罪教育、对不良行为的干预和对严重不良行为的矫治中，社会工作者通过提供关爱、开展活动、解决实际问题、改善环境等服务切实回应服务人群的需求，从而实现预防犯罪的效果。二是服务具有系统性。社会工作服务包括服务对象个人、家庭、学校、社区等不同层面，可以系统地协助服务对象解决面临的问题，满足其生存、关系和成长需求。三是具有联动不同服务主体的优势。家庭、学校、社区、未检、公安、教育、各类青少年服务组织等均是预防青少年犯罪的责任主体，社会工作者可以将服务对象需求与不同的服务主体进行对接，必要时联动不同服务主体共同为青少年提供支持，充分发挥了资源整合的作用。

第四章　涉刑事案件的青少年司法社会工作服务

未成年人犯罪问题是广受关注和重视的社会问题，亦是亟须破解的重要课题。2022 年 6 月，最高人民检察院发布的《未成年人检察工作白皮书》披露全国检察机关 2021 年受理审查逮捕、受理审查起诉未成年人人数较 2017 年分别上升 30.6％、24.2％，未成年人犯罪有抬头的趋势。

青少年正处于青春期向成年早期过渡的关键时期，其智力发展、辨别能力和自控能力都尚未成熟。如果能够提前预防，或者在其出现轻微罪错行为后能够采取有效的措施积极地引导、及时地矫正，既是对青少年的积极保护，也是对社会稳定的有力维护。

作为以利他主义为原则、以科学知识为基础、以专门方法为手段的专业性助人活动，社会工作因其普适性和多样性的特点被广泛应用于青少年司法领域。涉刑事案件的青少年司法社会工作服务是广义的青少年司法社会工作服务体系中的核心部分。随着青少年司法由补救性向着预防性、发展性的目标不断改革推进，青少年司法社会工作的服务体系也在不断拓展与完善，而涉刑事案件的青少年社会工作服务一直是其重中之重。

本章第一节对涉罪未成年人的生命历程轨迹、群体涉罪案由特征、未成年被害人的群体特征分别进行阐述；第二节对涉刑事案件的未成年人司法社会工作服务中较为常用的担任合适成年人、参与观护帮教、考察教育、开展社会调查等服务内容分别进行阐述；第三节根据不同的服务内容分享一些能够呈现服务过程的典型案例。

第一节　涉刑事案件的青少年司法社会工作服务人群分析

涉刑事案件的青少年司法社会工作服务主要聚焦于涉罪未成年人、未成年社区矫正对象、未成年被害人、未成年证人等人群及其家庭。按照服务目标可以大致分为需要教育矫治的涉罪未成年人、未成年人社区矫正对象等群体，以及需要支持的未成年被害人、证人这两大类。

本节在生命历程视角下对未成年人产生犯罪行为的轨迹进行分析，呈现可能影响犯罪行为产生的几个关键生命转折点；通过对上海近些年未成年人涉罪案由进行分析，呈现该群体的变化趋势；通过对性侵被害人案件的分析，呈现该类被动涉及司法程序的未成年人群体案件的特征。

一、生命历程视角下未成年人产生犯罪行为的轨迹分析[①]

父母陪伴的童年、入学、中高考、踏入社会、就业、结婚并养育子女……这是大部分自然人都会经历的由各种阶段性重要生命事件组成的持续性过程。然而，当未成年阶段这一年龄分层期中某个或一系列本应正常经历的生命事件遭到破坏或乱序时，将会影响未成年人原有的生命轨迹，甚至使其

① 张瑾瑜，沈黎. 罪错未成年人生命转折研究：基于 21 个案例的生命历程回溯[J]. 都市社会工作研究，2021(1)：19 - 39.

逐步走向犯罪的道路。

经过对涉罪未成年人案例的研究，我们发现犯罪行为产生之前并非无迹可寻。除少数（约三成）因不可控因素如情境、情绪等激发的突发型、冲动型犯罪行为，大部分的犯罪行为，尤其是未成年人犯罪行为的产生，均是由程度轻微的不良行为伴随劣势累积的趋势，经历某些重要生命转折逐步发展畸变而成。

基于此，我们选择了具备纵贯视角优势的生命历程理论作为研究视角，通过对一批涉罪未成年人典型案例的生命历程回溯，归纳提炼了监护困境的童年成长环境、校园初次不良行为的产生、不良朋辈圈内的相互感染这三个影响涉罪未成年人行为产生的转折点，它们是不同于普通未成年人同时又具有一定群体代表性的关键生命转折点。

个体具有能动性，能够依靠自身的性格和经历来克服外部环境的约束和影响，编织自身的生命历程。另外，影响罪错行为终止的良性因素还包括了及时发生的关键性生命事件（如复学、就业、结婚、生子等）、心理发育的成熟、外在环境的改善以及外在支持的介入等。因此，不能武断地认为未成年人经历这三个关键生命转折点就必然会走上违法犯罪的道路，但了解与认识这些转折点的影响对于剖析影响涉罪未成年人行为产生的根源，进而有的放矢地做好涉罪未成年人的教育矫治与再犯预防有着重要的意义。

（一）劣势累积——童年成长的监护困境

家庭关系、父母道德水平、家庭教育方式等家庭因素对未成年人健康成长及社会化的作用和重要性毋庸置疑，与之相对应的是监护缺失或不良的童年成长环境，对未成年人在成长过程中同样起到深远的潜在负面作用。早在19世纪30年代，哈佛大学即发现儿童时期的行为失调越严重，则其在成年后适应社会的能力越差，儿童时期的罪错行为极有可能持续到成年以后[①]。在生命历程理论的众多衍生理论中，美国犯罪学家桑普森（Sampson）

① GLUECK S. Ten years of "unraveling juvenile delinquency". An examination of criticisms[J]. The Journal of Criminal Law, Criminology and Police Science, 1960, 51(3): 283.

与劳布(Laub)在20世纪90年代提出的逐级年龄非正式社会控制理论(An Age-graded Theory of Informal Social Control)①主张父母监管缺失、疏远的亲子关系等影响未成年人与家庭纽带关系的因素会增加未成年人产生罪错行为的可能性。

我们在大量案例中发现，罪错行为尤其暴力行为具有显著代际传递性，而童年重大生命事件，如儿童时期重要家人过世、自杀、吸毒、服刑、出走等重大生命事件的经历对未成年人的心理创伤和深层影响深远。这种劣势不常在童年时期直接显现，而是伴随成长慢慢呈现劣势累积趋势，引起未成年人的生命轨迹的转变。

在监护困境的童年环境开始沉淀累积劣势的影响下，未成年人相较正常环境下成长的个体有更大的可能性在成长过程中遭遇挫折或在人生选择时走向偏差的一端。

（二）罪错萌芽——初次不良行为的产生

除了少部分偶发或突发的犯罪原因，大部分犯罪行为早在行为发生多年前会萌芽初次不良行为，而后经历了一系列行为畸变的轨迹才最终导向犯罪行为。初次不良行为绝大部分发生于学校阶段。

学校教育是未成年人发展社会性过程中的关键阶段，因此同样亦是诸多未成年人犯罪问题研究所聚焦的重要环节。素质教育的形式化、程序化的教育方式、忽视养成教育、校内体罚、教师挫伤自尊的软暴力等容易使学生养成不健全的人格进而走上违法犯罪的道路②。学校过重的学习压力、差乱的学校环境、较少获得的自尊和自信、高压或失管的家庭是牵扯未成年人自学校向社会偏离从而边缘化的重要影响因素③。

小学低年级阶段的学业较为轻松，即使是处于童年监护困境的未成年

① 汪明亮.逐级年龄非正式社会控制理论及其借鉴意义[J].青少年犯罪问题，2008(2)：12-18.
② 莫洪宪，叶小琴.学校教育的缺失与青少年犯罪[J].青少年犯罪问题，2006(2)：16-19.
③ 费梅苹.次生社会化：偏差青少年边缘化的社会互动过程研究[M].上海：上海人民出版社，2010.

人也有能力完成正常的学业并从中获得自信与自尊，从而支持其维持正常状态。但进入小学高年级或初中阶段后，原本轻松的学业压力的骤增、习惯的学习环境的变化、熟悉的同学朋辈的更替，这些因素均易使原本就背负累积劣势的未成年人在这一阶段面临人生的分化。戳破劣势"气球"的诱因可能是一次考试的失利、一次同学的嘲笑，又或是老师的一次批评。对于成年人来说的"小事件"，对于正在经历的未成年人来说，可能是他们当时面临的最重大的生命事件，并开始促使其发生状态的变化。相较于能够获得家庭及时正向支持的普通家庭孩子，经历过或正处于童年监护困境的未成年人在面对这些事件尤其是挫折和打击时会更加艰难，在劣势累积的趋势下，他们更易于萌发初次不良行为。

初次不良行为在程度上一般并不严重，可能只是一次逃课、一次打架或是开始接触到不良朋辈，但如果得不到家庭、学校等外在支持系统的及时阻断，或是外部介入阻断的方式不恰当，迫切渴望认同和支持的未成年人就有可能逐渐开始自学校向社会偏离，在不良朋辈圈中获得他们所需要的外在支持和认同。

（三）行为畸变——不良朋辈圈内的相互感染

初中阶段开始，未成年人的感情重心已从家人转向亲密的朋友，而友谊的需求也已从儿童期的"游戏"转变为"倾诉"[①]。我们的研究也发现，结交不良朋辈同样是未成年人犯罪行为产生轨迹中极为显著的一个关键生命转折点。

游离于学校环境后，在缺乏学校、家庭等外部支持的劣势影响下，迫切需要但无法获得支持与认可的未成年人有极大的可能性将目光从家庭、学校转向校外社会，结交有共同话题的玩伴以获取自身缺失的外部支持，进而形成属于其自有的朋辈圈。"方以类聚，物以群分。"这些处于"社会边缘"的未成年人更易于结交有相同兴趣爱好或经历的朋辈形成不良朋辈圈。

---

① 陈校.儿童青少年的交友需要和友伴群的特点[J].心理科学学，1991(1)：48－51.

经由不同于主流文化的亚文化的相互作用、相互感染、相互支持与相互强化，未成年人在不良朋辈圈内获得其一贯欠缺的自我价值认同和外部支持，继而促使其原本程度较轻的不良行为在进入圈内后发生畸变，或使原本并没有不良行为的未成年人在进入圈内后被迅速同化感染。

这种畸变或是行为频率上的增加，例如原本每周逃一次课演变成一周数次；或是类型上的变化，例如原本只是出入网吧演变成学会抽烟、喝酒，开始频繁出入不适宜未成年人的不良场所；更大的可能性是行为程度上的升级，从原本自害型的不良行为升级畸变为他害型的严重不良行为甚至是犯罪行为。未成年人沉湎于不良朋辈圈所给予的自我价值认同而不愿脱离，在圈层和同伴的拉力下愈加偏离主流社会，逐步走上偏差乃至于犯罪的道路。

二、上海未成年人涉罪案由分析

通过对上海青少年社工机构存档的 2008—2010 年、2016—2018 年、2019—2021 年三个时间段的未成年人涉罪案由数据进行分析，有以下发现。

（一）未成年人冲动暴力型犯罪数量居高不下

未成年人正处于身心发展的重要阶段，有着强烈的情感归属需求以及自我独立的需求，但同时又尚未形成良好的控制情绪冲突与化解心理问题的能力，因此极易在周围环境因素影响（包括朋辈教唆、引导）及情境刺激下爆发冲动情绪型的暴力犯罪行为。故寻衅滋事、故意伤害、聚众斗殴的涉罪案由在这三个时间段始终处于居高不下的态势。

（二）金钱型犯罪仍是未成年人涉罪主流之一

未成年人的犯罪案由中金钱型犯罪（盗窃、诈骗、敲诈勒索、抢劫、抢夺等）仍是主流。但在三个时间段中，随着网络支付的普及，现金交易和携带量的减少，金钱型犯罪比例呈现明显的下降趋势。在总犯罪类型中由 2008—2010 年的 74.5％下降到了 2019—2021 年的 36.9％。

（三）未成年人涉侵害女性权益案件比例上升

在性教育不足、新媒体病毒式传播、网络监管不足等社会环境因素影响下，性犯罪案件逐渐增多。在2016—2018年阶段发生的共54起性犯罪中，强奸、强制猥亵、强制侮辱等侵害女性权益类型的案件共有30起，占性犯罪案件的55.6%。而在2019—2021年阶段的51起性犯罪案件中，侵害女性权益类型案件共有29起，占比为56.9%。

（四）未成年人涉网络（电信）诈骗案件比例上升明显

随着支付宝、微信支付、网银等网络财务管理功能逐步得到普及应用，与之对应的诈骗案件（尤其是网络电信诈骗）数量也在逐年提升。2018年诈骗案件的单年占比（占未成年人总犯罪类型）猛增至7.3%，2021年增至13.8%。2020年后，刷单、虚假交易、信用卡、网贷、直播诈骗等逐步成为未成年人涉诈骗类案件的新趋势。

三、未成年性侵被害人案件的特征分析

最高人民检察院发布的《未成年人检察工作白皮书（2014—2019）》显示，近年来侵害未成年人犯罪多发高发，其中性侵害、暴力伤害未成年人问题尤其突出。我们对上海青少年社工机构存档的未成年性侵被害人案件进行了分析，结合过往研究提炼了以下案件特征与服务需求。

（一）家庭因素的影响巨大

家庭因素与未成年人性侵问题高度关联。首先，性侵未成年人的案件中有相当比例为家庭成员或熟人（亲戚、邻居、家人的朋友等）作案。在中国文化中，家庭具有非常重要且特殊的地位，承担着养育和保护未成年人的重要任务，出现在家庭内部的性侵给未成年人造成的创伤更加严重与深远。

其次，处于实际家庭监护缺失的未成年人更容易受到来自家庭成员或熟人的性侵害。这种缺失一部分是家庭结构的问题，例如单亲、离异家庭，留守儿童的隔代抚养；一部分则是家长监护人的忽视导致的家庭监护功能的缺失。因此，为家庭提供支持，增强家庭的功能和弹性对预防未成年人受

性侵害十分重要。

（二）非强迫型性侵占相当比例

性侵未成年人的案件中有相当比例是女性未成年人未满十四周岁但自愿与他人发生性关系的案件。尤其是2020年后，因线上学习的需要，未成年人使用网络设备的时间增加，未成年人之间（如同学之间）、未成年人与成年人之间网络交友、恋爱后发生性关系的案件量明显增加。该类案件有实施者未使用强迫性手段以及被害人自愿的特征。因此，增强未成年人的法治意识以及自我保护意识十分重要。

（三）网络隔空性侵成为新形态

性侵未成年人案件中，网络隔空性侵这一新类型正在逐步冒头。随着信息网络社会的飞速发展，在未成年人普遍使用网络设备时间增加的同时，网络对他们带来的影响也在不断增加。犯罪者进行身份伪装，通过网络聊天、发红包、允诺送游戏装备或虚拟货币等手段引诱、胁迫未成年人（甚至包括男性未成年人）裸聊、自拍裸照等，实施无身体接触的网络隔空猥亵类的性侵。这种性侵类型隐蔽性更强，不受地域时空限制且危害深远。

（四）缺乏主动报告与回避机制

未成年人极少在受侵害后主动报告自己的经历。正向支持的缺失、性知识匮乏、性羞耻感、对家庭可能反应的恐惧、害怕家庭关系破裂等原因使得被侵害的未成年人恐惧并选择沉默，而这可能导致未成年人连续多次被性侵。

即使进入司法程序后，未成年人在访谈中也会产生很多的否认、回避与排斥。这种反应机制是对羞耻感的反应，其作用是尽量减少或阻止自身暴露在羞耻感的体验之下，未成年人会主动与周围其他人进行分割，避免与他人进行任何身体或情感上的接触。这种机制不单存在于未成年被害人本人，还存在于其整个家庭中。受性侵家庭也会尽量排斥他人的介入，这是一种“关系上的排斥”。许多家庭在事后选择更换联系方式或搬家，以脱离原来的生活环境，并且不愿告诉任何人曾经的经历，也可能会拒绝社会工作者的后续跟进服务。这种“回避与排斥”的机制是社会工作者在介入被害人尤其是性侵被害人服务的入场阶段需要理解并思考的。

第二节　涉刑事案件的青少年司法社会工作服务概述

作为社会工作在未成年人司法领域中的应用，未成年人司法社会工作的理念与未成年人司法“宜教不宜罚”的理念不谋而合，其柔和的特性可与未成年人司法刚性威慑力有机结合，因此已经成为教育矫治涉罪未成年人的有效新途径。

我国的未成年人司法和未成年人司法社会工作均起源于上海。目前推广至全国的如参与观护帮教、担任合适成年人、开展社会调查等未成年人司法社会工作的服务内容均是在上海从简单的碎片化的服务探索开始逐步趋于成熟的。

以上海市地方标准《未成年人司法社会工作服务规范》为指引，本节具体阐述涉刑事案件的未成年人司法社会工作服务中较为成熟的服务内容，包括担任合适成年人、参与观护帮教、考察教育、开展社会调查、开展家庭教育指导等。

一、担任合适成年人

合适成年人制度缘起于 1984 年英国的《警察与刑事证据法》(*Police and Criminal Evidence Act*)。2022 年，上海连续举行了两次“中欧未成年人司法制度——合适成年人参与制度”研讨会，在很大程度上推动了将这一有效保护未成年人合法权益的司法制度引入国内的进程。自 2003 年起，全国部分地区进行了试点探索并逐渐形成了云南盘龙的“独立”模式——合适成年人作为独立的诉讼参与人；上海的“补充”模式——合适成年人作为法定代理人的补充；厦门同安的“包容”模式——法定代理人也是合适成年人的一种，同等条件下优先通知法定代理人或近亲属。2012年修正的《刑事诉讼法》第一次明确了法定代理人不能到场参与讯问，由合适成年人在场参与。

上海市检察机关从2004年开始逐渐探索建立合适成年人队伍，主要由学校教师、共青团干部、青保干部、关工委干部或专业社会工作者等人员组成。2010年，上海市公安局、上海市人民检察院、上海市人民法院、上海市司法局会签《关于合适成年人参与刑事诉讼的规定》，明确办案机关可委托专业社会工作者作为合适成年人行使法定代理人的部分诉讼权利。基于上海的青少年社工机构在全市属地化办公的便利以及专业社会工作者队伍的稳定，能够保障在第一时间到达案件审理现场，青少年社会工作者已经成为如今上海全市合适成年人队伍的主力军。

以上海市地方标准《未成年人司法社会工作服务规范》为指引，刑事案件的未成年人司法社会工作中担任合适成年人的定义是：“社会工作者应对涉罪未成年人、未成年被害人、未成年证人开展服务，在讯问、询问或者审判时，因无法通知法定代理人、法定代理人不能、不宜到场或者法定代理人是共犯或侵害人的，作为合适成年人到场，履行监督、沟通、抚慰、教育等职责，维护未成年人的合法权益。”

（一）社会工作者担任合适成年人应履行的职责

（1）履行监督职责。对讯问/询问中是否存在侵犯未成年人合法权益的行为进行监督，如讯问/询问人员诱导、恐吓、威胁、辱骂未成年人等，要给予适时的提示、纠正及制止。

（2）履行沟通职责。对未成年人在讯问/询问过程中的疑惑之处进行耐心解释或要求讯问/询问人给予解释，帮助未成年人正确理解和真实表达，促进未成年人与讯问/询问人员的沟通。

（3）履行抚慰职责。在讯问/询问中适时对未成年人予以关心和抚慰，帮助缓解其紧张和恐惧情绪，疏导其心理压力，减少因讯问/询问等对未成年人造成的心理伤害。

(4) 履行教育职责。站在保护未成年人合法权益的角度,对未成年人给予不同于司法机关办理刑事案件立场的教育,使未成年人更容易接受。

(二) 社会工作者担任合适成年人的具体内容

(1) 表明身份。向涉罪未成年人表明身份,自我介绍、介绍合适成年人的权利与职责、本人从事或曾经从事的职业等。

(2) 了解情况。通过与涉罪未成年人的交谈,了解其是否有身体或心理不适、兴趣爱好、家庭情况、教育条件、日常表现、成长轨迹,以及权利义务知晓情况、合法权益有无遭受侵犯等情况。

(3) 即时监督。合适成年人发现办案人员有诱供、逼供或其他侵犯涉罪未成年人合法权益的情形,应当场制止,并及时向司法机关相关领导及所在机构反映。

(4) 如实记录。将涉罪未成年人在讯问中表现出的认罪态度、心理状况、情绪波动,以及办案人员是否依法讯问、是否有侵犯涉罪未成年人合法权益等情况,进行如实记录。

(5) 安抚情绪。在讯问中,若涉罪未成年人有情绪不稳、抵抗甚至对立等情况,合适成年人有权要求中止讯问,及时进行抚慰;若涉罪未成年人的情绪无法被稳定,合适成年人有权建议终止本次讯问。

(6) 提供支持。对于涉罪未成年人不能正确理解或行使其诉讼权利的,合适成年人应及时进行释法说理,帮助其正确理解和行使权利。

(7) 协助沟通。合适成年人应当帮助涉罪未成年人正确理解讯问含义,但不得以诱导、暗示等方式妨碍涉罪未成年人独立回答问题。

(8) 法治教育。合适成年人应结合涉罪未成年人的成长经历、平时表现、涉案情况对未成年人开展有针对性的教育。

(9) 阅看笔录。合适成年人在讯问或者庭审结束后应当阅看笔录,对笔录中所记载内容的正确性、完整性提出意见,核对无误后在笔录上签字确认。

(10) 参与庭审。未成年人案件进入庭审阶段，社会工作者需要参与庭审，并当庭宣读相关报告，提出庭审建议。

(三) 社会工作者担任合适成年人过程中的关注点

社会工作者在担任合适成年人的过程中需要关注未成年人的身心状况以及刑事诉讼活动的合法性。

1. 在身心情况方面可以关注的五个角度

(1) 身体是否健康：未成年人身体是否健康，有无可见外伤，询问有无慢性病史。

(2) 情绪是否稳定：未成年人情绪是否稳定，有无过激行为出现。

(3) 是否配合询问：未成年人是否积极配合询问，言辞表达是否清晰。

(4) 认罪态度是否良好：未成年人对自己的行为是否有正确认识。

(5) 其他：未成年人反映的其他身心方面的信息，如曾经是否有过吸食毒品经历。

2. 在刑事诉讼活动的合法性方面可以关注的五个角度

(1) 是否告知相关诉讼权利义务：司法机关是否在开始讯问之前告知未成年人相关的诉讼权利与义务。

(2) 是否存在诱供或逼供：司法机关在讯问过程中是否存在诱供或者逼供的言语或行为。

(3) 是否将笔录交未成年人阅看：司法机关在讯问结束后是否将笔录交未成年人阅看，未成年人是否在认可后签字。

(4) 是否保证讯问过程的顺利沟通：如果未成年人是聋、哑人或不通晓通用语言文字，司法机关是否为其聘请翻译。

(5) 其他：如相关资料是否完整、合适成年人到场流程是否按规定执行等。

(四) 社会工作者担任合适成年人适用的常用理论

社会工作者担任合适成年人是在限定的场域(封闭的司法讯问/询问场所)中开展的一种有限定时长(一般在两小时以内)、缺乏连贯性(大部分为单次）的即时性服务。因此，除了社会工作较基本的会谈技巧，如积极倾听、专注、鼓励、同理心、提供信息等之外（担任合适成年人时应注意，非必要不打断正常的询问过程），还适用危机干预、焦点解决短期治疗（Solution-Focused Brief Therapy，SFBT）这一类把握即时性、现实性，限定目标、限定时间的技术理论。

1. 危机干预

危机干预起源于精神健康领域，是指"给处于危机中的个人或家庭提供有效帮助和支持的一种技术，通过调动他们自身的潜能来重新建立和恢复其危机前的心理平衡状态"[①]。危机干预模式是聚焦危机事件，协助服务对象转"危"为"机"，从"失衡"恢复到"平衡"状态的一种快速而短期的干预工作模式。

危机干预模式具有及时处理、限定目标、输入希望、提供支持、恢复自尊、培养自主能力的原则，其基本过程类似于问题解决的过程。

对于未成年人来说，进入司法程序面临讯问和后续处理这一境况是其从未但不得不面对的困难处境，他们可能出现明显的无助、混乱、焦虑、愤怒、烦躁等严重情绪困扰以及失序、退缩、自伤等行为表现。这种危机情境对未成年人的发展同时具有发展和破坏的机会，是影响之后发展走向的一个关键转折点，需要社会工作者在担任合适成年人过程中重视且认真应对。

2. 焦点解决短期治疗

焦点解决短期治疗是一种新兴的以建构解决之道为导向，正面积极地以行为为主的短程心理治疗技术，已逐渐成为社会工作会谈实践的一种新范式。

焦点解决短期治疗最大的特点是聚焦"解决问题"而非"挖掘问题根源"，更注重的是现在和未来而非纠缠于过去。焦点解决短期治疗从积极的方面去了解服务对象的问题，强调以正向的、朝向目标的积极态度，寻找服

① GUGGENHEIM F G. Manual of psychiatric consultation and emergency care［M］. Jason Aronson，1984：31－41.

务对象的资源和“例外”的成功经验，逐步促进服务对象的整体转变。

焦点解决短期治疗的流程具有单次性的特征，契合担任合适成年人即时性、缺乏连贯性的特点。焦点解决短期治疗的技巧十分丰富，尤其重视语言技巧，如倾听、非口语态度、开放式问句、奇迹式问句、评量式问句、例外式问句等，有助于社会工作者在短时间内建立支持性氛围、切入重点并发挥成效。

二、参与观护帮教、考察教育

观护制度起源于中世纪英国的普通法实践，在美国得到迅速发展并趋于成熟后被各国广泛借鉴，成为涉罪未成年人非监禁处遇的通用方式。

20 世纪 90 年代，上海市长宁区成立了全国第一家未成年人帮教考察基地。2004 年 4 月始，上海市浦东新区人民检察院与上海市阳光社区青少年事务中心合作，对未成年犯罪嫌疑人尝试实行诉前考察教育。2005 年，上海市综治办下发了《关于对违法犯罪情节较轻的未成年人实行考察教育制度的意见》（沪综治办〔2005〕2 号），标志着专业社会工作开始积极介入未成年人司法对于涉罪未成年人的教育、引导与保护。2012 年修正的《刑事诉讼法》中，特设了“未成年人刑事案件诉讼程序”专章并首次增加了附条件不起诉相关条款。

以上海市地方标准《未成年人司法社会工作服务规范》为指引，刑事案件的未成年人司法社会工作中参与观护帮教的定义是：“社会工作者应对处于取保候审观护帮教、不捕不诉跟踪帮教期间的涉罪未成年人，定期开展思想辅导、日常监督、生活观察、行为矫正、安全保护、公益劳动等服务，以改善其行为、预防其再犯行为的产生，并做好服务记录，为司法处理提供依据。”参与附条件不起诉考察教育的定义是：“社会工作者应对处于六个月以上一年以下附条件不起诉考验期间的涉罪未成年人，定期开展日常监督、活动报告、生活观察、行为矫正、思想教育引导、心理健康教育、法治教育、公益劳动等服务，以改善其偏差行为，预防其再犯行为的产生，并做好服务记录，为司法处理提供依据。”两者之间的差异在于涉罪未成年人在司法程序中所处的阶段不同，对于社会工作者而言，提供的教育矫治服务与再犯预防的目标基本一致，因此本节将两者合并阐述。

（一）社会工作者参与观护帮教、考察教育的具体内容

（1）开展思想辅导。社会工作者运用专业工作方法，改善未成年人负面的心理、情绪和思想，引导未成年人发展正面的心理、情绪和思想。

（2）开展日常监督和生活观察。社会工作者可以监督未成年人，不得进入特定场所、与特定的人员会见或者通信、从事特定的活动，定期接受未成年人汇报自己的活动情况，并观察其日常生活作风和生活习惯等。

（3）开展行为矫正。社会工作者运用行为疗法，协助未成年人学会订立明确、具体、实际、可行的行为目标，改善未成年人的偏差行为，塑造和建立新行为。

（4）开展安全保护。社会工作者运用专业工作方法，评估未成年人的身心健康状况及安全情况，必要情况下进行危机干预，保护未成年人免受威胁或侵害。社会工作者运用专业方法使未成年人学习法律相关内容，具备识别相应行为所应承担的法律责任的能力。

（5）开展思想教育。社会工作者运用专业工作方法，干预未成年人的负面心理、情绪和思想，引导未成年人发展正面的心理、情绪和思想，提升其思想道德水平。

（6）开展心理健康教育。社会工作者运用专业工作方法，开展心理健康主题教育活动，协助未成年人积极应对心理困惑，促进未成年人的心理健康发展。

（7）开展法治教育。社会工作者链接与整合法律资源，开展法治宣传与教育活动，强化未成年人知法守法意识，提升未成年人遵纪守法的能力。

（8）开展公益劳动。社会工作者链接、整合社区或公益团体的资源，为未成年人参与公益劳动提供平台和机会，并在其中改善未成年人行为。

（9）其他有利于犯罪预防的个性化服务活动，如对涉罪未成年人开展情

绪管理教育、开展职业生涯规划、培育有益兴趣、调适社会关系（特别是朋辈关系），以及对涉罪未成年人的监护人或其他重要家庭成员开展家庭教育指导。

（二）社会工作者参与观护帮教、考察教育过程中的关注点

基于阶段性服务的特殊性，观护帮教以及考察教育是社会工作者在涉罪未成年人司法处遇中可以发挥个案工作专业优势的最重要契机。

在参与观护帮教、考察教育过程中，社会工作者在个案工作中应个性化关注涉罪未成年人及其监护人或其他重要家庭成员发生正向改变的情况。

涉罪未成年人的正向改变是重中之重。在参与观护帮教、考察教育的过程中，社会工作者可以关注的视角包括：涉罪未成年人能够认识错误、涉罪未成年人能够反思错误、涉罪未成年人有意愿积极改正错误、涉罪未成年人积极配合服务、涉罪未成年人的道德素质提升、涉罪未成年人的法治素养提升、涉罪未成年人的心理状况改善、涉罪未成年人的行为管理能力提升、涉罪未成年人的家庭关系改善、涉罪未成年人的社会关系改善、涉罪未成年人的生活状态趋于稳定、涉罪未成年人树立适宜发展的人生目标、涉罪未成年人自我效能感提升等。

针对涉罪未成年人的监护人或其他重要家庭成员，社会工作者可以关注如积极参与的态度或意愿、家庭教育观念的改善、教育行为的改善、家庭环境与氛围等视角。

（三）社会工作者参与观护帮教、考察教育适用的常用理论

社会工作者参与观护帮教、考察教育最重要的目标非常清晰，就是降低涉罪未成年人的再犯风险，预防犯罪行为的再犯。社会控制理论、社会支持理论、标签理论以及认知行为理论等与犯罪预防相关的理论基础是社会工作者需要掌握并以之为视角熟练、灵活应用的。

1. 社会控制理论

社会控制理论亦称“社会键理论”或“社会联结理论”，由美国犯罪学家赫希提出。该理论认为不应聚焦“人为什么要犯罪”而应聚焦于“人为什么

不犯罪”,进而提出人之所以不犯罪是因为社会的控制机制对其予以了遏制,因此加强个体与社会之间的四大关键要素(又称为“社会键”)纽带联结有助于预防犯罪。

依恋、参与、奉献、信念是四个控制个体不犯罪的关键要素。依恋:青少年或未成年人越是依恋自己的父母、学校或同伴团体,就越不愿意因为实施违法犯罪行为而使父母、老师、朋友对自己失望。参与:当青少年或未成年人积极参与各类学校、社会的良性活动,就没有精力和时间去考虑或从事违法犯罪的行为。奉献:青少年或未成年人如果存有对未来人生和职业的期望并投入其中,那么就会考虑实施违法犯罪行为对其未来人生和职业的影响或者说代价。信仰:当青少年或未成年人的世界观、人生观、价值观与主流社会的价值体系保持一致时,当其对社会的道德规范、公序良俗有深刻认同时,就不会产生违法犯罪的动机。

可以用犯罪成本控制的概念来简单理解这四个关键要素。社会工作者在参与观护帮教、考察教育时,可以从增强这四个关键要素的角度出发,恢复、增强涉罪未成年人与社会的纽带联结,从而达到降低其再犯风险、预防犯罪行为再犯的目标。

2. 社会支持理论

社会支持理论来源于20世纪60年代的美国并首先应用于精神病学领域。社会支持理论强调个体与社会环境的关系和互动,单独个体均无法脱离社会而生存,个体拥有的社会支持网络越庞大有力,个体就越能应对各种来自外在环境的压力、挑战和事件。不同于社会控制理论,因其更注重个体与环境关系发展的特性,社会支持理论在近年来被广泛应用于犯罪预防领域。

社会支持从内容上分为工具性支持和表达性支持。可以简单理解为有形的支持与无形的支持。有形的支持包括物质、金钱上的支持和援助;而无形的支持多属于心理、精神上,如鼓励、认可、安慰、爱等。

社会支持理论给予了社会工作者剖析涉罪未成年人社会支持情况的视

角，社会工作者针对个体的实际情况强化其不足的社会支持网络，增强其社会功能，有助于预防和减少个体再次犯罪的可能性。

3. 标签理论

标签理论是社会心理学解释越轨行为的理论，在20世纪60年代兴起于美国。标签理论认为越轨行为是社会互动的产物。每个人都会有"初级越轨"，即未被发现或惩罚的普遍性行为，但当被贴上如坏孩子、不良少年的污名化"标签"后，个体经历"自我形象"的修正，逐步开始认同他人认为自己是坏人的观点，进而自暴自弃地实施更加严重的越轨行为，这是一个被辱的过程。一个人被贴上"标签"，是与周围环境中的社会成员对其及其行为的认定过程密切相关的。

标签理论尤其是"污名化"的概念有助于社会工作者理解涉罪未成年人行为的演化。同时标签理论给予我们的指引是，在服务过程中要注意避免污名化对涉罪未成年人的影响，通过重新定义或者说去除烙印的过程来使他们树立正确的自我形象，摆脱行为的阴影进而恢复为"正常人"，回归正常的生活。

4. 认知行为理论

认知行为理论是由行为主义和认知理论整合而来，是对认知理论和行为理论存在缺陷的一种批评和发展，而非简单相加或拼凑。认知行为理论中的代表性理论包括理性情绪治疗理论、社会学习理论、认知行为主义理论等不同流派。认知行为理论认为，认知的形成受到"自动化思考"机制或简单理解为"思维惯性"的影响，而在认知、情绪和行为三者中，认知扮演着中介和协调的作用。因此，聚焦认知的改变在解决问题过程中具有重要的意义。

认知偏差是绝大部分未成年人涉罪的重要个体原因，认知行为治疗在观护帮教和考察教育中的应用十分普遍。同时，本章第一节提到，冲动型的暴力犯罪占未成年人涉罪案由的很大比例。与之对应的是，在大量实践中我们发现，认知行为治疗以及理性情绪疗法对于冲动型犯罪的未成年人能够起到较好的再犯预防效果。因此，参与观护帮教和考察教育的社会工作者有必要熟练地掌握认知行为理论与治疗模式。

三、开展社会调查(涉刑事案件)

现代的未成年人社会调查制度起源于美国的量刑前调查报告制度,经发展与成熟后在 1985 年被《联合国少年司法最低限度标准规则》(《北京规则》)所确认并被各国广泛应用。如今,在审前对涉罪未成年人进行社会调查已经成为未成年人司法区别于成年人司法最主要的特征和制度之一,在侦查、检察起诉、审判阶段,可作为适用强制措施、起诉、定罪、量刑的参考依据,在符合法律规定的情况下,做出最有利于未成年人未来发展的司法处理,给予涉罪未成年人充分、合理的权益保护。

1984 年,上海市长宁区人民法院设立了全国第一个少年法庭,1986 年长宁区人民检察院设立了全国第一个"少年起诉组",开始由办案法官或检察官对未成年人在涉罪前的表现进行调查。2005 年开始,上海市闵行区人民检察院与上海市阳光社区青少年事务中心合作,开始委托青少年社会工作者进行刑事案件中的未成年人社会调查工作。2013 年 3 月,上海市人民检察院与上海市社区青少年事务办公室共同印发了《涉罪未成年人帮教与维权工作备忘录》,明确全市检察机关可以委托青少年社工服务机构开展刑事案件中的未成年人社会调查工作。2012 年修正的《刑事诉讼法》首次通过立法确认了这一形式的合法性。

以上海市地方标准《未成年人司法社会工作服务规范》为指引,在刑事案件的未成年人司法社会工作中开展社会调查(刑事案件)的定义是:"社会工作者应对涉罪未成年人开展服务,至其所在的家庭、学校、居(村)委、工作场所等单位,对未成年人的性格特点、家庭情况、社会交往、成长经历、是否具备有效监护条件或者社会帮教条件等情况进行调查,并制作社会调查报告,为司法处理提供参考依据。"

(一) 社会工作者开展社会调查的范围和具体内容

(1) 个人情况:涉罪未成年人的健康状况、道德品行、智力结构、身心状况(含情绪)等。还应包括受教育情况、有无不良行为、有无不良嗜好、是否曾受过表彰或处罚等。

(2) 家庭情况：涉罪未成年人的家庭结构、其在家庭中的地位和遭遇、与家庭成员的感情和关系，涉罪未成年人家庭的教育和管理方法、居住情况等。

(3) 社会交往：未成年人的在校表现、师生关系及同学关系，在社区的表现及社会交往情况，就业情况及在单位的工作表现情况等。区别于个体视角的关系视角是社会工作的独到之处，因此在生态系统视角下横向关注家庭关系、社会关系与未成年人产生犯罪行为之间的关联应是社会工作者关注的重中之重。

(4) 成长经历：未成年人有无犯罪前科，成长过程中对其产生重大影响的人或事，如被勒令退学或父母离婚、早逝等。“成长经历”指的是涉罪未成年人的生命历程。在社会调查过程中，社会工作者有必要追溯未成年人从幼年起的生命历程，纵向探求生命历程中可能诱发当前犯罪行为的因素，尤其是对其自身影响较大，有着重要意义的生命事件。

(5) 涉案情况：涉案的主观因素(故意或过失、动机)与客观行为(方式、手段、情节等)、在犯罪后的悔罪态度与认识，是否自首、立功、坦白交代、积极赔偿被害人或退回赃物，是否积极避免、减少犯罪所造成的损失，以及取得被害人的谅解等。

(6) 再犯可能性：结合未成年人的涉案态度、个人情况、家庭情况以及社会交往情况等因素，客观分析上述因素与未成年人再犯风险(人身危险性)之间的联系。

(7) 是否具备有效的帮教或考察条件：结合未成年人的家庭监护意愿、条件与能力、生活环境情况、自身的生活、工作与学习的情况等客观分析未成年人的帮教或考察条件。

(二) 社会工作者开展社会调查的注意事项

(1) 开展社会调查时需要两名社会工作者一同前往，提供证件凭证，详细记录调查时间、地点等信息。

(2) 社会工作者开展社会调查询问他人问题时，自身应注意保密义务，以及提醒他人严守保密义务，避免未成年人受到二次伤害。

(3) 社会调查具有一定的证据属性。因此，社会工作者开展社会调查以及出具社会调查报告时应坚决秉持中立、客观、真实的原则，不受被调查对象和委托社会调查的办案机关主观态度的影响。

(4) 当开展社会调查的社会工作者（调查员）意见不一致时，应在社会调查报告中说明。另外，对于未能调查的事项应在报告中说明原因。

(三) 社会工作者开展社会调查适用的常用理论

社会工作者开展社会调查的重要作用与目的在于调查涉罪未成年人的涉罪原因再犯风险。未成年人涉罪的行为只是外在表现，真正影响行为产生的因素则是错综复杂且个性化的。要深刻挖掘、剖析与理解未成年人涉罪行为的演化过程及其复杂成因，需要社会工作者在社会调查时结合具有纵贯性的生命历程理论和复合多维的生态系统理论，形成涵盖广度、深度、维度的复合视角。

1. 生命历程理论

该理论起源于20世纪20年代芝加哥学派对于青少年越轨、犯罪行为及移民群体等社会问题的研究。生命历程理论将个体的生命历程理解为一个由多个生命事件构成的序列，同样一组生命事件，若排序不同，对一个人人生的影响也会截然不同。普通人的生命轨迹大同小异。出生、父母陪伴的童年、学生阶段、中高考、踏入社会、就业……，这是绝大部分个体都会经历的由各种阶段性重要生命事件组成的持续性过程。然而当未成年阶段这一年龄分层期中某个或一系列本应正常经历的生命事件遭到破坏或乱序时，将会影响承受经历的未成年人主动或被动地改变原有的生命轨迹，这些影响是重大且深远的，甚至可能使其在未来走向犯罪的道路。

生命历程理论有四个范式性主题。其一是“一定时空中的生活”，指社会变迁的影响与限制对于出生在同一时代的个体与其同龄人大致相同，而不同时代之间的影响却不相同。因而出生在哪个年代这一关键因素将个体与某种历史力量联系起来。其二是“相互联系的生活”，个体总是生活在由亲友组成的社交网络中，个体正是通过一定的社交网络才能被整合入特定的群体从而获得社会支持。而个体亦在生命过程中不断承受社交网络中他人重大生活事件的影响，如父母离异、重要家人离世等。其三是“生活的时间性”，特定生活事件的发生时间比事件本身更具有意义，例如，在符合年龄期望的适龄阶段上学、就业，如果超出了有效时段则会承受较严重的后果，如提前中断学业、偏离主流社会、长期失业等。其四是“个人能动性”，指的是受过类似的外部影响，所处环境相仿的同代个体，他们在生命历程中度过诸如就业、结婚、生子等关键生命事件的时间点却不尽相同，其中正是个体的能动作用和自我选择过程所起到的作用。

犯罪行为的产生并非无迹可寻且并非突如其来。因此，相比静态平面的理论视角，生命历程理论视角的纵贯性使其更能剖析与解释未成年人涉罪行为的演化过程极其复杂多元的成因。

2. 生态系统理论

生态系统理论是发展心理学的领导理论，由布朗芬布伦纳提出。该理论强调发展中的个体嵌套于相互影响的一系列环境系统之中，在这些系统中，系统与个体相互作用并影响着个体发展。可以用俄罗斯套娃来简单理解由内向外的，不同层级的环境系统嵌套且相互作用这一概念。

生态系统理论将一系列的环境系统分为微观系统、中观系统、外层系统、宏观系统和时间维度。微观系统指个体活动和交往的直接环境。从婴儿时仅有的家庭到幼儿园、学校、朋辈等，微观系统是随着个体的发展不断变化的。中观系统指上述微观系统之间的联系或相互关系，例如同伴与学校的不良互动、家庭与学校在价值观上的差异等。外层系统指个体并未直接参与但却受到其影响的系统，例如父母工作环境造成的压力传递、邻里不良关系氛围的影响等。宏观系统指存在于以上 3 个系统中的文化、亚文化和社会环境，是一个更为广阔的意识形态，例如国家对儿童的政策法规、大众的主流认知、社会的公序良俗原则、宗教信仰等，这些都会直接或间接地影响个体的发展。时间维度是把时间作为研究个体成长中心理变化的参照体系，强调要将时间和环境相结合来考察个体发展的动态过程。上述不同层级的环境系统之间整体性旋动，综合影响着个体的发展。

相较于在解释行为演化过程及成因方面有纵贯优势的生命历程理论视角，生态系统理论视角如放大镜一般，更有助于社会工作者剖析与厘清涉罪未成年人所处的复杂系统，从而以削减再犯风险为目的进行环境层面的修复和强化。

四、开展家庭教育指导服务(涉刑事案件)

家庭关系、父母道德水平、家庭教育方式等家庭因素对未成年人健康成长以及社会化的影响巨大，与之相对应的是监护缺失、不当的家庭环境和童年经历同样是影响未成年人犯罪的关键因素。

2016 年起，上海市检察机关开始逐步探索引入青少年社工机构的专业社会工作者对违法涉罪未成年人的家长开展家庭教育指导。2020 年新修订的《预防未成年人犯罪法》《未成年人保护法》以及 2021 年新出台的《家庭教育促进法》中，都有关于强制家庭教育指导的规定。2021 年，最高人民检察院、全国妇联、中国关工委共同印发了《关于在办理涉未成年人案件中全面开展家庭教育指导工作的意见》，对做好家庭教育指导提出了进一步的细化要求。

以上海市地方标准《未成年人司法社会工作服务规范》为指引，在刑事案件的未成年人司法社会工作中开展家庭教育指导(刑事案件)的定义是："社会工作者应对涉罪未成年人父母或者其他监护人，开展家庭教育指导，主要包括建立家庭规则、学习沟通技巧、调和及重建家庭关系等，提升其家庭教育能力。"

(一) 社会工作者开展家庭教育指导服务的具体内容

与涉民事案件的家庭教育指导不同，涉刑事案件的家庭教育指导具有家庭教育令的强制性，在指导的方向上也更聚焦涉罪未成年人的再犯预防。

社会联结理论认为，个体与社会联结越牢固，犯罪的可能性就越小，而未成年人与社会联结最关键的纽带就是家庭。未成年人与家庭的情感联系淡薄，家庭教育欠缺，监护人不能对其有效管束等是导致未成年人产生犯罪行为的重要因素。因此引导家长重视家庭教育、加强监管约束，强化家庭与未成年人之间的纽带关系，能够有效间接控制与降低未成年人的再犯风险。

(1) 建立家庭规则。家庭规则是家庭中成文或者潜在的规范和要求。社会工作者通过开展父母效能训练、有效亲职训练、萨提亚家庭治疗等服务，强化父母的亲职角色，明晰各自角色定位，重新整合原生家庭，建立或重建家庭规则，从而强化家庭对未成年人的监管约束。

(2) 学习沟通技巧。社会工作者通过开展亲子沟通能力训练、亲子实践活动等服务，强化父母与子女之间的沟通技巧，促进父母与子女之间形成有效的双向沟通模式，从而增强未成年人对家庭、父母的信任。

(3) 调和及重建家庭关系。社会工作者通过开展改善夫妻关系、亲子关系等服务，改善父母的管教态度与方式，增加家庭成员之间的良性互动，营造良好、和睦的家庭氛围，从而强化未成年人与家庭的情感联系。

(4) 其他有助于强化未成年人与家庭纽带关系的家庭教育服务活动。

(二) 社会工作者开展家庭教育指导服务的注意事项

(1) 偏差行为尤其是家庭暴力行为具有明显的代际传递性和习得性。社会工作者在家庭教育指导服务过程中要关注涉罪未成年人父母或其他监护人本身的行为问题，必要时可结合司法机关发挥刚性威慑的功能进行督促。

(2) 要厘清家庭与教养方式的不同类型。家庭类型可简单分为：核心家庭、多子女家庭、隔代抚养家庭、单亲家庭。教养方式可简单分为：权威型、专制型、溺爱型、忽视型。需要注意的是，在实践中家庭教养方式多为复合式而又有所偏重，要灵活地分析判断，结合实际情况对症下药，有针对性地开展家庭教育指导服务。

（三）社会工作者开展家庭教育指导服务适用的常用理论

缺失的父母监管、疏远的亲子关系等是损害未成年人与家庭之间的纽带关系，进而影响涉罪未成年人行为产生的重要因素。涉刑事案件的家庭教育指导聚焦家庭关系，通过修复和强化家庭与未成年人之间的纽带关系，间接控制与降低未成年人的再犯风险。因此，开展家庭教育指导的社会工作者有必要掌握一定的家庭理论，例如家庭系统理论以及家庭生命周期理论，这样可以更好地理解涉罪未成年人家庭中的关系互动和动态表征。

1. 家庭系统理论

由鲍恩提出的家庭系统理论认为，家庭是按照一定的互动规则而运作的动态系统。这个系统是由若干个不同层级，以家庭成员构成的子系统所组成。家庭成员之间、子系统之间存在互动、相互依赖、相互影响的关系。

自我分化是家庭系统理论的核心概念与基石，是指个体的理智与情绪在心理上分离以及将自我独立于他人之外的程度，或者说能力。在内心层面，自我分化是对理性意识与情绪进行识别、区分、平衡的能力，良好的自我分化能使个体保持自己的理性意识和信念而不被情绪所左右，反之则会缺乏理智的思考与判断而被情感所淹没。在人际关系层面，自我分化是指个体在与他人的关系中同时体验到亲密和独立的能力，良好的自我分化能使个体在家庭中同时维持独立自主和情感连接的平衡并保持边界，反之则会呈现融合、粘连与纠缠的状态。

家庭系统理论的其他核心内容同样能够帮助社会工作者更好地理解家庭关系。

三角关系：二人关系例如夫妻关系是极不稳定的，尤其当两个自我分化程度均不高的家庭成员之间面临压力时，他们会不自主地牵扯第三方如孩子形成三角关系，试图以此来转移、缓和二人关系的焦虑进而形成新的平衡，三角关系中的三方之间是相互纠缠且影响的。

核心家庭情感模式：指家庭系统中典型性的情绪及情感互动模式。个体在婚姻选择和其他重要关系中，总是倾向于维持并重复自己熟悉的、相似的情感及情绪互动模式，并把这种模式传递给他们的孩子。

家庭投射历程及代际传递：父母不成熟的，有问题的自我分化状态通过曲折的过程传递给孩子并影响其自我分化的实现。这一过程具有代际传递的特性，传递的内容还包括了信念、价值观、道德观、行为甚至是罪错行为。

情感隔离：情感隔离或称为截断是孩子处理家庭投射传递以及父母过度亲密的关系依赖的方式，比如孩子为了摆脱父母的影响而选择和父母拉开空间上的距离或态度上的沉默与疏离。家庭系统理论还有手足同胞地位、社会性退化等概念。

家庭系统理论有助于社会工作者在开展家庭教育指导前以更为清晰的视角与思路来剖析涉罪未成年人的家庭关系情况，从而更好地对症下药修复和强化家庭与未成年人之间的纽带关系。

2. 家庭生命周期理论

家庭生命周期理论起源于20世纪50年代并广泛应用于家庭研究。家庭生命周期是一个家庭形成、发展直至解体的循环运动过程，在不同阶段家庭成员扮演不同的家庭角色并随着阶段的发展而不断改变。

绝大部分的家庭都会经历这样的循环过程：儿童时期由父母抚养，在学校读书直至成年，结婚并有了孩子，在接下来的20年内抚养孩子，再把他们送进学校，当孩子独立组建自己的家庭后开始了另一个循环，而原本的家庭则再一次回归两人的生活，然后夫妇两人相继离开这个世界，原本的家庭宣告解体而孩子的家庭还在延续循环。基于此，大部分家庭的生命周期可以划分为形成期、扩展期、稳定期、收缩期、空巢期、解体期，而一个大家庭中不同世代的小家庭如子女家庭与父母家庭，其生命周期并不同但相互交集。每个家庭在不同阶段都会面对不同的问题，也有着不同的重要任务要完成，比如形成期的夫妻处理原生家庭情感粘连的问题、成长期的孩子教养问题、收缩期父母与长大后的孩子断奶般分离的问题。

家庭生命周期理论客观反映了家庭不同阶段循环运动的变化规律，为社会工作者理解与解释家庭不同时期变迁的特征、状态、关系、任务与需求等提供了理论框架和视角。与生态系统理论和生命历程理论的视角结合有一定同质性，家庭系统理论与家庭生命周期理论也可以结合起来赋予社会工作者更为丰富的多维度复合视角。

五、其他涉刑事案件的未成年人司法社会工作服务

除了较为常见的在全国普遍发展的担任合适成年人、参与观护帮教、考察教育、开展社会调查等服务内容以外，涉刑事案件的未成年人司法社会工作服务还包括提供羁押期帮教服务、服务未成年被害人、证人、参与未成年人社区矫正、监狱矫正等。

（一）提供羁押期帮教服务

从犯罪学的角度来看，再犯预防是犯罪预防的重要阶段。因此，介入时间与空间相对停滞、违法或涉罪未成年人这一高再犯风险群体集聚的羁押场所就成了重新犯罪预防的有效路径和阵地。

“以固定的阵地服务流动的青少年，以重点阵地的覆盖来实现重点青少年群体的覆盖。”以此为思路，上海市阳光社区青少年事务中心自2008年起开始派遣青少年社会工作者进入拘留所为所内未成年人提供社会工作服务，开启了我国社会工作介入羁押期未成年人帮教的探索历程。

围绕羁押期未成年人在情绪管理、法治意识提升、改善亲子关系、知识学习和技能提升等方面的需求，上海的羁押期未成年人帮教服务经过十余年的探索，确立了提升未成年人的亲社会行为的核心内容，“3+X”的服务框架。

“3”即羁押期未成年人帮教服务包括三个层面：个人层面的服务、支持网络层面的服务和体系衔接层面的服务。其中，个人层面的服务主要指法治教育、行为规范、自我管理、社会责任感培养、生涯规划、人文素养和生命教育等；支持网络层面的服务主要指朋辈关系重建、家庭关系重建、社会关系重建和服务行动系统构建等；体系衔接层面的服务主要指出所衔接、就业服务、救助服务、社会适应/融入服务和跟进服务等。“X”则是根据不同看守所、拘留所的实际情况提供的拓展性服务。

（二）服务未成年被害人和证人

上海自2014年起开始探索建立“一站式”未成年人保护体系。即侵害（主要是性侵害）未成年人案件发生后，在同一场所内一次性对未成年被害人开展案件询问、证据提取、医疗检查、心理辅导、司法救助、预防教育等工作，避免反复、不当询问给未成年被害人及其家庭带来“二次伤害”，最大限度地保护和救助未成年被害人。

在上海现有的未成年被害人和证人的服务实践中，多由司法机关主导引入社会工作者、心理咨询师、法律援助等社会力量为未成年被害人和证人及其家庭提供支持。社会工作者在其中主要进行紧急的心理疏导以及后续的关系修复、家庭教育指导等支持性服务。

未成年被害人尤其是性侵被害人的“回避与排斥”的入场困境是现阶段摆在社会工作者面前的难题，目前上海在该方面的实践探索尚处于初期，但也积累了一定的思考和经验。

机构在人选上要组建专门队伍专门从事，关系视角、危机干预、短焦治疗技术、家庭治疗等知识与技巧方面的储备必不可少。其次，委派与未成年被害人同性别的社会工作者也是必需的。除此之外，非常重要的一点是人生阅历。如果社会工作者本身年纪较小、尚未结婚生子，那自然无法对未成年被害人及其家庭有共情，也就难以被信任和接纳。我们发现比较合适的年龄是在30至40岁之间，与儿童比较信任的成年人角色比如老师、母亲的年龄差不多，对家长来说又是相仿的年龄，更容易接近未成年被害人及其家庭并产生共鸣，从而有助于建立专业关系。

而在实践中，更多依靠个人的临场发挥来打破入场困局。首先是在接触儿童与其家庭时通过快速地呈现亲切、温和、专业的形象来打好基础，这亦与人生阅历、年龄、专业储备有关。其次是快速判断家庭关系情况，找到家庭核心或者说关键人物的能力：孩子信任的平时提供了有效支持的是谁？家中平时做主的是谁？家庭情感粘连、纠缠交互作用中谁是线头？社会工作者需要在家庭系统视角下找到这个切入口。最后是社会工作者要与司法机关人员唱好“红白脸”。大部分的未成年人被侵害案件都与家庭有直接或间接的关系，司法机关在必要时使用刚性权威进行威慑以配合社会工作者的入场会起到一定的效果，这需要司法机关人员有专办案件和与社会工作者搭档的经验。当然，不情不愿的“非自愿型案主”需要尽快进行及时的转化，而非一味依靠强压把敲门砖变成绊脚石。

建立了专业关系，后续的服务才有了基础的保障。之后的具体服务则要根据实际的情况，依照个案管理的方式链接有效资源，围绕减轻创伤、恢复平衡、加强支持、强化监护、消除风险等角度保护未成年人不会再次受到伤害。在这个过程中社会工作者应避免过多主体的介入，尽可能地消除影响；同时在未成年人及其家庭恢复到一定程度后应及时抽身，并处理好未成年人或其他家庭成员的移情现象。

（三）未成年人社区矫正和刑满释放后的服务

上海市新航社区服务总站的矫正社会工作者为居住在上海市辖区内的社区矫正对象、五年内刑满释放人员提供专业化帮教服务，其中包括了未成年人社区矫正对象和刑满释放的未成年人。

以认知指引、行为矫正、家庭关系改善、社会适应提升和就学就业引导等一系列补救性、发展性和预防性服务等为手段和载体，以顺利融入社会，减少重新犯罪可能性为目标，上海市新航社区服务总站聚焦增强未成年人社区矫正对象和刑满释放的未成年人的法治意识和道德观念，引导其转变心理状态和行为习惯，修复其家庭关系和社会支持系统，缓解其实际困难，改善其生存环境。

第三节　涉刑事案件的青少年司法社会工作服务案例

本章的第一节对涉罪未成年人、未成年被害人群体的一些特征进行了阐述；第二节对涉刑事案件的未成年人司法社会工作服务中较为常见的服务内容进行了阐述；本节则是针对不同的群体和服务内容分享一些案例供大家参考。

必须一提的是，专业的社会工作服务不是提供模板化的服务方法，而是需要社会工作者尊重每位服务对象的个体差异和独特需求，并投入热情，这也正是社会工作的魅力和价值所在。

一、担任合适成年人的案例①

（一）案例背景

案主小D，女，17岁，山东人，居住在山东省聊城市，初中辍学与男友同居。2020年2月，小D在男友的安排下，与某男A（上海人）开始网恋，交往三个月取得对方信任后，以各种理由（没钱吃饭、母亲生病手术需要住院费以及自己生病等）向某男A借钱，从开始的小额到后来单笔借款金额达到6 000元。在多次借钱后，某男A发现上当受骗，遂报警。2020年7月14日，小D被公安机关抓获，次日被从山东羁押到上海。

（二）服务过程

1. 接受委托

上海市阳光社区青少年事务中心××工作站（本章以下简称工作站）在收到办案机关（××派出所）办案人员通过传真发来的通知书与联系函后，通过电话和办案人员进行联系，了解小D的基本信息、案由、监护人不能到场的原因等。

2. 接案

工作站根据已有涉案未成年人的基本信息与自然情况进行预估，确认小D满足合适成年人参与的适用条件，安排社会工作者进行跟进，并准备好相关证明文件或证件。

① 案例素材由上海市阳光社区青少年事务中心宝山工作站孟秀玲提供，由本章编者修改。

3. 到场

社会工作者在指定时间带好工作证明至派出所，进一步向办案人员了解小 D 的基本信息及自然情况(生理、心理、精神状态、成长经历、家庭环境、个性特点、与案件有关的情况等)。

4. 身份介绍及权益告知

社会工作者和两名办案人员一同进入未成年人审讯室，社会工作者选择了分别跟小 D 和办案民警呈 45 度角并靠近小 D 的位置坐下。

办案人员向小 D 告知因为其未满十八周岁，且监护人无法到场，所以特聘请上海市阳光社区青少年事务中心的社会工作者作为合适成年加入参与询问工作，并问其是否同意。在得到小 D 的同意后，社会工作者与小 D 进行自我介绍和初步沟通，陈述在场的目的主要是保护她在讯问中的合法权益。社会工作者试图建立信任的专业关系，以保障在审讯过程中能够最大化发挥自身服务职能。

5. 参与讯问

社会工作者在参与讯问的过程中，发现由于讯问时正好是晚餐时间，小 D 已经呈现出饥饿状态，便询问小 D 是否需要就餐。得到肯定回答后，社会工作者向办案人员提出能否先安排小 D 吃完饭，然后再进行讯问，得到了办案人员的同意。在小 D 用餐期间，社会工作者与办案人员继续做进一步沟通，详细了解小 D 的情况。

在案件审理过程中，小 D 交代人物关系描述混乱，导致办案人员理解有误，社会工作者及时与小 D 沟通，协助她梳理关系，帮助案件审理过程的有效进行。讯问中，小 D 一直担心自己会被严惩，社会工作者适时安抚她的情绪，并告诉她讯问会按照流程进行，办案人员会记录下她如实供述以及悔罪的表现作为日后审理的参考，社会工作者也会在过程中持续关注她的合法权益不受侵害。在随后的讯问中，小 D 的情绪放轻松很多，应答办案人员讯问显得较为坦然，讯问过程较为顺利。

除了履行监督审讯、协助沟通、处理情绪的职责之外，合适成年人在讯问、询问过后，应当履行帮扶教育的职责，帮助涉案未成年人改善认知。社会工作者指出了小D的做法已经触犯了法律，为此需要承担法律后果。事情已经发生就要学会面对和正视，关键是以后如何改正。社会工作者了解了小D的家庭结构、求学经历以及成长经历，并引导她聊聊其中经历的重要生命事件对她的影响。当谈及家人对她不管不顾，曾遭受校园欺凌而得不到帮助时，小D表现出了强烈的悲伤情绪。社会工作者递上纸巾，给予安慰，并适时引导她，告诉她这次的事情是一次教训和警醒，无论身处怎样的环境，尝试学着自强自立，学会明辨是非，学会正确交友，才能走好未来的路。此外，社会工作者还告知小D，根据案情，她会被移送看守所，后面还会有审讯，但社会工作者都会在场陪伴。

6. 核对笔录及签字

讯问结束后，办案人员将笔录交给小D，社会工作者提醒小D仔细查看笔录，有看不懂的或者不符的情况都可以告诉社会工作者，小D检查过笔录无误后签字并按指印。

待小D在与自己所述内容一致的笔录上签字后，社会工作者仔细阅读笔录或相关告知文件，在对笔录中所记载内容的真实性、完整性进行核对无误后签字确认。

（三）专业反思

担任合适成年人是场所封闭、时间受限的短期服务，社会工作者在过程中更应具有评估未成年人需求变化的专业敏感度。另外，司法机关的审讯场所和布置体现其威严性，初次经历的未成年人大都会感到畏惧与紧张，此时社会工作者需要展现温和而专业的职业形象，有助于快速与未成年人建立专业关系，这也能为之后可能会开展的社会调查、观护帮教等服务提前打好基础。

例如在本案例审讯过程中，社会工作者在初期评估小D有进食的需求，在中期评估小D有被及时抚慰情绪的需求，在后期评估小D有改变内在认知的需求。社会工作者及时、灵活地调整了自己的服务节奏和策略，通过亲切、温和的形象在短时间内获得了小 D 的信任，帮助其顺利完成了询问。

二、参与考察教育的案例[①]

（一）案例背景

服务对象小吉，男，17 岁，父母离异，患有轻度躁狂症，曾就读于某中学高中国际部。2021 年 5 月，小吉在宾馆居住时与被害人发生肢体冲突，造成被害人轻伤，涉嫌寻衅滋事罪。上海市某区人民检察院对其做出附条件不起诉决定，社会工作者介入开展考察教育工作。

（二）需求分析

1. 存在的需求

（1）情绪认知方面

小吉正处于青春期，身体和心理尚不成熟，情绪波动比较大，自我控制能力低，且患有轻躁症，需要矫正非理性信念，理解“以暴制暴”不仅无法解决问题，反而会导致非常严重的后果。在谈到寻衅滋事事件时，社会工作者问他为何要去殴打对方，小吉回答“因为觉得对方很烦，影响到自己休息，自己无法控制自己的情绪，如果身边有人能劝我一下就好了”，这也反映出小吉需要正确的情绪和认知的引导。

（2）家庭环境方面

因父亲经商，经济条件较好，有一定的社会地位，父母离异后，小吉及母亲依然依附于父亲的经济支持和个人权威。母亲对于小吉比较溺爱，对于其错误的行为不能及时纠正。父亲再婚后，每个月几次的见面远远不能满足教育子女的目的。在与小吉的交谈中，社会工作者发现他对父亲既爱又怕，对母亲既依赖又排斥，总是羡慕别人有完整正常的家庭。

（3）同伴支持方面

小吉性格孤僻，喜欢上网。在网络上，他热情、爱交朋友，是某论坛的人

---

① 案例素材由上海市阳光社区青少年事务中心静安工作站乐慧敏提供，由本章编者修改。

气王，通过聊天和游戏寻找自我和精神寄托。在学校，他沉默、不善言谈，学业不理想，课堂上经常跟不上教学节奏，课间也不愿跟同学多交流，有时还会与同学激烈争执，因此他总是孤零零一个人坐在座位上，老师的关心引导也不起作用。虚拟世界和现实生活中的巨大反差，也体现出小吉缺乏正向的同伴支持。

2. 分析与评估

通过从个人、家庭、同伴三个方面对服务对象小吉需求的评估，社会工作者发现目前小吉存在的主要问题是：家庭关爱缺乏、缺少正向的朋辈群体、社会交往不通畅、对自我情绪的控制能力不足、存在不良行为和错误的价值观。在服务中需要以个体的认知行为治疗为主、辅以加强朋辈及家庭的支持功能，从而减少小吉再犯的风险。

（三）理论依据

认知行为治疗是一种短程、认知取向的心理治疗方法，主要针对抑郁症、焦虑症等心理疾病和不合理认知导致的心理问题。认知行为理论认为可以通过认知和行为技术来改变服务对象的不良认知，从而矫正不良行为。本案例的服务对象小吉实施暴力行为的直接因素就在于其“以暴制暴”的错误认知，可以运用认知行为疗法对小吉开展个案服务。

社会联结理论认为，个人与社会之间联结纽带的作用对于控制犯罪十分重要。基于此，社会工作者可以在改变小吉认知的同时，通过增强社会责任感、提升沟通能力、激发家庭的正向支持，有效增强小吉与社会的联结纽带，从而达到控制犯罪风险的目的。

（四）服务目标

1. 总目标

引导服务对象小吉以良好的状态度过考察教育期，降低其再犯风险。

2. 分目标

(1) 引导服务对象小吉改变不良认知，学会情绪管理。

(2) 提升服务对象小吉的社会责任感与人际交往能力。

(3) 完善服务对象小吉的家庭功能,激发家庭正向支持。

3. 服务策略

(1) 通过强化法律知识、案情回顾、引导自我思考等方式促进小吉对其行为进行反思,进而改变不良认知。

(2) 通过认识情绪、学习控制方法等协助小吉学习情绪管理。

(3) 通过公益劳动、志愿服务等“共情”形式在传递爱心的过程中提升小吉的社会责任感以及人际交往能力。

(4) 通过引入父亲这一重要角色以及对父母两人的家庭教育指导,完善小吉原本缺失的家庭功能,激发家庭的正向支持。

(五) 服务过程

1. 改变不良认知,强化法律意识

社会工作者尝试与服务对象小吉一起回顾了寻衅滋事事件的始末以及当时的心理变化,思考了整起事件所引发的后果。小吉表示因为自己没有控制好情绪,所以造成了严重的后果,自己也的确做错了。但同时,小吉认为被害人也有错,为什么所有的罪责都要自己承担,实在不理解。社会工作者继续提问:“在责任上你认为你和被害人各占多少比例呢?”小吉表示各占一半。社会工作者继续使用苏格拉底式提问,通过澄清问题、提出假设、引导理性分析、提出别的思路、探究可能的结果、回归原问题再思考这六步,来引导小吉自我思考“以暴制暴”这一信念和认知在假设、逻辑和导致结果上存在的错误。

在之后的服务进程中,社会工作者经常将与小吉案件类似的案例以视频或文字的形式与小吉一起进行分析和比较,在继续改变不良认知的同时增强小吉的法律意识。在小吉每周的思想汇报中,可以看到小吉逐渐认识到法律所具有的权威性以及对自己不良认知在认识上的改变。

2. 学会识别情绪,掌握情绪管理

社会工作者与小吉一起探讨了合理表达情绪、舒缓压力的方法,并将情绪的类型与小吉进行了介绍,让小吉分析自己是属于哪种类型。小吉表示自己属于难以自拔型：容易听凭情绪的主宰。社会工作者进一步与小吉分享了控制、转换情绪的方法，包括如何将恐惧转变为勇气、将沮丧转变为耐心、将焦虑转变为平静等，让小吉在之后的学习和生活中进行尝试和改变。

社会工作者也向小吉科普了缓解压力的方法，包括深呼吸法、冥想法和肌肉放松法等。通过现场的放松训练，小吉立马就感觉到了效果，并表示会在之后多加锻炼和使用。

3. 增强社会责任感，提升沟通能力

社会工作者带领小吉到公益劳动基地开展公益劳动。在劳动期间，小吉情绪开始烦躁，社会工作者则在一边进行安抚，陪同其进行打扫。之后小吉得到了公益劳动基地老师的赞赏，此时小吉也很有成就感。他说，看到店铺里的残疾店员还在努力工作，自己很受鼓舞，这样的公益劳动很有收获。

在与社会工作者的沟通中，小吉表示还想做一些力所能及的事情充实自己。社会工作者此时正在辖区内开展困境青少年的帮扶行动，于是提议让小吉来做志愿者，与社会工作者一起走访慰问。小吉表现得十分积极主动，陪着社会工作者到辖区内的困境青少年家中走访，帮社会工作者拎着爱心物资穿梭在各个小区。每到一户困境青少年家中，社会工作者都会向青少年和家长介绍小吉是协助社会工作者的志愿者，小吉也会认真倾听社会工作者与青少年的沟通。在结束走访后，小吉表示没想到还有这么多家庭困难的孩子，自己现在的生活很幸福，一定要好好珍惜；以后遇事一定会三思而行，不会再触及红色底线。小吉回家后还一直与母亲分享慰问的点点滴滴，觉得自己很有收获和成就感。

通过志愿服务，可以看到小吉在帮助他人的过程中收获了肯定，增强了与社会的联结和责任感，同时人际沟通能力也得到了提升。

4. 改善家庭功能，激发正向支持

在个案开始前，小吉母亲表示因为这次犯罪事件对其加强了管教，也认识到自身教育中存在的问题。但在谈到父亲时，小吉和母亲都采取了回避的态度，表示父亲因为此次涉罪事件与服务对象的关系很僵持，很久没有联系。但之后在与小吉的聊天中，社会工作者发现小吉对于父亲在态度上虽有排斥，但能够感受到他对父亲的渴望和需要。

社会工作者发现了小吉父亲这一角色的重要性。在之后，社会工作者单独走访了小吉父亲。小吉父亲表示这件事情让自己对儿子很失望，为此还赔偿了很多钱。社会工作者将父亲角色对孩子成长的重要性进行了阐述，分析了他一直的缺位和小吉心理疾病、错误认知并最终发生暴力行为之间的关联。此次之后，小吉父亲主动与小吉母亲进行了联系，并约定增加探望小吉的次数。

成功唤起了父亲这一重要角色对小吉的关注后，社会工作者又多次分别走访了小吉父母，在为他们普及正面管教的家庭教育知识的同时也提醒他们即使婚姻关系不再存续，但为人父母的功能仍要持续和协作，孩子的成长不能单靠一方。

5. 回顾转变，展望未来

从第一次在检察院见面建立初步的专业关系，然后制订服务计划，社会工作者一路陪伴小吉直到考察教育期结束。小吉到了新学校开始了新的生活，父亲也增加了和他相聚的频率。小吉表示自己在这段时间学到很多东西，觉得自己成长了，对自身存在的错误认知有了全新的理解与认识。他向社会工作者保证会努力在新的学校认真学习，走好今后的每一步。

社会工作者将小吉在这六个月里的改变和悔罪的态度通过报告的形式提交给了检察院，最终检察院给予了小吉不起诉的决定。

（六）成效评估

1. 认知和法律意识方面

介入前，服务对象小吉存在“以暴制暴”的不良认知，法律意识淡薄。介入后，小吉认识到了自身的错误认知并能够理性分析，在法律意识方面得到了提升。

2. 情绪方面

介入前，服务对象小吉个性急躁，缺乏耐心，情绪不稳定。介入后，小吉学会了缓解压力和控制情绪的方法，在考察教育期内未再出现暴躁情绪和暴力行为。

3. 社会联结和沟通能力方面

介入前小吉性格孤僻不愿交友。介入后，小吉通过参加公益劳动和志愿服务，获得了他人的肯定与成就感，强化了与社会的联结和责任感。同时，在过程中小吉的人际沟通能力也得到了提升，能够适应转学后的新生活。

4. 家庭支持方面

介入前，服务对象小吉由母亲单独承担教育和抚养的责任，对于小吉缺乏管教和约束。介入后，小吉父亲作为对小吉意义重大的角色增加了与小吉的见面频率，同时小吉父母的家庭教育意识与能力得到了提升，能够为小吉提供正向的家庭支持。

（七）专业反思

社会联结理论认为，当个体尤其是心智尚未成熟的未成年人与家庭、朋辈、社会的联结薄弱时，当其缺乏对社会道德规范的认同时，当其对社会没有归属感时，不良行为乃至犯罪行为就会不受约束地出现。在本案例中，社会工作者在以个人认知作为主要着力点的同时，从四个“社会键”着手，通过增强家庭的依恋、志愿服务的参与和奉献、提升社会责任感和对社会道德观念的认可，确实起到了较好的再犯风险控制的效果。

考察教育有时间限制但社会服务可以突破和延续。本案例中服务对象在考察教育期即将结束时还经历了转学这一重大事件。社会工作者可在后续跟进服务时从此方面着手，协助服务对象适应新学校的生活，建立更多的支持网络，进一步加强其与社会的联结程度，巩固和加强帮教服务的成效。

三、开展社会调查(涉刑事案件)的报告范例①②

未成年犯罪嫌疑人姓名：小 A

性别：男

出生年月：200×年×月××日

电话号码：×××××××××××

户籍地址：上海市某区某镇某村×组×号

户籍所在街道和居(村)委会：某村

实际居住地所在街道和居(村)委会：某居委会

被起诉案由：诈骗罪

社会调查方式：

走访谈话(√)　座谈会(　)　家庭(√)　学校(　)　工作单位(　)　村(居)委会(√)　档案(√)　受害者(　)　其他(√)：涉案的朋辈小 C

(一) 家庭背景

1. 父母的自然情况

父亲：L 某，男，汉族，40 岁；文化程度，小学；户籍，某省某市某县某区某镇某村×组×××号；居住地址，上海市某区某镇某街××号××弄××号×××室；在某农贸市场做禽类生意，月收入 8 000～10 000 元。父亲较为沉默寡言，不爱说话，但是家中做主的核心人物，也掌管家中财权。

母亲：G 某，女，汉族，38 岁；文化程度，初中；户籍，某省某市某县某区某镇某村×组×××号；居住地址，上海市某区某镇某街××号××弄××号×××室；与小 A 父亲一起做禽类生意。母亲性格较为开朗，平时在摊位上也负责客户的迎来送往。

2. 未成年犯罪嫌疑人的家庭情况

小 A 出生在××，从小在某区生活(哥哥 10 岁起从老家到某区)，现与

① 张寒玉，王英. 制作未成年人社会调查报告需要注意的问题[J]. 人民检察，2021(16)：55－58.

② 案例素材由上海市阳光社区青少年事务中心金山工作站王文梅提供，由本章编者修改。

父母、哥哥、奶奶一起居住（爷爷已去世），属于较为典型的三代主干型家庭。据父母自述两者关系尚可，偶尔会因为鸡毛蒜皮的事吵架，但很少动手。

3. 父母对未成年犯罪嫌疑人的监护情况

小A虽然从小在父母的监护下生活，但父母忙于生意，平日对小A疏于管教，属于较为典型的忽视型教养方式。涉案后小A父母才开始重视对小A的管教约束。

4. 未成年犯罪嫌疑人对家人的态度

据小A自述，父母平时都在农贸市场做生意，一直比较忙，忙起来的时候也顾不上他。哥哥平时忙着读书，因为其10岁后才从老家被接来上海，与小A有一定的距离感，因此沟通一直不多，有自己的交友圈。奶奶年纪大了，小A也不乐意和她多唠叨。生意闲暇时候，母亲会和小A闲聊几句，但小A自己更愿意与父亲聊天。

5. 未成年犯罪嫌疑人的居住情况

小A目前居住在某镇某街××号××弄××号×××室，商品房小区，地处城乡接合部。小A与父母、哥哥、奶奶一起居住（小A与哥哥睡在客厅）。房屋为两房一卫，面积约为80～90平方米，为租赁性质。

6. 与未成年犯罪嫌疑人情感关系紧密的人

姓名：L某

与未成年犯罪嫌疑人、被告人的关系：父亲

住址：上海市某区某镇某街××号××弄××号×××室

联系电话：×××××××××××

据小A自述，虽然父亲平时沉默寡言，但家中大事还是他做主，小A平时的生活花销也大都向父亲讨要。相较于做不了主的母亲，小A更习惯于和父亲打好交道。平时如果出去玩，只要事后父亲不发话，母亲也不会责备。

未成年犯罪嫌疑人家庭情况与其再犯可能性的联系程度评估：

第一，小A的家庭结构完整；第二，从监护意识和监护能力来看，小A父母亲监护意识均较弱，但涉案后父母尤其是父亲意识到了事件的严重性，明显加强了对小A的管束；第三，小A与父母关系和沟通均较为一般，多为沟通生活琐事而不关心小A的身心变化，亲子沟通有待加强。相对而言，小A对与父亲这一家庭核心之间的关系更为重视，情感链接也相对亲密。综合考量以上因素，小A的家庭结构完整但情况有待改善，如保持监管缺失的状态则从家庭情况角度评估其仍有一定的再犯风险。

（二）个性特点

1. 未成年犯罪嫌疑人健康状况及有无不良行为

结合小A及父母的讲述，小A身体健康状况良好，无慢性疾病。

小A的不良行为及不良嗜好：抽烟、喝酒、与社会青年交往过密；无吸毒史，此前无犯罪前科。

2. 未成年犯罪嫌疑人心理情况

小A心理健康状况良好。调查员在与他交谈时未发现其有明显的心理异常现象，根据本人意愿未进行量表的进一步测试。

根据调查员的观察以及结合小A及父母的讲述，小A性格较为开朗，喜好交友，同时具有一定的社会支配倾向和攀比心理，希望自己在朋友中的形象是“酷”“有钱”，从而在朋辈中获得更高的认可和地位。

3. 未成年犯罪嫌疑人受教育情况

据小A母亲讲述，小A从小读书成绩就一般，升入就近的初中后学习也一直上不去。因为父母平时对他也没有成绩上的要求，小A的心思就逐渐开始不在读书上，平时在学校喜欢打篮球，也开始和社会上的人交朋友。小A考上中专后读了一年就不想读了，虽然父亲表示过反对，但因为父母两人的学历水平也不高（父亲是小学毕业），觉得之后做小生意也不需要什么学历，就随他去了。

4. 未成年犯罪嫌疑人社会交往情况

结合小A自述以及对一同涉案的小C的访谈，小A目前已退学，在父母的摊位上帮忙照顾生意，从早上到晚上基本一直留在摊位上，生意不忙的时候会出去打篮球或和朋友去玩。小A平时交往的主要是打篮球时认识(自中专就读时开始认识)的一些社会青年。

这些社会青年包括了本案中涉及的B、C等，其中有未成年人也有已满18岁的成年人，他们大都有抽烟、喝酒的不良行为，其中处于团体支配地位的成年人不但有放高利贷等的犯罪行为，同时还在引诱如小A、小C这些未成年人参与。经对小A的历程访谈，发现这些不良朋辈的影响与小A从中专退学的决定也有较大关联。

5. 未成年犯罪嫌疑人个人爱好及是否受过表彰情况

小A比较爱好体育运动，尤其喜欢打篮球，在父母摊位上帮忙的时候也会看网络小说，偶尔打网络游戏但不沉迷。

初中三年小A每年都会参加区学生运动会，获得过400米第一、200米第一，也曾破过学校纪录。

未成年犯罪嫌疑人个性特点与其再犯可能性的联系程度评估：

首先，小A性格开朗爱交友，这本身是社交能力较强的体现，但其具有一定的攀比心理是此次事件的个体影响因素；其次，小A交往的大都为具有不良行为乃至犯罪行为的不良朋辈，教唆与引诱是此次事件的社交影响因素。个体因素与社交因素交织促成了此次涉嫌诈骗案件的结果，如其与朋辈圈没有脱离，则从个性特点角度评估其再犯的风险依然存在。

（三）与案件有关情况

1. 未成年犯罪嫌疑人受处罚情况

据调查员进行档案查阅，小A之前未受过处罚。

2. 未成年犯罪嫌疑人对案由的陈述

小A在B处借7 000元的高利贷用于购买苹果手机。由于听朋友说，介绍其他人到B处借钱，自己借的钱便不用还，B也向小A承诺给予其介绍费。小A觉得有利可图，便通过小C介绍小D去B处借钱。小A原本以为自己只是个介绍人，并未意识到自己的行为是伙同B放高利贷，涉嫌诈骗罪。

小A认为被害人小D借钱是小D自己的行为，他与小D素不相识，借钱一事一直是小C、B与小D联系，自己最多算个介绍人，更没有逼迫被害人强行借款。

3. 未成年犯罪嫌疑人涉案的主观认知因素

小A此次涉案从主观上来看主要是法律意识淡薄，辨别是非能力较弱。小A认为：小D借钱是他自己的意愿，自己对他没有逼迫，借钱、写借条这些事情都是小D与小C、B联系的。他说自己从来没有想过这算是违法行为，如果知道是违法的，他肯定不会这么做了。

4. 未成年犯罪嫌疑人涉案的客观影响因素

家庭监管的缺失、自身攀比心理与消费欲望、不良朋辈圈尤其是某些成年人的教唆引诱是小A此次涉案的客观影响因素。

5. 未成年犯罪嫌疑人涉案情况与其再犯的可能性的联系程度评估

首先，涉案前小A的认知中并不认为自己的行为是犯罪行为；其次，小A在此次事件中属于“介绍人”的性质，主观恶性不强；第三，小A在此前未有过受处罚的记录；第四，小A此次的涉案较大比例源自不良朋辈的教唆与引诱。综合考量上述因素，从涉案情况的角度评估小A的再犯风险较小。

（四）对涉案行为的认识

1. 未成年犯罪嫌疑人对涉案的消极认识情况

据小A自述，涉案后觉得很后悔，认为因为自己法律意识的淡薄，当时并没有意识到自己的行为属于犯罪行为，如果因为此事而被判处刑罚，必然会对自己今后的生活、求职产生负面影响。

2. 未成年犯罪嫌疑人对涉案的积极认识情况

小A认为此次涉案对自己是一个很大的教训，今后自己一定要多学法律知识，避免再出现违法犯罪行为。

3. 未成年犯罪嫌疑人涉案行为的认识与其再犯的可能性的联系程度评估

首先，小A已经认识到自己涉案行为的严重后果并有一定改变的意愿

(多学习法律知识),有较好的认罪悔罪态度;其次,小A对自己涉案的原因分析尚不清晰,只看到了自身法治意识的淡薄,对于朋辈圈的影响、自身消费观、交友择友观尚未有进一步认识。从对涉案行为的认识角度评估,小A的再犯风险属于中等。

(五) 帮教条件

1. 未成年犯罪嫌疑人自身生活、学习、工作情况

小A已从中专退学,目前在父母的摊位上帮忙,没有正式工作,收入靠父母,主要是父亲提供的零花钱,每月约1 500元。小A目前有固定居所(租住)且与家人同住。

2. 未成年犯罪嫌疑人家庭帮教条件情况

小A家庭结构完整,此次事件后,父母尤其是小A最信任的父亲认识到了情况的严重程度,开始对小A加强了管教约束。

3. 未成年犯罪嫌疑人所处环境情况

小A的生态环境较为简单,除了家庭之外就是原本的不良朋辈圈。此次事件发生后,小A已将那些社会青年的联系电话(包括微信等)删除,自己也更换了新的手机号码。小A在父母的摊位上照看生意,也便于父母的管教和监督。

4. 受害者的态度

小A的母亲曾与受害者小D的母亲联系,小D母亲认为小D的借贷主要因为小C(另一位介绍人),因此对小A并无太多意见。

5. 未成年犯罪嫌疑人帮教条件与其再犯可能性的联系程度评估

第一,小A与家人同住固定居所,案发后父母都对小A都进行了警告和劝诫,此事后父母加强了对小A的管教约束;第二,小A与不良朋辈圈已经进行了主动断离;第三,小A目前没有固定工作,游手好闲的时间比例较大;第四,被害人对小A的态度尚可。综合考量上述因素,从帮教条件的角度评估小A的再犯风险较小。

（六）其他需要说明的情况

因小A个人拒绝且其属于未成年人，本次社会调查未进行心理量表测试。

（七）综合评价意见

从个体层面看，小A法律意识淡薄，缺乏基本的是非判断能力，存在高涨的攀比欲和消费欲、不良择友交友观；从环境层面看，小A受到家庭监护缺失的纵容、不良朋辈圈的教唆与引诱。调查员评估认为，以上所述的个体主观意识和环境客观因素交织促成了小A本次犯罪行为的产生。

综合考量父母提升的监管态度、固定且共同的居所、小A主动与不良朋辈圈断离的表现、较轻的犯罪情节、较好的认罪悔罪态度与认识等，调查员评估认为小A的帮教条件基本具备。

调查员建议，应从家庭教育指导（能力与意识）、建立正确的择友交友观、提升法律意识、错误认知的矫治入手进行精准的帮教矫治。在后期可尝试引导其进行生涯规划、技能培训或学历提升，通过树立人生和职业目标、增强与社会的联结，长久且有效地降低其未来的再犯风险。

社会调查员：×××（两人签名）

××××年××月××日

四、开展家庭教育指导（涉刑事案件）的案例[①]

（一）案例背景

服务对象小徐，男，案发时刚满17周岁。小徐父亲十年前因意外事故去世，母亲忙于工作疏于对孩子的教育，但为了弥补所缺失的父爱，母亲和其他家人在物质上都对小徐百依百顺。家庭的溺爱使得青少年小徐滋生了众多不良习惯，自私任性，学习上不求上进，随意结交朋友，对母亲的说教更是极为不屑。2020年末，小徐不顾母亲的阻拦，为了朋友间的义气参与了一起

① 案例素材由上海市阳光社区青少年事务中心徐汇工作站朱玉蓉提供，由本章编者修改。

聚众斗殴事件，并被公安机关逮捕。

检察机关认为小徐的状况与其家庭缺乏正确的家庭教育密切相关，于是委托上海市阳光社区青少年事务中心对小徐的母亲开展家庭教育指导服务。

（二）需求分析

社会工作者经过预估发现，小徐的问题主要在于，家庭亲子关系不畅导致其对于家庭在亲密关系和归属感上的需求长期被忽视，进而产生一系列交友不当、自我效能感低、责任感低等衍生问题。因此，要有效降低小徐的再犯风险，就需要把重点放在改进家庭亲子关系以及教养方式上。

（三）理论依据

基于需求分析，社会工作者对小徐母亲开展的家庭教育指导服务拟主要采用父母效能训练(Parent Effectiveness Training，PET)。父母效能训练是反映取向的亲职教育主要模式，根据罗杰斯的个人中心治疗理论发展而来。该理论提出者托马斯·戈登认为父母和子女之间如果相互理解对方的想法、感受，就会有助于亲子间的互动。该理论模式旨在教导父母增进自我察觉、了解和接纳子女、使用积极倾听等技巧，以增进亲子沟通和亲子关系。

父母效能训练可以教导父母学习关于照料、教养、沟通、辅导、解决问题以及冲突等有关亲职技巧，例如积极倾听、自我披露、冲突解决“双赢法”等，并通过改变家长的养育理念，提升其效能。

（四）服务目标

1. 总目标

通过亲职教育改善家庭亲子沟通和亲子关系，促进家庭成员之间的良性互动以提升小徐的家庭归属感和自我效能感，营造温馨融洽的家庭气氛，增强其改变的动力。

2. 分目标

(1) 帮助小徐的母亲认识到自身对于小徐心理需求的忽视，在日常生活中能够给予小徐更多的直接关怀和情感支持。

(2) 帮助小徐的母亲意识到并尝试改变不合理的教养方式。

(3) 间接增强小徐改变的动力，提升其自我效能感。

(五) 服务过程

1. 了解案由及服务对象的成长经历

初次会面时小徐态度傲慢，谈及案由轻描淡写。之后社会工作者从小徐母亲口中获悉，小徐因交友不慎，为了朋友间的义气，参与了一起聚众斗殴事件，因此被公安机关逮捕。当前处于取保候审观护帮教阶段，并等待法院的最终判决。

在签订帮教协议后，社会工作者定期多次走访小徐家庭。初期走访时，小徐并未能给予很好的配合，在与社会工作者交流时极为敷衍，甚至理直气壮地称自己不是主犯，何必受到那么多的管束。无论小徐的态度如何，社会工作者依旧循循善诱。多次坚持上门走访也逐渐使得小徐放下戒备，开始与社会工作者谈及自身的成长经历。在父亲 10 年前因一起意外事故去世后，母亲只顾着工作挣钱，对小徐的要求几乎是百依百顺，但很少有时间真正给他一些需要的陪伴和帮助。因此，长大后的他对母亲的教育极为不屑，母亲对淘气的他也毫无办法。在与小徐逐渐深入的交流中，社会工作者感觉到小徐内心的无助和对母爱的渴求。特别是当谈及有一次小徐患上了严重感冒，但母亲却因为工作繁忙，答应了他但很久都未能带他去医院看病时，小徐的眼眶里充盈着泪水。

此外，社会工作者在倾听小徐母亲作为单亲妈妈的辛苦历程的同时，对小徐母亲表示同理和支持，也进一步引导小徐母亲谈论并思考尽管给予了小徐较好的物质条件，但是对于小徐的心理需求关注度如何、陪伴小徐的时间是不是太少等问题。经过社会工作者一步步的引导，小徐母亲也开始意识到自身对于小徐的直接关怀和陪伴较少，并没有真正做到理解孩子、走进孩子内心的世界，也间接导致了小徐现在的叛逆和问题。

2. 参加亲子活动，引导亲子沟通

社会工作者利用小徐母亲下班后的时间再次上门走访，反馈了小徐平时参与活动及走访过程中了解到的他内心的一些想法，并告知近期将开展“亲情驿站”亲子小组活动，邀请他们母子参加。该小组活动运用亲子互动环节来加强家长与孩子的情感沟通，教授参与者学会用各种非语言交流方式向家人表达自己的关爱，促进家庭珍惜亲情、重视沟通，建立和谐氛围。听完介绍后小徐母亲表示一定参加。

小组活动初期，小徐是小组中的绝对活跃分子，十分闹腾但也让人感受到了他身上可贵的童真。而小徐母亲也是小组中认真且投入的一位家长，在小组活动中讲述了自己面对孩子现状的无奈和在管束孩子时自己的束手无策，更是讲述了她作为一个单身母亲现阶段的艰辛和不易。

为了让小徐能够理解母亲，改善亲子关系，社会工作者根据其活泼、喜欢趣味新颖事物的特征为其设计了一些互动游戏，帮助小徐进一步探索自我。例如，通过“垂钓想法”，设定前半句，让小徐讲出后半句自己的想法；“尊重价值＝尊重自我”，让小徐逐渐了解自己的价值观等技巧。更重要的是，通过循序渐进的引导，小徐渐渐有了一些感悟，并开始理解母亲，明白了自己无知行为的错误性。

直到第三节小组活动时，恰逢母亲节，小徐在社会工作者引导下，通过镜头向母亲送上了节日的祝福，并真诚地向母亲鞠躬致歉。当母亲拿着儿子精心制作的贺卡，并看到了大屏幕上的儿子向她表达着深深的歉意和真切的爱时，不禁泪如泉涌，她感觉到自己多年的辛劳没有白费，并对儿子有了新的期待和希望。

3. 调整教养方式，改善亲子互动

社会工作者再次上门走访小徐的母亲，了解小徐母亲与小徐近期亲子交流沟通情况，小徐母亲表示亲子沟通有所增加。社会工作者引导小徐母亲意识到长久以来的放纵型的教养方式对小徐造成的负面成长影响，未来一方面要增加日常生活中对小徐的关心，另一方面也要逐渐加强对小徐的管束。社会工作者向小徐母亲介绍了积极倾听、“我讯息”（自我披露）、冲突解决“双赢法”等亲子沟通技巧。

小徐母子共同参与了第四节"我想走近你"的小组活动，共同订立了属于他们家庭的"家庭契约"，主要约定了每周的亲子聊天、孩子的日常行事范围、母亲对孩子的直接关怀等内容。社会工作者在小徐母子知情同意的情况下根据小徐家的故事撰写了一则"心声小故事"，用录音的形式呈现于活动现场，讲述了母亲对孩子的愧疚和渴望获得孩子体谅的心声，也讲述了孩子在罪错事件后内心对母亲的愧疚之情。在聆听时，母子二人均感触良多，轻轻地啜泣着。随后社会工作者进一步安排"亲情致歉会"，增进亲子互动。小徐向母亲真诚地表达歉意，对自己在这次事件中的错误行为予以了反思，并用拥抱的方式希望获得母亲的谅解。而母亲向孩子致歉时更是声泪俱下，她诉说着自己太过繁忙而忽略了孩子的很多想法，更诉说着孩子出事后作为母亲的心痛和焦急。那天活动的尾声，母子二人带着感慨在社会工作者的建议下第一次展示了他们的"美式拥抱"，真情拥抱的瞬间，孩子显露出对母亲的依恋，母亲更是含着热泪露出了幸福的笑容。

4. 母亲传达期许，增强改变动力

借由"亲情驿站"亲子小组活动最后一节活动，社会工作者对小徐母子进行了访谈：母亲表示看到了几个阶段以来孩子的进步，也希望继续得到外部的支持，帮助孩子更好地成长；小徐也称自己在过程中学会了很多、懂得了很多，除了对妈妈更为理解，也对自己的将来有了希望。活动当天，小徐的母亲获得了一个让孩子在现场帮助其实现心愿的机会，她希望小徐能给平日不常联系的祖母打一个电话，学会感恩身边所有给过他关心的人。

活动最后，小徐的母亲用歌声向孩子表达着作为一个母亲最美好的心愿，希望孩子"明天会更好"。社会工作者对小徐母子这一阶段的共同努力予以了支持和鼓励，进一步强化了小徐的家庭归属感和自我效能感，增强了小徐改变的动力。

小组活动结束后不久，社会工作者再度走访了小徐的家庭，小徐对社会工作者的态度较最初有了很大改观，变得谦虚而有礼貌，已经可以心态平和地等待着法院的最终审判。小徐表示，无论结果怎样，他都会从这次事件中吸取教训，并会更理解和体谅母亲，听从母亲的教导。而社会工作者也再次对这一阶段的家庭教育指导服务予以回顾总结，在亲子关系、亲子沟通以及遵守家庭契约这几点上再次向小徐母亲给予了提醒和建议。社会工作者评估本例家庭教育指导服务的目标已基本完成，予以结案。

（六）成效评估

1. 亲子沟通

小徐与母亲的亲子关系有所改善，亲子谈话频率增加，每周至少有1次不少于30分钟的亲子聊天时间。

2. 教养方式

小徐的母亲能够意识到自身溺爱放任的教养方式所带来的问题，对小徐的管教约束有所加强；在日常生活中给予小徐更多的直接关怀，约定每个月共同参加1到2场亲子活动。

3. 间接影响

受母亲改变以及亲情需求得到回应的影响，小徐与家庭的联结有效增强，其自我效能感和改变的动力得到提高，整体状态趋于稳定，再犯风险也得到了控制。

（七）专业反思

首先，社会工作者对涉罪未成年人父母或其他监护人开展家庭教育指导服务，归根结底其目的还是有效降低未成年人的再犯风险，因此家庭教育指导服务不能脱离未成年人而只针对家长，而是要与未成年人教育矫治的进程相辅相成，形成统一方向，本案例较好地做到了这一点。

其次，本案例并未局限于个案服务，还邀请了小徐母子参加“亲情驿站”亲子小组活动，进一步创造亲子互动交流的机会。在实践中，社会工作者要融会贯通，将技巧、方法、形式作为具体的手段服务于目标，切莫拘泥于某一种服务形式或方法而自己“画地为牢”。

最后，单亲妈妈对于男孩的教育会存在父亲角色缺位的情况，反之单亲爸爸对于女孩的教育也会存在母亲角色缺位的情况。建议在单亲家庭的家庭教育指导中可以适当增加社会性别角色教育方面的内容，给予单亲家长有效的支持。

五、未成年被害人服务的案例[①]

（一）案例背景

1. 服务对象基本信息

服务对象小Y，女，12岁。小Y因放学后好心为他人带路受到猥亵，经检察院委托和监护人许可，由社会工作者为其提供合适成年人以及心理疏导服务。

2. 服务对象目前状态

小Y自遭遇猥亵后有害怕、回避、警觉性增高、情绪低落等应激反应。小Y自述睡眠进食正常，无躯体化症状，无闪回（flashbacks）[②]，社会工作者判断其社会功能没有受到严重损害。小Y对父母始终隐瞒案发部分细节，对父母很少有情绪表露，家庭支持系统不足以帮助其应对创伤，朋辈支持系统良好。

（二）需求分析

1. 服务对象问题、困境的分析

个人因素：服务对象小Y遭遇创伤事件后，积压了大量的负面情绪无处释放。

家庭因素：小Y父母对其一直仅关注学习和事件问题的解决，很少关注其情感的需求。父母对事件一方面存在自责，另一方面又对小Y表露责怪，其家庭过于理性而缺乏情感交流的互动模式有待改善。

2. 服务对象优、劣势的分析

服务对象优势：其一，服务对象理智且有主见，对自己的评价是开朗、自

① 案例素材由上海市阳光社区青少年事务中心虹口工作站陆如彦提供，由本章编者修改。
② PTSD（创伤后应激障碍）的主要症状，指对创伤事件或与创伤相关片段的再体验和闪回，通常是以脑海中突然呈现的情景再现或噩梦的形式。

信、独立；其二，服务对象有非常好的朋辈支持。

服务对象劣势：其一，服务对象过于要强，希望独立面对创伤事件；其二，服务对象父母与其缺乏情感上的互动与支持。

（三）理论依据

心理社会治疗模式是个案社会工作传统的治疗方法之一，其聚焦生理、心理与社会三者的相互关联和作用对个体成长发展的影响。心理社会治疗模式分为直接对服务对象进行的直接治疗、通过辅导第三者或者改善环境间接影响服务对象的间接治疗这两大类技巧。直接技巧包括反思性直接治疗技巧和非反思性直接治疗技巧：反思性直接治疗技巧聚焦于帮助服务对象正确认识、理解和分析自己的内心、经历；非反思性直接治疗技巧则有助于服务对象宣泄、缓解不良情绪，减少内心冲突。心理社会治疗模式的间接技巧强调通过改善周围环境和支持网络，为服务对象提供及时、稳定的帮助和支持。

本案例中服务对象小Y一方面有心理、情绪方面的创伤后影响，另一方面与家庭的互动有待改善和强化。社会工作者选用心理社会治疗模式，从小Y与家庭的互动中了解小Y，使用直接技巧减轻小Y的不安和系统功能失调，结合对家庭的教育指导协助小Y获得健康的家庭环境和支持网络，从而顺利渡过创伤期。

（四）服务目标

1. 总目标

协助服务对象小Y顺利渡过创伤期并提升有利于成长的发展潜能。

2. 分目标

(1) 为服务对象小Y提供情绪宣泄机会，减轻其内心冲突，进而使其不带消极情绪地回忆创伤事件并客观对待。

(2) 确定创伤事件对服务对象小Y生活的影响，比较其创伤前后的社会功能。

(3) 协助服务对象小Y父母正确认识创伤事件，避免其对服务对象的二次伤害。

(4) 引导父母关注服务对象小 Y 的情感需求，激发并强化父母对服务对象小 Y 的支持。

（五）干预过程

1. 个案初期阶段

(1) 第一次服务

在笔录时社会工作者听到服务对象小 Y 母亲责问她："为什么这样了你还不打他?"小 Y 之后向社会工作者提出，父母的追问令她十分困扰。社会工作者询问为什么不愿意父母陪同做笔录、不愿意父母知道案发的具体细节。小 Y 称自己愿意向公安机关陈述细节是觉得对破案有帮助，不愿意父母知道是怕他们伤心和责怪，更多的是她想忘记这件事，但父母反复追问会让她反复想起当时的情景，让她很难受。

社会工作者对此进行了安慰："发生这样的事后，母亲的责怪其实并不是你做错了什么，而是在责怪她自己没有照顾好你。"小 Y 点头表示理解，说自己部分顺从加害人，是害怕受到更严重的伤害，现在至少身体上没有受伤。社会工作者赞扬她很理智，作为未成年人保护自己的人身安全是第一位的。社会工作者问小 Y 怎么理解自己的遭遇，小 Y 说："我至少知道以后再遇到类似的情况要如何面对了。"社会工作者问如果再遇到别人做她不喜欢的事，应该怎么办。小 Y 说："拒绝并跑开。"社会工作者进一步补充："拒绝的语气一定要强硬且大声。"小 Y 表示知道了。

最后，社会工作者答应小 Y，自己会与其父母沟通，请他们不要再追问案件的细节，小 Y 表示了感谢。

(2) 第二次服务

社会工作者与小 Y 父亲沟通，他表示女儿迫切希望搬家，害怕经过案发的路段，在警车上听到突然出现的导航语音有惊吓表现，不愿意被父母触碰，丢弃了当天穿的衣服，不愿意告诉父母案发细节，但整体来说状态在恢复中。

社会工作者询问其父母如何理解女儿不愿意他们陪同做笔录这一要求，小Y父亲表示女儿可能是怕他们担心，另外笔录内容对她而言是私密的事不希望父母知道细节。社会工作者询问母亲的想法，母亲表示附和。

社会工作者询问，做笔录的时候母亲表现出责怪，女儿是否因此担心会受到进一步指责。小Y母亲眼眶红了，点了点头。社会工作者表示，作为父母，遇到这样的事，会内疚、责怪自己没把孩子照顾好，但语言上表达出来的却是对孩子的责怪，这一点可以理解，但对当时的孩子却是有伤害的。小Y母亲落泪。

社会工作者进一步解释，在小Y的立场上，她当时的表现是害怕自己受到进一步的伤害，并且也确保了自己身体没有受伤，这个选择是经过思考且理智的。小Y父母点头接受。社会工作者表示：女儿不愿意向他们描述细节，一是怕他们难过，二是反复提及对她而言会造成“二次伤害”。社会工作者希望小Y父母回家后不要再询问这件事，他们均答应。

2. 个案发展阶段

(1) 第三次服务

社会工作者询问小Y睡眠质量，小Y说父母偶尔还会问她细节，她不愿意说，回卧室后就会忍不住咬着被子哭，但如果父母不提及，自己不会主动想起。小Y说自己比较独立，能够处理且正在慢慢变好。社会工作者进一步澄清：“这只是一个意外，每个人的生命里都会遇到各种意外，你遇到的事情很糟糕，但还是要往前看，我们一起努力度过这段修复与适应的阶段。”

社会工作者询问小Y以往遇到困难是不是也习惯于自己解决问题。小Y说是的，父亲比较忙，奶奶照顾多一点，和妈妈沟通多一点，但主要还是学习方面的。社会工作者问母亲与她会不会有亲密的互动，比如拥抱。小Y表示小时候有，但现在没有，父母很早就开始培养她的独立意识，她也很喜欢独立的状态，平时她很开朗、很坚强，同时也乐于助人，但这次事情后她对于助人有了恐惧。社会工作者表示，不希望小Y把一切都压在心底，要求自己过于坚强，一段时间内的心情低落是正常的表现，可以不和父母说细节，但自己难受时可以和父母聊聊心里话，只有懂得宣泄才能更好地调整好自己的状态。小 Y 表示同意。

（2）第四次服务

社会工作者询问小 Y 父母为何依然追问了案发细节，这对小 Y 是一种伤害。小 Y 父母称，担心她受到更严重的伤害所以没忍住。社会工作者表示小 Y 很独立，也正在逐步恢复。

社会工作者询问小 Y 父母，在这次事件前小 Y 的日常表现如何。父母表示对女儿的教育是希望她独立、有担当，小学开始就让其自己放学回家；父母一直教育她与人为善，父母曾和她一起送迷路的老年人回家。但小 Y 母亲表示现在深深怀疑自己错了，如果自己一直接送小 Y 就不会发生现在的事，自己让女儿对世界充满善意，但现实却并不都是美好的。

社会工作者肯定了小 Y 父母对孩子的教育，女儿开朗、理性、独立是好事，这次的遭遇对小 Y 乃至整个家庭是一个意外，需要全家共同面对。社会工作者提出：一段时间的心情低落、情绪不稳定是正常的，每个人处理创伤的方法和过程不同，小 Y 有自信可以自己面对，就给予她多一点的信任和支持，父母做好观察和情感上的支持。最后社会工作者强调，家长率先平复状态并回归正常生活更有利于孩子的自愈。小 Y 父母表示认同。

社会工作者进一步了解母亲与小 Y 平日的互动，母亲说自己主要关注和督促女儿的学习情况。社会工作者建议近期暂时降低学业上的要求，多与女儿交流感情和各自的感想，比如学校发生的事、对热点新闻的看法等，还可以适当多一些亲密的互动，父亲也要多表达对她的关爱。小 Y 父母表示知道了。

（3）第五次服务

小 Y 告诉社会工作者，父母不再让她独自上学和回家，但她并不希望父母的长期接送；另外，小 Y 的卧室门锁被拆了，独立的时间和空间都少了。社会工作者表示会与小 Y 父母进一步沟通。

小 Y 告诉社会工作者，事件当天她穿了一套自己非常喜欢的衣服，后来她把衣服丢到了房间的角落，对它又恨又爱，她想过丢了再买一件。社会工作者问，“买一件一模一样的是否还会联想到不愉快的事情?”小Y说会。社会工作者表示那就和衣服本身没关系，喜欢的衣服可以留着，不愉快的事和感受都会过去，不过更有可能喜欢上另一件新衣服，这个时候再把那件旧衣服扔了就行，小Y笑了。

社会工作者与小Y母亲沟通护送与门锁的事宜。小Y母亲称因为自己不放心，想接送小Y到初中毕业。社会工作者了解到小Y家与学校的距离不远，便询问小Y是否有住得近的同学可以同行。母亲表示，这次事件后小Y的同学就一直陪她回家，后来出门都是相约在一起。社会工作者建议小Y母亲就接送的问题与小Y商量，先由母亲接送一段时间，再转由和同学一起。小Y母亲表示同意。

关于小Y卧室门锁被拆一事，小Y母亲很诧异女儿连这件事都告诉了社会工作者。母亲表示是因为小Y喜欢把自己锁在房间里，父母不知她有没有学习，所以商议下把家里所有房间的锁都换成把手。社会工作者建议，相比拆锁，双方共同约定的家庭规则会更有效，例如小Y约定不轻易锁门，而父母则敲门后进入。小Y在乎的并不是锁本身，而是信任和尊重。社会工作者建议小Y父母增加与孩子的沟通，尊重与了解她的感受和需求。

3. 个案成熟阶段

(1) 第六次服务

社会工作者向小Y母亲了解近况，她表示女儿各方面看起来都挺好，但感觉比以前叛逆，没有以前听话，有时候会发脾气。社会工作者表示小Y正进入青春期，需要更平等的对待，父母需要多了解她的想法。

小Y母亲表示事件后女儿想买什么东西她都会设法满足，但发现女儿的要求太频繁，请教社会工作者有什么办法。社会工作者建议不要无条件满足，而是要多沟通与商量。可以和小Y讨论哪些东西是确实立刻需要的，哪些只是想要但并不急需，这部分东西可以延迟满足或附条件满足，在一段时间以后小Y想要的东西可能会发生变化，到时再讨论和选择。

社会工作者分析，这是小Y母亲的补偿行为，通过补偿疗愈自身。小Y母亲有自责情绪，认为一贯培养孩子独立才会发生此次事件。社会工作者向其澄清这是不可预测的意外，孩子独立的状态是非常好的。小Y母亲表示认可。

小Y母亲表示现在每天接送小Y，没空的话则由外婆接送。社会工作者进一步提出之前小Y的想法，小Y母亲表示会考虑逐步放手，让女儿与同学结伴回家。

（2）第七次服务

社会工作者家访小Y，小Y表示现在放学虽然有家人陪同，但经过事发地段还是会感到害怕，其他如睡眠、饮食都正常。社会工作者表示还会害怕是正常的，毕竟经历的是非常规的事件，不需要强迫自己去忘记它，想着要忘记其实反而是记忆的强化，现在有家人的陪伴一段时间后状况会越来越好的。

小Y又一次提起了不想家人接送，甚至有想过当初不告诉父母会不会更好。社会工作者对此予以否定。小Y说自己偶尔会因为和好朋友谈起案件而哭泣，妈妈则遇事都先凶她一顿，自己也会忍不住哭。社会工作者表示哭是一种情绪的宣泄，问小Y是不是事件后哭的次数更多。小Y说："没有更多，但爸爸妈妈总是关注我的学习，说什么都绕到学习上，遇到事就先怪我。比如今天在学校里和小伙伴追逐打闹，不小心把脚崴骨折，妈妈一来就说我，有时候我想到妈妈的反应就有点害怕，她总能把我凶哭。"

社会工作者表示母亲是有要改变的意愿的，想和小Y有更好的沟通，可能一着急，以前习惯性的表达就脱口而出，要给父母一点时间改变，当发现父母有所改变时也记得夸他们一下。小Y回应说现在父母进她房间前会敲门了。

小Y说，关于案件的进展父母总是不想让她知道，检察院寄来的文件她想看，父母就说大人的事小孩别管。就要开庭了，父母原本说好的律师会面最后也不了了之，小Y觉得父母是转述她的话和律师谈，可能表达不全，她希望了解律师的观点和想法。

社会工作者表示小 Y 想和律师会面的要求是合理的，会将这个情况和小 Y 父母、检察院沟通。同时社会工作者也提出，希望小 Y 勇敢地直接对父母表达自己的想法，说清楚理由。

(3) 第八次服务

社会工作者首先与小 Y 母亲聊起孩子脚骨折的事，小 Y 母亲觉得很多事情都是可以避免的，孩子那么有精力不如花在学习上。社会工作者表示小 Y 有情感上的诉求，但目前父母的反馈不能满足她，所以她只能与好朋友诉说，得到安慰和宣泄。

社会工作者表示，小 Y 受伤，首先期待的一定是父母的关心，结果得到的是一通责备，肯定会不高兴、委屈。小 Y 母亲沉默片刻，说："对啊，现在想想她也疼啊，看来是应该换个角度。"社会工作者建议小 Y 母亲与女儿的沟通多用"我"开头，比如"我担心""我觉得"，少用"你"，这样可以避免指责的语句脱口而出。小 Y 母亲表示接受和感谢。

社会工作者另外建议小 Y 父母在女儿受伤期间多一些肢体接触，多表达关爱，给予她足够的安全感。小 Y 母亲说自己尝试给她拥抱，但小 Y 是拒绝的。社会工作者表示因常年没有养成亲密互动的习惯，女儿拒绝也正常，要循序渐进，养伤的这段时间也是契机，拉她扶她都可以慢慢培养亲密关系。小 Y 母亲表示明白了。

即将开庭，但小 Y 一直未曾与律师面谈过，小 Y 母亲表示自己不想让孩子再接触案件，怕有负面影响，而且比较坚持，说这个事情应该由父母为她做决定。社会工作者指出，小 Y 是当事人，又有和律师面谈主动表达的愿望，这对小 Y 的恢复是有帮助的，小 Y 希望在案件中尽自己的力，这样她更能放下。社会工作者进一步重申了第一次会谈时和小 Y 父母的约定，小 Y 如果想和他们聊此事，一定不要阻止和打断，孩子任何时候的主动表达都是一种自我疗愈。服务对象母亲表示知道了。

社会工作者最后表示，小 Y 通过社会工作者表达自己的意愿，母亲则自己代替孩子做了决定，其实她们可以有更好的沟通。小Y很有主见，可以让她参与到家庭事务中，一起讨论，讲述各自的理由，让她更有参与感，给她更多的决定权。

4. 个案结案阶段

社会工作者与检察院沟通，希望促成小Y与律师的面谈，但检察院与律师交流后，反馈该律师并不注重儿童的感受，他明确表示只听监护人的，所以最终小Y未能如愿与律师见面。

小Y告诉社会工作者，虽然最终没与律师见面，但之前母亲已经开诚布公地和她谈了自己的想法，彼此都有了更充分的表达，能够相互理解，而且小Y对判决结果是满意的，可以在心中暂时放下这件事了。考虑到罪犯释放的日期差不多是中考的时间，担心遭到报复，也害怕在路上偶遇，小Y与父母商量在此之前搬家，父母也已经同意了。

社会工作者与小Y共同回顾开案以来的改变：小Y家庭支持系统提升，积极的自我陈述增多，且有良好的朋辈支持。小Y自己能够开放而直接地向好朋友表露恐惧、悲伤或愤怒的感受并得到安慰。小Y最后高兴地总结——自己正在越来越好。

（六）成效评估

1. 过程评估

社会工作者首先通过持续的目光接触、主动的倾听、无条件的积极关注及亲切地接纳，与小Y建立信任。在探讨中社会工作者不施加过多的压力，鼓励小Y表达和自我反思、分析感受以及事件对自己生活的影响。随后社会工作者评估家庭动力机制，基于心理社会治疗模式，实行有效的应对策略，运用间接治疗的技巧，以小Y母亲将事件归咎于服务对象的言谈作为切入口，成功引导父母关注小Y的情感需求，提升家庭支持。

2. 结果评估

介入前小Y因猥亵事件有应激反应，存在恐惧、回避和一般心理问题；小Y父母缺乏与小Y的情感交流，小Y母亲会不自觉地将负面情绪投射到小Y身上，家庭整体对小Y的支持不足。

社会工作者介入后，在个体方面，帮助小Y理解和接纳创伤事件并客观对待，小Y的心理创伤逐渐消除；帮助小Y确认并强化保护自己避免遭受侵犯的措施，通过赋予其权力感和责任感增强其自信心和自尊心。在家庭方面，社会工作者引发并强化了小Y父母对小Y的支持与关爱，改善了亲子沟通，提升了家庭支持。服务目标基本达成。

（七）专业反思

第一，本案例中，社会工作者第一时间发现小Y家庭互动非常理性，缺少情感上的表达和亲密互动，在没有遇到特殊事件时尚能勉强达成平衡，但对于创伤事件暴露出支持不足的问题。社会工作者把小Y放回到具体的人际交往的场景中，采用多层面的服务介入方式，帮助小Y确定创伤事件对其生活模式的影响，尤其社会工作者挑战小Y母亲将负面事件归咎于小Y的思维与言谈，改变了母亲固化的视角，最终协助其家庭深入沟通、充分表达并相互理解，化危机为契机。

第二，猥亵案的发生影响的不只是被害人，还有被害人的家庭。当监护人否认、自责，或将负面情绪投射到未成年被害人身上，很容易对其造成二次伤害。此外，成年人的自愈往往比未成年被害人快，因此协助监护人正确认识创伤事件变得尤为重要，且需要反复强化。

第三，本案例中遗憾的是小Y没能如愿与律师面谈，即使检察院已与律师沟通协调，但律师仍以委托人（监护人）的意愿为准，忽略了小Y作为未成年当事人的感受。社会工作者和律师应该有共同的原则，即未成年人利益最大化。小Y参与案件的意愿也有助于她“放下”并与自我“和解”。希望在未成年人司法保护领域中，能够出现更多关心未成年人利益和感受的专门律师以及法律人士。

第四，在司法领域适合开展个案管理，但以社会工作者的身份和地位来联结和协调多主体的服务网络尚很难实现。

小　　结

司法保护与社会保护的融合，是以秉持“儿童最大利益原则”的司法领域和以“弱势群体的利益为实践目标”的社会工作领域共同关注未成年人犯罪及保护的必然趋势。自2004年至今，上海涉刑事案件的未成年人司法社会工作已有二十年的探索历程，在服务内容趋于系统与成熟的同时，业已得到了司法系统的认可与接纳。

本章第三节分享了五个呈现不同服务内容的典型案例。第一个案例呈现了社会工作者在担任合适成年人过程中快速评估状况、及时回应需求、建立良好专业关系以及履行监督审讯、协助沟通、处理情绪、帮扶教育等职责的做法，展现了社会工作者担任合适成年人的专业与优势。第二个案例中，社会工作者以社会联结理论为视角，从四个“社会键”着手增强未成年人与家庭、社会的联结，从而起到了较好的再犯风险控制的效果。第三个案例中，社会工作者熟练运用生态系统理论视角开展了涉刑事案件未成年人的社会调查，对当事未成年人涉罪的根源、再犯风险以及帮教条件进行了较为客观、深入的调查与评估。第四个案例中，社会工作者在家庭教育指导中综合运用个案服务、小组工作等服务形式有效改善了当事未成年人母亲在亲子沟通和教养方式、理念上的问题，通过增强家庭与孩子之间的联结，间接起到了再犯风险控制的作用。第五个案例呈现了为性侵被害人服务的艰难，在案例中可以看到孩子父母问题的反复，也可以看到通过社会工作者的服务孩子逐渐疗愈的过程，证明了社会工作者在维护未成年性侵被害人权益、提供适切服务方面能够发挥重要作用。五个案例中未成年人及其家庭情况各不相同，但在案例所代表的五个服务内容或者说形式上却能看到相互的关联与作用。这也给了我们启示：涉刑事案件的未成年人司法社会工作服务是一个个性化、一体化的“系统工程”，在理解与实施上既要有个性化的服务视角，又要有系统化的全盘视角。

一是个性化的微观服务视角。未成年人涉罪的行为只是外在的表现，而影响行为产生的因素则是错综复杂且个性化的。因此，要真正起到教育矫治与再犯预防的效果，就需要社会工作者在面对每一个案例时深刻挖掘、剖析与理解未成年人涉罪行为的演化过程及其复杂成因，设计与实施个性化的适切服务。

二是系统化的宏观整体视角。无论是担任合适成年人、开展社会调查，抑或参与考察教育、开展家庭教育指导，这些都只是不同的服务形式，是不同司法部门根据法律制度进行的碎片化、限定式委托。社会工作者不能仅仅被动地根据碎片化的委托提供有限的服务，而是要带着系统化的全盘视角将未成年人在司法处遇中的全过程视为整体，将服务形式作为工具拓展延伸并灵活应用，形成“系统工程”，服务于未成年人犯罪预防、需求回应、权益维护的最终目标。

第五章　涉民事案件的青少年司法社会工作服务

2016年最高人民法院发布《关于开展家事审判方式和工作机制改革试点工作的意见》(法〔2016〕128号)指出,要积极推进家事审判方式和工作机制改革,充分发挥家事审判职能作用,维护家庭和谐,保障未成年人、妇女和老年人合法权益,促进社会公平正义,维护社会大局稳定,全国100个基层人民法院和中级人民法院开始为期两年的家事审判方式和工作机制改革试点工作。2018年,最高人民法院发布《关于进一步深化家事审判方式和工作机制改革的意见(试行)》,明确其他社会力量可以作为家事调查员、心理疏导师参与家事案件纠纷化解。同年,上海市高级人民法院与共青团上海市委员会共同发布《关于建立青少年事务社工参与涉青少年家事纠纷解决机制的协议》(沪高法〔2016〕182号),明确人民法院审理当事人为35周岁以下的离婚案件及其他家事案件,可以邀请社会工作者参与,发挥其善于做青少年工作的特有优势,协助人民法院对案件进行调解,化解矛盾纠纷,实现"案结事了人和"。之后,《上海市高级人民法院关于全面推进家事审判方式和工作机制改革工作的方案》(沪高法〔2017〕413 号)明确指出,“探索引入专业社会工作者、儿童心理学家、公益性服务机构及人员等,制定相应的工作规程,借助专业力量配合法院及时为当事人提供心理疏导、开展家事案件社会调查等相关专业服务”。

2021 年,《民法典》和新修订的《未成年人保护法》相继施行,其中对离婚家庭的未成年人合法权益均予以明确。《民法典》规定,“离婚后,父母对于子女仍有抚养、教育、保护的权利和义务”“子女已满八周岁的,应当尊重其真实意愿”。《未成年人保护法》规定,“未成年人的父母离婚时,应当妥善处理未成年子女的抚养、教育、探望、财产等事宜,听取有表达意愿能力未成年人的意见”“国家鼓励和支持社会组织、社会工作者参与涉及未成年人案件中未成年人的心理干预、法律援助、社会调查、社会观护、教育矫治、社区矫正等工作”。这一系列的法律修订和实践性改革正是基于婚姻家庭纠纷的伦理性、私密性、独立性。上海市阳光社区青少年事务中心自 2016 年开始探索涉民事案件青少年司法社会工作服务,本章中的涉民事案件特指涉未成年人的家事案件,聚焦未成年人权益保护,开展婚姻家庭纠纷化解工作,目前服务已推广至全市。

本章共三节,第一节主要内容是分析阐述涉民事案件青少年司法社会工作服务涉及的服务群体分类特征及未成年人需求;第二节主要内容是具体介绍服务板块和内容;第三节主要内容是以家事调查、家庭教育指导的典型案例为代表呈现涉民事案件青少年司法社会工作服务的理论运用及服务路径。

第一节　涉民事案件青少年司法社会工作的服务群体分析

自 2019 年全市推广涉民事案件青少年司法社会工作服务以来,上海市阳光社区青少年事务中心逐步明确服务流程与服务内容,通过服务群体分析,深入了解成年人当事人、案件涉及的未成年人及其他重要相关人的需求。本章通过案例法对上海市阳光社区青少年事务中心 2019 年 5 月至 2022 年 8 月接受委托的 481 例案件进行分析。

一、涉民事案件的服务群体特征分析

（一）涉民事案件的类别与特征

从 2019—2022 年涉民事案件服务类别来看（见表 5－1），接受委托的 481 例案件以离婚纠纷居多，共 382 件，占 79.42％，涉及婚姻关系解除、子女抚养权、子女抚养费、婚姻共同财产分割等多项争议，案件的当事人以中青年为主，较多表现为自身的独立意识与家庭责任相冲突。《2019 年民政事业发展统计公报》显示，2019 年的离婚数量达到 470 万例，相比上一年大约增长了 5％，离婚纠纷案件呈现逐年上升趋势。与此同时，宏观社会环境的历史演变，即妇女角色地位提高、自主意识的觉醒及夫妻角色期待的失调等因素，使得家庭责任意识的缺失、不良社会风气与价值观的影响、酗酒赌博出轨等行为都是婚姻中激化夫妻双方矛盾的导火索，最终女性原告选择离婚的比率增加，而感情不和、家庭暴力、存在不良恶习是婚姻解体的重要原因，抚养权与财产权归属的争夺成为离婚诉讼最激烈的领域，也成为离婚纠纷的难点[①]。

表 5－1　2019—2022 年涉民事案件服务类别分布

案　件　类　别	案件数量/件	案件占比/％
离婚纠纷	382	79.42
抚养关系纠纷	39	8.11
探望权纠纷	30	6.24
抚养费纠纷	23	4.78

① 徐安琪，王友竹，田晓虹．离婚诉讼中女性原告多的社会心理因素试析[J]．上海科学院学术季刊，1987(1)：116－123.

续　表

案　件　类　别	案件数量/件	案件占比/%
同居关系纠纷	5	1.04
否认亲子关系纠纷	1	0.21
生命权、健康权、身体权纠纷	1	0.21
总　计	481	100

注：由于百分比保留两位小数点，所以实际总计可能不是100%。

此外，抚养关系纠纷、探望权纠纷、抚养费纠纷等都是单项争议纠纷，一般发生在解除婚姻关系后。同居关系纠纷、否认亲子关系纠纷较为少见，发生在非婚生或非亲缘关系中，涉及未成年人的抚养照料更为复杂。生命权、健康权、身体权纠纷则不限于家事纠纷，包含其他个人或经营场所涉及侵害未成年人权益的民事纠纷。

从2019—2022年涉民事案件当事人的年龄分布(见表5-2)可以看到，当事人绝大部分都是父亲、母亲本人，其中1例因母亲亡故，由祖辈就隔代探望发起诉讼。父亲、母亲处于31～40岁之间的比例最高，分别占59.46%和71.25%。相关研究显示，31～40岁属于青年群体到中年群体的过渡阶段，具有青年与中年的双重特征。在婚姻观上，他们追求开放性与包容性的情感生活，他们对待婚姻中出现的问题抱持一种理性和宽容的态度，对待离婚较为理性，不再认为必须从一而终；他们崇尚自觉性与自主性的婚姻选择，这体现在多元婚姻角色的出现，例如网恋网婚、闪婚闪离、试婚同居等婚姻形式的出现；他们持现代与传统并存的婚姻道德观，在婚姻生活的价值取向上更多元化，既有追求物质享受的婚姻价值观，也有追求传宗接代的婚姻价值观，还有追求浪漫幸福感情的婚姻价值观①。

① 龙雪津.青年婚姻道德观的变迁研究[J].中国青年研究，2015(2)：75-78.

表 5-2　2019—2022 年涉民事案件当事人年龄分布

年龄分布/岁	父　亲		母　亲	
	数量/人	比率/%	数量/人	比率/%
21～30	20	4.16	47	9.79
31～40	286	59.46	342	71.25
41～50	152	31.60	87	18.13
50 以上	23	4.78	4	0.83
	481	100	480	100

（二）涉民事案件中未成年人的分类和特征

在 481 例案件中，单孩家庭 416 个，其中未成年人为男孩的家庭有 203 个，未成年人为女孩的家庭有 213 个；二孩家庭 64 个，其中未成年人均为男孩的家庭有 21 个，未成年人均为女孩的家庭有 17 个，未成年人为一男孩一女孩的家庭有 26 个；三孩家庭 1 个，分别是一男孩二女孩。在家事纠纷中，未成年人的抚养问题最为突出。在“夺子大战”中，父母双方容易忽略子女的情感需求，依据自我情感的补偿性或财产分割的获利性等成人视角看待抚养权归属问题，特别是多子女家庭的抚养争议中，主张将未成年人分别抚养的父母较多，忽视未成年子女在家庭分裂的冲击下再次面对兄弟姐妹分离的二次创伤，在冲动情绪下容易做出不利于未成年子女身心发展的决定。

涉民事案件关于抚养权的争议与未成年人的年龄关系紧密，《民法典》第一千零八十四条规定：“离婚后，不满两周岁的子女，以由母亲直接抚养为原则。已满两周岁的子女，父母双方对抚养问题协议不成的，由人民法院根据双方的具体情况，按照最有利于未成年子女的原则判决。子女已满八周岁的，应当尊重其真实意愿。”在 481 例案件中，0～3 岁的未成年人有 73 人，4～7 岁的未成年人有 178 人，8～12 岁的未成年人有 206 人，13～17 岁的未成年人有 90 人。

根据埃里克森的人格发展八阶段论，0～3 岁属于婴儿期与儿童期，其中 0～1 岁属于婴儿期，这时需要解决基本信任与不信任的心理冲突。埃里克森认为，这个阶段的发展任务是培养信任感，即对周围世界和人的基本接纳态度。在这一时期，如果婴儿能从保育中感到温暖和舒适，就能把这种经验扩大到以后的经验之中，感到母亲之外的其他人也是可以信赖的；如果照料是不合适的或不一致的、消极的，儿童则会在恐惧和怀疑中成长起来。1～3 岁属于儿童期，这时需要解决自主与害羞和怀疑的冲突。埃里克森认为，这一阶段的基本任务是发展自主性。在这一时期，婴儿为了实现自主愿望会进行最基本的独立性探索，以此超越环境的限制，相应地会引起内心的胆怯。此时如果允许儿童按自己的方式去做力所能及的事情，那么儿童将会形成自信和自主感；如果成人支配一切活动，那么儿童就会对自己应对环境的能力表示怀疑，并对自己的行为产生羞怯感。埃里克森发现，父母的过度保护会阻碍这个年龄儿童自主性的发展。4～6 岁属于学龄初期，这时要处理主动对内疚的冲突。埃里克森认为，这个阶段的主要任务是发展主动性。在这一时期，儿童朦胧地意识到生活是一种有一定目的的活动，常以攻击性行为来表示自己的创造能力，随之也会带来内心的矛盾。如果成人对儿童表现出的主动探究行为给予鼓励，儿童就会形成主动性，为其将来成为一个有责任感、有创造力的人奠定坚实的基础。7～12 岁属于学龄期，这时要处理的是勤奋对自卑的冲突。儿童在这一阶段所学的最重要的课程是体验以稳定的注意和孜孜不倦的勤奋来完成工作的乐趣。在这门课程中，儿童可以获得一种为他在社会中满怀信心地同别人一起寻求各种劳动职业做准备的勤奋感。如果儿童没有形成这种勤奋感，他们就会形成一种引起他们对成为社会有用成员的能力丧失信心的自卑感。13～18 岁属于青春期，这时要处理自我同一性与角色混乱的冲突。一方面青少年本能冲动的高涨会带来问题，另一方面青少年将面临新的社会要求和社会冲突而感到困扰和混乱。按照埃里克森的观点，青春期的问题将发生在自我同一性未曾建立上，这将导致“角色混乱”。

（三）涉民事案件中其他参与人的特征

其他参与人主要包括祖辈或律师作为诉讼参加人和诉讼代理人，一般案件情况较为复杂。在481例案件中，由祖辈直接作为子女一方的诉讼代理人的情形约占整体案件的15％～20％；此外，由非父亲或母亲作为诉讼参加人的有1例，因母亲亡故，由外祖父母提起探望权纠纷诉讼；由非父亲或母亲作为诉讼代理人的有3例，其中1例因双方关系紧张，为避免见面由律师作为诉讼代理人全权代理抚养关系纠纷诉讼，2例因母亲工作繁忙，由外祖父作为诉讼代理人全权代理抚养关系纠纷诉讼和抚养费纠纷诉讼。这些其他参与人在涉民事纠纷中的角色各不相同，祖辈作为协助争取己方子女利益的辅助角色，多强调生活中的“人情对错”而非“法理依据”，有时还“反客为主”，不利于纠纷化解；律师则围绕纠纷争议焦点维护当事人利益，在“法理依据”和“人文关怀”的处置上不尽相同。

二、涉民事案件的未成年人服务需求分析

涉民事案件中关于未成年人的争议议题包括父母婚姻关系解除、未成年人抚养权归属、未成年人抚养费支付和未成年人探望保障等，每一项议题直接影响未成年人的生活和发展。《儿童权利公约》明确了世界各地儿童应享有基本人权，包括生存权、受保护权、发展权和参与权。因此，从不同案件类型可分析未成年人在基本权利方面的境遇。

（一）案件分类与未成年人境遇

1. 离婚纠纷中未成年人的参与权难以体现

父母解除婚姻关系是家庭结构的重大变化，直接影响到未成年人生活环境、抚养环境的变化，不论是分居还是离婚，未成年人都面临与父母其中一方分离的境遇，知情权的缺失并不代表未成年人无法感知家庭的重大变化，特别是五六岁以上自我意识形成的未成年人，刻意隐瞒还会引发未成年人对父母婚姻状态的敏感、猜疑，甚至是负疚，对身心健康极为不利。《民法

典》规定，“子女已满八周岁的，应当尊重其真实意愿”，这是法律赋予的参与权、选择权。未成年人在父母婚姻面临解体时，能够在知情同意前提下表达真实的意愿是非常重要的，而非受到直接照顾者影响做出符合成人预期的意愿表达，甚至压抑、隐瞒真实想法。同时，还应根据未成年人的不同年龄，运用符合未成年人身心发展特征的方式和话语使其对自身家庭环境变化能够知情，再了解未成年人对今后生活状况的选择。

2. 抚养关系纠纷中未成年人的发展权易被忽视

如何妥善安置子女仍是婚姻家庭纠纷中父母双方的关注点，在基础生活的“硬件”得到保障之后，追求子女未来生活的“软件”常常成为争论焦点，父亲和母亲都认为自己的方式“更有效”“更适合”，特别是特殊儿童的养育因医疗、康复、教育等费用的叠加，更容易引发矛盾和冲突。家事案件中，父母双方在协商儿童议题时更多的是保障儿童基本生活和教育，生活条件和教育资源得到普遍重视，相较之下，休闲、游戏、兴趣的空间或多或少都被缩减，不仅儿童的娱乐权和个性发展权成了难以实现的“空中楼阁”，反过来，儿童在冲突下会产生“我是多余的”“要乖，不然没人要”等消极想法，对个性发展产生负面影响。

3. 探望权纠纷中未成年人的受保护权难以保障

儿童面临重大生活事件时，会引发心理危机，如未能及时有效干预则可能演变为心理问题，特别在处于婚姻家庭冲突期间或父母双方养育方式差异过大的情况下，极易引发心理疾病，这样的结果是父母对儿童保护的忽视、不作为造成的，实质上也是侵害了儿童的身心健康。对于因家事纠纷造成心理问题或心理疾病的情况，父母双方应引起重视并积极配合治疗。在案件样本中，出现拒不承认相关诊断、拒绝就医、不负担费用等消极应对情形，较为突出的是儿童的心理问题或心理疾病以“诊断不准”“贴标签”等理由不被认可，甚至被认为是“大人教的”或“小孩装的”。《中华人民共和国反家庭暴力法》指出，家庭暴力是“家庭成员之间以殴打、捆绑、残害、限制人身自由以及经常性谩骂、恐吓等方式实施的身体、精神等侵害行为”。在家事纠纷中，家庭暴力情形具有隐蔽性，且教育方法失当、管教行为不当与家庭暴力的界限难以明晰，儿童所处生活环境的安全性应受到关注。

4. 抚养费纠纷中未成年人的生存权需要被重视

《民法典》规定：“离婚后，不满两周岁的子女，以由母亲直接抚养为原则。已满两周岁的子女，父母双方对抚养问题协议不成的，由人民法院根据双方的具体情况，按照最有利于未成年子女的原则判决。子女已满八周岁的，应当尊重其真实意愿。”家事纠纷中，法院综合考虑父母双方的抚养能力、抚养条件及子女生活模式、受教育环境等具体情况，兼顾父母双方的诉求判定抚养权。其中考量因素中抚养能力、抚养条件等都是需要对儿童生活保障发挥家庭功能作用的部分，而父母往往将“经济条件”“子女抚养方面的付出”和有无其他子女作为争夺子女抚养权的证据，对立性地争取抚养权不利于后续合作抚养。抚养费是儿童成长最重要的保障，也是父亲和母亲双方保障儿童生存权的重要体现。根据我国法律规定，抚养费包含生活费、教育费、医疗费等，即“三费合一”，具体金额的确定应结合子女实际需要和父母负担能力两方面考虑。首先保障儿童的基本生活，基于当地生活水平以儿童基础日常开销、必要教育支出以及医疗自费部分进行预估，再结合承担抚养费一方的月收入 20%～30%为核定依据。但实际上，不直接抚养的一方往往以自身经济状况或主观经验作为认同抚养费的依据，而非关注和了解实际需要。

(二) 侵害未成年人权益的特殊境遇

在 481 起案件中，存在侵害未成年人权益的特殊情形，包括涉及家庭暴力的 16 起，占所有案件的 3.33%，其中儿童受到家庭暴力的 5 起；抢夺或藏匿未成年人的 35 起，占所有案件的 7.28%，其中藏匿时间最长达 5 年；家庭冲突激烈有报警记录的 29 起，占所有案件的 6.03%，其中有多次报警情形的 8 起。

这些侵害未成年人权益的特殊境遇应当引起重视，面对家庭暴力、抢夺藏匿或冲突报警等严重家庭危机，未成年人的生命权和受保护权无法得到保障，身心健康也会受到巨大冲击，甚至出现身心问题。

（三）特殊未成年人需要特别照护

在案件中涉及的未成年人中，个别具有生理、心理异常的特殊情况，如患有孤独症的未成年人 2 名，康复训练方面的经济压力非常大；患有多动症的未成年人 2 名，均已就医服药；患有残疾的未成年人 6 名，均为肢体残疾；因家庭冲突和教养方式不当引发对立违抗性障碍的未成年人 1 名，因攻击行为需家长入校陪读；语言发育迟缓的未成年人 1 名。这些特殊未成年人需要父母双方在生活照料、教育引导及情感抚慰等方面给予更多关注，他们的家庭也需要更多社会力量给予支持。

综上所述，涉民事案件中与未成年人相关的案件类别主要涉及离婚纠纷、抚养关系纠纷、探望权纠纷、探望费纠纷等，服务群体包括当事人为父母本人、未成年人及其他参与人。从案例类型来看，离婚纠纷中未成年人的参与权难以体现，抚养关系纠纷中未成年人的发展权易被忽视，探望权纠纷中未成年人的受保护权难以保障，抚养费纠纷中未成年人的生存权需要被重视。同时，涉民事案件中涉及家庭暴力、抢夺或隐匿未成年人、家庭冲突上升到报警处置等侵害未成年人权益的特殊境遇会带给未成年人身心健康巨大风险。此外，还应对生理或心理异常的特殊未成年人提供特别照护，链接更多社会资源助力未成年人成长。

第二节　涉民事案件青少年司法社会工作的服务内容

结合上海市地方标准《未成年人司法社会工作服务规范》，本节围绕涉民事案件的青少年司法社会工作服务涉及的七大服务板块，从服务界定、服务内容、服务要求、服务要点及注意事项等方面分别予以系统介绍。

一、参与庭前调解

（一）服务界定

庭前调解以协助原告、被告双方舒缓情绪、解决冲突为服务目标。社会工作者在涉民事案件中，应从原告和被告双方个人发展、家庭观念、子女教育等多方面开展调解工作，促进双方在履行未成年人抚养、教育、保护职责方面达成共识，妥善处理家庭纠纷。

（二）服务内容

1. 服务原则

社会工作者开展庭前调解，应坚持最有利于未成年人原则，邀请父亲或母亲双方在“未成年人最大利益及最小伤害”的前提下进行协商，引导注重儿童的表达和感受。

2. 服务场所

庭前调解一般在法院内开展，综合案件的实际情况，必要时经案件合议庭或主审法官同意也可在其他适合场所进行。服务人群主要是案件的原告和被告双方，也可能涉及双方代理人与未成年人。

3. 具体内容

(1) 针对双方诉请澄清争议焦点，倾听当事人对诉请的陈述，聚焦当下要解决的问题；

(2) 了解争议焦点产生原因及对未成年人的辐射影响，促进双方就以往“成功经验”探讨可行方案；

(3) 积极鼓励双方关注自身可改善的部分，通过评量聚焦可采取的行动，再以反馈强化及重建信任关系，促进双方结合未成年人身心发展特点及心理需求协商抚养议题，达成和解。

（三）服务要求

(1) 向当事人、代理人介绍社会工作者身份，在知情同意情况下开展调解。

(2) 如双方达成和解，转由法官或法官助理制作调解协议书；如双方未达成和解，转由法官开庭审理或合议庭审议。

(3) 调解工作结束，完成调解工作记录。

(四) 服务要点

在服务对象知情同意的情况下，社会工作者将卷宗材料中涉及的家事纠纷争议与未提及但可能涉及的争议向服务对象确认，聚焦争议焦点确定服务对象的诉请及不同方案的调解态度，同时接纳服务对象的情绪释放。

关注点之一：聚焦争议焦点

社会工作者："前期我阅看了相关资料，本案是涉及离婚的争议，包括解除夫妻关系、孩子抚养权和抚养费三项议题，另外虽然没有提到探望议题，但是后续是会碰到探望问题的，如果需要的话，也可以一并调解。现在听听您的想法。"

涉未成年人民事案件往往错综复杂，隐藏着双方甚至双方父母家庭之间的纠葛，常常表现为"公说公有理，婆说婆有理"，这就需要社会工作者在服务过程中带领双方围绕争议焦点进行阐述和表达，协助有效沟通。首先，聚焦婚姻关系，包括双方感情基础、婚姻稳定的成功经验等保护因素，以及家庭暴力、习惯或性格差异、老人过度干预等风险因素；其次，聚焦家庭功能，包括问题解决、夫妻沟通、情感联结等方面的具体情况，列举功能失衡的部分加以讨论；最后，聚焦其他议题，明确所有可预见的部分，包括诉讼请求中未主张的部分，如探望方式、儿童风险应对等。聚焦争议焦点可避免服务对象描述冗长的生活片段，快速有效地找到干预重心。

关注点之二：接纳情绪释放

社会工作者："听到你叙述这些过往，能够理解你这么长时间看不到孩子的焦虑，我们一起想办法解决这个难题。可以做一下深呼吸，我们处理下情绪。"

涉民事案件具有隐私性，处于家事纠纷中的双方常常会隐藏着婚姻中的不畅，一方面是传统观念的"家丑不外扬"的思维使然，另一个方面就是无法寻找到安全可靠的情感宣泄对象和机会，所以在调解过程中，服务对象往往会在叙述中发泄情感，而这时的社会工作者就必须予以接纳与安慰，既要协助情绪释放，又能够引导处理控制。

关注点之三：提案讨论

社会工作者："您这边的优势是工作稳定且规律，能够做好孩子的生活安排和学业辅导，另一方争取抚养权主要在于担心看不到孩子，所以是否考虑轮流抚养，比如学期内由你抚养，寒暑假由另一方抚养，这样也有利于孩子与父母都能建立情感联结。"

提案讨论是引导父亲和母亲转向解决路径的技巧，社会工作者在确定争议问题和了解调解态度的基础上，将服务对象的优势与担忧融入解决方案中，有效促进纠纷化解。以上述社会工作者的做法为例，以"工作稳定且规律，能够做好孩子的生活安排和学业辅导"肯定积极的一面，又以"另一方争取抚养权主要在于担心看不到孩子"顾及隐藏的冲突，在充分考虑双方情况下提出轮流抚养的方案，强化调解动力。

（五）注意事项

（1）社会工作者进行调解前应当征得当事人同意，调解可与案件主审法官或法官助理合作开展，也可由社工单独开展。

（2）调解过程中，社会工作者须观察当事人情绪状态，如有过度激动、愤怒、悲伤等情绪致使行为有失控倾向，应适时中断调解，并第一时间通知法院相关人员。

（3）经社会工作者调解成功，促使双方当事人达成调解协议的，交由法官或法官助理制作调解协议书，双方当事人确认签字。

二、开展家事调查

（一）服务界定

对于家事案件中涉及的未成年人，社会工作者应至其所在的家庭、学校、居（村）委会等场所，围绕其个性性格、身心状况、成长经历、居住环境、抚养现状，父母或者其他监护人的受教育程度、财产状况、工作情况等方面有针对性地进行调查了解，并向有关部门出具家事调查报告。

（二）服务内容

1. 服务原则

社会工作者开展家事调查，应坚持全面性和个别化相结合的原则，既要全面了解服务对象个人情况、心理情况和家庭情况，同时又要根据服务对象情况的差异性，采用个别化的工作方法，形成中立、客观的调查报告。

2. 服务场所

家事调查一般在社区内开展，通过实地走访、观察、访谈等方法收集资料。服务人群主要是案件的原告和被告双方，以及未成年人和其他主要照料人。

3. 具体内容

家事调查的范围包括未成年人的生活学习状况，双方当事人与未成年人的亲子关系状况、对未成年人未来生活的计划与安排。具体包括以下方面：

（1）双方当事人性格、经历、身心状况、家庭情况、夫妻关系、财产状况、受教育程度、居住环境（未成年人生活环境）、工作情况等；

（2）未成年人健康状况、环境适应状况、认知状况等身心发展状况，以及学业、社会交往情况等；

（3）未成年人对抚养、探望问题的真实意愿和态度；

（4）对未成年子女的抚养现状、监护能力、监护职责认知（对家长角色及对养育权利义务的认识程度、对未成年人成长特点及需求的认识程度）、家庭教育理念；

（5）双方当事人各自未来生活打算（如再婚再育），以及对未成年子女未来生活的安排计划，以及对抚养费、探望等问题的态度；

（6）未成年子女的其他主要照料人（如祖辈、其他亲属等受托代为照护未成年子女的人）相关情况，如健康状况、与未成年人父母或其他监护人的关系、对照料未成年人的态度等；

(7) 案件审理需要调查的其他事项，如调解意愿、未成年子女探望议题合并处理等。

(三) 服务要求

(1) 社会工作者接到法院委托家事调查后，应先与服务对象取得联络，介绍身份和调查内容，约定上门走访调查的时间、内容等。

(2) 社会工作者与服务对象及其他主要照料人面谈，观察其与子女或父母或其他主要照料人的关系。如因服务对象身在异地等原因采取电话访谈方式需要录音作为备案材料的，应征得服务对象同意。

(3) 社会工作者应当以适当方式征询八周岁及以上未成年子女对抚养及探望的意愿和态度，或者观察未满八周岁未成年子女生活状态及与家庭成员亲密度等。

(4) 在服务对象知情且同意的前提下，经服务对象本人联系，走访服务对象居住的居(村)委会、工作单位、学校等单位，了解调查事项。

(5) 开展调查时，应同步形成谈话笔录等材料并由服务对象签字确认。调查完毕后，形成书面《家事调查报告》，包含家事调查工作的由来及委托调查的事项，家事调查的时间、地点，调查对象和方式，家事调查所查明的事实内容等。

(6) 提交书面《家事调查报告》时，在调查过程中收集的材料以及形成的谈话记录等材料作为附件一并提交法院，供案件合议庭或主审法官参考。

(四) 服务要点

关注点之一：倾听陈述表达

社会工作者："我们受法院委托开展家事调查，这次上门是要了解您这边的抚养环境、孩子状况、亲子关系及抚养意愿等情况。您可以具体介绍一下吗?"

社会工作者的调查区别于司法机关的调查，更多地关注双方的抚养意愿和抚养条件，不涉及取证，因此当父亲和母亲陈述时往往会急切地表达内心的感受与期待，社会工作者应积极倾听，了解抚养争议背后的成因、家庭功能的现状以及未来抚养的态度。

关注点之二：观察亲子互动

在调查过程中，听取陈述表达的同时还需要对亲子互动状态进行观察，在熟悉、自然的环境中反映出的儿童情绪状态、亲子亲密程度及情感联结是最真实的。

关注点之三：保护性未成年人访谈

1. 积极性介绍

社会工作者："你好，我是社会工作者，当家庭遇到不同意见时，我们协助小朋友参与表达意见，让爸爸妈妈更好地解决问题。"

在接触未成年人时，如何将听取意愿去严肃化、去教条化，以适应未成年人的语言方式进行互动是值得思考的。在实际服务中，社会工作者要说明家庭的真实情况，以便收集未成年人的感受与想法，同时要注意表达，避免引起儿童的焦虑和害怕。以上述社会工作者的表达为例，运用积极的描述性的语言，可以让儿童消除戒备，更自然地以独立个体的角色参与进来。

2. 发展性提问

社会工作者："现在的家带给你什么样的感受？你希望在未来生活里，爸爸和妈妈如何分工？或者希望他们怎样做，能够让你更安心、更舒服？"

传统司法程序中，常以"你喜欢爸爸还是妈妈""你想和爸爸一起生活，还是想和妈妈（一起生活）"来提问。事实上，这样的提问对于儿童来说就是爸爸、妈妈只能选择一方，强硬并封闭的问话会使儿童紧张、害怕，同时也难以促进后续父亲和母亲在儿童抚养方面的合作。发展性提问则以"一加一"替换"二选一"的问句方式，聚焦于对现状的感受和对未来的期待，奠定双方达成共识的基础。

3. 保护性收尾

社会工作者："今天我们聊了很多，非常感谢你的参与！你的想法可以由我反馈给爸爸妈妈吗？如果需要保密，那我就将自己的感受和建议告诉他们，比如在孩子面前少吵架、多微笑等。"

社会工作者在收集儿童表达的信息后还要做收尾处理，即如何自然地结束会话并保护儿童免受父母责怪。在上述社会工作者的表达中，首先以对儿童的参与互动表示感谢引出会话结束，其次以尊重意愿和保密为前提确保儿童境遇安全，最后建议其他形式反馈并确认儿童意愿。此外，还可以运用绘画、讲故事等形式反映儿童意愿。

(五) 注意事项

(1) 家事调查工作应由两名社会工作者同时开展，应提前与服务对象联系，介绍委托事项，确认调查的时间、地点及参与人员。

(2) 社会工作者在调查中应尽力减少对服务对象正常生活、学习的影响，并对调查中获知的个人隐私等不宜公开的信息负有保密义务；走访居(村)委会、工作单位、学校等单位了解调查情况时，应提示相关单位负有保密义务。

(3) 社会工作者应在委托期限内完成调查并提交《家事调查报告》。法院收到报告后，案件合议庭或主审法官认为《家事调查报告》可作为认定案件事实的证据的，应向当事人出示报告，由当事人相互质证。当事人对经质证的《家事调查报告》内容有书面异议的，社会工作者应向案件合议庭或主审法官做书面解释、说明或者补充；案件合议庭或主审法官认为有必要的，社会工作者还应出庭接受当事人的质询。

三、提供心理疏导

(一) 服务界定

社会工作者在家事案件中，应根据案件实际情况，在未成年人的父母或者其他监护人同意后，对未成年人开展情绪及心理辅导，提升其应对危机及家庭困境的能力。

(二) 服务内容

1. 服务原则

社会工作者开展心理疏导，应以倾听、共情、循序渐进原则为前提，通过情绪安抚、言语沟通，对个体的情绪问题或发展困惑进行疏泄和引导，恢复其心理平衡、提高其对环境的适应能力。

2. 服务场所

心理疏导服务一般在法院内开展，可安排在咨询室或工作室等适合为未成年人提供服务的场所。服务人群以未成年人为主，也可为其父母或其他监护人开展。

3. 具体内容

(1) 倾听当事人的当下情绪困惑或未来发展困扰，以共情协助当事人宣泄紧张、焦虑、愤怒等负面情绪。

(2) 根据客观叙述找到引发困扰的症结，聚焦个体、环境、互动等方面的影响因素。

(3) 通过“例外提问”或“奇迹提问”等技巧综合分析当下的化解方法，给予充分的鼓励和支持，增强当事人的自信心。

(4) 达成理性、可行的解决方案，强化当事人自我调节，促进自我改善和效能提升。

(三) 服务要求

(1) 心理疏导适用于一般性心理问题的调适，更多用于解决发展性心理调节，不同于心理咨询，不适合对患有心理疾病的未成年人及其父母开展。

(2) 社会工作者在开展未成年人的心理疏导服务前应获取父母或其他监护人的同意，如有父母或其他监护人陪同的情形应提前说明服务内容，做好服务约定。

(3) 社会工作者在开展心理疏导服务时，可根据不同年龄的未成年人身心发展规律，运用儿童画、故事隐喻、游戏等方法开展。

(4) 社会工作者在开展心理疏导服务后，应向案件合议庭或主审法官提交《心理疏导报告》。

(四) 服务要点

关注点之一：例外提问

社会工作者：“在你的记忆里，父母因为家庭琐事频繁争吵，有没有例外的情况呢？比如哪一次他们没有争吵，或者只是拌嘴而没有大吵大闹？”

在家庭中，父母关系紧张或冲突都给未成年人带来巨大压力，从未成年人的视角可以观察到夫妻双方的互动模式，社会工作者运用“例外提问”技巧就是要从中找出“打破”不良互动模式的“钥匙”，了解双方共同关注或能够达成共识的部分，为形成可行的化解方案奠定基础。

关注点之二：注入希望

社会工作者：“你能想到这些非常好，有时候从自己开始改变就是一个新的开始，可以影响身边的人一起改变，相信爸爸妈妈都更希望你能健康、快乐，我们就从表达感受开始，让家里每一个人都能感受到是被需要的。”

未成年人常常受困于父母的婚姻纷争，在传统观念的影响下，未成年人难以表达，更难以发声，引发的心理困扰不能仅停留在宣泄层面，更应注重后续的改善层面。社会工作者可运用这个技巧，立足未成年人关注的人或事物，引导将视野放大放宽，降低焦虑感，推动其勇敢跨出新的一步，同时也应与未成年人父母或其他监护人积极沟通，一同优化互动方式，改善家庭氛围。

（五）注意事项

(1) 提供心理疏导服务的社会工作者需要具备心理咨询相关资质，选择安全、安静、独立的场所开展。

(2) 心理疏导服务区别于心理咨询、心理治疗，应提前了解服务对象是否患有或可能患有心理疾病。

(3) 针对未成年人开展的心理疏导可侧重于情感抚慰和心理建设，针对成年人开展的心理疏导可在纾解压力的同时予以引导。

四、开展回访观护

（一）服务界定

社会工作者在家事案件中，在案件判决书或调解书生效后，应对未成年人及其家庭进行定期回访，了解未成年人权益保护情况，对侵害未成年人权益的行为进行适度干预，并向有关部门出具回访观护报告。

（二）服务内容

1. 服务原则

社会工作者开展回访观护，应坚持最有利于未成年人原则，及时掌握父母双方或其他监护人在生效判决或调解后对未成年子女抚养、教育和保护职责的履行情况。

2. 服务场所

回访观护工作一般在社区中开展，社会工作者通过上门实地走访了解未成年人权益保护情况。

3. 具体内容

（1）监督生效判决书或调解书中涉及未成年人权益内容的执行情况，督促未执行生效判决、调解的当事人履行其义务。

（2）观察未成年服务对象的父母或者其他监护人对未成年服务对象的抚养、教育、保护情况，视情向未成年服务对象的父母或者其他监护人提出家庭教育方面的指导建议。

（3）其他需要进行回访观护的情况。

（三）服务要求

（1）在开展回访观护前，应了解案件判决或调解等相关情况，联系服务对象介绍委托事项和社会工作者身份，在知情同意情况下约定回访观护的时间和频次。

（2）社会工作者在开展回访观护工作后，应视情况及时向案件合议庭或主审法官提交《回访观护报告》。

（3）社会工作者在回访观护中发现未成年人身心健康受到侵害、疑似受到侵害或者面临其他危险情形的，应立即向公安、民政、教育等有关部门报告，事后应以书面形式向案件合议庭或主审法官反馈。

（四）服务要点

关注点之一：跟进监督

社会工作者："上次我们通过调解化解了抚养费和探望权方面的问题，

我们想了解下调解协议签订之后，你们执行的情况如何？”

离婚后父母双方因为儿童而保持着特殊的联系，一方直接抚养儿童，需履行协助探望义务，另一方不直接抚养儿童，需支付抚养费，双方共同履行抚养职责。社会工作者在回访中首先监督双方对判决或协议执行的情况，及时发现问题、化解问题。

关注点之二：风险提醒

社会工作者：“有研究显示，缺少父亲角色的女童，青春期会提前半年到一年，这需要引起我们的重视。每一个孩子都同样需要父爱和母爱，父母离婚不代表孩子只能听从其中一方，他（她）仍然具有独立的参与权和发展权。”

对离婚后家庭中的儿童来说，“一个家”变成了“两个家”，哪一方都是不可替代的重要支持力量，因此也要提醒父亲和母亲关注儿童权益保护，特别是重大事项的参与权和发展权，包括不直接抚养的父亲或母亲的探望时间、方式等，而不能以成人视角“包办”。

关注点之三：优势视角

社会工作者：“你说对方不负责任、不管孩子，但至少他愿意承担抚养费，并且愿意保障孩子目前的兴趣班费用，这也是他积极的一面，经济保障对孩子来说也非常重要，我们可以将关注重点放在如何更好地发挥双方的优势上。”

社会工作者在监督过程中，可运用优势视角协助一方看到另一方的优点，将不满的情绪感受转向包容理解的态度，促进积极、正向地化解问题，避免二次诉讼。

（五）注意事项

（1）回访观护工作应两名社会工作者同时进行。

（2）回访观护周期一般不超过 6 个月，可定期或不定期开展，每季度不少于一次。

（3）回访观护工作结束后，如未成年人出现行为情绪等异常情况且有服务需求的，可转介相关服务机构予以后续跟进；针对监护人之间仍存有财产分割、抚养探望等家庭纠纷且有服务需求的，可转介相关人民调解机构等予以支持。

（4）社会工作者对未成年服务对象进行回访观护应适当、适度，应取得未成年服务对象的监护人或近亲属的支持和配合。

五、开展家庭教育指导服务

（一）服务界定

社会工作者在家事案件中，应对未成年人父母或者其他监护人，开展家庭教育指导，主要包括学习情绪控制技巧、强化家长职责、掌握帮助未成年人充分发展性别角色的能力等，提升其家庭教育能力。

（二）服务内容

1. 服务原则

社会工作者开展家庭教育指导服务，以促进未成年人全面健康成长为原则，协助父母或其他监护人开展未成年人的道德品质、身体素质、生活技能、文化修养、行为习惯等方面的家庭教育。

2. 服务场所

根据服务需要，家庭教育指导服务可在法院内进行，如在审理离婚案件时，可委托对有未成年子女的夫妻双方提供家庭教育指导；也可在社区内进行，如未成年人父母或其他监护人在抚养、教育和保护方面需要指导的情形。

3. 具体内容

（1）面向父母或其他监护人开展家庭教育法律法规及政策宣传，传授立德树人家庭教育科学理念、知识和方法。

（2）指导父母或其他监护人树立和传承优良家风，指导其他家庭成员协助和配合家长优化家庭教育环境。

（3）协助父母或其他监护人双方分析纠纷对未成年人产生的影响，包括已经出现或可能出现的心理、精神状态，指导父母或其他监护人针对未成年人表现采取适合的对话技巧。

(4) 评估未成年子女的父母或其他监护人在家庭教育方面存在的问题，找出症结所在，提供家庭教育问题解决方案和咨询建议。

(5) 通过相应训练和辅导，协助父母或其他监护人掌握家庭良性互动的方法和技巧，改善教育观念和教育方式，及时鼓励与肯定父母或其他监护人已取得的进步。

(三) 服务要求

(1) 涉民事案件中开展的家庭教育指导根据情况分为干预性指导和发展性指导：干预性指导主要针对未能履行抚养、教育、保护职责而侵害未成年人权益的情形，如隐匿未成年人、拒绝探望、家庭暴力等；发展性指导主要针对家庭教育方式有待改进的情形，如过于关注学业、缺少陪伴等。

(2) 家庭教育指导一般不超过六个月，可定期或不定期开展，根据未成年人父母或者其他监护人的需求可开展单次指导或连续性指导。

(3) 社会工作者在开展家庭教育指导工作后，应视情况及时向案件合议庭或主审法官提交《家庭教育指导工作报告》。

(四) 服务要点

关注点之一：避免“情感粘连”

社会工作者：“之前你们都忙于事业，很少沟通，生育孩子后也以老人照料为主，你们有离婚的权利，但是不应以物质承诺来获取孩子的意愿表达，更不应以‘我都是为了你好’‘我没有你过不下去’这样的话语给孩子施加压力。”

父母对于儿童的爱应当处于依恋和独立相对平衡的状态，当忽视儿童的独立性而一味追求或保持自身与儿童的亲密关系，则会导致“情感粘连”，不仅不利于儿童的成长发展，还会给儿童造成更深的心理压力和困扰。在家事纠纷案件中，还会引发成人之间的相互怀疑和指责，导致矛盾升级。社会工作者可从亲子之间的相处状态出发，使父母换位思考儿童的感受、想法等方面，逐步引导其思考“成人的爱”与“儿童需求”之间存在的冲突，进而促使其改变。

关注点之二：遵循“儿童为本”

社会工作者：“现在你们也认识到家庭破裂对孩子产生了很大影响，不仅学业有所下滑，情绪状态也不稳定，这些并不是哪一方造成的，而是双方没有共同保护好孩子，他(她)是什么感受、他(她)需要什么、他(她)想要怎么改变，这些他(她)都没有机会表达。”

在家事纠纷中，儿童可能会成为“控制的砝码”或“攻击的武器”，父母双方针锋相对、攻击撕扯，以家庭、伴侣之间的矛盾作为不利于抚养教育子女的理由，完全忽视了儿童的参与权和表达权。在上述服务案例中，父母双方都把孩子遭受影响的原因归结于对方，彼此攻击致使矛盾升级，社会工作者需要通过澄清和引导让父母双方认识到“儿童为本”是尊重儿童的独立人格，摒弃“成人霸权”。

(五) 注意事项

(1) 开展家庭教育指导建议由两名社会工作者同时进行。

(2) 开展家庭教育指导的社会工作者应具备二级心理咨询师或家庭教育指导师等相关资质。

(3) 遵循家庭教育特点，运用专业方法提供家庭教育辅导、家庭关系矛盾调处、人文关怀、心理疏导、关系调适和资源协调等专业性家庭教育指导。

(4) 遵守职业道德，保护未成年人隐私权和个人信息，保障未成年人合法权益，未经允许不应透露服务对象信息；需要提供信息时，告知服务对象，并与相关组织共同采取相应措施。

六、担任权益代表人

(一) 服务界定

对于处于法定代理人无法行使监护权、与未成年子女产生利益冲突或父母双方因离异而争夺抚养权等特殊情况下的未成年人，可由社会工作者代表未成年人作为独立的诉讼主体参与诉讼，全面参与庭审，包括调查、举证、发表主张、参与调解等。

（二）服务内容

1. 服务原则

社会工作者担任权益代表人，以维护未成年人合法权益为原则，协助未成年人参与诉讼和庭审。

2. 服务场所

担任权益代表人一般在法院内开展。

3. 具体内容

（1）协助未成年人参与诉讼，衔接诉讼程序与流程。

（2）协助未成年人参与庭审，包括调查、举证、发表主张、参与调解等，维护未成年人合法权益。

（3）安抚未成年人的情绪，对未成年人可能出现的生活安置、教育安置等困难，协同有关部门妥善处理。

（三）服务要求

（1）担任权益代表人的适用情况较少，具体要求以法院委托为主。

（2）社会工作者担任权益代表人时，应向未成年人充分解释诉讼过程和内容，安抚情绪，明确其真实意思，在参与诉讼过程中及时沟通与反馈。

（3）社会工作者在担任权益代表人后，应向案件合议庭或主审法官提交《权益代表工作报告》。

（四）服务要点

关注点之一：保障儿童权利

生存权、发展权、受保护权和参与权是儿童的基本权利，当儿童权益受到侵害时，社会工作者担任权益代表人可通过参与诉讼保障儿童基本权利，包括维护儿童基本生活保障、维护儿童受教育权、维护儿童人身权利、维护儿童自由表达看法的权利等方面。

关注点之二：重视风险应对

社会工作者："我们注意到在这起离婚纠纷案件中，儿童书写了个人意见，表达因父亲抢夺属于自己的拆迁款而拒绝探望，这中间交织着经济纠纷和亲情联结，应关注儿童的感受和意愿。"

儿童发展方面的风险指因环境、教育等因素影响，引发儿童认知、行为出现偏差的情形，当发生法定代理人与未成年子女产生利益冲突等特殊情况时，需关注儿童是否存在发展的风险因素，考虑应对策略。在上述服务案例中，父母离婚引发父亲与未成年人之间的利益冲突，儿童在心理发展方面存在风险隐患。社会工作者运用这一技巧，将问题显现化，在此契机下邀请双方就客观存在的风险探讨应对措施，最终父母以"不分割儿童份额财产"和"优先维护亲情联结"达成共识，共同提供安全性、支持性保障。

（五）注意事项

（1）社会工作者担任权益代表人时，可视情况申请法律援助，更好地维护未成年人权益。

（2）当社会工作者因法定代理人无法行使监护权而担任权益代表人时，若未成年人处于监护缺失境遇的，社会工作者应及时向所在居住地的有关部门报告，获取临时安置、生活照料等支持，同时也可协同民政、妇联、教育等部门共同合作。

七、担任探望监督人

（一）服务界定

在涉及抚养权变更、抚养费纠纷、探望权纠纷的家事案件中，社会工作者可承担行使探望权的陪同工作，减少双方矛盾的激化，维护未成年人合法权益。

（二）服务内容

1. 服务原则

社会工作者担任探望监督人，应遵循有利于未成年人原则和保密原则，协助双方过渡到自主协商探望。

2. 服务场所

担任探望监督人可在法院、当事人家中，或适宜儿童活动、确保安全的场所开展，可积极整合社区资源，结合未成年人年龄、特点等因素选择适合的场所。

3. 具体内容

(1) 社会工作者担任探望监督人，须提前联系双方当事人，沟通探望过程中的注意事项，确定探望的时间和场所。

(2) 根据未成年人身心发展特点制定探望方案，营造温馨氛围，促进亲子互动。

(3) 根据实际情况，告知双方当事人不履行抚养、探望的法律后果，在探望监督过程中对一方或双方当事人开展家庭教育指导。

(4) 按照服务频次履行探望监督，帮助双方当事人重建信任关系，促进自主协商探望。

(三) 服务要求

(1) 社会工作者担任探望监督人一般不超过 6 个月，在此时间内建议定期开展，根据法院委托情况或双方当事人意愿设定频次和时间，如每个月 1 次，每次不超过 2 小时。

(2) 社会工作者担任探望监督人的具体方式可视情况与双方当事人协商确定，以不影响未成年人的正常生活、学习为前提。要选择适当的时间、地点探望未成年子女，如一方当事人在外地的，可采取视频、电话等方式。

(3) 社会工作者在担任探望监督人服务工作结束后，应视情况及时向案件合议庭或主审法官提交《探望监督报告》。

(四) 服务要点

关注点之一：关注“重要他人缺失”的情感反应

社会工作者：“孩子没办法改变现状，但是我们可以改善现状，即使现在妈妈不在身边，但孩子仍然需要母子间的亲子联结，通过不断输送关怀和温暖，可以带给她心灵的抚慰。”

对儿童来说，家庭结构变化是一项重大生活事件，随之而来的不仅是生活环境或生活状态的改变，更难面对的是与重要他人的分离，重要他人包括父亲、母亲和其他亲密照顾者。重要他人的缺失可能会引发儿童强烈的情感反应，甚至出现心理危机，因此应当特别关注儿童对“重要他人缺失”的情感反应与内在需求。在上述服务访谈中，社会工作者以“儿童视角”促发思考，最后在“保持儿童和最重要的亲情都有稳定的联结”予以强化，将协商的重心落在儿童与重要他人的情感联结上，为未来促成积极协作做好了铺垫。

关注点之二：关注“融入新家庭环境”的情感反应

社会工作者：“现在父亲已经再婚，孩子面临的是融入新的家庭环境的问题，在未来的新环境中，除了每周来探望的妈妈，还有照料日常生活的‘新妈妈’。我们需要明确，孩子会有怎样的情感变化，能否适应，我们又能做些什么？”

当父亲或母亲组建新的家庭，或发展新的亲密关系时，需要关注儿童对新家庭环境的适应性，包括对新家庭成员的接纳度、融入新环境的情感反应等。在上述服务案例中，儿童如何融入新家庭环境，又如何建立与生母之间的联系都是重要的议题。因此，社会工作者同样以“儿童视角”启发双方关注和思考，形成更为积极、缓和的协作方式。

（五）注意事项

(1) 担任探望监督人工作建议由两名社会工作者同时进行。

(2) 社会工作者应提前与法官沟通案情，评估担任探望监督人的可行性，双方当事人矛盾激烈的，一般不建议开展探望监督。如果案件开展过调解，优先由开展调解的社会工作者担任探望监督人。

(3) 应考虑开展探望场所的保密性和安全性，地点可由双方当事人协商确定，也可由社工整合社区资源选取；如第三方场地需要签订免责协议的，社会工作者需提前与双方当事人沟通。

(4) 社会工作者担任探望监督人与执行探望不同，处于从协助双方履行探望到双方自主探望的过渡期，因此探望监督的时间、频次与法院判决或调解生效的法律文书所述不同，可结合双方的居住地点、工作性质、身体和精神的健康状况（有无传染性疾病等）、个人品德、儿童年龄等情况综合考虑，协商确定。

（5）社会工作者担任探望监督人应考虑父母双方的情况，不因探望权的行使给当事人双方的工作、生活造成困难与不便，又要考虑到未成年子女的需求与最佳利益，有利于未成年子女的健康成长。

（6）在社会工作者担任探望监督人的过程中，当接触未成年服务对象时，应适当、适度，并取得未成年服务对象的监护人或近亲属的支持和配合。

第三节　涉民事案件的青少年司法社会工作服务案例

本节从服务实践出发，通过开展家事调查、开展家庭教育指导两个服务案例，呈现在涉民事案件中以青少年司法社会工作专业视角发现需求、服务赋能、化解纠纷的过程，以期促进涉民事案件服务经验的交流与分享。

一、家事调查案例

（一）案情背景

张先生和王女士于2008年相识结婚，婚后生活平顺，2011年生育儿子小天，一家三口其乐融融。2017年，张先生投资失败，性情大变，每日喝酒消磨时光，王女士忍无可忍提出离婚，考虑尽可能不影响儿子小天的生活，且张先生所在的居住地有教育优势，法院最终判决由张先生直接抚养小天。小天的生活就此发生改变，学期内与父亲共同生活，寒暑假与母亲共同生活。两年后，张先生仍无稳定的收入，生活日夜颠倒，甚至出现酗酒打骂小天的情况，父子俩依靠奶奶的退休金和低保金生活。王女士获知情况后非常心疼小天，想要与张先生协商变更抚养权，但张先生表示无法承受失去小天的痛苦，却也难以改善目前的生活境遇，王女士无奈向法院提起诉讼。因该案件涉及未成年人小天的变更抚养关系纠纷，法院委托社会工作者开展家事调查工作。

（二）需求分析

家事调查是社会工作者接受法院委托，对家事案件中涉及的未成年人，至其所在的家庭、学校、居（村）委会等场所，围绕其个性性格、身心状况、成长经历、居住环境、抚养现状，父母或者其他监护人的受教育程度、财产状况、工作情况等方面有针对性地进行调查了解。家事调查主要服务委托法院、未成年人、未成年人父母或其他监护人三方面的需求。该案件的需求分析如下。

（1）委托法院有客观了解未成年人小天生活状况的需求。法院从有利于未成年人身心健康出发，需要了解双方抚养态度、抚养条件、抚养计划等多方情况，综合未成年人意愿来判决抚养权归属。由于案件量大、审限时短、情况复杂等普遍情况，法院亟需专业力量开展客观全面的走访调查，特别是实地入户了解未成年人的生活状况，为案件最终判决提供充足依据。

（2）未成年人小天有表达自主意愿的需求。《民法典》规定："子女已满八周岁的，应当尊重其真实意愿。"从有利于未成年人健康成长的角度出发，应当尊重孩子的选择权，保障孩子的表达权。小天已满8周岁，具有一定的自主意识和认知能力，抚养权的确定与其权益密切相关，且在父母离婚后，小天与双方均保持稳定的亲子联结，因此小天有了解父母意愿，并独立表达自主意愿的需求。

（3）张先生和王女士有表达抚养意愿的需求。变更抚养关系纠纷主要围绕未成年人小天的抚养权归属议题，能作为法律事实的证据不多，包括张先生无稳定收入证明与优质教育资源证明、王女士收入证明与张先生酗酒证据等。在有限的庭审阶段，张先生和王女士均难以详尽表述抚养意愿和计划，因各自抚养条件优劣势不均，特别是居住环境、亲子关系等情况更无法直观陈述，因此均有希望第三方开展深入调查的需求。

经过分析，该案件需要回应以下几方面需求：一是客观调查未成年人小天生活状况，包含健康情况、生活情况、亲子互动情况、自身发展情况等；二是客观调查张先生和王女士双方的抚养态度和抚养条件，包括生活保障条件、教育条件、亲子关系情况、未成年人小天生活的参与度及未来的抚养计划等；三是听取未成年人小天的意见，通过访谈、家庭成员排列、父母教养方式评量等方式了解小天的真实意愿。

（三）理论依据

社会系统理论认为系统本身包括人的行为、人与其他系统的互动以及人实现成长和发展的能力等方面，系统的各个部分是相互联系和相互影响的，一个系统会间接或直接地受其他系统的影响。在家事调查中使用该理论可将重点放在未成年人个体这一层面，全方位地评估个人系统，再将个人置于家庭环境中，评估个人与其他父子系统、母子系统及祖孙系统等各子系统之间的互动关系。

（四）服务目标

通过走访张先生和王女士双方的居住地、所在居（村）委会、未成年人小天就读学校等场所开展家事调查，了解未成年人的生活状况、双方当事人与未成年人的亲子关系状况，以及对未成年人未来生活的计划与安排等情况，向有关部门出具家事调查报告。

（五）干预过程

1. 接受委托，制定调查计划

社会工作者接到委托书后，联系张先生和王女士告知调查事宜，约定调查时间。针对案情制定调查计划：首先明确调查范围，包括未成年人小天与父亲张先生的居住地及所属居（村）委会，母亲王女士的居住地及居（村）委会，未成年人小天就读的学校；其次明确调查内容，包括未成年人小天的个性性格、身心状况、成长经历、居住环境、抚养现状等；未成年人小天的自主意愿；张先生和王女士的受教育程度、财产状况、工作情况以及未成年人本人对抚养事项及探望事项的意愿和态度；最后制定访谈提纲，结合案情和未成年人小天的身心发展特点，制定家长版和儿童版访谈提纲，并做好运用评量量表、绘画等辅助方式协助儿童表达的工具。

2. 开展调查，收集核心信息

社会工作者调查过程中，需要运用观察法、访谈法收集信息。一是观察张先生和王女士双方居住地情况，包括小区环境、家庭环境、未成年人居住环境等；二是访谈了解张先生和王女士的性格、经历、身心状况、家庭情况、夫妻关系、财产状况、受教育程度、工作情况等；三是访谈了解未成年人小天的身体状况、适应状况、生活状况、认知状况等身心发展状况，以及学业、社会交往情况等；四是访谈了解张先生和王女士对未成年人小天的抚养现状、教育能力、亲密程度等；五是张先生和王女士各自对未来生活的打算，以及对未成年人小天未来生活的安排计划，还有对抚养费、探望等问题的态度；六是听取未成年人小天的意愿表达；七是访谈了解奶奶等其他主要照料人的有关情况及协助生活照料的意愿。

3. 实地走访，收集外围信息

社会工作者通过外围走访，收集与未成年人小天生活学习相关的信息。一是走访张先生和王女士居住地所属居委会，了解双方家庭关系情况及社区基础设施情况，包括家庭日常生活、社区及邻里关系、未成年人小天的照顾情况，以及社区周边学校、医疗、文化设施等资源情况。二是走访未成年人小天就读的学校，通过学校老师了解其在校情况，包括学业表现、同学关系、个性特征及情绪表现等方面。

4. 单独访谈，听取儿童意愿

社会工作者在取得小天监护人（父亲）的同意后，与未成年人小天进行单独沟通，首先从小天的生活和爱好入手初步建立信任关系，在交谈中了解小天目前的状态、未来的想法及与父母的亲密程度，邀请小天参与解决目前的抚养困境，和小天一起探讨可行性方案。最终小天表示希望父亲能够振作起来，重新工作，未来希望周一到周五和母亲生活，周末的辅导课由父亲接送，自己也会鼓励父亲，和父亲一起努力。

5. 撰写报告，综合评估意见

社会工作者完成家事调查后，将调查资料进行梳理汇总，形成《家事调查报告》并附工作笔录等材料递交法院。在报告中，社会工作者综合张先生和王女士各方面情况，其中优势包括张先生与小天的亲子关系更为紧密且有优质稳定的教育环境及融洽的同伴关系，王女士可提供更好的生活环境和抚养条件等；劣势包括张先生目前的生活状态和教育方式难以满足小天的成长需求，王女士工作较忙经常加班需要祖辈协助生活照料等。最终从家庭环境和抚养能力、亲子关系和互动情况、未成年人教育资源以及未成年人小天的意愿等方面形成评估意见。

（六）成效评估

1. 服务目标达成

通过家事调查，社会工作者走访张先生和王女士双方的居住地、所在居（村）委会、未成年人小天就读学校等场所，通过访谈了解未成年人的生活状况、双方当事人与未成年人的亲子关系状况以及对未成年人未来生活的计划与安排等情况，听取未成年人小天的意愿，并向有关部门出具家事调查报告，为法院裁定抚养权提供参考依据。

2. 服务成效凸显

社会工作者在开展家事调查中回应了委托法院、未成年人、未成年人父母三方面的需求。一是为法院提供《家事调查报告》及访谈记录、观察照片等材料，满足客观了解未成年人小天实际生活状况及真实意愿的需求。二是充分尊重未成年人小天的参与权和表达权，通过面向未来生活规划的积极提问，以及开放式地探讨抚养问题解决方案，满足未成年人小天作为独立个体表达自主意愿的需求。三是全面了解张先生和王女士在抚养、教育、保护子女方面的主观态度与客观条件，以倾听、同理等技巧肯定他们为未成年人小天做出的努力，以具体抚养和探望规划将固化的“争夺抚养”思维拓宽为“合作抚养”思维，满足双方充分表达的需求。通过家事调查，最终张先生和王女士决定尊重未成年人小天的意愿，达成共同抚养方案。

（七）专业反思

1. 贯彻法律制度的执行力

《未成年人保护法》第一百零九条规定："人民法院审理离婚、抚养、收养、监护、探望等案件涉及未成年人的，可以自行或者委托社会组织对未成年人的相关情况进行社会调查。"社会工作者应以客观、专业的调查者角色参与家事案件的社会调查工作，全面了解未成年人的成长环境、家庭结构、身心发展等情况及需求，保障未成年人的参与权和表达权，切实维护未成年人的合法权益。

2. 强化调查工作的规范性

社会工作者开展家事调查工作应遵循专业伦理规范，保持客观、公正立场，按照工作指引规范开展调查工作。一是由两名社会工作者同时进行调查；二是工作访谈需同步形成调查记录，由当事人签字确认；三是对调查中获知的商业秘密、个人隐私等不宜公开的信息，负有保密义务；四是在与未成年当事人沟通时，根据未成年人不同年龄阶段身心发展特点调整语气和方式，鼓励其自由表述并做好保护设置，避免负面影响；五是在案件审理时，如需社会工作者出庭宣读调查报告或接受双方当事人质询的，社会工作者负有协助义务。

3. 保持儿童保护的敏锐度

社会工作者应时刻保持儿童保护的敏锐度，当在调查过程中发现未成年人遭受或疑似遭受家庭暴力、遗弃等合法权益受到侵害的情形时，应当及时向人民法院报告，同时向所在地的民政、妇联、教育等有关部门报告。

二、家庭教育指导案例

（一）案情背景

未成年人小康，男，今年 14 岁。在小康 8 岁时父母离异，此后其与母亲李女士及外祖母共同生活，父亲赵先生偶尔前来探望，父子之间较为生疏。

2018 年，母亲李女士突发疾病卧床不起，外祖母忧心过度导致身体健康每况愈下，苦苦支撑着一家的生活重担，加上小康进入青春期之后愈发敏感、内向，祖孙之间常常发生口角纷争，逐渐产生了隔阂。2020 年，外祖母提出由父亲抚养小康，自己专心照顾李女士，但小康已长期未与父亲生活，彼此间情感淡漠疏离，他拒绝与父亲同住，希望维持现状，父亲赵先生也同样不愿接纳小康。无奈之下，外祖母以李女士的委托代理人身份向法院起诉要求变更抚养关系。在该案件的研判过程中，法官发现案件的症结在于隔代教育的错位和父亲角色的缺位。为保障未成年人小康的身心健康发展，法院委托社会工作者在庭前开展家庭教育指导，引导监护人正视家庭教育责任。

（二）需求分析

社会工作者在家事案件中开展家庭教育指导，主要针对未成年人父母或者其他监护人，通过指导学习情绪控制技巧、强化家长职责、掌握帮助未成年人充分发展性别角色的能力等，提升其家庭教育能力。服务包含委托法院、未成年人、未成年人父母或其他监护人三方面的需求，该案件的需求分析如下。

(1) 委托法院有履行法律责任的需求。《家庭教育促进法》第四十九条规定："公安机关、人民检察院、人民法院在办理案件过程中，发现未成年人存在严重不良行为或者实施犯罪行为，或者未成年人的父母或者其他监护人不正确实施家庭教育侵害未成年人合法权益的，根据情况对父母或者其他监护人予以训诫，并可以责令其接受家庭教育指导。"在本案中，母亲李女士因身患重疾难以履行抚养职责，父亲赵先生因亲情淡薄拒绝承担抚养责任，双方均忽视未成年人小康的健康成长，应当予以教育引导，因此亟须专业人员开展监护人的家庭教育服务。

(2) 未成年人小康有获取父母营造良好家庭氛围的需要。小康在年幼时遭遇家庭破裂，家庭结构发生重大变化，母亲李女士忙于挣钱养家，外祖母协助照料生活，这些仅满足了物质层面的需求，难以回应小康对陪伴、理解等心理层面的需求。当母亲李女士病倒后，小康面对"事事包办"的外祖母和"样样不管"的父亲，出现情绪低落、消极抵抗的表现，学业成绩也大幅下滑，他渴望拥有一个流动着温暖、理解与支持的家庭，与家人共同渡过难关。

(3) 父亲赵先生与外祖母有了解家庭教育相关知识和技巧的需要。通过前期了解，外祖母对小康既心疼又无奈，一心想照顾好孩子，可结果却不尽如人意，经常不知道怎么和小康交流。父亲赵先生也表示并非不想管孩子，而是这些年来父子没有一起生活过，也从没有深入地交流过，很担心照顾不好而造成更大的误解。双方都表示想要了解青春期孩子的心理特征，改善教养观念和沟通方式，更好地化解当下的抚养难题。

（三）理论依据

鲍尔比的依恋理论认为，儿童与照料者之间的情感是儿童寻求值得相信的依恋对象的需要，并在这种关系的建立过程中得到所需要的关注和爱。依恋行为一生都在发生，鲍尔比据此提出内部工作模型这一核心概念，认为儿童对他人和自我的心理表征建立在早期依恋经历的基础之上，且一旦形成，就会对儿童的情感、行为和认知产生持续影响，并为儿童认识周围环境、做出与之相适应的反应提供参考。在本案例中，对于小康来说，他所依恋的母亲突然重病，使得依恋对象暂时性缺位，由于外祖母在教养观念上存在代际差异，父亲的疏离也难以回应小康的需要，使小康暴露在挣扎与无助的情境之中。依据依恋理论，服务侧重于为小康的心理稳定和健康发展建立一个"安全基地"，通过认知改变和关系调适将外祖母和父亲作为小康可以依附和信任的对象，成为支持和保护小康的重要他人。

（四）服务目标

针对双方监护人及主要照顾者开展家庭教育指导，通过责任意识、教养方式等方面的指导，维护未成年人参与家庭事务和发表意见的权利，协助以家庭会议的方式整合家庭资源，营造良好家庭氛围。

（五）服务过程

1. 接受委托，建立专业关系

社会工作者接到委托书后，首先对案件卷宗等有关资料做预估分析，再分别联系小康的外祖母和父亲赵先生，介绍身份和委托事项，确定双方知情同意。随后，社会工作者根据双方目前的生活情况和抚养态度制定初步服务框架，反馈未来服务计划，并获得双方的接纳和认可。

2. 个别访谈，明确行动计划

社会工作者分别约见外祖母、父亲赵先生与未成年人小康，结合初步服务框架共同商议行动计划。一是疏解外祖母因内心焦虑和生活艰难而产生的压抑情绪，深入了解李女士重病照护、生活经济压力、老年人健康状况、祖孙矛盾症结等方面的情况，汇总外祖母目前照护难、经济紧、沟通累的困境，明确以培养小康自立、增进亲情温暖为转变方向。二是澄清父亲赵先生对小康的抚养、教育和保护职责不因离婚而消除，从过去双方监护人的合作情况、父子之间的隔阂原因、目前的优势和资源等方面进行探讨，达成由其担负主要抚养责任的共识。三是倾听未成年人小康的心声，了解他如何看待重病的母亲、年迈的外祖母及疏离的父亲所组成的"家庭"，以及对今后生活的想法与规划，肯定他勇于表达、寻求改变的积极态度，明确他作为家庭成员积极联结、促进共同改变的行动方向。

3. 开展指导，改善教育方式

通过个别访谈明确父亲为主要抚养人，外祖母为辅助生活照料人的家庭角色分工后，社会工作者分别与双方开展具体指导，首先，社会工作者与父亲赵先生分析目前的教养态度和教养方式，结合《父母教养方式评价量表》中的相关维度，了解到父亲目前较少给予小康情感温暖和理解，互动模式让小康感受到拒绝和否认，具体描述包括"好像没怎么抱过他，肢体接触都很少""小时候他喜欢什么东西也很少买给他，男孩子嘛要穷养""之后见面比较少，看到他有什么做得不好的地方批评比较多"等。通过以往教育经历的复盘，父亲认识到自己其实根本不了解小康，也不知道他喜欢什么、有过什么难处、需要什么帮助，以前只支付抚养费并没有完成责任，在社会工作者的鼓励下，父亲表示会努力改变，接纳"多微笑少批评""多相处多交心"的建议。其次，社会工作者与外祖母以祖孙日常互动模式为切入点探讨如何改善隔代教育，再通过介绍青春期孩子的心理发展特点、小康的性格特质及表达方式等方面描绘出孩子心理层面的感受和需求，使外祖母认识到应当把小康当作独立的人来看待，而不是永远长不大、事事要照顾的孩子，外祖母表示会学着放手，也尝试听听小康对家庭事务的意见。

4. 亲子会谈，促进关系调和

社会工作者分别组织祖孙会谈和父子会谈，一方面以外祖母日常十件事为契机，让未成年人小康选择力所能及的家务一起分担，也请外祖母耐心听听小康对照料母亲及节省开支的建议，引导相互表达关心和理解，消除隔阂。另一方面，以未成年人小康面临的学业迷茫、缺乏信心、体质较差三大困扰为切入点，让父亲以角色互换的方式聊聊可行的应对方法，强化父亲的责任意识，也拉近父子之间的距离。

5. 家庭会议，达成抚养共识

在父亲和外祖母都重新调整教育观念并改善亲子关系后，社会工作者组织全家召开家庭会议，并请外祖母提前询问母亲李女士的意见，届时一起讨论。会议开始前，社会工作者邀请未成年人小康、外祖母和父亲一同坐在圆桌旁，首先介绍了会议规则，即每人都需要发言表达看法，并且不能打断其他人的发言。接着，大家就小康未来的居住安排、生活支出分配、学业辅导跟进等方面进行讨论，最后以尊重小康的生活习惯和实际需要为核心达成抚养共识，即小康周一至周五仍与母亲和外祖母共同生活，独立完成作业并承担部分家务，周末与父亲共同生活，以学业辅导、亲子体育活动为主，此外父亲将抚养费从每月 500 元提升至 1 500 元来保障小康生活所需。会议结束时，小康的脸上露出了微笑，外祖母欣慰地拉住孩子和父亲的手，一家人决定共同成长。

（六）成效评估

1. 家庭教育服务达目标

通过家庭教育指导，社会工作者从外祖母、父亲赵先生对未成年人小康的抚养状况和教育症结入手，改善教育方式，促进关系调和，并将未成年人小康视为独立的家庭成员之一，最终以家庭会议的形式达成抚养共识。在服务过程中，父亲作为主要抚养人增强了责任意识，改进了教养方式，外祖母作为协助生活照料人优化了隔代抚养观念，看到了孩子的成长，双方与小康的关系变得更为紧密，使离婚后家庭重新恢复家庭功能，达成服务目标。

2. 家庭教育服务显成效

首先，在家庭教育的知识技巧方面，社会工作者回应了外祖母和父亲的需求，引导他们将重心放在小康身上，以生活实例使双方认识到自身教育存在的问题并尝试改变。其次，在具体行动方面，社会工作者将未成年人小康作为独立个体加入服务中来，通过亲子对话、角色互换等方式强化对小康心理层面的关注，更及时有效地回应小康的表达需求与情感需求。最后，社会工作者通过回访了解到，未成年人小康的抚养纠纷以外祖母撤诉的形式顺利化解，外祖母、父亲赵先生及小康对目前生活状态的满意度评分分别是 4 分、4.5 分和 4.3 分（评量分为 1～5 分，1 分为最不满意，5 分为最满意），服务成效显著。

（七）专业反思

（1）依恋理论可用于分析儿童与青少年成长中呈现出的亲子问题，但在指导服务实践方面有一定的局限性，所以可结合其他理论开展服务。在本案例中，社会工作者能够运用依恋理论探知未成年人小康纠结和挣扎的症结，但协助未成年人建立次级依恋策略难以在短期内达成，即在母亲李女士病重后，协助小康在父亲或外祖母等重要他人身上重建依恋关系是需要时间探索和固化的。因此，社会工作者开展的家庭教育指导服务结合了优势视角，在家庭成员之间关系紧张、情感疏离淡漠的情况下，关注人的内在力量和优势资源，促进家庭内部流动并将行动改变赋予积极意义。

（2）家庭教育指导服务在涉民事案件中尚处于探索阶段，不限于在庭前、庭中或判后开展。本案例因呈现的纠纷症结以家庭教育问题为主，因此法院委托在庭前开展，为钝化矛盾、化解纠纷打下基础，根据案件需要也可结合调解、心理疏导、家事调查、回访观护等服务共同开展。

(3) 家庭教育指导服务的适用范围有待进一步明确。在涉民事案件中，家庭教育指导服务一般适用于监护人或直接抚养人的养育方式存在不足以致影响未成年人健康成长的情形，双方监护人忽视未成年人成长、阻碍另一方发展亲子关系的一般情形，以及存在家庭暴力、遗弃、抢夺或其他造成伤害的严重情形。

小　结

自2016年上海市青少年事务社会工作者介入家事纠纷化解工作以来，他们在涉民事案件的青少年司法社会工作服务领域积累了丰富的实践经验，上述家事调查、家庭教育指导等服务内容的实务案例，呈现出社会工作者在维护未成年人权益方面的服务特点和优势。

一是具有服务实践灵活运用专业理论的特点。在涉民事案件的青少年司法社会工作服务中，服务内容根据服务周期可分为短期服务和长期服务。一般庭前调解、家事调查、心理疏导等服务均为短期服务，甚至是单次服务，而回访观护、担任探望监督人、家庭教育指导等服务可开展1～6个月周期的长期服务。因此，在理论应用方面也有所不同：短期服务以焦点短期治疗模式、系统理论、任务中心理论等作为实践基础，着重聚焦具体问题的分析和干预技巧的运用；长期服务以依恋理论、冲突理论、家庭功能理论等作为实践基础，化解“争议复杂、矛盾尖锐”的纠纷议题。

二是具有打破“成人本位”思维，切实维护未成年人权益的特点。与以往法院采取的“以理判决”和其他社会力量“平衡调解”的做法不同的是，社会工作者打破父母双方在争议中的“成人本位”思维，通过未成年人境遇分析、未成年人视角对话和未成年人关怀建议等方式为父母双方打开对话、合作的路径，促进双方意识的提升和行动的改善，从而对改善未成年人境遇发挥重要作用。

三是具有延伸开展中、高风险家庭服务的优势。在涉民事案件中，大多存在纠纷的家庭都遇到了多重生活问题，且家庭功能无法发挥正常作用，导致未成年人生活在中、高风险家庭之中。社会工作者以专业化解“危机”的过程，不仅是法院场域的有力探索，同时也是延伸社区场域进入中、高风险家庭服务的有益实践，特别是未成年人权益保护的服务路径和具体技巧，可为其他高风险家庭服务的服务策略和处遇模式提供借鉴。此外，还要将各方社会力量调动起来，共同构建未成年人权益保护体系，让中、高风险家庭中的未成年人真正受到保护。

第六章　司法程序中所涉其他青少年司法社会工作服务

司法是保护青少年合法权益的有力手段。近年来，随着青少年司法内涵与外延的不断丰富，针对青少年的司法保护机制与保障体系逐步趋于完善。作为青少年司法程序中社会属性的体现，青少年司法社会工作致力于作为强有力的社会支持力量与司法形成合力，对司法程序中涉及的青少年或需要司法介入的青少年提供支持性、保护性的专业服务。

本书第三章“犯罪预防的青少年司法社会工作服务”、第四章“涉刑事案件的青少年司法社会工作服务”以及第五章“涉民事案件的青少年司法社会工作服务”与本章在内容与范畴上有所重合但又有区别。本章所述的“司法程序中涉及的其他青少年司法社会工作服务”，在实质上是处于治安案件、刑事案件、民事案件、行政案件、公益诉讼等司法程序中的需要社会支持的未成年人的兜底性保护网。其服务内容与模式并不固定，可能超出原本的未成年人司法服务内容、模式与流程，根据具体情境进行延伸性服务，过程中需要联动多部门、机构特事特办，但始终不变且紧密围绕的是维护未成年人合法权益、保护未成年人身心健康、预防未成年人犯罪这一体系目标。

本章第一节对涉及的服务人群及其需求特征进行阐述；第二节对理论基础、服务内容进行阐述；第三节则主要以案例为代表呈现上海在该领域尚不成熟但具有一定参考价值的探索。

第一节　司法程序中所涉其他青少年司法社会工作服务人群分析

作为兜底性的保护网，本章所述的服务人群并不局限于传统的涉罪未成年人、涉民事案件的未成年人等，可大致分为在司法程序全过程中需要支持与保护的未成年人和不在司法程序中但经发现或求助需要司法介入的未成年人这两大类。

依据上海市地方标准《未成年人司法社会工作服务规范》的定义，本节从来源上将服务人群分为因家庭监护缺失或监护不当导致人身安全受到威胁或侵害的未成年人和民事、行政、公益诉讼案件中涉及的未成年人，下文将对其进行简要概述和分析。

一、司法程序中所涉其他青少年司法社会工作服务人群概述

（一）因家庭监护缺失或监护不当导致人身安全受到威胁或侵害的未成年人

家庭监护缺失或监护不当的未成年人是《关于加强困境儿童保障工作的意见》中所界定的第三种困境未成年人，即因家庭监护缺失或监护不当导致遭受虐待、遗弃、意外伤害、不法侵害等人身安全受到威胁或侵害的儿童。

其中“家庭监护缺失”指未成年人因监护人不能或不愿履行监护职责导致其面临危险状态，如监护人被采取限制人身自由的强制措施、死亡、失踪、长期外出务工等情况。“家庭监护不当”则指未成年人因监护人未完全履行或履行监护职责不当导致其面临危险状态，如放任或迫使未成年人放弃参加义务制教育、放任未成年人实施不良或严重不良行为等情况。此外还有“监护侵害”，指监护人侵害未成年人的合法权益致其面临危险状态，如监护人对未成年人实施性侵害、遗弃、虐待、暴力伤害等行为或利用、诱使未成年人实施严重不良行为或犯罪行为等情况。

（二）民事、行政、公益诉讼案件中涉及的未成年人

1. 涉及民事案件的未成年人

依据《最高人民法院关于加强新时代未成年人审判工作的意见》，涉及未成年人的民事案件分类如下：

涉及未成年人抚养、监护、探望等事宜的婚姻家庭纠纷案件，以及适宜由少年法庭审理的离婚案件；一方或双方当事人为未成年人的人格权纠纷案件；侵权人为未成年人的侵权责任纠纷案件，以及被侵权人为未成年人，由少年法庭审理更为适宜的侵权责任纠纷案件；涉及未成年人的人身安全保护令案件；涉及未成年人权益保护的其他民事案件。

2. 涉及行政诉讼的未成年人

行政诉讼案件是指公民（包括未成年人）、法人或者其他组织认为行政机关和行政机关工作人员的具体行政行为侵犯其合法权益，依照《中华人民共和国行政诉讼法》等有关法律向人民法院提起诉讼的案件。

3. 涉及公益诉讼案件的未成年人

2021 年新修订的《未成年人保护法》正式施行，其中增设了公益诉讼条款，第一百零六条规定：“未成年人合法权益受到侵犯，相关组织和个人未代为提起诉讼的，人民检察院可以督促、支持其提起诉讼；涉及公共利益的，人民检察院有权提起公益诉讼。”该条款明确了相关组织、个人以及检察机关在未成年人合法权益受到侵犯时提起以保护未成年人为目的的公益诉讼的

权利。

从保障未成年人的生存权、受保护权、发展权和参与权四项基本权利出发，诸如“无证幼托机构”“校园周边食品、环境安全”“奶粉质量问题”“网吧接纳未成年人”“向未成年人提供文身服务”“向未成年人售卖烟酒”等涉及未成年人公共利益但非特定个人利益的群体性公益损害问题都属于公益诉讼案件的范畴。

二、司法程序中所涉其他青少年群体的主要需求分析

以马斯洛需求层次理论为框架视角并结合上海的地方性实践发现，家庭监护缺失或监护不当的困境未成年人和民事、行政、公益诉讼案件等司法程序中涉及的未成年人群体主要在物质、安全、情感方面存在较为迫切的需求。

（一）物质需求

在家庭监护缺失的未成年人的案件中我们发现，家庭离异或主要家庭成员过世后，家庭经济收入相应减少，客观物质条件上的变化，如缺衣少食、营养不良、居住条件差等，给孩子身心造成多方面的直接影响。同时，受限于经济条件，不少家庭不得不住在环境、条件、配套设施相对较差的社区，间接增加了未成年人受到不良环境、风气影响的风险。

（二）安全需求

家庭监护不当的未成年人因遭受父母或其他监护人遗弃、虐待、意外伤害、不法侵害等情况，人身安全面临威胁；在涉及未成年人的民事案件中，也有涉及未成年人人身安全保护令的案件类型。这种威胁与侵害可能是短时且严重的，也可能是长期的。如果缺乏及时介入，未成年人不仅要面临长期、持续的侵害，还可能引发心理创伤、性格变化、行为偏差等一系列影响后续成长的衍生后果。

我国长期以来深受宗法与家族观念的影响，历来将家庭事务视为私域。但当家庭监护不能妥善保护未成年人合法权益，甚至监护人自身就是侵害

未成年人权益的实施者时，家庭安全已经荡然无存，国家监护就应及时介入予以托底和庇护，这也是国家介入家庭监护公法化的大趋势，而社会力量在其中可以发挥重要作用。

（三）情感需求

经历家庭监护缺失、诉讼案件对于未成年人来说往往意味着危机。家庭的破裂、父母的离去等因素使原有正常的家庭生活秩序被彻底打乱，未成年人所接受的教育、习惯的温暖与爱、原有的家庭亲情关系都随之发生巨大变化。

其一，在应对危机时，未成年人很可能出现焦虑、害怕、紧张、困惑、沮丧等一系列心理与情绪状况。存在疏导负面情绪、抚慰心理创伤、加强心理建设等情感需求。

其二，家庭监护缺失的未成年人对于亲情、友情的需求远超其他的未成年人，这些孩子渴望与人交流，获得温暖与认同。长期的情感缺失会导致未成年人自卑、情感淡漠、性格孤僻、对他人与社会缺乏信任、安全感缺失、情绪化等一系列后果。

（四）其他需求

除了在物质、安全、情感方面存在较为迫切的需求，处于或需要司法程序介入的，需要社会支持的不同类型未成年人同时也存在其他需求，如激励、自我发展等方面。

其一是尊重与激励的需求。家庭条件与家庭环境的限制导致了困境未成年人的弱势社会地位，其自身也存在自卑、缺乏自信等方面的问题。他们需要获得他人尤其是家人的尊重、正面评价与鼓励，从而获得面对生活和应对困境的信心与热情。

其二是自我发展方面的需求。困境未成年人家庭存在失业和隔代监护困难的问题，家庭无力为孩子购买有助于学业进步的器具、书籍、电子产品、游戏工具等，无力支付额外的教育培训费用。这使得这些未成年人接受教育培养和兴趣拓展的深度与广度都与正常家庭的孩子存在差距。

第二节　司法程序中所涉其他青少年司法社会工作服务概述

一、司法程序中所涉其他青少年司法社会工作服务的总体概述

以上海市地方标准《未成年人司法社会工作服务规范》为指引，司法程序中涉及的其他社会工作服务的定义是："社会工作者对因家庭监护缺失或监护不当导致人身安全受到威胁或侵害的未成年人，以及民事、行政、公益诉讼案件中涉及的未成年人，应提供心理疏导、精神关爱、家庭教育指导、权益维护等服务，优化资源配置，加强社会支持。"

本章所述的是囊括所有正处于或需要司法程序介入的，在不同诉讼类型中需要社会支持的各类未成年人的兜底性保护网。作为"一网兜到底"的最后保护防线，其服务并无固定的内容、流程与模式，其具体做法不但会包括本书第三章、第四章、第五章所述的已经成熟和体系化的服务内容，更会在传统未成年人司法社会工作的基础上超出狭义范畴，开展诸如心理疏导、精神关爱、家庭教育指导、权益维护等延伸性服务，过程中需要联动未成年人保护相关的多部门、机构一案一议来解决不同的复杂案件。

二、司法程序中所涉其他青少年司法社会工作的主要服务内容

（一）权益维护

保护未成年人的合法权益是包括社会工作者在内的所有与未成年人有关的个人、机构、组织、部门共有的义务和职责。《未成年人保护法》规定："国家保障未成年人的生存权、发展权、受保护权、参与权等权利。未成年人依法平等地享有各项权利，不因本人及其父母或者其他监护人的民族、种族、性别、户籍、职业、宗教信仰、受教育程度、家庭状况、身心健康状况等受到歧视。"

未成年人的合法权益涵盖了未成年人生活、学习的方方面面。生存权是指未成年人享有其固有的生命权、健康权和获得基本生活保障等权利，包括未成年人享有生命、医疗保障、国籍、姓名、获得足够食物、拥有一定住所以及获得其他基本生活保障的权利；发展权是指充分发展其全部体能和智能的权利，包括未成年人有权接受正规和非正规的教育，有权享有促进其身体、心理、精神、道德等全面发展的生活条件；受保护权是指不受歧视、虐待和忽视的权利，包括保护未成年人免受歧视、剥削、酷刑、暴力或者疏忽照料，以及对失去家庭和处于特殊困境中的未成年人的特别保护；参与权是指参与家庭和社会生活，并就影响他们生活的事项发表意见的权利，成年人应尊重未成年人的看法。除此之外还有身心自由权、肖像权、名誉权、隐私权、财产受到管理、保护权等。包括但不限于以上所述的都属于维护未成年人合法权益的范畴。

（二）多部门联合

随着实践探索的深入，愈来愈多情况特殊、复杂的未成年人案件浮现，仅依靠司法或社会工作不可能解决全部问题，“大未保”的工作格局势在必行。《未成年人保护法》规定了教育、文化、广播、电影、电视、新闻出版、工商、民政、卫生健康、公安、司法行政等多部门保护未成年人的不同职责与领域。未成年人保护一定需要形成多方部门、单位与机构联动的合力，完善分工、协调、衔接与配合，共同构建、打造全面、科学的多部门联合保护机制。

未成年人保护是一项复杂的系统性工程，社会工作具有独特的专业优势，在系统视角下更能发挥协调多方资源形成合力的功能。上海市阳光社区青少年事务中心在2019年就开始尝试联合心理学、护理学、社会学、法学、精神病学等相关单位与部门，共同建构跨学科、多部门合作的应急平台；2020年，上海市阳光星辰少年司法社会服务中心组建“少年司法社会支持联盟”，这些都是上海社会工作服务机构发挥社会力量专业作用所进行的积极探索。

（三）危机干预

危机干预在本书第四章有所提及。在涉刑事案件的未成年人司法社会工作服务中，尤其是在担任合适成年人的过程中，未成年人在面临司法程序，特别是处于司法场域这一状况时，可能出现如无助、混乱、焦虑、愤怒、烦躁等严重情绪困扰以及失序、退缩、自伤等行为表现，需要社会工作者能够及时介入，这主要是在心理与情绪层面的危机干预。

对于本章所述的“兜底保护网”，作为最后的保护防线，未成年人可能遭遇的危机不仅限于心理危机，还可能是突发的、来自不同途径，涉及未成年人心理、身体等多方面权益受侵害的危机。面对不同类型的未成年人危机，社会工作者不仅需要具备职业的基本素质，还应具备充分的生活阅历、冷静的心态、快速的反应能力等。

面对危机，社会工作者都可遵循以下思路沉着应对：首先是迅速回应并启动危机干预和报告机制，提供紧急庇护；其次是危机评估，尽快确定危机的严重程度，评估未成年人心理、生理的安全；在评估后以度过危机为目的制定有限、切合实际、可操作的短期目标，尽可能地链接、提供必要的支持，尽可能地发现解决、缓和问题与情况的方法和途径；在达到短期目标后再进一步根据实际情况逐步帮助未成年人恢复失衡的心理、社会等功能，重新恢复平衡的状态。

（四）个案管理

本章所述的未成年人可能遭遇的情形类型多样，且大都可能处于复合困境或伴有其他棘手问题。这些困境与问题均有各自的独特性，难以一言概之。复合困境之间、不同问题之间更有相互的影响和因果关联存在，呈现出高度的不确定性、模糊性和复杂性。因此，社会工作者有必要掌握个案管理的工作方法来予以应对。

个案管理最早出现于20世纪70年代美国的医疗和社会服务中，后来逐渐发展为照顾管理的概念。个案管理是指社会工作者评估服务对象及其家庭的需求，并安排、协调、监督、评估和倡导一套包含多种项目的服务，以满足特定服务对象的复杂需求。个案管理是一种协调的过程，是一种联结和协调多种不同服务体系的运作方式，通过协调和获得各种资源，以协助面临复杂问题的服务对象。

个案管理强调两个重点：其一是社会工作者要为面临复杂问题的服务对象寻找、链接所需的服务网络，或者说资源；其二是社会工作者要从全局考虑，妥善协调服务网络中的不同服务与资源。本章前述的多部门联合机制与个案管理的服务方法有异曲同工之意，可以结合在一起进行思考和筹谋。

第三节　司法程序中所涉其他青少年司法社会工作服务案例

本章的第一节对司法程序中涉及的其他青少年司法社会工作服务的群体来源、需求进行了阐述；第二节对服务内容进行了阐述；本节则是以不同类型、具有特色的案例来呈现上海的社会工作者在建构未成年人“一网兜到底”式保护这最后一道防线的实践与探索。

一、多部门联合变更儿童监护权案例[①]

（一）案件过程

高某于 2014 年 2 月在上海某医院产下女儿朵朵，朵朵因患新生儿窒息被转至上海市儿童医院救治，后被遗弃并滞留在医院内两年多。2016 年 5 月，朵朵被送至上海市儿童临时看护中心临时看护，上海市儿童临时看护中心曾多次联系高某要求其承担作为母亲的抚养义务，她均以没有能力抚养为由拒绝。

---

① 本案例素材由上海市阳光社区青少年事务中心提供，部分资料来源于澎湃新闻网，由本章编者修改。

2017年3月，上海市儿童临时看护中心向公安机关报案，后该案被立案侦查。上海市静安区人民检察院以遗弃罪对高某提起公诉。上海市静安区人民法院开庭对该案件进行审理。

检察机关指控称，朵朵出生至今高某从未探望，也不曾支付过任何医疗费用和抚养费用，朵朵的生父则下落不明。2016年8月至12月期间，公安机关会同临时看护中心与高某进行了6次交涉，劝说其承担抚养义务。对此，高某均未予以配合，并明确表示放弃抚养权。

朵朵的父母目前客观上都无法对其承担抚养义务。母亲高某主观上明确表达不愿意承担抚养义务，父亲明知朵朵出生仍一走了之，也反映了其主观上没有履行抚养义务的意愿。

朵朵目前年仅三岁，尚无民事行为能力，需要有监护人履行监护职责。因此，作为其临时监护人的上海市儿童临时看护中心联合区人民检察院、区法律援助中心委托上海市阳光社区青少年事务中心静安工作站，对朵朵的成长、生活经历和监护状况进行了社会调查。调查发现，朵朵经儿童医院治疗后身体康复，无后遗症，其在临时看护中心生活平稳、身心健康。但朵朵在医院滞留的两年以及在临时看护中心生活期间，母亲高某从未看望也无抚养意愿。社会调查还表明，社会工作者曾寻找可能成为朵朵监护人的近亲属，如朵朵的外婆，她也适合成为朵朵的监护人，但外婆表示不愿意管女儿的任何事情，明确表达了不愿抚养朵朵的意愿。

鉴于朵朵的近亲属中没有合适的监护人人选，上海市儿童临时看护中心向法院申请，请求撤销高某作为朵朵监护人的资格，并且指定第三人——上海市儿童福利院作为朵朵的监护人，承担起监护朵朵的职责。最终，静安区人民法院同意上海市儿童临时看护中心的申请，同时高某因遗弃罪被判处有期徒刑一年。

（二）专业反思

此案件系上海市首例民政部门向法院起诉申请撤销亲生母亲监护人资格的案件，同时也是包括社会工作在内的多部门、机构联合保护未成年人权益的一次成功探索，对于之后同类案件的处理具有示范性和引领性。

本案中多方紧密围绕朵朵的权益保护各自主动跨前一步形成了有效合力。民政部门作为国家监护责任的落实部门向法院提起撤销高某监护人的资格；公安机关多次与高某会谈劝说其履行监护人职责；检察机关对民政部门提供支持并以遗弃罪对高某提起公诉；上海市阳光社区青少年事务中心作为社会工作服务机构接受民政部门、区检察机关、区法律援助中心的委托，对朵朵的成长、生活经历和监护状况进行社会调查，为最终法院对朵朵监护权的变更提供了重要参考。

二、对人身安全受到侵害的未成年人保护的案例①

（一）案件过程

服务对象小Y，男，14岁，就读于上海某中学初一年级。小Y为上海市阳光社区青少年事务中心日常服务的生活困境未成年人，小Y家庭为低保家庭，父母离异，家里有2个孩子，姐姐24岁。父母离异后，小Y与母亲在外租房生活，后因受经济条件限制搬回至父亲处共同生活。在家庭关系方面，父亲因权威型养育方式与小Y偶有言语冲突，母亲偏向溺爱型养育方式，对小Y表现为迁就纵容，姐弟关系一般。

在小Y与母亲搬回父亲处居住的第三天晚上，因玩电脑游戏小Y与父亲发生争执，管教无果下，父亲失控用剪刀戳、划伤小Y身体三处，后小Y用刀具与父亲继续发生冲突并导致小Y右手部肌腱断裂，住院接受治疗。当晚报警后，鉴于案件属于家庭纠纷以及小Y需要及时治疗，民警将笔录、问询等工作推迟处理。

住院期间，小Y母亲与姐姐在医院陪护，但难以自行化解家庭矛盾。因前期与日常提供服务的上海市阳光社区青少年事务中心社会工作者保持良好的专业关系，住院期间，小Y通过微信联系社会工作者告知发生的危机事

① 本案例素材由上海市阳光社区青少年事务中心提供，由本章编者修改。

件，希望社会工作者帮助其处理之后的伤情鉴定、笔录等事宜。小Y自述事发时母亲和姐姐在现场，她们在冲突发生时有劝解但未起作用，小Y担心出院后自身的安全且无其他居住地，认为父亲在家还会与自己继续冲突，希望父亲接受司法处理。其表述中情绪激动时说："回去的结果就是继续对砍，只有他进去关几天我才能清净几天。"

社会工作者接到求助后第一时间通过微信积极回应，及时给予小Y心理支持，安抚其激动情绪，同时社会工作者向机构上报，启动危机干预机制。出院当天，社会工作者陪同小Y及其母亲共同前往居住地所在派出所做笔录，并积极参与民警主持的调解工作。社会工作者在现场对小Y父亲、母亲进行了家庭教育指导，同时对小Y后续的人身风险进行了评估。小Y父亲属于老年得子，对小Y一直抱有期望但又不善于教养，习惯于直接地指责，小Y逐渐长大后对其进行了反抗。但小Y父亲本身对小Y也十分喜爱，自己的微信头像就是儿子的照片，在经历此次事件后其明确表示不会再使用类似的暴力行为进行管教。另外，社会工作者与小Y围绕之后如何生活进行了面谈。当社会工作者提到"父亲还用你小时候的照片做微信头像"时，小Y有所触动，要将父亲"关进去"的坚持态度发生了转变，开始思考家庭在此事件之后的相处模式。

之后在社会工作者、办案民警的鼓励下，小Y、父亲、母亲、姐姐一共四位家庭成员在派出所进行了近四个小时的家庭会议。社会工作者在会议过程中引导家庭成员聚焦缓和家庭关系的目标，家庭成员初步达成和解的共识：在之后小Y将与母亲重新租房生活，由父亲承担租房费用，而在寻找房源的过渡期间，小Y仍将在父亲处居住而父亲保证不会再与小Y起争执。在派出所经历了漫长的一夜后，第二天凌晨四点，小Y一家四人共同走出派出所回家。在派出所门口，父亲还在担心小Y是否会着凉。

鉴于小Y本身也存在打架、偷窃等不良行为，社会工作者将从家庭、个人两个层面着手开展后续服务。社会工作者将围绕身心发展，通过学校社会工作者与其所在学校保持互通，开展持续性的个案服务；同时将围绕家庭关系，与派出所、所在居委会、街道未保力量合作，对小Y父母开展家庭教育，改善家庭关系与家庭环境。

（二）专业反思

本案是评估为中风险的短期、限时性危机干预服务。冲突事件发生后，小Y本人处于极为激动的情绪状态，与对自己拔刀相向的父亲的关系也降至冰点，整个家庭的关系处于破裂、失衡的境况。首先社会工作者及时对小Y的求助进行回应并疏导，缓和其激动亢奋的情绪。其次在派出所场域中，社会工作者秉持生命至上原则，在与父亲、其他家庭成员的交流中获取信息，判断、评估小Y回家后的人身风险。之后社会工作者通过推动家庭会议，促使家庭成员就引发事件冲突的矛盾点袒露心声，最终达成家庭的和解。

当然，暂时缓和危机只是服务的开端，潜藏在事件背后的家庭教养、家庭关系问题以及小Y的个人身心问题需要社会工作者在之后持续跟进服务。

三、性侵被害人延伸性服务的案例[①]

（一）案例背景

1. 基本信息

服务对象小A，女，16周岁，本市户籍，职业高中一年级就读，父母离异，父亲重组家庭，小A随祖父母生活。小A于某日被“闺蜜”约去一个饭局，继而受到社会人员的性侵害。在法定代理人无法到场的情况下，社会工作者受公安机关委托，作为合适成年人参与询问过程，对小A进行了情绪状态的评估、心理援助与支持、法律程序的告知，鼓励其对犯罪嫌疑人实施犯罪事实的全过程进行客观完整的陈述，保障其询问过程的合法权益。

案件发生后，基于社会工作者在担任合适成年人时与小A建立的良好

① 本案例素材由上海市阳光社区青少年事务中心黄浦工作站康颐提供，由本章编者修改。

专业关系，小A向社会工作者寻求帮助，陈述自己受到犯罪嫌疑人同伴的恐吓，扬言要进行报复，其人身安全遭受威胁，陷入惶恐、焦虑、害怕、精神紧张等情绪，出现失眠、心悸等躯体反应。

2. 家庭背景

小A的父母亲在其年幼时解除婚姻关系，抚养权归于父亲，后父亲再婚，与现任妻子组成家庭，不再亲自养育小A。小A与生母日常无来往。小A目前与祖父母同住，二老主要照顾其饮食起居。

小A父亲无固定工作，一个月探望小A一至两次。父亲性格暴戾，对小A的教养方式较为简单粗暴，两人经常发生口角与摩擦，亲子关系不佳。隔代抚养的祖父母仅能满足小A最基本的生活需求。

3. 朋辈情况

小A和同学关系一般，无情感倾诉对象，无法从现有的朋辈支持系统中获取认同、鼓励与支持。小A上了住宿制职业高中之后脱离家庭管教，通过结识各类社会人员的方式来满足自己的情感需求，与他们以兄弟姐妹相称。受到不良朋辈的影响，小A沾染社会习气，惰于学习，有时夜不归宿。

（二）需求分析

1. 个人安全方面：提供人身保护，满足安全需求

在案件发生后的跟进服务过程中，小A向社会工作者求助面临的处境：有人对其进行多次威胁，扬言将对其受到性侵害后的报警行为进行报复。据小A本人陈述，犯罪嫌疑人曾有多次违法犯罪行为，且与诸多社会不良人员有交往。

2. 社会功能方面：提供情绪疏导，缓解应激反应

遭遇性侵害的经历给小A带来了严重的身心方面的影响。生理方面给小A造成了强烈的损害，小A时常感觉下腹疼痛有明显不适感，就医后被诊断为妇科炎症；心理方面，小A产生了自我怀疑、焦虑等负面情绪。

事件发生后本应该是伤害弥合与恢复期，但后续出现的威胁与恐吓事

件对小A产生了延伸性的伤害。小A进一步陷入惶恐、害怕、精神紧张等情绪中，失眠、心悸等躯体反应加重，被某区精神卫生中心诊断为重度焦虑。为了避免遭受报复行为，小A外出躲避不敢回家，严重影响到其正常生活和状态恢复。

3. 支持系统方面：改善家庭关系，净化朋辈系统

在家庭系统内部，父母双亲家庭角色的缺位、家庭教育的缺失、家庭功能的失灵，影响到小A情感的建立与发展。作为监护人的父亲没有有效履行监护职责与抚养义务，对于小A的交友、行为习惯未进行过有效引导，也未主动关心小A的思想动态与情感需求。隔代抚养的祖父母无法满足小A的情感诉求，亦无法有效履行教育责任。小A在家庭内部得不到情感需求的满足，只能对外进行情感索取。

小A在校无知心好友，无法从现有的朋辈支持系统中获取认同、鼓励与支持。为满足自己的情感需求，在刺激和诱惑下，小A通过结识社会上的不良朋辈来寻找归属感与存在感。不良的朋辈环境对其身心发展造成了不良影响。

（三）理论依据

系统理论认为提供服务需要针对整个系统而非局部，应涉及所有与服务对象问题有关的系统。小A遇到的问题既来源于心理，亦有社会环境的影响，是涵盖生活过程的问题，因此理解、评估与服务也需要在环境背景中通盘考量与展开。

要切实改善小A的状况需要从多角度介入以构成有效的社会支持网络。社会支持理论将社会支持分为客观的物质、实际可见支持和主观的精神上的关注、安慰等；从来源途径将社会支持分为正式的社会支持系统以及非正式的社会支持系统，社会工作者可以此为视角，挖掘、链接资源为小A提供全方位的支持。

（四）服务目标

1. 总目标

为疗愈小A的性侵创伤营造有利的环境。

2. 分目标

(1) 个体方面，提升小 A 自我保护的意识和技巧，改善小 A 的心理与情绪问题。

(2) 正式支持系统方面，联合有关部门提供司法保护。

(3) 非正式支持系统方面，营造良好的家庭与朋辈环境。

(4) 社会系统方面，整合多方资源减轻创伤事件对小 A 的影响，构建良好的社会支持系统。

(五) 干预过程

1. 了解问题需求，评估安全风险

社会工作者与小 A 及其主要监护人进行面谈，深入了解小 A 的家庭背景、成长经历、学习情况、朋辈环境等方面的情况，评估其当前的人身安全风险、自我保护能力，以及家长的监护意愿、态度和能力等。社会工作者从个人安全方面、社会功能方面、支持系统方面归纳分析了小 A 的主要需求，计划进行生理、心理、社会三位一体的系统性介入。

2. 引导自我保护，实施强制报告

小 A 在案件发生后的一个多月内，先后遭遇犯罪嫌疑人同伴数次威胁、恐吓、纠缠，以不同的理由约其见面"谈判"，希望小 A 能出面更改口供内容，让他们的"大哥"得到从轻处罚，并且在小 A 拒绝的情况下实施言语要挟以及身体推搡。

社会工作者在评估安全风险的基础上，判定小 A 目前面临不法侵害危险。依据《未成年人保护法》，社会工作者迅速向所在机构、区级公安机关和检察机关上报情况，申请司法保护。同时指导小 A 做好相关证据的留存，如微信记录截屏、电话录音、视频录像的收集和保存，并提供给公安与检察部门。公安机关在向小 A 核实情况后，立即对相关人员提出了警告与教育，责令其立即停止骚扰行为。小 A 的合法权益以及人身安全得到保护。

另外，社会工作者对小 A 在特定情境下安全自护的技巧和方法进行了教育与指导：例如不向任何人透露自己的家庭地址、打车归家时尽量不直接定位在居所楼下、夜间不独自出行、不明电话不予接听、熟悉手机上的紧急报警键、增强求助与报警意识等。

3. 缓解焦虑情绪，恢复生活信心

小A向社会工作者倾诉，感觉自己无能为力，对未来生活失去控制感。社会工作者运用倾听、同理和接纳等技巧，对服务对象进行了情绪支持，表达了对她忧虑与担心的充分理解，并且与其一同分析对方纠缠的最终目的。事实证明，越是顺从与软弱，对方就越会一直纠缠，以为可以达到他们的目标，社会工作者鼓励小A摆明自己的立场与态度，彻底摆脱这些人的死缠烂打，同时要做好自我保护，学会自护与紧急求助。

社会工作者还运用认知重建和激励的方法，引导服务对象调整非理性信念，输入正向支持，缓解焦虑水平。社会工作者告知小A，当外界环境变得恶劣的时候，我们至少还有一种自由，那就是选择如何面对它的自由。人是自主的，人的命运是自己的选择。无论命运把个体抛到哪一个点上，我们都可以就地展开力所能及的事情。就如同小A即使在受到安全威胁的情况下，也可以做出坚定与理智的选择——不接受对方的谈和，不畏暴力与威胁，不被金钱所收买，维持内心的想法与初衷。社会工作者的话让小A更加坚定了自己的决定。

针对小A生理与心理上出现的应激反应，社会工作者积极关注、贴心陪伴，给予积极的心理暗示，鼓励其在假期中走出家门，参加社会实践与兼职锻炼活动，并且给自己设置打卡完成任务，在成功体验中增强自我效能，打破“受害者归咎”效应，重新建立对未来生活的希望。

同时，对于小A被诊断为重度焦虑的情况，社会工作者通过区级检察机关链接了对口的精神卫生和心理咨询资源，为小A提供免费的心理咨询以及配药服务。

4. 筛选交友对象，改善朋辈系统

案件发生后，小A曾经数次找“朋友”寻求心理安慰以及满足安全需求，但所谓朋友并未真正理解与同情她的处境，反倒企图劝说她接纳对方的意见，收取“赔偿金”，然后带她们出去玩。社会工作者借此机会引导小A对其交往圈进行审视，并与其共同回顾案件的起因，与其探讨交友问题与朋友的定义，引导其对所谓朋友接近她的真正目的与动机进行反思，建议其对自己的朋友圈进行梳理与过滤，去伪存真。一来减少自己的无谓内耗，有利于平复情绪状况和稳定生活状态，二来避免再次因为交友不慎而陷入不自主的境地，迫于群体压力做出很多违背自己本意的事情。

小A主动清理了自己的微信朋友圈与手机通讯录，并告知社会工作者自己在暑期的社会实践与兼职锻炼中接触到了不一样的人际环境，与这些同事们相处愉快，能学到东西，已经结交了一些能给自己带来正能量、真心且能共同进步的朋友。

5. 开展亲职教育，修复家庭功能

社会工作者对小A的父亲开展家庭教育指导，促进家庭功能发挥，并给予孩子支持和保护。

其一，针对小A父亲对小A疏于照管和监护不足的情况，社会工作者对其进行教育，督促其履行监护职责和抚养义务；其二，社会工作者引导小A父亲了解女儿所处年龄阶段的身心发展特点，摒弃非打即骂的管教方式，教导其学习亲子沟通的方法和技巧，促进沟通形式的良性转变，从而营造良好的家庭氛围；其三，社会工作者假设情景，通过家庭角色情景模拟的方式，帮助小A宣泄压抑的情绪，协助父亲了解女儿心境与情感需求，互相之间达成谅解，创造尊重、接纳和包容的家庭环境。

6. 促成多方联动，优化成长环境

小A家庭功能不健全、支持系统相对薄弱，在本案中，社会工作者还担任协调者的角色，积极联动、衔接多部门力量，加强小A的社会支持系统，为其营造安全的生活环境。

社会工作者联络司法部门与妇联，除了为小A提供免费的心理咨询以及配药服务之外，区妇联还为其提供了医疗补助与困境补贴，解决实际问题；区检察院与妇联多次上门关心小 A 学习和生活情况，间接督促了其父亲的监护履职。

（六）成效评估

1. 个人安全方面

社会工作者向公安机关进行报告，启动司法保护，最大限度地保护小 A 的合法权益，使其人身安全得到基本保障。目前小 A 已经习得自我保护方法与技巧，懂得用法律的武器保护自己，再无受到威胁与恐吓的情况发生。

2. 个人情绪方面

通过个案服务，小 A 惶恐、害怕、精神紧张等情绪反应得以缓解，失眠、心悸等躯体症状消失，基本摆脱情绪困扰与心理压力。经医院治疗，小 A 的妇科炎症感染情况明显好转。

小 A 完成转学，校园氛围和学习环境得到改善。在新的学校中，小 A 学习状态正常，在社团活动以及学习生活中重新获得自信心与价值感，重新建立起对未来生活的期望。

3. 社会支持系统方面

从家庭系统来看，小 A 的父亲对案件的严重性有了重新的认识，意识到事件对女儿的身心造成的持续性影响，目前已经致力于改善亲子关系以及教养方式，能够用更柔性、民主的方式与小 A 交流，给予小 A 支持与保护，履行其监护职责与抚养义务。在个案服务后期，父女间也尝试用类似家庭会议的平等对话方式，探讨了小 A 更换学习环境的期望，父亲接纳了意见并为小 A 办理了转学手续。

从朋辈系统来看，小 A 对朋友圈进行了梳理与筛选，与之前交往的朋辈主动脱离关系。在暑期社会实践中，她结交了正向的朋辈。在转入新的学校之后，小 A 与同学之间的交往与互动情况良好，建立起较为积极正向的朋辈系统。

从社区和社会系统来看，小 A 所在的社区、社会组织、政府部门、司法部门等均为小 A 及其家庭提供了需要的资源、安全与支持。

（七）专业反思

其一，本案例是传统未成年人司法社会工作中合适成年人服务的延伸。社会工作者只有在担任合适成年人的短时间内与服务对象建立了良好的专业关系，获得了服务对象的信任，才能够延伸出后续的求助与服务。

其二，本案例中社会工作者依据《未成年人保护法》关于强制报告制度的法条内容向公安机关报告，从而为被威胁与恐吓的服务对象争取到了司法保护，彰显了社会工作者作为未成年人权益保护者的角色与职责。未成年人强制报告制度最大化保护未成年人利益，包括社会工作者在内的密切接触未成年人的从业人员都有义务承担起更多的保护责任，尽早发现被侵害的未成年人，尽快予以救助保护。

其三，本案例中社会工作者在系统视角下预先考虑到了用超出服务对象个体问题的环境来设计服务的供给，充分发挥资源链接者的角色，运用社会资源，联结社工机构、政府部门、司法部门等形成多方合作机制，为服务对象形成了强而有力的保护网，促使个案问题得到解决。

四、多部门联合救助未成年人突发监护缺失的案例[①]

（一）案例背景

服务对象小D，男，13岁，自父母离异后跟随父亲与祖父母共同生活，其母亲于小D三岁时离开家庭完全失去联系，其祖母与父亲亦于近年相继离世。近日，因小D唯一的实际监护人祖父也因病去世，小D处于实际无人监护的“真空”状态。街道未成年人保护工作站社会工作者掌握情况后第一时间介入干预。

（二）需求分析

1. 监护危机

家庭变故导致小D处于实际无人监管的监护危机。小D在上海已无直

① 案例素材由上海市阳光社区青少年事务中心驻花木街道未成年人保护工作站提供，本章编者修改。

系亲属，最亲近的亲戚只有姨祖母一人（去世祖母的妹妹），但因年事已高且家里还有另一位生病的老人需要照顾，姨祖母已明确表示无法承担小 D 的监护职责。

由于“监护真空”，小 D 目前独自一人居住在家中，三餐不定。社会工作者走访学校得知，小 D 近期经常缺课逃学，人身安全无法得到保证。

2. 情绪危机

家庭变故导致小 D 处于波动较大的情绪危机中。小 D 的成长经历较为特殊，父母离异、母亲失联、亲近的长辈相继去世这几项重大变故对其连续造成冲击，引发反应。

在家庭中，小 D 与祖母关系最为亲密，很长一段时间内小 D 都无法接受祖母去世的事实；小 D 父亲疑似精神障碍并突然离世，这一事件也令小 D 产生了心理创伤；小 D 祖父在生前身体状况非常差，不仅无法承担对小 D 的照护和教养职责，还需小 D 照顾其日常生活。祖父去世后小 D 情绪焦躁，感觉失去了主心骨，多次说出觉得未来无望的言论，对未来的人生感到迷茫和无力。

（三）理论依据

面对突如其来的特殊意外事件如亲人过世等，个体尤其是心智尚未发展成熟的未成年人尤其会产生情绪危机，呈现自我控制力降低、绝望或否认事实等表现。本案例中小 D 面对亲人离世的突发事件产生了焦虑、恐惧、对未来迷茫等不良情绪，同时，作为未成年人，小 D 也面临着实际无人监护的危机困境，监护安全与情绪平衡皆难以得到保证的两大危机亟须被干预。

基于恢复平衡状态的迫切需求，危机干预模式正是聚焦危机事件，协助服务对象转“危”为“机”，从“失衡”恢复到“平衡”状态的快速而短期的干预工作模式。危机干预以降低危机事件的严重性和危险性，协助服务对象度过危机作为第一原则。同时，化危机为生命的转机，协助服务对象实现助人自助，走出事件影响并以此为经验更好地面对人生，这亦是社会工作者进行危机干预时需要思考与设计的。

（四）服务目标

1. 总目标

协助小 D 消除因家庭变故所产生的监护与情绪危机风险，重新恢复平衡状态。

2. 分目标

(1) 通过多部门联合救助，落实临时监护和长期监护职责，消除小 D 的监护危机。

(2) 通过情绪疏导等方式，协助舒缓情绪，恢复平衡状态，消除小 D 的情绪危机。

3. 行动计划

(1) 紧急评估。评估小 D 目前生存状况以及情绪状态，并立即将情况向街镇未成年人保护部门进行报告，协助小 D 处理祖父的丧葬事宜并联系临时安置点。

(2) 情绪疏导。在临时安置期间进行情绪疏导和心理支持，缓和小 D 波动的不良情绪。

(3) 多部门联合。通过多部门联合，就小 D 目前的生活状况、情绪状态中的风险难点进行协商，制定临时监护预案。

(4) 落实长期监护。协助相关部门寻找小 D 生母，并持续跟进监护落实情况。

（五）服务过程

1. 24 小时：评估危机，处置情绪危机

"我真的很怕自己成为孤儿。"在收到关于小 D 祖父突然过世的消息后，街道未成年人保护工作站社会工作者立即上门，发现小 D 独自在家处于无人监护状态，且情绪十分低落，祖父的遗体仍冷冰冰地停放在家中。

鉴于小 D"监护真空"的危机状况，社会工作者迅速将危机状况上报至街道未成年人保护部门。通过整合街道服务办的相关资源，社会工作者协助小 D 处理祖父的丧葬事宜，并在 24 小时内为其找到了宾馆进行临时安置，

由辖区居委会对其进行临时的日常生活照料。

在祖父过世后，小 D 情绪状态极不稳定，在与社会工作者的交谈中多次出现消极和厌世的语句和态度。在进一步沟通后，社会工作者发现，由于父母离异、母亲失联、亲近的长辈相继去世这一系列重大生命事件的冲击，心智尚未成熟的小 D 一方面认为自己的照顾不周是造成祖父离世的主要原因，另一方面才 13 岁的小 D 在失去身边唯一亲人后面对未来生活感到恐惧和迷茫。

“我会一直在这里陪着你。”针对小 D 的情绪危机，社会工作者坚持陪伴并保持倾听和关注。过程中，社会工作者也不断鼓励小 D 表达内心情感，提供疏泄情绪的途径，在释放心中悲痛后，小 D 逐渐接受了祖父离世这一事实。在此之后，社会工作者为其剖析了现状和不良情绪产生的原因，继而引出“未来如何生活”的议题，社会工作者与其一同梳理身边能够获得的资源和支持，引导小 D 跳出悲伤把思想放回现实和今后。

2. 48 小时：多部门联合，形成系统性方案

为尽快解决小 D 的监护缺失问题，在危机上报的 48 小时内，街道未成年人保护委员会办公室启动了“一人一案”联合工作会议。未保工作站社会工作者与会并陈述了前期评估的危机状况。会议针对小 D 的临时监护和长期监护困境进行了讨论，依据社会工作者所联系的公益律师提出的关于“寻找生母明确监护责任”的建议，以“做好临时监护和生活照料，尽快找到监护人”为目标形成了系统性的工作方案。

(1) 街道民政部门：明确按社会救助政策确保小 D 的基本生活保障费用；最低生活保障的动态管理及后续跟踪由社区救助顾问负责跟进。

(2) 辖区派出所：联动小 D 生母户籍所在地，积极寻找联系小 D 母亲的途径。

(3) 辖区居委会：提供基本生活照料；民政条线干事每天保持和小 D 的联系，关心其生活和学习动向；辖区社工上门关心小 D 的居住环境，跟进丧葬事宜；在获得小 D 母亲的联系方式后劝说其履行监护责任。

(4) 小D就读中学：班主任与任课老师加强对小D参与线上学习的关注；班主任及对应导师加强与小D的点对点沟通。

(5) 未保工作站：社会工作者保持与小D的联系，掌握其行踪，确保其人身安全，持续为小D提供情绪与心理的支持。

3. 72小时：找到生母，劝说履行监护责任

在明确工作方案后，各部门立即按计划展开工作，并将工作进展、小D的状况与动向实时更新至工作微信群内，畅通沟通渠道，保持多方协作合力。

在危机上报的72小时后，好消息传来。经辖区派出所联动小D母亲的户籍所在地，终于找到了直接联系其的电话号码，辖区居委会与小D母亲取得联系，并成功说服其尽快来上海协商解决小D的监护照料问题。小D母亲赶至上海后，街道未保办组织居委会、社会工作者、公益律师参与协商。公益律师为其讲解了作为监护人的法律责任和义务；社会工作者针对小D的监护、情绪状态与小D母亲进行沟通。在各方的共同努力下，小D母亲同意履行监护职责。当晚，在征得小D的同意后，他与母亲在时隔多年后终于再次见面。

4. 一周后：跟进后续，评估监护状况

“我现在可幸福了。”这是小D在与母亲团聚后，发给社会工作者的心里话，短短的几个字让参与干预的各方一直悬着的心放下了。

在小D与母亲相聚的一周后，社会工作者再次上门进行走访，对服务对象及其母亲的现状进行评估。在监护能力方面，社会工作者发现原本脏乱的生活环境经由小D母亲的清理后变得舒适整洁；在情绪方面，小D告知社会工作者，自己的不安状态已经基本消除，正在适应与母亲长期生活的方式；在亲子相处方面，小D告知社会工作者，母亲对其十分照顾，家中一日三餐都由母亲准备。另外，小D母亲希望今年过年能带小D回老家一起过年，正在征求其本人的意愿，这也体现出小D母亲对孩子回归家庭的期待。

春节期间，小D和母亲一同回老家过年，微信朋友圈中一张张小D与家

人的合影让社会工作者看到小D不再是孤单一人。小D的监管危机和情绪危机已成功消除，生活重新恢复平衡状态。之后，社会工作者将持续跟进，协助母子建立融洽的亲子关系，提升母亲的监护能力，监督其监护履职，为小D的健康成长继续保驾护航。

（六）成效评估

(1) 监护危机。介入前，小D独自一人生活，处于无人监管的危机中。介入后，前期由社会工作者、居委会、学校共同承担临时监护责任，保障小D临时的人身安全；后期由小D母亲承担长期监护责任，经社会工作者评估监护状态良好。

(2) 情绪危机。介入前，面对亲人离世，小D情绪波动大，甚至表现出消极、厌世的态度，处于情绪危机中。介入后，经社会工作者陪伴，小D的情绪趋于平稳；在母亲回归后，小D的情绪在获得家人的支持后已恢复平衡状态。

（七）专业反思

第一，危机干预的速度。对于具有冲击性、突发性的危机事件，只有在危机爆发的前期尽早、尽快介入方能起到尽可能消除影响的最佳效果。本案例中有24小时、48小时、72小时三个节点：24小时内进行临时安置并舒缓情绪；48小时内形成了多方参与的系统性工作方案；72小时内找到消除危机的关键人物小D母亲。正是多方各自主动跨前一步，充满热情与积极性地形成合力，方能使小D的危机在短时间内被消除。

第二，平衡模式的应用。恢复危机爆发前的平衡状态是危机干预的核心方向，平衡模式也是危机干预三种模式中最原始、纯粹的一种。本案例中，小D面临亲人离世的境遇性危机从而陷入不良情绪中，社会工作者首先为其提供了宣泄负面情绪的途径，在情绪得到控制的前提下再开展其他协助性的服务。

第三，亲人角色的支持。心理危机干预的原则中要求必须有家人或朋友参与提供支持。本案例中小D面临危机的源头就是身边唯一亲人的离世，社会工作者虽然能够暂时起到情绪宣泄与缓和的功能，但长久而言，只有家人和朋友角色的情感支持填补空白才能真正实现小D状态的平衡。在小D母亲角色回归后的第一时间，社会工作者就将小D面临的情绪危机和产生原因与其进行了沟通，从结果来看，母亲及时的情感输入也确实使得小D较为迅速地恢复状态。

第四，资源链接者的角色。本案例中除了情绪危机，小D还面临诸如协助丧葬、临时监护、日常照料、寻找长期监护人等多方面的服务需求，这些都不是仅靠社会工作者就可以完成的。依托未成年人保护工作站的平台，社会工作者一方面做好前期的需求评估，另一方面对应需求挖掘、联动可整合的资源，形成系统性的服务合力，进而有效、快速地解决了小D面临的危机困境。

小　结

随着未成年人保护实践探索的不断深入，未成年人案件越来越多地呈现出复杂性和多样性，仅仅依靠司法和社会工作难免显得力不从心。作为“一网兜到底”的最后保护防线，本章第三节分享了四个针对未成年人不同问题需求的典型案例。第一个案例中，社会工作者为被遗弃的幼儿开展社会调查，为最终法院对监护权的剥夺与变更提供了重要参考，整个案件过程中多部门的联合参与和各自职责的履行为今后对于这一类事件的处理途径提供了借鉴。第二个案例中，社会工作者介入未成年人人身安全受到家人侵害的危机事件，在有限的时间中厘清头绪、找到突破口，最终较为妥善地缓和了危机并引导家庭初步达成和解。第三个案例中，社会工作者根据性侵未成年被害人的求助，超出狭义司法社会工作的范畴提供了一系列的延伸性的保护和治疗服务，促使未成年人更好地从创伤事件中逐步疗愈。最后一个案例中，未保工作站社会工作者针对突发监护和情绪危机的未成年人展开危机干预，发挥未保工作站平台功能，并与多部门形成合力，最终在极短的时间内消除了未成年人所面临的危机。

新修订的《未成年人保护法》构建了家庭、学校、社会、网络、政府、司法“六位一体”的未成年人保护格局，明确了教育、文化、广播、电影、电视、新闻出版、工商、民政、卫生健康、公安、司法行政等多部门参与未成年人保护的不同职责与领域，多部门联合共同参与的“大未保”新格局正在逐步形成。面对新格局和新形势，面对危机紧迫、困境复杂的未成年人个案，社会工作者必须打破传统工作方法、形式的思维禁锢，以更为宏观的视野和站位思考如何发挥“资源链接者”的专业优势，在多部门和广泛的资源中“辗转腾挪”“借力打力”，从而能够最终实现未成年人保护的目标。

第七章　青少年司法社会工作实践研究

“实践研究是研究者带着实践的关怀对自己或他人所推动的实践进行研究。其目标是通过研究，构建对实践有用的知识，并对实践有所改善/改变。”[①]2008年召开的第一届国际社会工作实践研究会议通过的《索里斯堡宣言》对实践研究的界定是：“实践研究源自对实践的好奇。它关注如何寻找有效的助人方法，如何通过对实践的研究挑战现有存在问题的实践，以及如何依据我们在实践中的亲身经历发展出新的知识和想法。”[②]开展青少年司法社会工作研究无论对于了解服务对象的需求、设计适宜的服务方案、提高社会工作服务的质量和效果，还是对于发展本土的青少年司法社会工作理论、促进专业人才队伍的建设，以及修订与完善相关政策等都是非常必要的。为此上海社会工作服务机构和社会工作者一直十分重视开展社会工作实践研究，尤其是在一些开创性服务探索中，运用行动研究等方法，形成了

① 来源于2020年4月18日举办的中国社会工作实践研究网络会议PPT。
② 邓锁.国际社会工作实践研究会议系列宣言[J].中国社会工作研究，2017(2)：209-222.

对于服务拓展和实施的有效指引。下面以2016年上海市阳光社区青少年事务中心为规范推动拘留所、看守所的社会工作发展而开展的驻所社会工作行动研究为例，来呈现上海开展青少年司法社会工作实践研究对于服务推进发展的意义和功能。

本章选取上海市阳光社区青少年事务中心于2016年所开展的驻所社工行动研究项目素材，分别从研究背景、研究策略与方法、所内青少年研究对象的基本情况分析、所内青少年服务内容及方法探索、驻所社会工作服务流程、驻所社会工作服务的规范建设、驻所社会工作伦理困境议题等方面介绍驻所社工行动研究项目成果。

第一节 驻所社会工作实践研究的背景及策略分析

本节主要介绍驻所社会工作实践研究的研究背景，同时介绍了行动研究的策略及其相应的主要研究方法。

一、研究背景

《联合国保护被剥夺自由少年规则》第十二条指出："应当保证拘留在各种设施内的少年能得益于有意义的活动和课程，这些活动和课程将有助于增进他们的健康，增强他们的自尊心，培养他们的责任感，鼓励他们培养有助于他们发挥社会一员的潜力的态度和技能。"这为给被剥夺自由的少年开展服务提供了依据，同时也指明了方向。而上海市阳光社区青少年事务中心作为政府构建预防和减少青少年违法犯罪工作体系的服务承接方，一直致力于为有不良行为、严重不良行为及违法涉罪青少年提供专业化服务。2008年5月，为了进一步推进预防和减少青少年违法犯罪工作，上海市阳光社区青少年事务中心闵行区工作站开始探索针对22周岁以下具有违法行为被行政、治安拘留的青少年进行社会特别关护工作；2009 年，上海市闵行区青少年社会特别关护工作正式启动，青少年事务社工开始定点驻扎在拘留所提供专业服务。由此，上海市阳光社区青少年事务中心开始探索将拘留所、看守所等作为对有严重不良行为青少年进行服务管理和预防犯罪工作的主阵地，实施青少年“再犯罪预防”的社工驻所项目。2012 年施行的《拘留所条例实施办法》以及 2013 年颁布实施的《看守所留所执行刑罚罪犯管理办法》提出应对被拘留人/罪犯进行法治、道德、文化、技能、心理健康等教育，为社工驻所项目的开展奠定了法理基础。与此同时，2012 年 9 月召开的全国重点青少年群体服务管理和预防犯罪工作推进会提出，要推广包括青少年事务社工进驻拘留所在内的具有良好成效和普遍意义的工作项目，为进一步开展驻所社会工作服务项目并及时总结提炼工作经验提出了新的要求。

随着对服务经验进行累积和总结，从而提炼出指导下阶段服务的实用知识这一需求日益凸显，实务研究作为致力于改善实务工作和更有效的专业实践的一种研究策略开始在社会工作研究中得到推广和应用。与传统的研究者和实务工作者相互割裂、学术研究生产出来的知识与实务界也是相互脱离的研究不同，实务研究是在社会工作者的积极参与过程中，追求研究的结果或者研究过程中生产的知识能够帮助实务界的实际工作。这种研究方法对于推动社会工作实践的发展、乃至于证明社会工作服务的有效性都大有裨益。基于这一认识，上海市阳光社区青少年事务中心于 2015 年 8 月成立驻所社会工作实务研究团队，开始探索实务研究在驻所社会工作服务中的应用，并通过两次讨论明确了驻所社会工作实务研究所要达到的目标以及需要完善的驻所社会工作服务内容；为了进一步推动驻所社会工作服务的专业化和标准化建设，构建成体系的驻所社会工作服务流程、方法与模式，上海市阳光社区青少年事务中心计划在前期探索的基础上立项开展为期一年的驻所社会工作实务研究。

本研究的目的在于更为规范地开展驻所社会工作服务，构建成体系的关于亲社会规范训练服务、自我管理服务、社会责任感培养服务等驻所社会工作服务的流程、方法、模式。通过本研究的开展，形成上海违法涉罪青少年专业服务的经验，为未来驻所社会工作实务的开展提供指引。

二、研究策略与方法

本研究采取协同式实务研究的策略，研究者和实践者共同参与对社会工作服务的分析，将实践经验转化为服务指引，从而为实践者提供有用的知识。

行动研究要求从实践开始、发现问题、理解问题形成的因素、反思当下实践的问题、制定新的行动方案及推动行动、对自己的实践行动进行观察和记录、进一步反思评估推动的实践行动、提出改变和改善的方法、推动新一轮的实践（见图 7－1）。

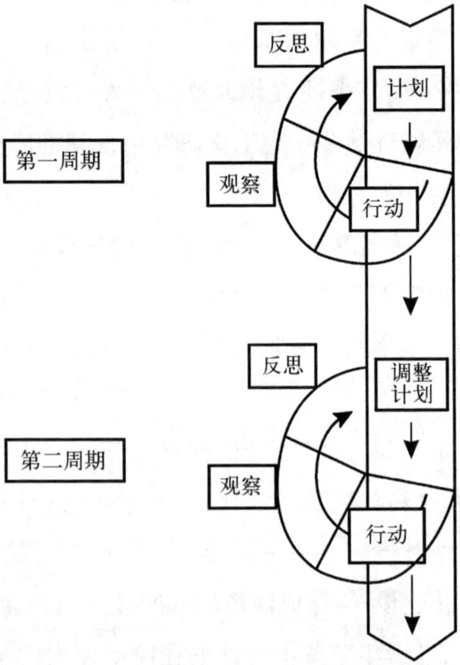

图 7－1　S. Kemmis 和 R. McTaggart 的行动研究模型[①]

① 古学斌. 行动研究与社会工作的介入[J]. 中国社会工作研究，2013(1)：1－30.

依据图 7-1,本实务研究团队共同拟定研究问题、确定实务研究计划;然后,各研究成员(社工站或社工点)具体制定如何开展某项驻所社会工作服务内容的行动方案—各站点驻所社工基于行动方案自主开展实践—各站点驻所社工就行动方案实施的过程进行细致的观察与记录—驻所社会工作实务研究团队共同对实践行动进行总结、反思—制定下一步的具体行动方案等几个基本步骤循环进行。

本项驻所社会工作实务研究在 2015 年进行了初步的探索,分别于 2015 年 8 月 20 日和 2015 年 10 月 27 日召开了实务研究第一次会议和第二次会议。其中,在第二次会议中,经过实践者和研究者的共同讨论与总结,确定驻所社会工作服务需要开展的核心服务内容包括亲社会规范训练(法治教育、行为规范等)、自我管理(安全教育、自我保护教育、健康教育、青春期教育等生命教育)、情绪管理、社会责任感培养(生涯规划、人文素养、社会责任感等)以及社会支持网络建设(亲子关系、社会关系重建、社会适应/融入等)。

而在关于青少年犯罪原因的探讨中,个体因素作为重要影响因素之一得到了学者们的广泛讨论。其中,一般犯罪理论所提出的“低自我控制”概念多为学者所论证。例如,郑红丽等人通过统计分析得出,低自我控制因素在青少年违法犯罪行为方面起到了特别关键的作用[①]。屈智勇等人的研究也得出了类似的结论,即虽然家庭氛围、父母监控和自我控制等因素都能在一定程度上预测青少年的违法犯罪行为;但是,低自我控制是其中的重要个体因素,对家庭氛围有显著的中介作用[②]。关于青少年犯罪原因探讨的著名理论——赫希的社会联结理论指出,青少年可能有三种生涯路线,包括教育、职业和向成人地位的过渡,在三条路线的选择上与主流社会所认定的时间点及其评价标准相符合可以有效制止犯罪活动;同时,如果不遵守社会生

① 郑红丽,罗大华.低自我控制与家庭社会经济地位在青少年犯罪中的作用:我国青少年犯罪成因实证研究初探[J].青年研究,2009,366(3):10-17.

② 屈智勇,邹泓.家庭环境、父母监控、自我控制与青少年犯罪[J].心理科学,2009,32(2):360-363.

活中人们通常都相信的价值理念、法律制度和道德观念等，个人就有可能产生越轨及犯罪行为。

因此，从预防和减少青少年违法犯罪的角度出发，综合实务工作者的实践经验和学者们所进行的相关学术研究，驻所社会工作实务研究在一年时间内计划探讨亲社会规范训练（法治教育、行为规范等）、自我管理（安全教育、自我保护教育、健康教育、青春期教育等生命教育）和社会责任感培养（生涯规划、人文素养、社会责任感等）等三项服务内容的规范化操作。计划通过为期一年的驻所社会工作实务研究，达成以下成效：第一，形成关于亲社会规范训练服务的流程、方法与模式；第二，形成关于自我管理服务的流程、方法与模式；第三，形成关于社会责任感培养服务的流程、方法与模式。

具体活动安排见表 7－1。

表 7－1　2016 年驻所社会工作实务研究活动安排

<table>
<tr><th>日　期</th><th>会议内容</th><th>讨 论 框 架</th><th>会议承办地点</th><th>备注</th></tr>
<tr><td>2016 年 4 月实务研究第一次至第三次会议</td><td>讨论如何开展亲社会规范训练服务</td><td>① 服务对象界定（特征、需求）；
② 可运用的方法或技巧；
③ 服务的过程与程序；
④ 需要链接的资源；
⑤ 驻所社工的角色定位</td><td></td><td rowspan="4">1. 实务研究会议进程应根据实际情况做出相应调整；
2. 会议承办地点由研究参与者商量决定</td></tr>
<tr><td colspan="4">2016 年 4 月至 2016 年 5 月：亲社会规范训练服务第一周期行动</td></tr>
<tr><td>2016 年 5 月实务研究第四次会议</td><td>交流行动经验：亲社会规范训练服务行动的反省、总结、提升</td><td>亲社会规范训练服务是如何进行的？成效如何？（成效体现在哪些方面？做了哪些工作实现了这一成效？）行动过程中遇到了哪些困难或者还存在哪些问题？下一步该如何做？</td><td></td></tr>
<tr><td colspan="4">2016 年 5 月至 2016 年 6 月：亲社会规范训练服务第二周期行动</td></tr>
</table>

续 表

<table>
<tr><th>日 期</th><th>会议内容</th><th>讨 论 框 架</th><th>会议承办地点</th><th>备注</th></tr>
<tr><td>2016 年 6 月实务研究第五次会议</td><td>交流行动经验：亲社会规范训练服务行动的反省、总结、提升</td><td>亲社会规范训练服务是如何进行的？成效如何？(成效体现在哪些方面？做了哪些工作实现了这一成效？)行动过程中遇到了哪些困难或者还存在哪些问题？下一步该如何做？</td><td></td><td rowspan="9">1. 实务研究会议进程应根据实际情况做出相应调整；
2. 会议承办地点由研究参与者商量决定</td></tr>
<tr><td colspan="4">2016 年 6 月至 2016 年 7 月：亲社会规范训练服务第三周期行动</td></tr>
<tr><td>2016 年 7 月实务研究第六次会议</td><td>交流行动经验：亲社会规范训练服务行动的反省、总结、提升</td><td>亲社会规范训练服务的规范流程是怎样的？在实践过程中得到有效运用的方法有哪些？是否可以形成规范化的亲社会规范训练服务模式？</td><td></td></tr>
<tr><td>2016 年 8 月实务研究第七次会议</td><td>讨论如何开展自我管理服务</td><td>① 服务对象界定(特征、需求)；
② 可运用的方法或技巧；
③ 服务的过程与程序；
④ 需要链接的资源；
⑤ 驻所社工的角色定位</td><td></td></tr>
<tr><td colspan="4">2016 年 8 月至 2016 年 9 月：自我管理服务第一周期行动</td></tr>
<tr><td>2016 年 9 月实务研究第八次会议</td><td>交流行动经验：自我管理服务行动的反省、总结、提升</td><td>自我管理服务是如何进行的？成效如何？(成效体现在哪些方面？做了哪些工作实现了这一成效？)行动过程中遇到了哪些困难或者还存在哪些问题？下一步该如何做？</td><td></td></tr>
<tr><td colspan="4">2016 年 9 月至 2016 年 10 月：自我管理服务第二周期行动</td></tr>
<tr><td>2016 年 10 月实务研究第九次会议</td><td>交流行动经验：自我管理服务行动的反省、总结、提升</td><td>自我管理服务是如何进行的？成效如何？(成效体现在哪些方面？做了哪些工作实现了这一成效？)行动过程中遇到了哪些困难或者还存在哪些问题？下一步该如何做？</td><td></td></tr>
</table>

续 表

日　期	会议内容	讨 论 框 架	会议承办地点	备注
2016 年 10 月至 2016 年 11 月：自我管理服务第三周期行动				1. 实务研究会议进程应根据实际情况做出相应调整； 2. 会议承办地点由研究参与者商量决定
2016 年 11 月实务研究第十次会议	交流行动经验：自我管理服务行动的反省、总结、提升	自我管理服务的规范流程是怎样的？在实践过程中得到有效运用的方法有哪些？是否可以形成规范化的亲社会规范训练服务模式？		
2016 年 12 月实务研究第十一次会议	讨论如何开展社会责任感培养服务	① 服务对象界定（特征、需求）； ② 可运用的方法或技巧； ③ 服务的过程与程序； ④ 需要链接的资源； ⑤ 驻所社工的角色定位		
2016 年 12 月至 2017 年 1 月：社会责任感培养服务第一周期行动				
2017 年 1 月实务研究第十二次会议	交流行动经验：社会责任感培养服务行动的反省、总结、提升	社会责任感培养服务是如何进行的？成效如何？（成效体现在哪些方面？做了哪些工作实现了这一成效？）行动过程中遇到了哪些困难或者还存在哪些问题？下一步该如何做？		
2017 年 1 月至 2017 年 2 月：社会责任感培养服务第二周期行动				
2017 年 2 月实务研究第十三次会议	交流行动经验：社会责任感培养服务行动的反省、总结、提升	社会责任感培养服务是如何进行的？成效如何？（成效体现在哪些方面？做了哪些工作实现了这一成效？）行动过程中遇到了哪些困难或者还存在哪些问题？下一步该如何做？		

续　表

<table>
<tr><th>日　期</th><th>会议内容</th><th>讨 论 框 架</th><th>会议承办地点</th><th>备注</th></tr>
<tr><td colspan="4">2017 年 2 月至 2017 年 3 月：社会责任感培养服务第三周期行动</td><td rowspan="3">1. 实务研究会议进程应根据实际情况做出相应调整；
2. 会议承办地点由研究参与者商量决定</td></tr>
<tr><td>2017 年 3 月实务研究第十四次会议</td><td>交流行动经验：社会责任感培养服务行动的反省、总结、提升</td><td>社会责任感培养服务的规范流程是怎样的？在实践过程中得到有效运用的方法有哪些？是否可以形成规范化的亲社会规范训练服务模式？</td><td></td></tr>
<tr><td>2017 年 4 月实务研究第十五次会议</td><td>实务研究第一阶段的总结、反思</td><td>① 对服务开展的总结：开展驻所社会工作服务的流程与程序是怎样的？针对不同类型的服务对象我们运用什么样的方式提供了哪些服务内容？这些服务的成效如何？怎样进行成效评估？
② 对服务对象回归社会的反思：驻所社会工作服务的开展可以怎样更好地促进服务对象融入社会？</td><td></td></tr>
</table>

第二节　研究对象的基本情况分析

本节对拘留所和看守所两个场域的服务对象做了概念界定，并基于生命历程理论开展深度访谈，探索和研判驻所青少年的主要服务需求。

一、所内青少年的基本情况分析

（一）所内服务对象界定

1. 看守所青少年

看守所内 25 周岁以下的违法涉罪青少年。

2. 拘留所青少年

拘留所内25周岁以下的违法青少年。

（二）基本情况分析

1. 看守所青少年的基本情况

全市各区进驻看守所提供服务的有4个区，在2016年7月1日至2017年6月30日驻所社会工作实务研究项目期间，驻所社工已提供服务的看守所内青少年总人数达到了869人。

（1）性别

如图7－2所示，看守所青少年中，男性有822人，占总服务人数的94.59％；女性有47人，占总服务人数的5.41％。

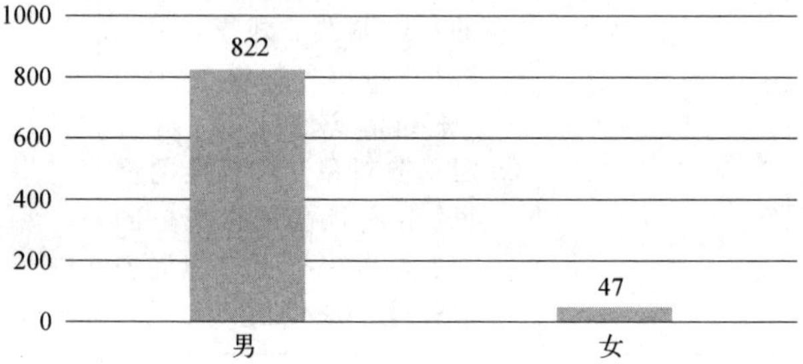

图7－2　看守所青少年的性别

（2）年龄

如图7－3所示，16～18周岁的看守所青少年有363人，占总服务人数

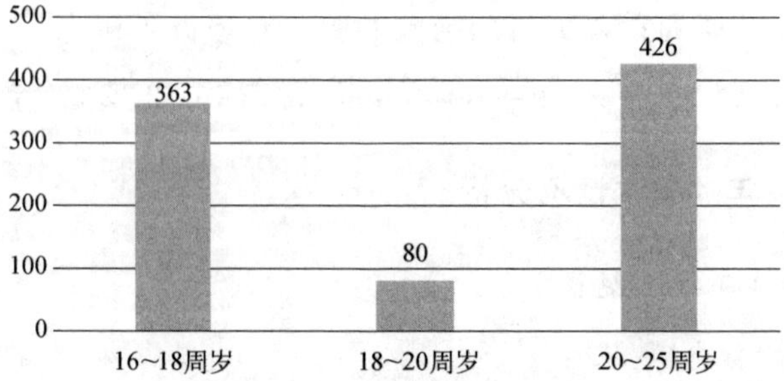

图7－3　看守所青少年的年龄

的41.77%；18～20周岁的看守所青少年有80人，占总服务人数的9.21%；20～25周岁的看守所青少年有426人，占总服务人数的49.02%。

（3）学历

如图7-4所示，看守所青少年的学历主要集中在初中，有428人，占总服务人数的49.25%；其次为小学及以下，有193人，占总服务人数的22.21%；再次为中专/职校/技校和高中，人数分别为96人和88人，占总服务人数的比例分别为11.05%和10.13%；此外，大专和本科学历的看守所青少年分别有38人和26人，占总服务人数的比例分别为4.37%和2.99%。

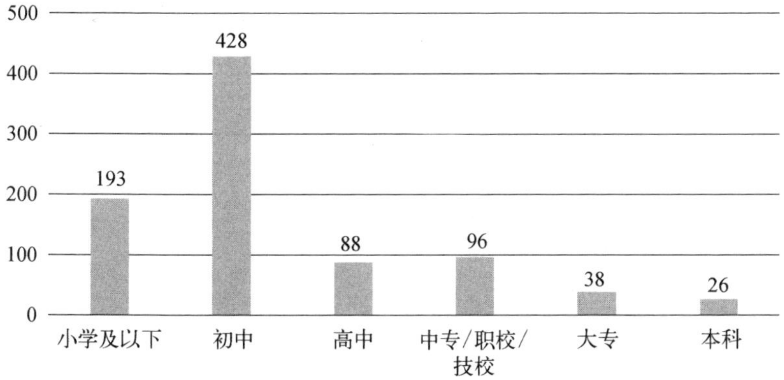

图7-4　看守所青少年的学历

（4）婚姻状况

如图7-5所示，未婚的看守所青少年有830人，占总服务人数的95.51%；已婚的看守所青少年有31人，占总服务人数的3.57%；离异的看守所青少年有1人，占总服务人数的0.12%；婚姻状况不明的看守所青少年有7人，占0.81%。

（5）户籍所在地

如图7-6所示，沪籍看守所青少年67人，占总服务人数的7.71%；非沪籍看守所青少年802人，占总服务人数的92.29%。

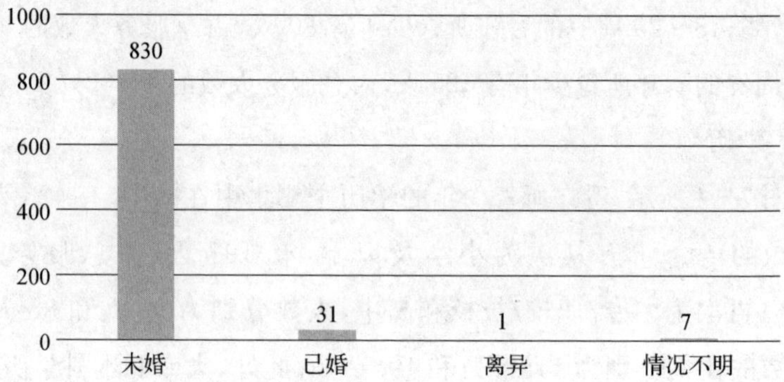

图 7－5　看守所青少年的婚姻状况

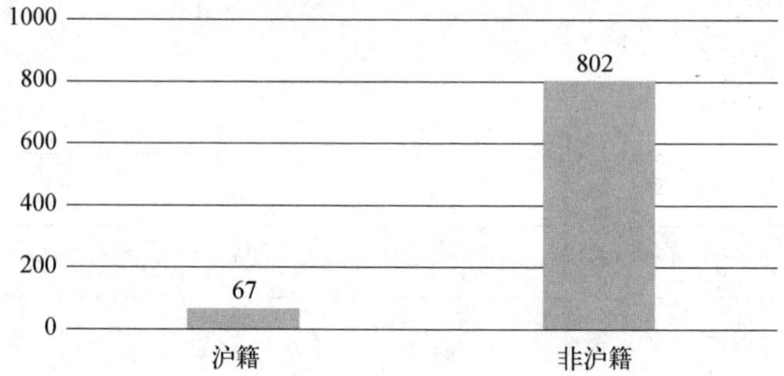

图 7－6　看守所青少年的户籍所在地

(6) 案发缘由

看守所青少年的案发缘由比较多元，位于前三的案由分别是盗窃、寻衅滋事、聚众斗殴。

2. 拘留所青少年的基本情况

目前，全市各区进驻拘留所提供服务的有 4 个区，在 2016 年 7 月 1 日至 2017 年 6 月 30 日驻所社会工作实务研究项目期间，驻所社工已提供服务的拘留所内青少年总人数达到了 205 人。

(1) 性别

如图 7－7 所示，拘留所青少年中，男性有 133 人，占总服务人数的 64.88%；女性有 72 人，占总服务人数的 35.12%。

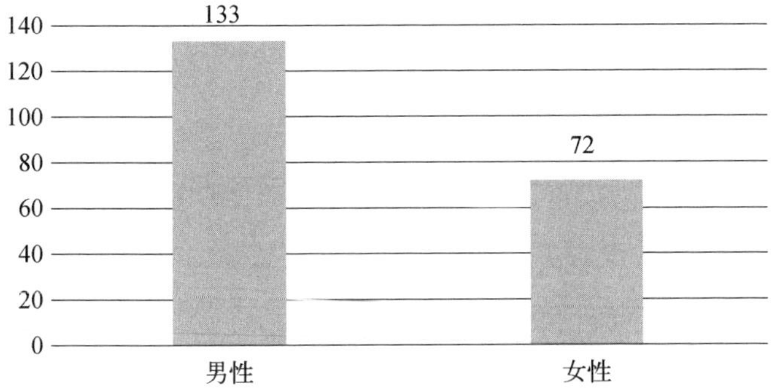

图 7－7　拘留所青少年的性别

(2) 年龄

如图 7－8 所示，16～18 周岁的拘留所青少年有 3 人，占总服务人数的 1.46%；18～20 周岁的拘留所青少年有 24 人，占总服务人数的 11.71%；20～25 周岁的拘留所青少年有 178 人，占总服务人数的 86.83%。

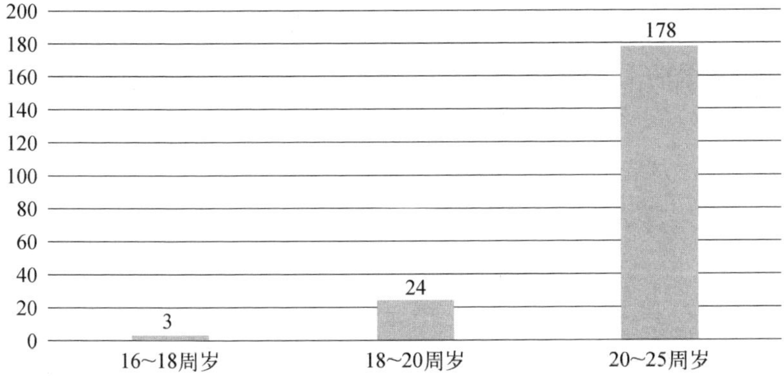

图 7－8　拘留所青少年的年龄

(3) 学历

如图 7－9 所示，拘留所青少年的学历主要集中在初中，有 105 人，占总服务人数的比例达到 51.22%；此外，按所占比例从高到低的学历依次为高中(29 人，占总服务人数的 14.15%)、小学及以下(20 人，占总服务人数的

9.76%)、中专/职校/技校(19 人,占总服务人数的 9.27%)、大专(18 人,占总服务人数的 8.78%)、本科(14 人,占总服务人数的 6.83%)。

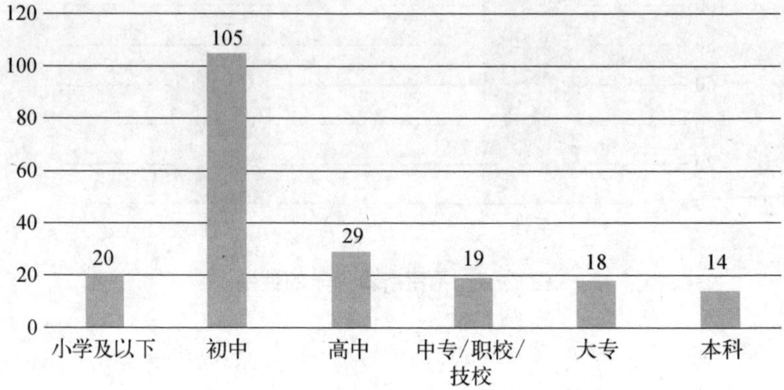

图 7-9　拘留所青少年的学历

(4) 婚姻状况

如图 7-10 所示,拘留所青少年中未婚的占绝大多数,有 181 人,占总服务人数的 88.29%;已婚的有 20 人,占总服务人数的 9.76%;离异的有 3 人,占总服务人数的 1.46%;情况不明的有 1 人,占总服务人数的 0.49%。

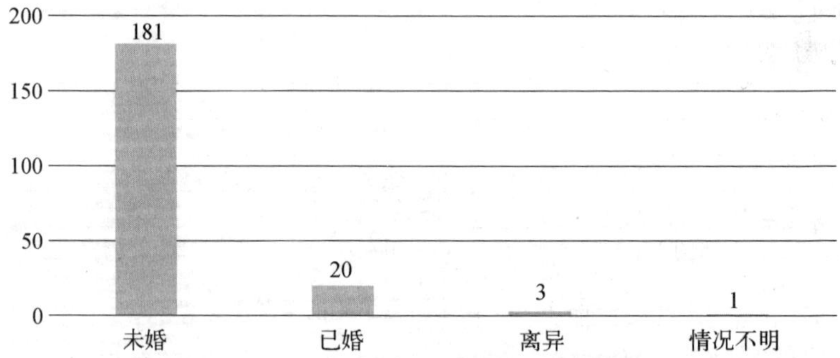

图 7-10　拘留所青少年的婚姻状况

(5) 户籍所在地

如图 7-11 所示,沪籍拘留所青少年 16 人,占总服务人数的 7.80%;非沪籍拘留所青少年 189 人,占总服务人数的 92.20%。

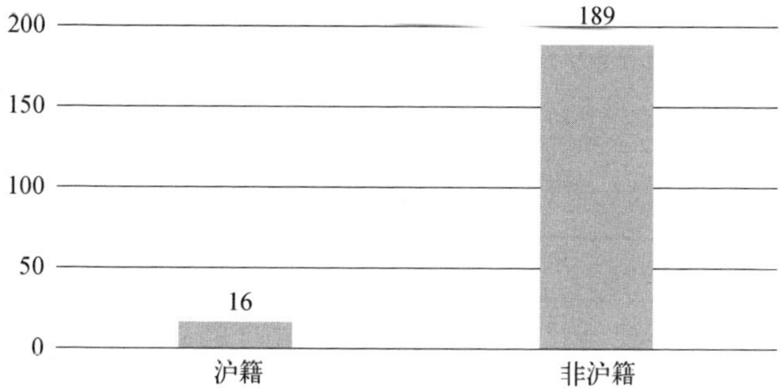

图 7－11　拘留所青少年的户籍所在地

（6）案发缘由

拘留所青少年的案发缘由同样也比较多元，前三的案由分别为毒品违法活动、为赌博提供条件、参与赌博。

二、所内青少年的生命历程分析

生命历程作为一种理论分析范式，起源于 20 世纪初的美国，如今已成为社会学重要的研究范式之一。通过对所内青少年开展生命历程访谈，对这部分青少年的成长历程做出深入了解，将其越轨行为置于所处的社会历史环境中进行分析，从而把握其需求，为后续服务的开展提供一定的依据。

（一）受访青少年的基本情况

在驻所社会工作实务研究进行期间，共收集三个区共计 70 名所内青少年的生命历程访谈资料，基本情况如表 7－2 所示。

表 7－2　受访青少年基本情况统计表

（2016 年 7 月 1 日至 2017 年 6 月 30 日）

单位：人

统计名目	详细分类	人数
性别	男	46
	女	24

续 表

统计名目	详细分类	人数
年龄	16～18周岁(不含18周岁)	19
	18～20周岁(不含20周岁)	13
	20～25周岁	34
	未知	4
学历	小学及以下	12
	初中	33
	高中	8
	中专/职校/技校	7
	大专	4
	本科	4
	其他	2
婚姻状况	未婚	60
	已婚	6
	离异	2
	未知	2
户籍所在地	沪籍	11
	非沪籍	59

(二) 受访青少年成长历程分析

一般来说，青少年的成长总是伴随家庭影响、学校教育、同辈交往及个体发展等方面；而所内青少年由于在成长过程中较早踏入社会，其社会经验同时也会影响到个体的成长。

1. 家庭状况

作为所内青少年成长历程中的关键一环，不同的家庭状况同时也直接决定了青少年的学习、性格等各个方面。表 7－3 统计了所内青少年的家庭情况，其中，47 人来自双亲家庭，成长于单亲家庭的青少年有 15 人；家庭中是独生子女的有 33 人，非独生有 30 人，在这一统计中两者比重差距较小；关于隔代抚养的统计中，有 12 人从小跟随祖父母辈长大，有 58 人跟随父母长大，但其中包含祖父母与父母同住等情况。

表 7－3　所内青少年家庭状况统计表

（2016 年 7 月 1 日至 2017 年 6 月 30 日）

单位：人

统计名目	详细分类	人数
家庭结构	双亲	47
	单亲	15
	未知	8
独生子女	是	33
	否	30
	未知	7
隔代抚养	是	12
	否	58

通过表格统计数据，我们可以比较清晰地发现青少年的家庭结构比重。关于青少年成长环境对罪错事件发生的直接或间接影响，将从以下三方面展开描述。

（1）经济拮据

在访谈中发现大部分的青少年家庭经济条件比较拮据。有的是因为生活在单亲环境中；有的是因为父母生病导致经济困难，在这种情况下青少年需要承担起家庭生活的负担。

(2) 错误的教育方式

一部分青少年跟随父母长大，但由于父母文化程度有限，不能帮助青少年解决课业问题，同时又忙于挣钱而忽视了青少年的学习与成长；一部分家长对青少年管教严苛，其教育方式存在问题导致亲子关系僵化；另有一部分隔代抚养青少年，其祖父母辈承担起了培育这些青少年的重担，不重视也不知道如何处理青少年的教育和学习以及减轻青少年的生活和学习的压力，这既是对老人的挑战也是对青少年成长的不负责。

(3) 亲子关系疏远

亲子关系的隔阂与僵化导致不良家庭氛围。首先，大多数所内青少年均表示，自己与父母之间容易发生冲突，久而久之亲子关系变得冷淡，他们为了不与父母发生冲突而选择减少相互之间的沟通，并且不断屏蔽父母和自我封闭。其次，青少年时期往往会出现叛逆心理，大部分青少年也会由于叛逆心理与父母关系僵化。最后，部分所内青少年同时具有留守儿童的身份，他们在儿童期缺乏父母的陪伴，致使亲子关系疏离，在遇到困难时不会与父母交流，也难以向父母寻求帮助。

2. 朋辈影响

(1) 结交不良朋辈群体

青少年时期受朋辈影响深远，访谈中绝大部分青少年表示自己喜欢结交朋友，同时也表示会与朋辈群体前往各种娱乐场所。统计发现，不良朋辈群体大多是同学及老乡。一部分青少年在学校阶段结识不良同学，并跟随他们前往网吧等场所，导致学习成绩变差，最终导致辍学；在这期间同样有青少年在自己比较拮据时跟随不良同学进行盗窃。另外一部分青少年在来到城市工作时结识许多老乡，因为接受老乡的帮助而信任他们，而后与其一同出入酒吧、KTV 等场所；在与老乡结交过程中会相互帮助，也会跟从老乡开展各种违法犯罪活动。

(2) 娱乐场所的影响

由于青少年辨别是非能力有限，社会阅历尚浅，自制能力较弱，若频繁出入娱乐场所，极易受到不良因素的影响。一方面，进入娱乐场所受朋辈群体影响；另一方面，在娱乐场所中又能够结交到其他朋辈群体。同时，青少年在进入娱乐场所过程中能够满足自身以及所在小团体的生理及心理需求，这也是吸引青少年群体的重要原因。通过对青少年访谈资料的分析，我们发现随着年龄的增长，在初中时期青少年普遍比较沉迷于电脑网络游戏，随着游戏设计的发展和人工智能的进步，手机游戏也逐渐影响青少年，不少青少年表示自己比较喜欢玩手机游戏；随着青少年的成长和社会经验的增加，酒吧、KTV、棋牌室、会所等娱乐场所也遍布青少年身影。一部分青少年因为喝酒意识不清与人发生冲突导致罪错事件发生；也有青少年在娱乐场所与朋友聚会时被怂恿吸毒等。

3. 学校影响

学校是青少年社会化过程中的关键一环。针对学校生活，青少年普遍表示比较平淡，并且表达了自己对学习不感兴趣以及自己学习成绩差的观点。资料发现，一般青少年的学习转折点出现在小升初时，随着初中课程大量增加、学习压力日益增大，他们逐渐跟不上学习课程而自暴自弃，认为自己不是学习的料；同样，对于这些所谓的“差生”“坏学生”，学校老师和其他同学给予的关爱也远远不够。这样的学习环境最终导致这群青少年的自尊心和自信心大受打击，因而选择在小小年纪便远离学校，中断了在学校的社会化过程。

4. 社会影响

青少年较早结束学校生活步入社会的结果是学历尚浅，且自身技能掌握不足，只能从最普通、最简单的工作开始做起。根据访谈资料，不少青少年在餐厅做过服务员，也有做帮厨来学习厨师技能的；还有在工厂做小工的、送快递、美发店员等。早早步入社会使得这些青少年外表和内心看似成熟，并且他们也自诩比同龄人成熟，而实际上，社会经验只熏陶了他们的表面，其内心还是比较幼稚，这种差距也导致青少年的心智及价值观等各方面发育不健全。

5. 个体发展

青少年心智尚未完全发育成熟，其价值观等各方面仍会受多方面影响而不断改变，受社会上不良金钱观和价值观的影响，许多青少年存在拜金主义、物质欲望膨胀、希望能不劳而获等观念。根据访谈资料，一部分青少年肩负着挣钱接济家庭的重担，他们会选择快速且不费太多脑力和体力的工作来实现自己"挣快钱、挣大钱"的需求；还有一部分青少年对职业要求比较高，不愿意从事苦累的工作，希望能够以最轻松的方式赚到最多的钱，所以就会选择既能满足玩乐又能挣钱并且不辛苦的工作。

（三）受访青少年对越轨行为及其后果的认知情况

（1）过于冲动。回忆罪错事件，青少年都认为自己当时太过于冲动，认为当时如果能够有效控制自己的情绪和行为，自己也不至于会被抓。

（2）侥幸心理作祟。有一部分青少年（盗窃、卖淫等）明知自己做的事情是违法犯罪的，还抱有侥幸心理，认为自己经验老到、不会被抓。

（3）情绪比较压抑。被访谈青少年针对罪错事件的认知普遍表示后悔，只有受到法律层面的惩罚才会对其警醒，并且思考今后的生活。青少年毕竟年龄小，在发生罪错事件时情绪比较压抑，也很害怕。

三、所内青少年服务需求分析

（一）情绪管理的需求

所内青少年在监所中的情绪会伴随刑期不断变化。刚进监所时，他们普遍会产生消沉、害怕等情绪，对于未成年人尤其如此；同时，也有部分青少年表示自己会有愤怒、焦虑等情绪产生。而在出所之前，他们的情绪也会有一些波动，比如由于能够逃离被约束的生活而感到兴奋、由于担心出所以后违法犯罪的标签会跟随自己一辈子而感到紧张等。

（二）提升法律意识的需求

大部分所内青少年都不能清晰认识到自身越轨行为的危害性，也并不清楚触犯的是哪些法律条例。更有甚者，他们在主观上并不认为自己的行为是违法犯罪的。同时，针对其在学校期间是否有学习法律等方面的课程的问题，青少年普遍表示自己没有接受过法律知识的讲授，法律意识的提升是所内青少年亟须的。

（三）改善亲子关系、缓解家庭矛盾的需求

一部分所内青少年没有接受到良好的教育，父母文化程度比较低，并没有对他们进行良好的引导，因此他们需要正确认识家庭对自己的影响，调整与原生家庭的沟通方式。同时，也有一部分所内青少年面临着亲子之间关系较为疏远的问题。在其因违法犯罪行为被处罚以后，处在监所内与家里人的联系主要依靠信件，相互之间的联系也并不紧密，部分青少年甚至还会因为父母所在地址变更或信件遗失等原因而失去与父母的联系。此外，他们还普遍面临着在出所后如何被家庭接纳等困境。

（四）知识学习与技能提升的需求

所内青少年面对自身文化水平低、社会技能薄弱等劣势对社会立足的影响，在越轨事件发生后，他们普遍会反思并规划自己的未来。一方面，部分青少年选择继续深造，回到学校学习科学文化知识；另一方面，部分青少年选择学习掌握一技之长来帮助自己立足社会。但是，如何链接学校以接纳自己继续学习，以及如何能够学习到一技之长等问题却一直困扰着这些青少年。

（五）回归社会后的生存需求及“面子”问题的解决

所内青少年回归社会后，如果没有很好地适应社会，其再犯罪的可能性比较大。一方面，回归社会后的所内青少年面临的问题是没有固定住所，没有固定收入，其生存状况堪忧；另一方面，部分青少年比较担忧自己的“越轨事件”会影响自己的“声誉”，他们不知道如何面对亲戚朋友。

第三节　驻所青少年社会工作的主要服务内容及方法探究

本节运用行动研究方法的策略，探索研究驻所青少年司法社会工作服务的主要内容和主要服务方法。

一、驻所青少年社会工作服务内容

驻所社会工作实务研究小组成员经过几次会议的研讨，最终确定驻所社会工作服务以提升青少年的亲社会行为为核心内容，并形成了驻所社会工作的“3＋X”服务框架。所谓“3”，即驻所社会工作服务涵括三个层面，包括个人层面的服务、支持网络层面的服务和体系衔接层面的服务。其中，个人层面的服务主要指法治教育、行为规范、自我管理、社会责任感培养、生涯规划、人文素养和生命教育等；支持网络层面的服务主要指朋辈关系重建、家庭关系重建、社会关系重建和服务行动系统构建等；体系衔接层面的服务主要指出所衔接、就业服务、救助服务、社会适应/融入服务和跟进服务等。而所谓的“X”，即各个区根据各自看守所、拘留所的实际情况所提供的特色服务。

在驻所社会工作实务研究进行期间，共有六个区的工作站进驻看守所、拘留所，围绕所内青少年的亲社会行为提升开展相应服务的基本情况如表7－4所示。

表7－4　驻所社工服务开展基本情况统计表

（2016年7月1日至2017年6月30日）

服务内容层次	具体服务内容	服务形式			服务人次/人
		个案/个	小组/个	社区/个	
个人层面服务	法治教育	52	3	16	497
	行为规范	0	0	3	48

续　表

服务内容层次	具体服务内容	服务形式			服务人次/人
		个案/个	小组/个	社区/个	
个人层面服务	自我管理（主要为情绪、时间、沟通管理）	30	3	7	226
	社会责任感培养	0	1	1	81
	生涯规划	0	2	1	32
	人文素养	0	0	3	53
	生命教育	0	2	12	252
	其他	0	0	6	62
支持网络层面服务	朋辈关系重建	0	0	4	55
	家庭关系重建	5	1	1	56
	社会关系重建	1	4	0	112
	服务行动系统构建	2	0	1	22
体系衔接层面服务	出所衔接	0	0	0	0
	就业服务	1	1	1	28
	救助服务	2	0	0	4
	社会适应/融入服务	0	0	0	0
	跟进服务	11	0	0	44

（一）个人层面服务内容

个人层面的服务主要包括法治教育、行为规范、自我管理、社会责任感培养、生涯规划、人文素养和生命教育等。针对每一项服务内容，分别运用个案、小组、社区等社会工作方法开展服务的数量如图 7－12 所示。

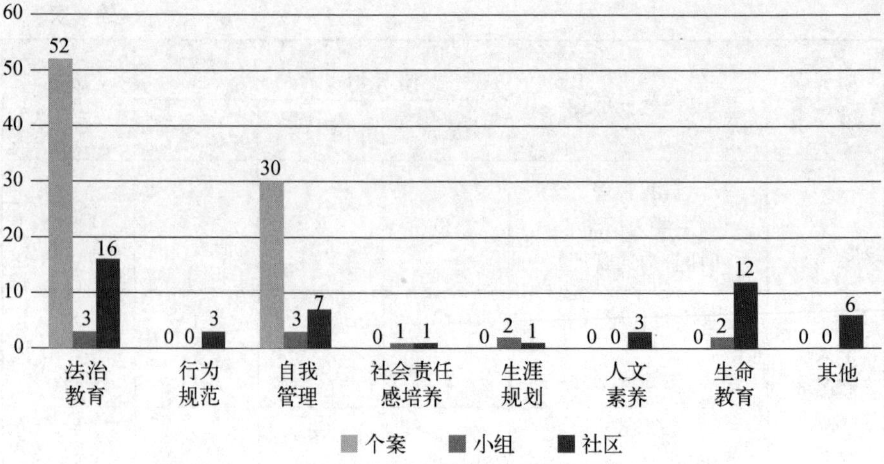

图 7－12　个人层面服务基本情况

1. 法治教育

（1）利用面谈对违法青少年进行法治教育、认知改善等服务，帮助他们了解我国法律法规，知道哪些行为会触犯法律，让他们结合自身，明白自己所犯的罪错并反思。

（2）整合法律援助律师、交警等资源，结合我国法律为所内违法犯罪青少年普及法律知识，同时针对青少年的案件进行分析与教育。

2. 行为规范

（1）在这个层面，更多是结合“酒驾”“无证驾驶”的情况，通过面谈或团体活动，强调生活中的规则和标准，没有规矩不成方圆，没有规范就没有秩序。

（2）强调行为规范对公众社会生活的发展和影响，让所内青少年意识到自身、别人的行为规范都会影响自己和家人，正确处理人与人、个人与群体的利益关系。

3. 自我管理

目前，在所内开展的自我管理服务内容集中在情绪管理、时间管理和沟通管理。

情绪管理服务：

(1) 以面谈、讲座、团体活动的形式开展情绪管理辅导，既让他们学会如何控制自己、管理自己的情绪，又达到了普法的目的。

(2) 邀请心理咨询师、驻所社工给违法青少年开展心理讲座。

(3) 针对所内青少年出现的自卑心理，对他们开展提升自信、自强、自立等方面的教育；并有意为他们搭建展示其个性化才能的平台，让他们感受到自己存在的价值。

时间管理服务：

(1) 在个案、团体活动中，用游戏、讨论、分享的形式，灵活生动地向所内青少年传递时间管理的重要性，使其感悟时间的宝贵，学会珍惜时间。

(2) 教授所内青少年掌握高效的时间管理技巧，有效提升时间价值和学习、工作效率，引发他们对生命的意义以及生活目标的重新思考。

沟通管理服务：

(1) 在个案、团体活动中，用游戏强调有效沟通、双向沟通的重要性，引起所内青少年的重视。

(2) 教授沟通的有关技巧，了解倾听、回应的基本技巧和方式。

4. 社会责任感培养

社会责任感是公民在社会生活中对他人、对集体、对国家乃至人类社会所应承担的，表现在思想、政治、道德和法律上的一种使命、职责、义务。违法涉罪青少年往往因为责任感的缺乏而走上违法犯罪的道路。因此，有必要加强教育和引导，以增强所内青少年的社会责任感。

具体来讲，针对违法涉罪青少年存在的不同的思想和行为问题，大体采用个案、小组和社区活动的形式提供服务。针对他们好逸恶劳、贪图享受、清高浮躁、毅力不强等问题，驻所社工可以和所内干警共同联手，对他们进行劳动和艰苦奋斗等方面的教育，为他们安排一些劳动量，如打扫卫生等；同时，驻所社工也可以开展一些手工制作活动，如数字画、贴画、手工纺织等，磨砺他们的性格，加强他的耐力和毅力，使他们形成吃苦耐劳的道德意识。就责任感中的道德问题，应建立社会、监所和家庭一体化的帮教机制，并形成切实有效的教育合力。

5. 生涯规划

生涯发展是终身持续不断的历程，14 至 25 岁的青少年正处于生涯发展的探索期和初步建立期。协助所内青少年进行生涯规划，主要是协助他们对自身的个性特质、能力、兴趣和生涯价值观等建立较为深入的了解，发现和强化个人能力与兴趣，并建立个人的职业发展目标与职业理想；同时，能够对当前的职业发展环境有所了解，认识到环境因素对个人职业选择的限制，并能够平衡好自己和他人的期望，从而对自己的未来发展做出妥善安排。

6. 人文素养

通过开展经典诵读等方式进行德育教育。在看守所内开展"与圣贤为友，与经典同行"中华经典诵读活动，以团体辅导的形式，开展"诵经典文，做有德人"活动等。对于监所特殊学校来说，开展中华经典诵读是建设监所教育转化工作的重要措施，有利于监所增强文化底蕴，形成和谐进取的工作局面和监所独特的监管教育。对于迷途青少年来说，让他们在监所内接受优秀文化的熏陶，在诵读过程中潜移默化地接受优秀传统教育，为他们出所后的发展奠定良好的基础。

7. 生命教育

青春期教育：

（1）邀请社区卫生服务中心的医生来所内开展健康教育。

（2）针对未成年人群体提供青春期教育服务。考虑到其年龄较小，对于青春期所遇到的困惑很难靠自身想通或解决，普及性教育对其有一定的益处。

自我保护：

整合资源邀请专业救援团队来所内开展心肺复苏、急救包扎等自护安全教育。

8. 其他

节日主题活动。

（二）支持网络层面服务内容

支持网络层面的服务主要包括朋辈关系重建、家庭关系重建、社会关系重建和服务行动系统构建。针对每一项服务内容，分别运用个案、小组、社区等社会工作方法开展服务的数量如图 7－13 所示。

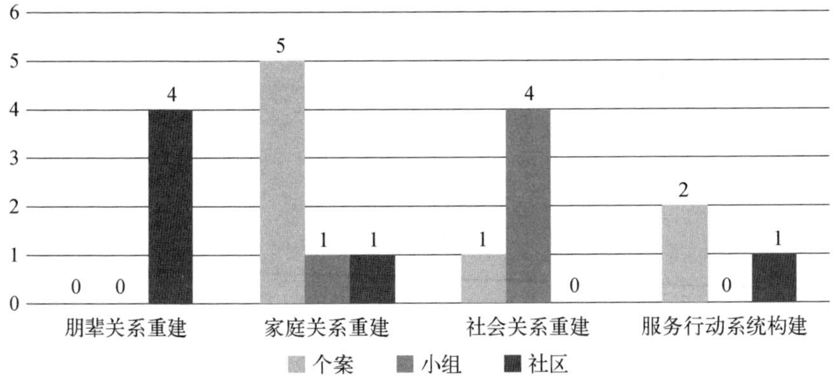

图 7－13　支持网络层面服务基本情况

1. 朋辈关系重建

通过社区活动、小组工作一方面让所内的青少年意识到与周边的不良群体要保持一定的距离，并能掌握对不良诱惑勇敢说“不”的能力；另一方面也让他们彼此分享在生活、工作方面曾遇到的困惑，曾采取的克服的措施和方法，彼此给予支持，通过同辈的力量看到不同的方式、角度去处理问题而产生不同的效果。

2. 家庭关系重建

（1）一方面，在所内针对青少年开展沟通技巧的培训，提升服务对象与他人良好沟通的能力与技巧；另一方面，对家长进行培训和引导，为青少年回归社会后营造一个良好的家庭环境。有条件也可以开展亲子关系以及沟通技巧方面的培训，还可以开展家长联动或亲情会等。

(2) 通过驻所社工在场的家属会见，改善所内青少年与家庭成员的沟通，化解其与家人之间的矛盾。

3. 社会关系重建

违法涉罪青少年往往缺乏良好的社会关系，如家庭关系、人际关系等，使得他们很少与其他社会群体交流。尤其对于来沪青少年而言，他们的社会支持系统更为缺乏。正因为如此，所内青少年群体在交往群体减少的情况下，很容易发生交往对象的转移，一方面可能重新和具有不良行为的人群交往，另一方面也可能导致自我封闭、增加了自身的孤独感。因此，为所内青少年提供社会关系重建方面的服务是重要的内容之一。

驻所社工主要从以下两个方面开展工作：一是与服务对象沟通，让其了解自身的不足与长处，特别是在人与人的沟通方面，引导和增强他们与人的沟通能力和技巧，提升他们自我资源整合的能力和与外在资源的联结；二是常住来沪和本市涉罪未成年人出所后，帮助他们联结居(村)委会、社区社工、志愿者、法律援助部门就业、就学等有关部门，切实解决他们在学习、就业中遇到的困难，如给予经济资助或法律援助、举办就业培训等，使之掌握一定的生存技能，解决各种问题。

4. 服务行动系统构建

为了缓解驻所社工与看守所民警的工作压力，鼓励驻所社工与干警更好地为所内青少年服务，开展一些针对拘留所、看守所民警的沙龙活动。

(三) 体系衔接层面服务内容

体系衔接层面的服务主要包括出所衔接、就业服务、救助服务、社会适应/融入服务和跟进服务。针对每一项服务内容，分别运用个案、小组、社区等社会工作方法开展服务的数量如图 7 - 14 所示。

1. 出所衔接

(1) 在出所之前，未检科、拘留所、看守所、涉案民警及驻所社工组成帮教小组对违法涉罪青少年进行出所前的训诫教育；以帮助违法涉罪青少年进一步认识到自身的问题，从而改过自新、回归社会正常生活。

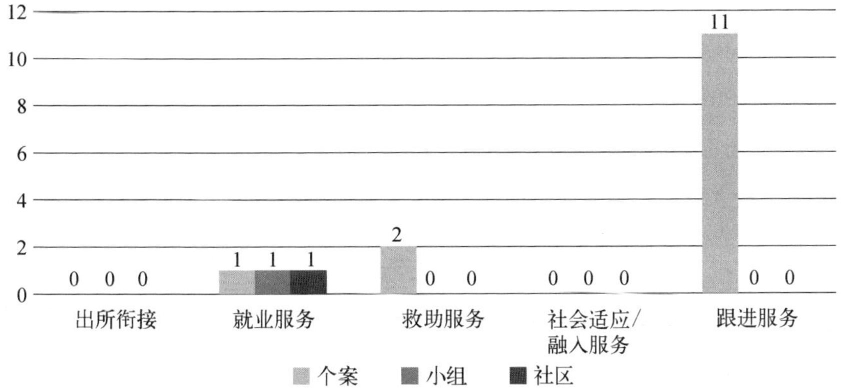

图 7－14　体系衔接层面服务基本情况

(2) 对在上海常住的来沪及本市违法涉罪青少年做好出所前的转介工作，转介给所在街镇的社工。并全力做好违法涉罪青少年在出所、管控、帮教等各个环节的“无缝对接”工作，通过学校、社区、社保中心等单位合力切实提高对出所违法涉罪青少年的管控率。

(3) 对来沪违法涉罪青少年在上海没有固定居住地的，尽量联系到其家人，劝其家人在出所日能够到场，把青少年交到家人的手中。

(4) 对特别困难的涉罪未成年人，又无家人来接的，驻所社工帮助联系救助站，协助其返回家乡；而对那些想在上海继续打工又身无分文、无固定住所的服务对象，驻所社工则联系会员单位给其临时安排工作。

2. 就业服务

分析违法涉罪青少年的犯罪成因，发现很多人除了由于缺乏法律知识之外，主要是在失业、无业没有经济来源的情况下才动起了邪念，最终走上了违法犯罪的道路。为此，驻所社工为所内青少年提供就业服务，为他们出所后能够早日顺利就业提供能量，同时也为他们自立自主做好准备，从而更好地预防和减少再度违法犯罪行为的发生。

(1) 文化知识学习。鼓励违法涉罪青少年利用空余时间学习文化知识，积累知识、提升能力。

（2）提供就业指导。一方面，驻所社工可以从如何克服就业面试中的不足，掌握面试中的技巧等方面进行知识传授；另一方面，可以基于所内现有的条件，借助所内的活动场所和设备，邀请心理专家、就业指导员等专业人士，为违法涉罪青少年做专业指导。

（3）针对具体岗位开展技能培训。

（4）提供生涯规划服务。由于许多违法涉罪青少年学历不高，且不愿意重新返回课堂。因此，驻所社工可以为他们提供生涯规划的相关服务，协助他们合理规划自己以后的人生道路，选择适当的职业方向。例如，通过开展职业生涯规划活动，促使所内青少年重新审视自己、增强生涯决策意识；同时，通过分析自己的兴趣、气质、性格、能力、特长、学识水平、思维方式、价值观、情商以及潜能等，引导和协助他们进行正确的职业生涯规划，为将来在出所后能够更好地回归社会、融入社会打下基础。

3. 救助服务

（1）在所内宣传各项救助政策法规。

（2）对困难家庭的违法涉罪青少年申请各项救助，负责落实政府各项救助措施。

（3）负责提供救助申请人和家庭的收入、就业、居住等情况，协助综合救助中心人员开展对违法涉罪青少年的家庭生活状况评估。

（4）全面掌握所内低保对象、低收入困难家庭和突发性特殊困难情况，并做好上报工作。

（5）在政治委和共青团等部门的支持下，筹集专项救助资金，开展救助工作。

（6）对特别困难的涉罪未成年人，又无家人来接的，驻所社工帮助联系救助站，协助其返回家乡。

4. 社会适应/融入服务

以团体辅导的形式开展交流沟通方面的活动，让服务对象了解沟通交流的重要性，学习沟通技巧，加强人际交往能力，为出所后快速融入社会做准备。

5. 跟进服务

(1) 发放社工名片，方便青少年出所后与驻所社工联系。

(2) 促进所内青少年与所外社工签订回归社会服务协议(三到六个月)，提供预防再犯罪个案服务和跟进服务，帮助他们回归社会生活。

(四) 特色服务内容

1. 杨浦区“心声剧场”

上海市阳光社区青少年事务中心杨浦工作站运用社区剧场的形式，驻所社工组织所内青少年讲出自己的人生故事、编排属于自己的“人生情景剧”，从而帮助他们强化守法观念、增强自控能力。

2. 徐汇区“心的启程”小组工作

上海市阳光社区青少年事务中心徐汇工作站自2014年7月走进徐汇区看守所，针对已决犯青少年开展家庭支持系统重建及法律意识提升等主题的小组活动。在工作中，驻所社工发现这些青少年因特殊事件的发生，信心系统严重受损，对未来缺乏具体目标，也没有实现的动力和勇气。所以，自2015年5月起，协助已决犯青少年自信重建的“心的启程”小组活动正式开展。该小组以优势视角为理论依据，并运用“焦点解决短期治疗”模式，以组员出所后最想做的一件事为短期治疗的焦点，并就达成目标的步骤、每个步骤实施中可能遇到的阻碍、实际生活中可以运用到的资源等展开分析，让组员在循序渐进的过程中对未来的目标建立全新思考，重树信心。在小组具体开展中，带领者以组员的优势、成功经验为出发点，促进建立全新的自我认识，带领者也积极关注组员间的相互支持，让他们获得更多来自同伴的支持，并凭借有效经验给予同伴正向引领，从而感受到自我价值所在。

3. 黄浦区“电子助力，阅读人生新起点”

上海市阳光社区青少年事务中心黄浦工作站在拘留所开展主题活动及心理干预，并在2016年年初，由共青团黄浦区委出资，配备了2台电子书阅读器分别放于拘留所的男监和女监，用于拘留所内青少年的阅读，丰富他们的业余生活，扩大他们的阅读量。所内青少年通过电子书阅读器可以了解更多的法律知识、劳动法规，以及提升对阅读的兴趣。

二、驻所青少年社会工作中的危机干预

（一）高危人群的识别

这里所指的高危人群主要是指驻所社工在面谈、量表中发现或由管教、警官求助，羁押在拘留所、看守所中，生理、情绪状况不稳定，有自杀意图，或者扬言出所后对某事或某人进行报复的学员。他们存在以下几类情况：

(1) 物质滥用：有物质滥用记录（毒品、酒精），实施违法行为被拘押而进入戒断期，身体、心理存在较为强烈的反应症状；

(2) 患有精神障碍的青少年；

(3) 半年内遭遇各种丧失危机事件未接受心理支持的青少年；

(4) 情绪低落抑郁者（超过半个月）；

(5) 过去有过自残自杀企图或行为者；

(6) 性格有明显缺陷者；

(7) 有强烈的罪恶感、缺陷感或不安全感者；

(8) 存在明显的攻击性行为或暴力倾向，或其他可能对自身、他人、社会造成危害者；

(9) 经过 mentalstate test 软件及 PDQC 人格障碍问卷测试后呈现高危状态者。

（二）危机干预案例

所谓危机，即当事人面对的一个困境，这个困境不仅让当事人无能为力，而且还使当事人完全失去对自己生活的主动控制力。在进行危机干预时，有三个基本的模型——平衡模型、认知模型和心理-社会交互模型，这些模型为危机干预的策略和方法提供了基础。

其中，危机干预的认知模型认为，危机源于当事人关于危机相伴而生的诸事件或情境的错误思维，而不是源于这些事件或情境本身。这一模型的目标是帮助危机当事人认清危机事件或危机情境，并改变他们对危机事件

或危机情境的观点和信念。其基本原理在于，人们可以通过改变思维方式而对自己生活中的危机加以控制。危机干预的认知模型最适用于危机进程的中期，那时危机当事人的情绪已基本稳定下来，并接近于危机前的稳定状态。

追要补偿，宁愿负气伤人——解开心结，只为微笑离开

“喂，社工吗？你们好，我是梁×。”

2010 年 5 月 12 日中午，驻所社工接到了梁×的来电。电话那头，能明显感到他的激动和喜悦之情。梁×表示，现在，他和公司之间的纠纷已顺利解决了，他还拿到了相应的补偿金。

“现在这件事情已经过去了，我要感谢你们，你们为我做了很多!”电话结束时，梁×这样说，简朴而又真切。

这半个月，对他来说，意味着很多。

这对我不公平

梁×，男，1982 年 1 月出生，辽宁朝阳人；2010 年 4 月因持刀行凶、故意伤害而被行政拘留。

5 月 5 日，是驻所社工和梁×的第一次见面。初次面谈，他讲了很多。

原来，4 月 3 日，因加班吃饭问题，梁×与食堂人员产生争执，并打碎了公司一块很大的钢化玻璃。因此，他被公司以“严重破坏公司财物”为由开除，并不予补偿。但是梁×认为，他没有吃到饭其实是公司管理制度上的漏洞所致，而且他在公司做了 3 年，离职时却得不到分文的补偿，他不愿接受如此严重的结果。于是，4 月 29 日，梁×在调解未果后，硬闯入公司并和保安人员发生冲突，最终拔刀相向，从而被行政拘留。

梁×带着很大的情绪，他承认确实是打碎了玻璃并有故意伤害这样的举动，但他现在也承担了相应的后果；他认为公司也有责任，因此，他出去后必须得把这件事“弄清楚”，不管付出什么代价。

“这对我不公平”——他这样说。

解开心中的疙瘩

梁×现在的想法具有很大的非理性的成分，因为吃不上饭，就觉得打碎玻璃是必然的？因不能进公司，就可以把刀架在保安人员的脖子上？那么，出所之后，他为了解决劳资纠纷，又将会出现什么样的行为呢？为了有效地预防他出现非理性的行为，有必要从源头上来解决他的问题。

针对梁×的经历，驻所社工选择“在北京被解雇”“打碎公司的钢化玻璃”“持刀伤人”这三件事进行剖析。

（1）在北京被解雇

梁×曾是一名平面设计师，作为骨干，在公司的架构中比较重要。在被解雇后，他感到受到了伤害。对此，梁×感到很愤怒，决心不管付多大代价也要讨个说法，最后，他终于拿到了800元钱。

“最终，已拿到补偿，应该说是一件令人高兴的事，但你却说是苦涩的回忆，为什么？”

“因为我付的更多，为了这件事，我花了1个月的时间、1千多元钱，还有……”

“还有什么？”

“我错失一次机会，并负气之下回到了老家。”

“所以，其实并没像你所想的那样？”

梁×在考虑之后也表示：“我其实失去得更多。”

（2）打碎公司的钢化玻璃

梁×表示，不能吃到晚饭，其实已经向上级汇报，但食堂的工作人员仍然不理他，他感到很气愤，一怒之下，打碎了前面的钢化玻璃。

“如果前面有其他的东西，我就砸过去了。”

“有没有想过砸伤了人怎么办？”

“没想那么多。”

“我理解你很愤怒，但食堂是外包的，并不属于公司直接管理，你认为食堂的工作人员应听从谁的命令呢？”

梁×并没有说话。

“我们再来回顾一下当时的状况好吗？但这次你是食堂人员”。

（换位思考、角色扮演）

经过角色扮演之后，驻所社工提问："现在，你作为食堂工作人员想说什么？"

他并没有接话。

"有什么可以改进的环节吗？"

梁×表示，当时如果把电话给食堂人员，可能就会避免打碎玻璃的结果了。

梁×表示那个时候自己可能太愤怒了。

（3）持刀伤人

对于持刀伤人，梁×表示已认识到自己的错误，现在想想也挺后怕的，因为保安人员不让进，愤怒之下就拔出刀来，这是一个疯狂而又危险的举动。梁×表示自己太冲动了，容易受到负面情绪的左右，还好没有酿成严重后果。

在与梁×的多次面谈中，经过分析和辩论，并利用角色扮演、换位思考等方式，现在他已认识到自己做事和思维方式太绝对化了，并有了一定的转变。

特殊的访谈

经过驻所社工与梁×的多次接触，现在，他情绪已比较稳定，思考事情的解决方式也不再极端。

为了更好地处理好劳资纠纷，驻所社工向律师进行了法律咨询。在了解了事情的过程后，律师表示梁×的行为发生在公共场所，造成的影响也较坏，确实属于严重破坏公司财物的行为，因此从法律的层面上公司现在的决定并无异议。鉴于公司本身在管理上确实也存在着一定的漏洞，梁×也在公司工作了3年，为此，驻所社工在向拘留所领导汇报工作时提出希望从人性化的角度出发，更好地处理此事。

经过共同努力，几天后，驻所社工与闵治所的所长再一次与梁×进行沟通，共商问题的解决。

梁×在出所后，解决问题的可能途径和方式有以下四种。

法律仲裁：因为此类案件相对较多，需要等候的时间较长，可能会长达几个月。服务对象表示这不是一个很好的方式，因为此前他在北京有过类似的经历，时间长，还会影响找工作。

劳动调解：因为梁×也是过错方，可能不会有令他完全满意的结果。

互相协商（以公安机关为平台）：以公安机关为平台，本着中立的立场，在明确责任和过失同时进行充分沟通，既快又实际。

个人行为：对象已认识到如果采取个人方式，可能会有违反法律的行为。

经过充分沟通，梁×表示希望以互相协商（以公安机关为平台）的方式来处理问题。

微笑着离开

5月9日，是服务对象出所的日子。出所前，驻所社工与他进行了最后一次面谈。

梁×表示，他在学校里学到了憧憬未来，在社会上学到了如何来变通，而在这里，他学到了思考。原先他一直想的是如何不惜一切代价解决事情，注重的是结果，忽视了解决方式的合理性与否。通过与驻所社工的交谈，梁×表示豁然开朗，认为自己之所以会这样想，其实是因为思维方式存在着很多不理性的因素。梁×表示，从自己这件事情中看到驻所社工和警察的努力，自己出去后也会好好地与他人沟通，妥善地处理问题。

“其实，这是一件挺简单的事情，但由于愤怒，自己打败了自己。不应该到这里来，也还好遇到了你们。”

谈话很轻松，梁×离开了，带着微笑。

第四节　驻所社会工作的主要服务流程、规范建设及伦理要求研究

本节基于行动研究，对驻所社会工作服务的流程、规范建设及伦理要求提出了研究建议。

一、驻所社会工作服务流程

（一）看守所服务流程

驻所社工从看守所联络员或内勤处获取25周岁以下的新进学员名单，名单包括未成年人未决犯和已决犯。获取名单后，驻所社工分别对学员进行自杀风险评估、PDQC人格测试、生命历程访谈。通过分类预估了解学员的生理、心理状况，相应地在学员个人层面、支持网络层面、体系衔接层面开展服务或提供危机干预。服务介入后进行相关成效评估。针对服刑期满的已决犯，将相关服务情况转介至矫正社工；针对犯罪情节轻微且符合观护帮教适用条件的学员，由社区内的青少年事务社工介入提供服务。具体流程见图7－15。

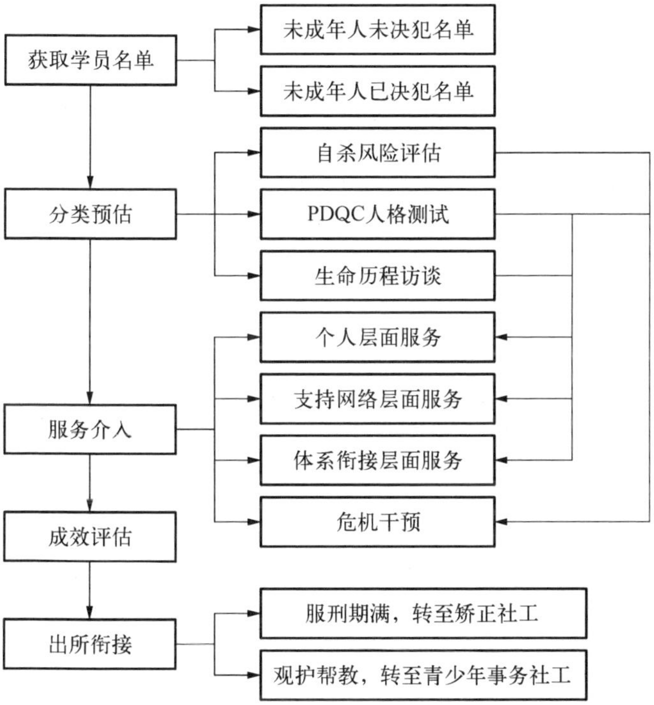

图7－15　看守所服务流程图

(二) 拘留所服务流程

驻所社工从拘留所联络员或内勤处获取25周岁以下的新进学员名单，获取名单后，驻所社工分别与学员进行自杀风险评估、PDQC人格测试、生命历程访谈。通过分类预估了解学员的生理、心理状况，相应地在学员个人层面、支持网络层面、体系衔接层面开展服务或提供危机干预。服务介入后进行相关成效评估，在学员羁押期满后，针对居住在上海的服务对象，开展3～6个月的跟进服务；针对外地户籍且无监护人到场的未成年人，获得学员同意后联系救助站将其接回。具体流程见图7-16。

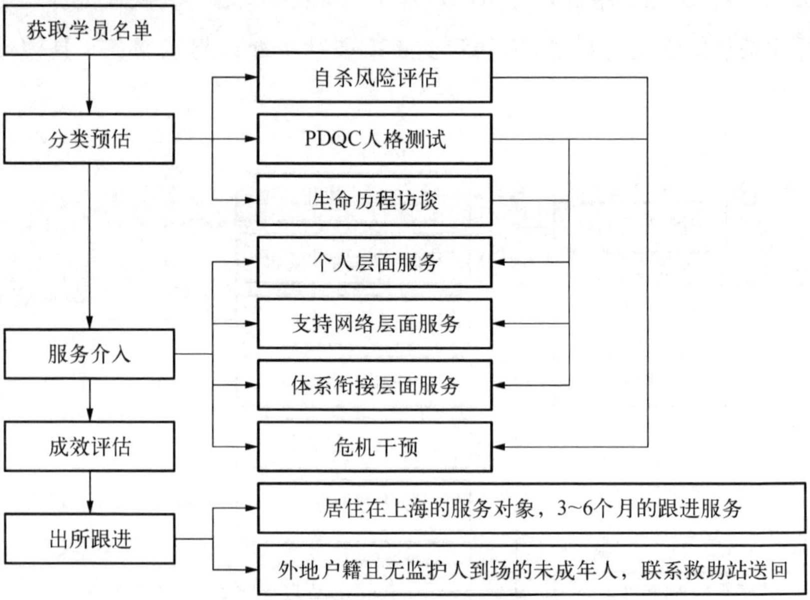

图7-16　拘留所服务流程图

二、驻所社会工作服务的规范建设

(一) 服务协议

1. 服务协议签约方

在驻所工作的服务协议中，建议签订三方协议，分别为区拘留所(看守所)或者区公安分局、团区委和区工作站。

由于区工作站不具备独立法人资质,为了给派出机构赋权,同时让协议也能具备相应的法律效力,机构将在签订协议前出具委托书。

2. 服务群体年龄段

在服务群体方面,基本以25周岁以内的人员为主。可根据所内群体的数量进行拓展,最高服务年龄设置为35周岁。

3. 服务协议主要内容

在协议内容里要包含签约方的职责、工作流程和工作形式。建议就驻所工作经费、具体金额予以说明和标注。

(二)服务场地建设

在拘留所(看守所)内的服务场地建设主要是指办公区域和心理咨询室。

办公区域基本配置为桌椅一套(按驻所社工人数来配置)、电脑一台(按驻所社工人数来配置并至少有一台提供外网)、打印机(复印机)一台、照相机一台、资料柜一个、储存柜一个。在墙上有上海市阳光社区青少年事务中心的LOGO和口号,墙体颜色以橙色和绿色为主。

心理咨询室根据面积大小,进行功能上的划分。基本功能区为访谈区、沙盘区、宣泄区,在条件允许的情况下可以设置活动区域。访谈区域内有两张单人沙发,呈45度角摆放,沙发前有小圆桌,方便服务对象填写表格和驻所社工进行记录;沙盘区域内有标准沙盘一个,物品架1～2个,架子上陈列各类沙盘道具,方便服务对象拾取;宣泄区域内有沙袋一个,拳击手套一双,供服务对象宣泄情绪时使用,宣泄区的周围墙面由包裹海绵的蓝色绒布构成,地面可采用蓝色的泡沫拼图地板;活动区域内可供6～8人开展活动,内有白板,方便活动时写板书和投影。

(三)服务档案及建档工作

在所内通常建立如下工作文档,分别为拘留所(看守所)青少年基本情况登记表、自杀风险评估、PDQC人格测试、生命历程访谈提纲等。从工作管理的角度，还设有拘留所（看守所）日常工作统计表、拘留所（看守所）服务开展基本情况统计表、驻所社工转介与回访统计表。

（四）驻所社工介绍用语

1. 第一次，针对个案或生命历程访谈

××你好！我们是来自上海市阳光社区青少年事务中心××工作站的驻所社工。我们主要为大家提供心理上的支持，法律常识的普及，以及协助大家看到自身的一些需求。在接下来的一个小时的时间里，我们将就你的成长经历、工作、学习、生活、违法（犯罪）等情况进行了解，以便为你在所内和所外提供相应的资源和服务。在访谈过程中，我们会做一些记录，方便之后整理，但请放心，在没有得到你同意的情况下他人无法查阅，当然在危及你和别人生命的时候除外。对于我刚才讲的你是否明白？是否还需要我再说一次？

2. 第一次，针对团体活动

各位学员们好！我们是来自上海市阳光社区青少年事务中心××工作站的驻所社工。我们主要为大家提供心理上的支持，法律常识的普及，以及协助大家看到自身的一些需求。就像今天，我们会给大家开展一场以××为主题的活动，希望大家都能在活动中有所收获。

三、驻所社会工作服务的伦理要求

（一）对服务对象

1. 保密的两难困境

社工伦理守则要求社会工作者不能泄露与服务对象的谈话内容，以保护服务对象的隐私、维护服务对象的利益，但是在驻所社会工作服务过程中常常出现以下伦理困境：

(1) 所内警官要求社会工作者提供其与青少年面谈过程中了解的相关信息，驻所社工是否提供？

(2) 在面谈的过程中，服务对象向社会工作者透露了之前曾发生但尚未被警方了解的违法行为，社工是否需要与警方进行相应的沟通？

(3) 警方发现了服务对象违法行为的相关线索，要求社会工作者在面谈过程中了解相关情况，驻所社工是否执行？

2. 服务人群困境

(1) 不属于驻所社会工作服务范围的在押人员寻求社会工作者的帮助，驻所社工是否需要为其提供服务？

(2) 对于出所的青少年，本应该将其转介给社区内的青少年社工，但服务对象要求驻所社工继续为其提供服务，该如何处理？

(二) 对社会工作专业

坚守专业的困境：

所内部分干警不认同社会工作的服务模式，社会工作者会在坚守自己的专业与按照所内干警要求开展服务之间陷入困境。

(三) 对社会

公共安全困境：

(1) 服务对象在所内表现良好，但在面谈过程中向社会工作者透露回归社会后可能再次犯罪的情况，驻所社工是否需要向警察说明？

(2) 服务对象即将离所，但存在的问题没有得到足够的改善，驻所社工该如何做？

(四) 作为专业人员

1. 专业能力的困境

因所内环境因素的影响，部分服务对象或多或少对社会工作者具有一定的防备心理，在面谈过程中对待驻所社工的提问可能有所保留，驻所社工如何判定服务对象所言所行的真实性？如何从中区分服务对象的真实需求？

2. 个人行为的困境

由于服务场所的特殊性，驻所社工极易做出道德批判，可能会影响良好服务关系的建立。

小　结

驻所社会工作实务研究从2015年8月底开始，包括2015年下半年的初步探索期、2016年上半年的中断期、2016年5月底至6月底的重新启动期、2016年7月至2017年6月的实施期和2017年7月至8月的阶段性总结期。前后共召开驻所社会工作实务研究会议9次，形成了如下研究成果：

(1) 对驻所社工已提供服务的看守所青少年和拘留所青少年的基本情况分别进行了排摸与统计分析；

(2) 形成了所内青少年亲社会行为规范访谈提纲，开展了所内青少年的生命历程访谈，并对所内青少年的服务需求进行了分析；

(3) 形成了驻所社会工作服务内容的“3＋X”模式，并对驻所社会工作实务研究开展期间各项服务内容的服务数量及服务人次进行了统计；

(4) 进一步完善了驻所社会工作服务流程，确立了服务协议、服务场地建设、服务档案工作和驻所社工日常用语等方面的规范；

(5) 整理了对高危人群识别的方式和危机干预的案例；

(6) 梳理了驻所社会工作服务开展过程中的伦理困境议题。

通过研究，我们建议未来在以下几个方面持续优化驻所社会工作的发展：

(1) 服务内容需进一步完善，形成针对每一项服务内容的有效干预方案。以法治意识的提升为例，首先需要了解所内青少年法治意识薄弱的具体表现及其原因，并结合文献回顾、社工实务经验分享等形式确定提升青少年法治意识需要介入的点；其次，在相应理论的指导下，设计出具体的服务方案；再次，对服务方案加以实施，并在实施的过程中记录详细过程，以对服务方案做出进一步的修改。

（2）需建立对驻所社工的工作量考核标准。

（3）对驻所社会工作伦理困境及相应的伦理准则做出进一步的研讨。

（4）建立社工与所内干警的工作对接机制。

第八章　青少年司法社会工作的实践反思

1986年,上海长宁区法院成立了全国第一个少年法庭。同年,长宁区检察院在起诉科设置了全国第一个"少年起诉状组",长宁区公安分局设置了全国第一个独立的少年警务机构"少年科"。2002年,上海界定了本市户籍16～25周岁"失学、失业、失管"三失青少年作为"社区青少年",针对这部分特殊群体实施违法犯罪的重点预防,上海成为第一个系统性构建预防青少年违法犯罪工作体系的城市,预防青少年犯罪的社会工作服务制度和服务体系也随之建立,经过二十年的实践探索,取得了显著服务成效。

本章第一节基于CIPP评估模型,对二十年来上海青少年司法社会工作服务的成效展开了分析;第二节总结了上海青少年司法社会工作服务的主要经验,第三节对进一步优化青少年司法社会工作发展提出了几个方面的建议。

第一节　青少年司法社会工作的主要服务成效

上海青少年司法社会工作及其相关服务致力于运用社会工作专业方法，采取政府购买服务的方式对未进一步就业青少年、困境儿童、有不良或严重不良行为未成年人、涉罪未成年人等犯罪高发群体提供社会工作专业服务，加强教育和管理，从源头上预防青少年违法犯罪和促进青少年健康成长发展。

在发展过程中，青少年司法社会工作服务体系如何运作和发展？青少年事务社会工作者做出了哪些努力？服务取得了哪些成效？带来了哪些有益的影响？这是本节讨论的重要问题。

一、评估理论与模型

评估是服务体系建设的总结和收官环节，承载着评判实施效果、目标实现与否、是否具有延续性和发展性、服务对象权益是否得到保障的重要使命。评估以服务的有效性与合理性是否实现为重点，是证明服务设置是否可以回应群体需要、组织绩效是否实现的手段。本节将结合模型对上海市青少年司法社会工作建设进行评估。

（一）评估理论模型

CIPP评估模型源起于1965年的美国，最先被用于教育领域，进行理论研究和实务工作评估。后来经过学者们的不断探索和修改，CIPP最终成为一套系统的评估模型，被广泛应用于其他领域。斯塔弗宾指出，CIPP评估模型是一种判断、收集、分析描述性信息的过程，评估的内容包括研究对象的目标、服务设计、实施情况以及其产生的影响与价值。评估结果有助于增进对实践开展情况的了解，用于下一步的决策。

CIPP评估模型分为背景评估（Context Evaluation）、输入评估（Input Evaluation）、过程评估（Process Evaluation）、成果评估（Product Evaluation）（见图8-1），这四个部分的英文首字母缩写构成了CIPP评估模型。

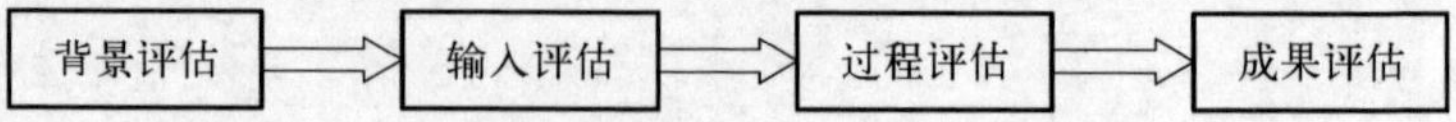

图8-1　CIPP评估模型的4个步骤

（1）背景评估：实践前的调查，主要涉及服务对象的需求与服务目标是否匹配、可利用的资源与服务目标的实现是否匹配。

（2）输入评估：基于背景评估确定的目标，进一步选择最佳的服务计划。这一过程需要对实践场域蕴含的各种能力和资源进行分析，对计划方案的可行性、合理性进行评估。

（3）过程评估：监测项目实施过程，包括服务提供、相关方的评价和建议等要素，用以帮助服务方案的继续推动。

（4）成果评估：搜集资料并对项目的产出进行识别与判断，在这个过程中需要联系背景、输入以及过程评估部分的信息，核对预期目标与实际产出之间的出入，整理与分析预期与非预期的结果、短期和长期的效果。

综合而言，CIPP评估模型本身具有较多的优势，能够为上海市青少年司法社会工作建设情况提供一个系统的评估框架。其一，CIPP模型是一个较为全面的评估模型，可以将实践之初的背景、方案设计、实施过程与实施后的成效等内容涵盖，展开较为全面的分析，帮助机构、社会工作者、服务购买方对实践的整体情况进行检视与了解。其二，CIPP模型具有灵活性，可以帮助使用者根据实际情况进行有侧重的应用。其三，青少年司法社会工作在开展过程中涉及青少年、家庭、学校、社区、政府部门等多个主体，要求评估者涵盖的内容较为全面；其四，CIPP评估模型较为注重评估项目带来的可持续影响，上海市青少年司法社会工作是预防和减少犯罪的重要环节，需要对其带来的可持续影响进行分析，这与CIPP评估模型的重点较为贴合。

(二) 评估指标及运作原理

基于CIPP评估模型,对上海市青少年司法社会工作的开展情况进行评估,评估指标及运作原理因果模式如图8-2所示。

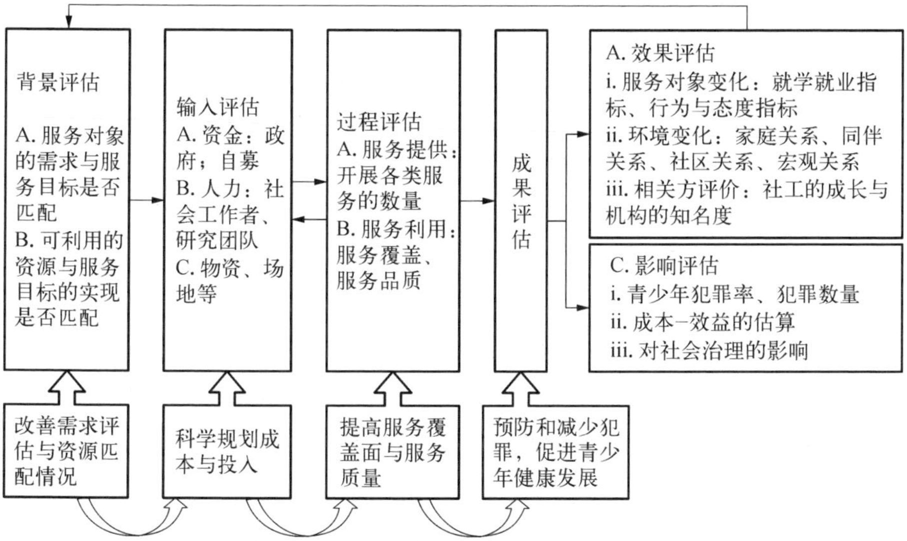

图8-2　上海市青少年司法社会工作的评估指标及运作原理

(1) 背景评估:背景评估是评估的第一步,对合理制定目标有重要意义。背景评估包括界定服务对象的需求和可利用的资源。其中,可利用的资源包括场地资源、人力资源、资金、政策资源等一切有利于青少年改变和成长的资源。

(2) 输入评估:涵盖资金、人力、物资及场地三个层面。其中,资金包括以政府购买服务为主要形式的投入,以及机构从社会募集的部分;人力主要包括社会工作者、高校研究团队及其他服务提供者;物资与场地指项目开展所需的物资、设备等资源。

(3) 过程评估:包括服务提供、服务利用。服务提供可以通过统计开展各类服务的数量进行量化,如危机个案辅导、小组工作、社区活动等;服务利用主要以服务覆盖量、服务满意度等为主要指标。

（4）成果评估：分为效果评估、影响评估两方面。效果评估主要考察服务带来的直接影响、环境的改变、服务相关方的评价。其中，服务对象的变化包括行为与态度指标、就学就业情况；环境变化包括家庭关系、同伴关系、社区关系、宏观关系；服务相关方评价包括社工的成长和机构知名度的提升。影响评估主要考察项目的长期效应，如青少年犯罪率、案件数量的变化，项目整体的成本-效益是否符合预期以及对社会治理带来的影响。

二、青少年司法社会工作服务的背景评估

青少年是社会的希望和未来，进入21世纪以来，上海市青少年犯罪问题日益突出，呈现出低龄化、团伙化、智能化、暴力化的趋势，成为影响社会治安的潜在因素。上海市委、市政府为改善社会治理、维护社会安定，决定构建上海市预防和减少犯罪工作体系。2003年9月，上海市委办公厅转发《中共上海市委政法委员会关于构建预防和减少犯罪工作体系的意见》，正式将社区青少年等主体纳入预防和减少犯罪工作中。政策文件的出台推动了社会工作服务机构的成立。2004年2月18日，上海市阳光社区青少年事务中心挂牌。上海市阳光社区青少年事务中心主要以16至25周岁上海户籍社区青少年为服务对象，开展个案辅导、就业协助、犯罪预防等服务。社区青少年是指没有固定工作、没有就学、缺乏监管的青少年，也就是传统上认为的“闲散青少年”“边缘青少年”。2004年，上海市社区青少年的数量为约6.3万人。上海市阳光社区青少年事务中心等青少年社会工作服务机构承接政府购买服务项目，为全市社区青少年开展预防犯罪及维权保护等工作。与此同时，机构通过自主开展青少年司法社工招聘、专业培训、督导指导、资金筹集等活动，制定了专业化的服务标准和考核评估体系，实现了对社区青少年的专业服务。

三、青少年司法社会工作服务的输入评估

（一）政府购买水平

在服务的资金来源方面，上海市积极探索政府购买服务的工作机

制，社会工作机构通过与上海市青少年服务和权益保护办公室签订《政府服务采购合同》，承担起政府青少年事务管理的有关职能，从而获得相应的组织、政策和经费保障，并依据合同约定承担的职责，加强社团的建设和对青少年事务社会工作者的考核评估，不断探索和完善政府购买社会工作专业服务的工作机制。总体来说，上海市青少年司法社会工作服务的资金主要来源于政府。其中，政府以平均每位社工每年 16.7 万元的投入，为青少年司法社会工作服务体系的运作提供稳定的资金支持。

在服务的人力资源方面，上海市青少年事务社会工作者的数量在近年来大幅增加。团市委、市青少年服务和权益保护办公室联合市委政法委、市财政局、市人社局、市民政局等单位共同制定了《上海市关于加强青少年事务社会工作专业人才队伍建设的意见》，力争完成 100：1 的社会工作者配备，指导社会工作服务机构通过实施职业素质认定、职业晋级设计和薪酬制度改革等措施，保障了青少年事务社会工作队伍的职业化发展。目前，上海市从事青少年司法社会工作服务的队伍有近 700 人的规模。在《关于 2021 年调整我市预防和减少犯罪工作体系建设政府购买服务标准的通知》（平安上海办〔2022〕10 号文）出台后，体系内机构进行讨论，测算费用形成了最佳的加薪细则。

（二）其他资源

1. 物质资源

除政府向社会工作服务机构提供稳定的资金支持外，社会工作机构自身也积极整合社会资源，与社会各方通力合作，募集的资源包括直接的资金、实物等，为青少年司法社会工作服务奠定坚实的物质基础。

以上海市阳光社区青少年事务中心为例，其在发展初期通过提升自身知名度、认可度获得社会捐赠，在与企业进行合作的基础上，团结和发动筹资能力较强的社会热心人士帮助一起策划，陆续接触了中国福利会、上海慈善基金会、商旅教育等单位，通过基金合作、项目合作等一系列灵活的形式进行筹资[①]。2019年，上海市阳光社区青少年事务中心整合相关企业资源，并募集到用于上海市阳光青少年社会工作研究院的第一笔费用，全年对外募集资金共为96.5万元[②]。2020年，上海市阳光社区青少年事务中心动员社会力量，精准定位困难青少年的需求，搭建志愿者平台，以助学结对、定期联系等形式为青少年开展课业辅导、送上关爱[③]。

在前期努力并不断总结经验的基础上，社会工作服务机构也逐渐形成了公益基金会资源库。根据上海市阳光社区青少年事务中心现有服务对象领域和上海登记注册的基金会业务范围，已筛选出165家公益基金会，形成机构内部资源库目录[④]，为后期的项目筹款、项目资金落实等奠定基础。

2. 人力资源

根据《上海市关于加强青少年事务社会工作专业人才队伍建设的意见》的指导和要求，目前上海市通过政府购买服务的方式已经完成了100∶1的社会工作者配备，从事青少年司法社会工作服务的队伍有近700人，这些青少年事务社会工作者活跃在各街镇、社区一线，为上海市青少年司法社会工作服务的开展提供了有力的人员保障。

随着上海市青少年司法社会工作服务队伍的不断壮大，社会工作服务机构志愿者的招募与管理也越来越精细化，这也为社会工作服务补充重要而又关键的人力资源。以上海市阳光社区青少年事务中心为例，自成立以来，其不断深化志愿者组织化网络，2016年上海市阳光社区青少年事务中心在册志愿者已达2 303人，提供服务24 000小时[⑤]。同时，社会工作服务机构通过项目合作、课题研究等方式积极引入不同领域的高端专业人员，与上海各高校通力合作，充分运用高校专业力量，为社会工作服务提供智力支持与专业指引。如上海市阳光社区青少年事务中心积极与复旦大学、华东师范

① 参见《上海市阳光社区青少年事务中心2004年度工作总结》。
② 参见《上海市阳光社区青少年事务中心2019年度工作总结》。
③ 参见《上海市阳光社区青少年事务中心2020年度工作总结》。
④ 参见《上海市阳光社区青少年事务中心2021年度工作总结》。
⑤ 参见《上海市阳光社区青少年事务中心2016年度工作总结》。

大学、华东理工大学、上海大学、上海师范大学、华东政法大学、上海政法学院、上海商学院、上海立信会计金融学院等高校进行合作，邀请高校教师开展培训、督导以及相关的实务课程，欢迎高校学生到机构进行实习和见习，促进实务机构和高校的交流分享。在 2020 年成立研究院之后，很快形成了“高校学生＋高校老师＋中级社工”的协同研究模式[①]，提升了中级社工的研究能力，同时也促进高校的理论与实务成果进行双向的转换，助力上海青少年社会工作专业化发展。

四、青少年司法社会工作服务的过程评估

（一）服务产出

在服务的产出方面，上海的社会工作服务机构都提供了不同类型的、丰富多样的专业社会工作服务，主要包括个案服务、小组工作、社区活动、推荐就业、推荐学历（技能）培训、协助复学等。经过不断地积极探索，上海市青少年司法社会工作越来越标准化和体系化，现已形成涵盖闲散青少年、困境儿童、不良行为及严重不良行为青少年等共计六大类四十九小类的专业服务体系。

根据现行服务对象分类标准，以上海市阳光社区青少年事务中心的数据为例，上海市阳光社区青少年事务中心主要围绕超前预防、临界预防、再犯预防三个环节，构建起分层预防的社会工作服务体系和工作流程，平均每年个案服务 3 万多人次、小组服务 2 万多人次、社区服务 10 万多人次。我们以 2019 年的数据为参考。2019 年度上海市阳光社区青少年事务中心针对重点青少年群体开展个案工作 2 121 个，结案率达 92.6%，个案服务时长 19 190 小时；开展小组工作 641 个，小组节次 3 679 节，受益 24 455 人次；开展社区活动 3 139 个，受益 121 296 人次。在资源整合层面，2019 年上海市阳光社区青少年事务中心共推荐就业 5 972 人次，成功推荐 301 名社区青少

① 参见《上海市阳光社区青少年事务中心 2020 年度工作总结》。

年稳定就业；推荐学历培训 333 人次，成功推荐 32 名社区青少年参加学历培训；成功推荐 26 名社区青少年参加技能培训；成功协助青少年办理经济补助 91 人；成功协助 43 名退、辍、休、失学青少年复学；成功协助为 63 名青少年办理劳动手册[①]。

项目的开发和运作也是社会工作机构重要的工作内容之一，通过项目化运作进一步覆盖重点青少年群体，加强对该群体的服务与管理。与此同时，各社会工作服务机构也努力打造出丰富多样的品牌项目。例如，“青苗成长计划”主要针对小学阶段的青少年开展安全自护方面的教育，主要分为家庭篇、社区篇、学校篇、综合篇四类，通过互动体验的方式，帮助青少年进一步巩固认识，拓展其健康发展的能力；“守护星计划”针对崇明留守儿童最直接、现实的问题，及时妥善解决留守儿童在课业辅导、家庭生活、生活健康及社会保护等方面的问题，帮助他们创造并获得平等的成长和发展机会，营造社区互助环境；“青苹果禁毒计划”针对青少年群体特点，在宣传方法上不断创新，让枯燥的主题变得生动，形成危机干预机制，针对部分高危青少年实行一对一跟进服务，使青少年能够保持对毒品的高度警惕；开展“筑梦生涯”“阳光立业”“闵行颛桥阳光青年启航”等项目，帮助社区青少年就业。另外，还有“爱成长”困境儿童家庭教育服务项目、“青春健康沟通之道”家长培训项目、“阳光天使”项目等，这些项目的开展更加充实和完善了青少年社会工作服务。同时，机构也制定了相应的项目管理和规范，并定期对青少年事务社工进行督导、培训。

此外，社会工作服务机构也开始积极探索网络社会服务。一是上海市阳光社区青少年事务中心在微信公众号上打造“阳光在线”小程序，设计了“青年就业”“学历提升”“心理调适”“家庭关系”四个聊天区，同时组建网络社会工作团队，挑选专精尖资深社工每天轮班在线提供咨询服务，并形成涵盖服务流程、服务用语的 1.0 版本的网络社会服务指引手

① 参见《上海市阳光社区青少年事务中心 2019 年度工作总结》。

册，规范社工在咨询回复时的标准性和准确性。二是通过腾讯会议、钉钉、视频号直播等形式，尝试在线持续为青少年提供专业服务，配套形成“线上服务指引”，规范线上服务流程、审批和督导事项，保障线上服务质量。

（二）标准产出

上海市青少年司法社会工作服务取得了显著的工作成效。受上海未成年人司法社会工作成效的影响，为进一步奠定上海未成年人司法服务工作的领先地位，社会工作机构与上海市青少年服务和权益保护办公室在2019年4月启动地方标准的制定计划。其中，上海市阳光社区青少年事务中心作为起草单位，与华东理工大学的师生团队共同研制了《未成年人司法社会工作服务规范》这一地方标准，也是全国未成年人司法社会工作领域第一个省级未成年人司法社会工作服务标准。在前期材料申报、答辩、公示并被正式立项后，研制团队分别又走访了静安、杨浦、普陀、黄浦展开调研，听取了区域内团区委、检察院、公安局、人民法院、司法局、民政局等相关单位工作人员的意见，形成地方标准初稿，并在召开2次专家会议后形成了征求意见稿。随后，《未成年人司法社会工作服务规范》这一上海地方标准于2020年1月正式对外听取意见，5月召开审定会后于7月底发布，10月1日正式实施。同时，研制团队对地方标准具体内容也编制了指导手册，通过详细的解释、案例以说明具体的操作流程、专业方法，为上海、长三角乃至全国的未成年人司法社会工作服务的专业化、标准化、法治化的高质量发展提供了指引。

简而言之，经过二十年的实践探索，上海已经建立起了从犯罪预防到案件处理全流程的未成年人司法社会工作服务体系，为全国未成年人司法社会工作服务的专业化发展提供了借鉴与参考。

（三）满意度

满意度是衡量社会工作服务质量的重要指标。在对不同对象进行调查及对服务开展评估的过程中发现，社会工作服务机构的服务满意度总体都维持在较高水平。例如，2018 年上海市阳光社区青少年事务中心所承接的市妇联“爱成长”困境儿童家庭教育服务项目落在 8 个区，由 29 名社工组成项目团队。该项目顺利通过第三方评估，其中家庭环境及亲子关系改善率达 100%，服务满意度平均 98%。2021 年，上海市阳光社区青少年事务中心开展的中央福彩金“青苗成长计划”儿童自护宣教项目围绕儿童人身和隐私安全开发生命安全、网络安全、身体保护和预防欺凌四个方面，在全市 95 个学校或社区完成 124 次自护宣教课程，受益 3 941 人次，儿童自护意识及应对能力提升率达 97%以上，家长满意度达 95%以上。从这些数据来看，青少年司法社会工作的服务满意度总体较高，这是取得服务成效的重要因素。

五、青少年司法社会工作服务的成果评估

成果评估是服务的产出环节，承载着评判项目实施效果、项目目标实现与否、是否具有延续性和发展性、服务对象权益是否得到保障的重要使命。效果评估主要考察服务带来的直接影响，包括服务对象就业就学、行为态度、社会关系方面的变化，社工及机构的成长，相关方的评价，周遭环境的改变等多个方面。借助效果评估可以及时掌握服务的产出情况，提炼和总结服务过程中的有效经验。

（一）服务对象的改变

1. 就业就学指标

失学、失业是导致青少年走向偏差和歧途的重要导火索。一些青少年由于辍学肄业过早容易受到社会不良因素的影响，从而无所事事、游荡街头、拉帮结伙、寻衅滋事，最终陷入犯罪的泥潭。接受教育或拥有稳定的工作对于迷途中的青少年来说至关重要，有助于增强其辨别是非的能力，培养其归属感和道德素质，帮助其自觉抵制各种不良行为及违法犯罪的诱惑和侵害。上海市阳光社区青少年事务中心针对社区青少年，积极做好需求调查与日常管理，并调动社会各方资源，为其就学、就业提供帮助

和服务。

在就学方面，上海市阳光社区青少年事务中心在2004年至2021年期间成功引导因家庭经济条件差、就学意愿低、中途辍学等原因失学的青少年回归校园，实现获得学历提升7 034名、复学1 653名。表8－1展示了2019年至2021年度三年间上海市16至25周岁闲散青少年的学历水平变化。由表可知，本科及以上学历水平的占比稳步小幅提升，与之对应的则是初中及以下学历水平的占比逐年下降，而处于中间层的三校（职校、技校、中专）与高中学历水平的占比呈现平稳趋势。

表8－1　2019—2021年度闲散青少年学历水平表

学历水平	2019年	2020年	2021年
本科及以上	16%	17%	20%
大专高职	28%	28%	28%
高中	10%	10%	9%
三校（职校、技校、中专）	31%	31%	31%
初中及以下	15%	13%	12%

在就业方面，针对社会功能缺失导致未进一步就业的青少年群体，上海市阳光社区青少年事务中心在2004年至2021年期间成功引导青少年实现就业27 064名、获得技能培训10 002名。近几年，社区闲散青少年的就业意愿得到进一步改善。将2019年至2021年度三年的16至25周岁闲散青少年的就业意愿与状态进行比对后发现（见表8－2），处于失业状态（包括有就业意愿与无就业意愿）的闲散青少年占比稳步下降，由2019年的56%下降至2021年的45.7%；无就业意愿的闲散青少年占比逐年下降，由12.1%下降至9.3%；从事临时性工作的闲散青少年占比逐年增多，由44%上升至54.4%。

表 8-2　2019—2021 年度闲散青少年目前状态情况表

目前状态	2019 年	2020 年	2021 年
失业（无就业意愿）	12.1%	11.3%	9.3%
失业（有就业意愿）	43.9%	39.3%	36.4%
从事临时性工作	44.0%	49.4%	54.4%

2. 行为态度改变指标

服务对象行为态度的转变是衡量社会工作服务成效的重要指标。行为态度的改变首先体现在犯罪、不良行为的减少。2009 年至 2018 年，上海未成年人犯罪数量逐年下降，其中受理审查逮捕和审查起诉的涉罪未成年人人数分别下降了 74.1%和 72.4%。此外，上海市阳光社区青少年事务中心下辖区站的传统服务对象数量也明显下降，以虹口、黄浦、静安、长宁、徐汇为例，截至 2022 年，16 至 25 周岁的闲散青少年服务群体已不足百人，社区中摸排到的具有不良行为或严重不良行为的青少年数量明显减少。

其次，服务对象的改变也体现在符合社会规范的、健康的兴趣爱好的增加。兴趣爱好的培养对未成年人的成长乃至一生有重要的影响和意义。上海市阳光社区青少年事务中心在对全市接受服务的社区青少年、困境未成年人进行了约 1 000 份的抽样调查后发现，社区青少年和困境未成年人群体的有益兴趣明显增加，主要集中在阅读书籍、运动、音乐、绘画等方面。此类兴趣爱好具有便捷性与陶冶情操的特点，有助于提升服务群体的生活乐趣、精神追求。

（二）社工及机构的成长

社工和机构是助人实践中的“改变媒介系统”，是能够促进服务对象改变的媒介。在服务过程中，来自服务对象的反馈、实践智慧的积累以及美誉的获得都能够反作用于社工和机构，使其获得相应的成长，提高服务的专业化水平。上海社会工作服务机构自成立开始就将专业化社工人才队伍培养作为机构的一项重要发展目标。从工作年限上来看,2003—2004年招录的青少年司法社工中,已有相当一部分人具备20余年的工作经验,是经验丰富的资深社工。2005年开始,机构依托上海市多所高校竞标骨干社工培训项目。2009年起,机构借鉴香港社工组织的先进经验,建立了从社工师助理到高级社工师的培养与晋升路径。经过多年的实务打磨和专业督导、培训,最初骨干社工培训项目中所涉的成员已成为机构的核心力量,在一线社工中承担起了"传帮教"的作用,促进了机构的专业化发展。

在学历方面,青少年司法社工学历程度逐年提高。2005年年底,青少年司法社工的学历主要为大专,占员工总数的67.7%,其次为本科,占总数的28.2%。2009年年底,青少年司法社工的学历虽然仍以大专为主,但其比重已经下降至54.6%,相比较而言,学历为本科的社工比例明显提升,占总数的43.8%。2013年的调查报告显示,机构中持有本科学历的社工已经占据绝大多数,比例为81.3%,大专学历的下降到17.7%。2023年机构中持有本科学历的青少年事务社会工作者占88%。

与此同时,社工机构也获得了相应的成长。在全市社工的共同努力下,上海市阳光社区青少年事务中心先后获得"2005—2008年度全国社会治安综合治理先进集体""2006—2007年上海市社会治安综合治理先进集体""2010—2011年度上海市禁毒工作先进集体""2015年全国先进社会组织""全国未成年人思想道德建设工作先进单位""上海市社会工作示范单位""2016年百强社会工作服务机构""2019年巾帼文明岗""2019年全国维护妇女儿童权益先进集体""2021年公益之申十大公益机构""上海市青年五四奖章集体""上海慈善奖""5A社会组织""上海市人力资源和社会保障局战略合作伙伴"等多项荣誉。上海青少年司法社工的一系列实践得到共青团中央、中央电视台、《人民日报》、中国青年报、新民晚报、解放日报、青年报、上海法治报、青春上海等媒体的报道。在此过程中,机构的知名度、美誉度、社会威信进一步提升,有助于服务的拓展和服务品质的提升。

（三）相关方评价

服务相关方包括服务对象、合作单位、政府管理部门等主体，其评价是衡量服务专业性、可靠性、有效性的重要指标。针对全市 13 个行政区的，3 458 名服务对象的调查发现，98.6%的青少年认为社工服务提升了自己应对挫折的能力和自信心，97.3%的家长认可社工服务的价值与意义，95.9%的家长认为社工服务对自己孩子的能力提升是可见的。在对青少年服务对象的访谈中，很多人提到社工“容易亲近，愿意把问题跟社工讲”，家长们也乐意参加社工组织的活动，认为“对自己也是一种能力提升，能够了解更多和孩子沟通的方法”，还有家长表示参与社工的活动能够缓解压力，结识其他具有相同苦恼的父母。这说明社工为青少年及其家庭提供了适切的、符合需求的服务。身为合作伙伴的社区、学校、法院等单位也对社工的工作给予了肯定，他们认为社工对青少年的帮助体现在价值观塑造、心理疏导、就学就业指导、危机预防、综合素质提升等多个方面。社工的工作同样完善了合作单位的职能，例如协助法院检察院完成家事调查、社区矫正，协助学校进行家访、开展家庭教育指导等。绝大多数合作单位都对社工的入场表达了接纳和赞同的态度。

（四）环境改变

家庭关系方面，社会工作服务有助于改善亲子关系，营造和谐的家庭生活氛围。对社区青少年家长、不良行为学生家长的访谈显示，大多数家长认为在社会工作者的服务介入后，家庭亲子关系得到明显改善。一方面，社工为家庭沟通构筑了缓冲带，通过分别与青少年、家长进行面谈，了解各方需求，改变关于家庭矛盾的错误认知。另一方面，社工也积极向青少年、家长传递沟通技巧，尝试通过互换立场与改变沟通方式的手段来理解彼此的感受。以上海市阳光社区青少年事务中心为例，青浦工作站的“家庭成长计划”借助开展家长共读，与家长们共同探讨处理亲子关系的最佳方法。徐汇工作站的“爱成长”项目致力于协助家长提高亲职教养能力，参加活动的每户家庭都在一对一的辅导中获得了成长，学会彼此沟通和接纳。宝山工作站开展了主题为“孩子行为重读”的家庭教育指导课程，社工运用理论和案例分析相结合的形式，启发在场父母积极思考、分享和反思，该活动改善了父母与不良行为孩子的沟通。相关调查显示，认为“在需要时我能够从家庭获得感情上的帮助和支持”的青少年比率增加了 23.6%，认为“我能与自己的家庭谈论我的难题”的青少年比率增加了 37.8%。

同伴关系方面，社工主要运用个案工作方法、小组工作方法为青少年群体开展专业服务。社工通过小组讨论、情景模拟等合作式互动方法，激发青少年的表达欲望和互动热情，使青少年在与同辈群体的互动中增进彼此了解、感受合作价值。上海市阳光社区青少年事务中心宝山工作站进驻宝山专门学校，开展以“快乐社交”为主题的小组活动，该活动为青少年搭建了相互交流的平台，提升了青少年的人际交往能力。上海市阳光社区青少年事务中心杨浦工作站的“守护金盾”社工联校服务项目以学生欺凌防治和校园环境营造为主题，提高了青少年营造班级和谐友善氛围的意识。一些学生在后续访谈中表示：“社工设置的那些活动内容让我更加擅长交往……心态也变得更加好了一点，不会在社交里不自信，自我感觉也比以前好了。”相关数据显示，82.9%的青少年认为能与朋友们分享快乐与忧伤，表明青少年的朋辈支持网络进一步增强。

社区关系方面，社工挖掘了丰富的社区及社会资源，助力青少年更好地融入社区。“冬日阳光”项目旨在呼吁更多社会人士及团体关爱来沪青少年，同时为社区青少年提供融入社会、奉献爱心的平台。该项目增进了来沪青少年与社区青少年的交流，使服务对象感受到来自社会的温暖。上海市阳光社区青少年事务中心长宁工作站与农民工子女相对集中的中小学、青年组织、企业结对，为农民工子女营造了良好的生活环境。参与项目的服务对象表示“社工的活动为我们融入新环境打通了路径”，项目也使社区青少年增加了社会经验，使之更深入地了解社会人群，提升社会责任意识。

宏观环境方面，社工广泛利用微信公众号、媒体报道等宣传资源，提升机构的知名度和影响力，并在服务中有序推动政策倡导，改善服务对象的周遭环境。2020年10月1日实施的上海市地方标准《未成年人司法社会工作服务规范》标志着上海在青少年司法社会工作领域已逐步建立起分级预防、全覆盖保护模式。此外，上海市阳光社区青少年事务中心所提交的“关于促进青年参与社会志愿服务的提案”进入2019年全国青少年模拟政协提案征集活动，并喜获“社会组优秀模拟政协提案”，收到了团中央权益部、人民政协报社及中国青年报社共同颁发的获奖证书。

六、青少年司法社会工作服务的影响评估

影响评估主要考察社会工作服务的长期效应，如社会层面的犯罪率、整体的成本-收益比、对于社会治理和社会发展的功能等是否符合预期。

上海市阳光社区青少年事务中心致力于未进一步就业青少年、困境儿童、有不良或严重不良行为未成年人、涉罪未成年人等犯罪高发群体的青少年犯罪预防工作，取得了显著的工作成效。此外，上海市阳光社区青少年事务中心从2004年单一的闲散青少年群体服务拓展至目前的六大类四十九小类群体，覆盖“超前预防、临界预防、再犯预防”不同领域的预防青少年犯罪社会工作服务体系。2009年至2018年，上海未成年人犯罪数量逐年下降，未成年人犯罪案件占全部刑事案件的比例，从10%下降至1.5%。进一步估算青少年司法社会工作领域的成本-收益比，以上海市阳光社区青少年事务中心为例，目前政府每年对中心的资金投入约6 000万元，中心每年个案服务3万多人次、小组服务2万多人次、社区服务10万多人次，平均每人每年的投入成本为170元，其成本远低于国际上的平均成本。这些数据表明上海市的预防和减少青少年违法犯罪工作是富有成效的，对社会治理产生了积极影响。

第一，提升了青少年群体的思想道德观念与法治意识。上海青少年司法社工机构广泛开展禁毒、防艾、自护、犯罪预防主题的宣传教育活动，向青少年尤其是社区青少年群体普及法律知识，使其了解到违法犯罪的危害，自觉遵守法律。青少年司法社工在社区开展了寓教于乐的法治科普活动，将

"三校生"(职校生、技校生、中专生)和来沪青少年群体纳入宣教的目标对象,扩大了工作的受众面,有效增强了青少年的法治观念,减少了违法犯罪行为的发生。

第二,推进了对困境儿童、外来务工人员子女等弱势群体的救助和保护。上海市社会工作服务机构联合共青团上海市委、市民政部、市妇联、市教育局等部门,开展针对边缘青少年群体的帮扶救助项目,为困境儿童、社区青少年、外来务工人员子女提供就学就业、学业辅导、职业技能培训、情感抚慰、走访慰问的支持。有效帮助相关群体化解烦恼,维护了青少年的合法权益。

第三,形成了专业化、职业化、社会化的青少年犯罪预防体系。经历十余年的发展,上海市形成了"政府主导推动,社团自主运作,社会多方参与"的预防和减少犯罪工作体系。其中,政府在体系建设中发挥主导作用,通过政府购买、优化政策环境等方式对相关专门社团进行扶持;社团组织依据法律规章自主运作,在实践中探索出多种特色的专业方法,为服务对象提供优质服务;与此同时,在体系建设过程中社会多方力量广泛参与,发挥了监督、资源整合等功能。目前,以预防和减少犯罪为宗旨的青少年司法社会工作已然形成了规范化的职业体系,政府部门、社团、高校等力量联合制定了《未成年人司法社会工作服务规范》《上海市社区青少年分类管理办法》等政策文件,形成了多方参与社会治理,共同预防违法犯罪的格局。

第二节　青少年司法社会工作服务的主要实践经验

经过约二十年的发展,上海在青少年司法社会工作服务领域,已经颁布了《上海市预防未成年人犯罪条例》《上海市未成年人保护条例》,为全链式有效开展青少年司法社会工作服务提供了法律依据,同时政策体系完善、政府购买服务制度完整、社会工作服务规范明晰，青少年司法社会工作服务体系化运行，品牌服务彰显专业性优势。

一、法律及政策体系完整

国家及上海地方颁布出台的相关法律和政策，均对青少年司法社会工作服务的具体实施，包括服务人群、服务目标、服务场域、主要服务内容及措施等制定了具体的法律规定。包括青少年发展规划、政府购买青少年司法社会工作服务的制度及服务清单、青少年司法社会工作服务标准等一系列国家及上海市的相关法律政策，构筑起了体系完备、要求明确、社会工作服务组织及社会工作者法律地位明晰的青少年司法社会工作服务政策体系。尤其是指导上海青少年司法社会工作发展的《上海市未成年人保护条例》《上海市预防未成年人犯罪条例》、地方标准《未成年人司法社会工作服务规范》的颁布，贯彻了国家相关法律政策的基本要求，结合了本地区社会经济文化发展特点，回应了青少年发展性需求，转化了上海地方实践经验，对推动上海青少年司法社会工作服务的专业化职业化发展起到了保障和促进作用。

体系完备的上海青少年司法服务的法律和政策体系，以“保障未成年人身心健康，培养未成年人良好品行，有效预防未成年人违法犯罪”为目的，确定了青少年司法社会工作服务目标；以“预防未成年人犯罪，立足于教育和保护未成年人相结合，采用符合未成年人生理、心理特点和行为特征的方式，进行分级预防、早期干预、科学矫治、综合治理”的要求，规定了青少年司法社会工作服务体系及服务程序的建设规范；以“标准引领、专业保障、基层联动、社会协同、公众参与的预防未成年人犯罪工作支持体系，提高预防未成年人犯罪工作的专业化、社会化、智能化水平”的法律要求，为进一步优化青少年司法社会工作服务构筑起了完备的支持体系。法律提出“根据预防未成年人犯罪和未成年人保护工作需要配备青少年事务社会工作者，完善专业服务网络，实施全覆盖服务；完善青少年事务社会工作者薪酬制度，健全招聘、培训、轮岗、考核、表彰、晋升的人才培养体系”，使青少年司法社会工作队伍建设及职业化发展有了制度保障。“探索青少年事务社会工作者驻校或者联系学校工作机制，依托青少年事务社会工作站点及青少年事务社会工作者协助中小学校开展道德法治教育、生命教育、心理健康教育、毒品预防教育、行为矫治等活动”等法律条文规定，使上海得以全面推动学校社会工作服务的发展。

总而言之，上海青少年司法社会工作政策体系的构建，不仅优化了社会工作发展的外部环境、规范了青少年司法社会工作服务体系、推动了青少年司法社会工作队伍建设，而且保障了青少年司法社会工作职业化专业化的健康发展。

二、保障机制运作完整

上海预防青少年犯罪工作的总体思路是“政府主导推动，社团自主运作，社会多方参与”，以政府购买服务制度为基础，政府、社会工作服务机构、社会多方职责定位明晰，预算编报、招投标、项目监管、绩效评价等规范化流程完整。

在社区、学校、公检法司等不同场域，由相关部门提出服务委托要求，青少年司法社会工作服务机构按照政府购买服务制度的规范要求，立即启动服务承接及服务提供程序，如图 8－3 所示。

购买主体要按照合同管理要求，与承接主体签订合同，按照合同要求支付资金，并通过对服务提供全过程的跟踪监管，对所发现的问题及时给予回馈，与服务机构共同商议改善方案，指导、支持和推动服务的顺利发展，并采取直接评估和第三方评估的方式对服务成果检查验收。作为承接主体的社会服务机构，严格履行合同义务，遵循接案、预估、服务设计、服务实施、成效评估、结案、回访跟进等专业服务流程，按时完成承接任务，并通过服务管理制度的保障，实现服务数量、质量和效果的有效完成。

政府通过颁布一系列人才队伍建设文件，不断完善薪酬激励制度，推进了青少年司法社会工作队伍的职业化专业化发展。同时通过建立联席会议

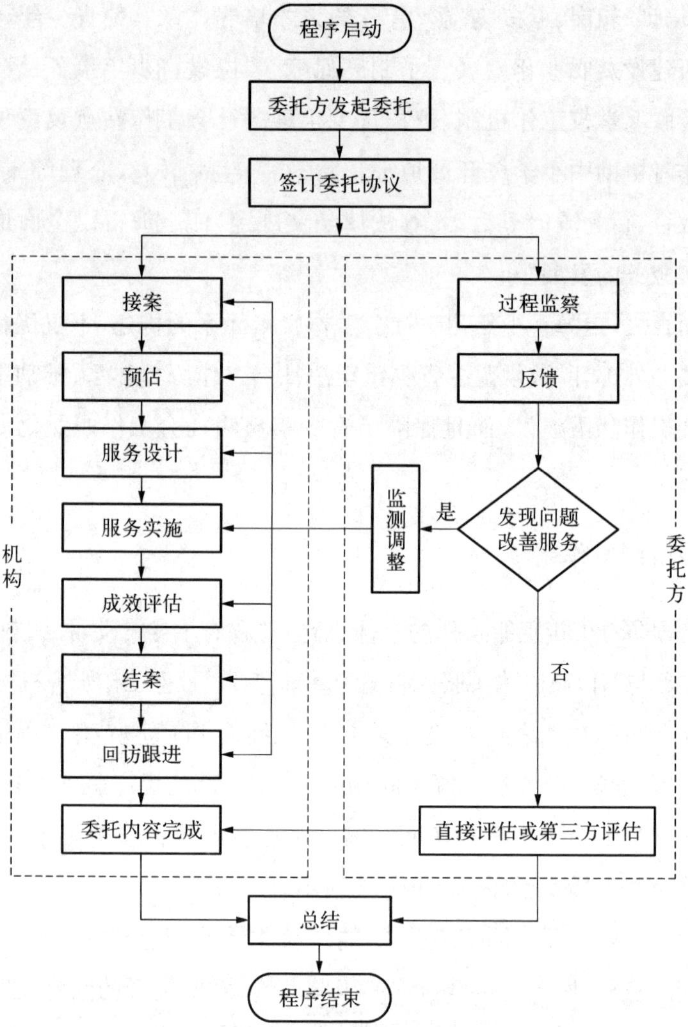

图 8－3　青少年司法社会工作委托与服务流程图

等工作机制，将青少年司法社会工作服务的行动系统有效构建及运作起来，保障了专业服务的有效提供。

三、服务标准规范引领

《上海市预防未成年人犯罪条例》第十条提出："本市建立健全标准引

领、专业保障、基层联动、社会协同、公众参与的预防未成年人犯罪工作支持体系，提高预防未成年人犯罪工作的专业化、社会化、智能化水平。”“标准引领”，即指由上海市地方标准《未成年人司法社会工作服务规范》引领青少年司法社会支持体系的建设工作。该标准2020年1月8日正式对外公示征求意见，2020年7月31日正式发布，2020年10月1日起正式实施，成为上海未成年人司法社会工作的指引和规范。

自2003年以来，上海的预防青少年犯罪工作成效显著。自2006年开始25岁以下的青少年犯罪人数及其占犯罪总人数比例均保持下降的趋势。上海市地方标准《未成年人司法社会工作服务规范》的研制和实施，一方面凝聚了上海市阳光社区青少年事务中心、浦东中致社区平安服务社、奉贤启贤青少年社会工作服务中心、松江茸城社区平安服务社等专业机构在一线工作中积累的丰富的未成年人司法社会工作服务实践经验；另一方面也是深入贯彻中共中央办公厅、国务院办公厅《关于进一步深化预防青少年违法犯罪工作的意见》(中办发〔2016〕26号)，上海市委办公厅、市政府办公厅《关于进一步深化上海市预防青少年违法犯罪工作的实施意见》(沪委办发〔2017〕22号)等相关文件精神，立足我国未成年人司法社会工作制度建设要求的必然结果。通过遵循依法原则、一致性原则、创新性原则、实践性原则、科学性原则，标准规定了未成年人司法社会工作服务规范的术语和定义、服务对象、服务原则，围绕“有不良行为和严重不良行为未成年人、涉罪未成年人、未成年社区矫正对象、未成年在押服刑人员、刑罚执行完毕的未成年人、未成年被害人、未成年证人、司法程序中涉及的其他未成年人”，以恢复、改善、提高未成年人社会功能，促进未成年人健康成长及实现犯罪预防为总体目标，形成“犯罪预防的未成年人社会工作服务”“涉刑事案件的未成年人社会工作服务”“涉民事案件的未成年人社会工作服务”“司法程序中涉及的其他未成年人社会工作服务”的服务要求，并提出“服务方法、委托与服务流程、服务保障、服务质量评价和持续改进”，通过部门联动、对象全覆盖、分阶段式提供服务，充分体现了上海在未成年人司法社会工作服务中的亮点。

四、全链式青少年司法社会工作服务常态化运行

上海青少年司法社会工作服务，已经提出“全链条”介入的理念，并对整个服务流程提出了规范细致的服务指引。从2004年起，上海依托“党委领导、政府负责、社团承接、社会参与”的预防青少年犯罪工作机制，探索形成由专门部门、专业社会力量合作推进的上海特色青少年司法社会服务工作模式。如今，这一工作从单纯涉刑事案件的未成年人社会工作服务拓展至有不良或严重不良行为青少年的犯罪预防、困境儿童的未成年人社会工作服务的“全链条”预防体系，并且成效显著。根据实践经验，上海已经通过制定地方标准，对全链式服务要求提出了规范指引。

《未成年人司法社会工作服务规范》要求，社会工作服务机构受司法机关、青少年工作相关部门的委托，指派社会工作者对有不良行为和严重不良行为的青少年、涉刑事案件和涉民事案件的青少年以及司法程序中涉及的其他青少年提供社会工作服务。犯罪预防阶段的社会工作服务，主要是依据社会联结理论，在优化青少年社会关系、提升其自我承担感、增进其社会参与、发展其道德及价值水平等方面具体开展。涉刑事案件的社会工作服务，分别在侦查、起诉、审判阶段，开展社会调查、观护帮教服务、附条件不起诉考察教育服务、家庭教育指导服务、羁押期帮教服务、刑事和解服务、合适保证人服务、未成年被害人服务、未成年证人服务等；在刑事执行阶段，主要参与青少年社区矫正、青少年监狱矫正，刑罚执行完毕后参与安置帮教服务。涉民事案件的社会工作服务，主要包括参与庭前调解、开展家事调查、提供心理疏导、开展回访观护、开展家庭教育指导服务、担任权益代表人、担任探望监督人等。对于司法程序中涉及的其他青少年，上海地方标准提出，社会工作者对因家庭监护缺失或监护不当导致人身安全受到威胁或侵害的未成年人，以及民事、行政、公益诉讼案件中涉及的未成年人，应提供心理疏导、精神关爱、家庭教育指导、权益维护等服务，优化资源配置，加强社会支持。

由于以最有利于未成年人为原则，以促进青少年健康发展为目标，全链式青少年社会工作服务在全上海已经得到政府和社会认同，青少年服务对象受益良多，已经成为常态化服务得到规范运行，真正彰显出社会工作服务在预防青少年犯罪中的专业优势，成为不可或缺的结构性的重要组成。

五、服务项目品牌化运作

经过约二十年的探索，上海青少年司法社会工作服务项目体系日趋完善，建立起了从提前预防、临界预防到再犯预防的全流程服务项目。以上海市阳光社区青少年事务中心为例，提前预防阶段的品牌项目包括了以6～10岁儿童为主要服务对象的“青苗成长计划”儿童自护宣教项目，以6～18岁在校青少年为主要服务对象的“愉法同行”青少年法治宣传项目，以25岁以下失业青少年为主要服务对象的“青橄榄”社区青少年就业增能项目，以涉民事案件的未成年人家庭为主要服务对象的青少年社工参与家事审判专业服务项目。在临界预防阶段的品牌项目包括了以司法程序中涉及的未成年人为主要服务对象的“阳光新希望”未成年人司法社会工作服务项目。再犯预防阶段的品牌项目包括了以违法涉罪青少年及其家庭为主要服务对象的“亲情驿站”项目、亲职教育与青少年行为矫正项目，以监所内羁押青年为主要服务对象的“牵手阳光”驻所服务项目。

作为品牌项目，每个青少年司法社会工作服务项目的标的服务人群清晰、服务目标明确、服务内容丰富、服务成效明显，并且项目管理较为规范，能够及时回应青少年司法工作中的青少年及其家庭需求，并在实践中不断完善，在行业中具有较强的影响力和示范带动作用。

比如“亲情驿站”项目，起源于2006年的青少年司法社会工作实践。2006年，社会工作者在开展未成年人考察教育服务时发现，以个案为基础，面向违法涉罪青少年家庭，同步开展家庭关系调适，重塑亲情，对于促进青少年实现改变有重要作用。实践中关于亲情重塑的成效，进一步印证了建立家庭关爱，特别是提供对于“爱”的感受的体验，是青少年成长中最重要的保护因素的理论观点。为此，以“促进沟通，融洽亲情”为主线的“亲情驿站”家庭教育项目在上海徐汇区斜土工作点开展，2007年12月正式成立区层面的项目团队面向全区推广，并将服务人群由轻微罪错青少年拓展至社区青少年、在校求助青少年。在实践中，项目组秉承“以爱为本，助‘家’自助，重塑亲情，构建和谐”的服务理念，设立“亲情驿站”工作坊，帮助青少年及其家庭建立正确的沟通模式及和谐的家庭氛围。项目积极关注社区中存有亲子沟通障碍的家庭，以多元化、人性化、专业化的方式开展服务。众多青少年家庭在此平台中重识家人、感悟亲情、收获真情。他们逐渐找寻到了正确的沟通方法和技巧，受损亲情得到修复，相互间情感不断升华，社工倡导的“平行沟通模式”更是得到了参与者的认同。经过多年的探索，“亲情驿站”项目积累了五大成熟的特色工作：体验式亲情活动、亲子平行小组、延续性亲情专场活动、以“家庭”为基点的小组工作、家长志愿者网络。“亲情驿站”项目受益人数不断增加，知晓度不断扩大，品牌效应逐步显现。

“亲情驿站”项目在以下四个方面实现了专业创新：专业创新一是记“录”心声，录音、录像诉亲情、助专业；专业创新二是“拥”心良苦，美式拥抱体验亲情；专业创新三是家庭契约书，家庭契约提升家庭成员约束力；专业创新四是三大工作方法融合，整合工作有效实施服务。之所以项目能实现以上专业创新，是源于项目团队通过开展实践研究，不断总结项目经验，归纳出了“重思、重整、重建”的亲情重塑三步法。在“亲情”重塑三步法实施的初期介入中，项目主要聚焦意识层面的介入和改变，使参与家庭对现存的问题有清晰认识；进入中期，项目在促进亲子间正向了解上予以有效引导，并建立起情感互动的纽带；进入后期，项目更为关注的是有效方法的掌握、强化及自我反思能力的增强。“重思”“重整”“重建”的服务三步法，使参与家庭受创的“亲情”得以重新塑造，也使项目发挥出了重要的专业示范和服务指引作用。

在项目实施中，项目管理与督导工作对项目进程及成效的获得发挥了重要保障作用。通过逐步培养核心社工管理能力、协助发挥项目管理与督导作用、实施三大行动策略、促进项目管理的良性发展、尝试采用问责性问题、加强对项目的有效管理和督导等项目管理及督导工作的开展，亲情驿站项目逐渐成长为名副其实的品牌项目。

第三节　青少年司法社会工作服务的未来展望

上海青少年司法社会工作的发展历程，清晰地显示出社会工作发展是社会制度条件、服务对象需求、社会工作者系统三者交互作用的结果。

从社会制度条件来看，一系列预防和减少青少年犯罪的法律、政策的颁布，政府购买服务制度实施中政府职责明晰及职能转换日益明确，政社关系日趋合理，资金及资源支持有保障，促进了青少年司法社会工作的良好发展。

从青少年需求来看，无论其自身的心理、情绪、行为的矫正，还是人际关系、家庭关系的调适、个人社会适应能力的提升、就业就学等服务需求，都对社会工作服务提出了日益多元和富有挑战的诉求。深入理解和把握青少年个体、社会环境及青少年与环境互动的现状、问题、优势和潜能，满足多层面服务需求，是青少年司法社会工作服务的基本前提。

从青少年社会工作者系统来看，其包括社会服务组织及社会工作者，其专业服务管理和专业服务实践能力，既受制于社会制度条件和服务对象需求，又取决于其自身的专业素养。从上海青少年司法社会工作发展经验来看，社会工作者的专业服务能力，是建构有利于青少年健康发展的司法社会工作制度环境的重要力量。

立足中国式现代化建设的新起点，上海青少年司法社会工作事业还可以在以下四个方面继续加强建设。

一、进一步发挥社会工作在预防和减少青少年犯罪工作中的守门人作用

总体而言，经过约二十年持续不断的努力，上海青少年犯罪率持续显著

下降，但近年来刑事案件青少年人数有一定程度的增长。从2021年上海市阳光青少年事务中心接受司法机关委托开展的涉罪未成年人(含触法)维权帮教工作统计数据来看，近年来上海市未成年人犯罪呈现出五个主要的特点，分别是：初次不良行为集中在小学高年级至初二阶段、冲动暴力型犯罪数量占比较高、侵财型犯罪是未成年人犯罪主流之一、未成年人涉网络(电信)诈骗案件上升明显、非本市户籍未成年人涉罪占比较高，本市涉罪未成年人中闲散青少年群体涉罪率有抬头趋势。进一步的研究结论是，偏差或犯罪只是青少年次生社会化过程的一个产物，是青少年与其社会环境互动的结果。微观的青少年自身演化发展的机制和行为逻辑，以及宏观的社会制度与环境都对青少年边缘化社会互动过程产生了重要影响①。所以，继续保持二十年来在预防和减少青少年犯罪方面的有效经验，在促进青少年建立自我、实现良好社会化的同时，创新开展优化社会环境的专业行动，发挥社会工作者在犯罪预防中的专业优势，夯实对社会工作介入青少年司法重要性和有效性的可持续的政府支持、社会认同，依旧任重道远。

二、进一步完善青少年司法社会工作服务体系建设

2020年7月31日出台的上海市地方标准《未成年人司法社会工作服务规范》把未成年人司法社会工作界定为：以有不良行为的未成年人、有严重不良行为的未成年人、涉罪未成年人、未成年社区矫正对象、未成年在押服刑人员、刑满释放的未成年人、未成年被害人、未成年证人、司法程序中涉及的其他未成年人等为服务对象，整合运用社会工作专业价值、理论、方法和技巧，为恢复、改善、提高未成年人社会功能，促进未成年人健康成长及实现犯罪预防而提供的专业化、职业化社会服务活动。该解释明确了未成年人司法社会工作的9类服务对象，同时把未成年人司法社会工作服务归纳为“犯罪预防的未成年人社会工作服务”“涉刑事案件的未成年人社会工作服

① 费梅苹.次生社会化：偏差青少年边缘化的社会互动过程研究[M].上海：上海人民出版社，2010.

务”“涉民事案件的未成年人社会工作服务”和“司法程序中涉及的其他未成年人社会工作服务”等，这个界定源于实践经验提炼，基本涵盖未成年人司法工作全流程，包含了未成年人司法社会工作的服务对象、服务目标、服务要求、服务内容及服务领域，是经由未成年人发展性需要、未成年人社会环境及政策脉络、社会工作专业力量等要素在多年未成年人司法实践中相互促进、共同建构而成的。青少年司法社会工作，可以依据上述地标界定的概念，沿用于青少年司法服务人群，青少年司法社会工作服务体系也即由以上提及的全流程服务，即“犯罪预防的青少年社会工作服务”“涉刑事案件的青少年社会工作服务”“涉民事案件的青少年社会工作服务和司法程序中涉及的其他青少年社会工作服务”所基本构成。

通过司法机关及青少年服务相关部门的多年改革创新，经过社会工作专业力量的积极推进，在社会各方多年努力下，青少年司法社会工作服务体系已初步完成合法性建构，为保护及促进青少年健康成长，为促进我国司法制度改革和实现国家治理能力现代化做出了积极贡献，也推动了我国司法社会工作的专业化职业化发展。

从当前来看，以青少年为中心，进一步推动一体化青少年司法工作服务体系建设，是推动青少年司法社会工作事业、深化我国司法制度改革的重要任务。《预防未成年人犯罪法》提出了对未成年人不良行为和违法犯罪行为开展“预防犯罪的教育”“对不良行为的干预”“对严重不良行为的矫治”“对重新犯罪的预防”等要求，涉及家庭、学校特别是专门学校、社区、网络、社会、司法等各个场域，要求社会组织参与其中，给青少年司法社会工作建立起与之相契合的及时预防、干预和矫治服务体系提供了新要求和新机遇。目前青少年司法社会工作服务仍面临预防青少年犯罪的某些环节比较薄弱，体系衔接不系统等问题。比如家事社会工作、学校社会工作特别是专门学校矫治教育服务的体制机制建设、专门学校矫治教育服务制度及服务体系建设、家事社会工作的全面推行、以青少年为中心的司法社会工作服务管理制度和服务流程设立等工作尚未完成。因此，从整体现状来看，加强内涵建设，推动及建立全流程高质量青少年司法社会工作服务体系；从体系完善来看，强化前端预防，倡设学校社会工作制度，规范后端补救，推进以青少年为中心的一体化社会工作服务制度，是目前进一步完善青少年司法社会工作服务体系建设的重要任务。

多年来的实践经验证明，通过专业关系建立、科学评估，制定服务计划，服务计划的连续系统实施，能够激发青少年的改变动机，使其萌发自我改变的意识及能力，实现其社会功能的恢复、改善及提高，青少年司法社会工作使“最有利于未成年人的原则”得到切实落实。因此以青少年为中心的一体化的司法社会工作服务，不仅夯实了社会工作本身的专业内涵，同时又能促进相互独立的公检法司各司法机关之间建立以青少年为中心的有效衔接机制，推动“司法一条龙”的青少年司法工作体系建设。所以完善青少年司法社会工作服务体系及制度建设，对完善司法服务制度同样有重要建构作用。

三、进一步优化司法工作与社会工作的跨专业合作模式

从国际经验及我国司法社会工作实践的发展来看，司法行政系统拥有的应急反应和保持社会稳定的制度、程序、资源和技能，与社会工作“预防”和“后续服务”的技术及能力的跨专业合作，能对社会问题或基层社会矛盾进行有效应对、化解和预防，这是司法社会工作的重要功能和优势。通过合适成年人、社会调查、家庭及社区探访、需求评估、矫治教育、观护帮教、危机干预、矛盾调解、受害者援助、资源整合、转介治疗等，社会工作可以为各类陷入司法困境或行为偏差的青少年提供服务，提升其应对困境的能力，实现资源有效链接及整合，进而恢复改善其社会功能。社会工作者可以为司法行政系统开展培训和咨询，缓解压力，提升办案能力，可以开展社区宣传、构筑基本公共安全体系、政策倡导，可以促进社会环境更趋安全美好。社会工作者还可以被纳入司法行政系统，承担执法和服务的双重功能，司法行政系统可以建立社会服务联络部，专门联络并向社会服务机构转介服务，形成跨专业合作制度。

目前我国已经有多部法律及相关政策涉及多个场域提出了青少年司法行政系统与社会服务组织及社会工作机构合作的相关规定。

如《未成年人保护法》规定了公安机关、人民检察院、人民法院和司法行政部门应当依法履行职责，保障未成年人合法权益。规定办理涉及未成年人案件的人员应当经过专门培训，熟悉未成年人身心特点；专门机构或者专门人员中，应当有女性工作人员。同时提出鼓励和支持社会组织参与合适成年人、社会调查、心理干预、法律援助、社会观护、教育矫治、社区矫正等工作。

《预防未成年人犯罪法》规定了公安机关、人民检察院、人民法院、司法行政部门应当由专门机构或者经过专业培训、熟悉未成年人身心特点的专门人员负责预防未成年人犯罪工作。国家鼓励、支持和指导社会工作服务机构等社会组织参与预防未成年人犯罪相关工作，并加强监督。公安派出所等必须对未成年人不良行为、严重不良行为及时制止、并督促其父母或者其他监护人依法履行监护职责。对有严重不良行为的未成年人，公安机关可以根据具体情况，采取予以训诫、责令接受心理辅导、责令接受行为矫治、责令参加公益劳动、责令接受社会观护等矫治教育措施。

国务院《关于加强困境儿童保障工作的意见》(2016)规定，公安机关要成为地方政府建立的困境儿童保护信息共享、协调联动工作机制的重要组成部分，在发现报告机制、应急处置机制、监护干预机制方面发挥重要作用，做好困境儿童保障政策落实和指导、协调、督查等工作。

《社区矫正法》在社区矫正社会工作目标、制度内容和主要职责等方面的规定，使社区矫正社会工作作为公共秩序维护过程中多元共治的重要组成部分的功能得到法律保障。

从上述我国相关法律政策条文的内容来看，司法系统中开展社会工作服务，已经涉及禁毒戒毒、反家暴、儿童保护、犯罪预防、社区矫正等多个领域，在偏差或违法涉罪青少年管理和服务方面承担着及时发现及干预，预防和减少犯罪，维持公共安全秩序等重要职责。

但从跨专业合作制度、职责、角色、核心能力、实践模式等角度来看，我们也发现，社会工作作为一门提供社会服务的专业和职业，在法律及政策已经有保障的同时，政策实施及具体实践环节还存在不足。司法行政机关对社会工作加入司法系统协同应对社会问题的价值和优势认识还有待提高，各系统之间引入社会工作的程度不一、部门之间不平衡现象较为明显，大部分司法行政系统内部，没有设置专门的社会工作服务管理和协调部门，也没有招聘社会工作者或设置社会工作职业岗位，在依法对违法涉罪青少年开展督促、训诫、矫治教育等工作时，一些社会工作机构或社会工作者有局部参与，但整体而言尚未建立司法行政系统与社会工作系统之间有购买服务制度保障的跨专业合作正式制度。

同时，司法社会工作服务的能力、效率和社会认同水平也有待进一步提升。目前开展司法社会工作服务的社会工作者，承担资源协调整合的角色居多，专业干预和治疗者的角色较少；直接服务的内容较多，面向司法系统开展培训、协同创新和倡导的间接服务活动较少；实践经验不断丰富，但实践模式的提炼及创新不足。

因此，鉴于社会工作是解决“人民日益增长的美好生活需要和不平衡不充分的发展之间的矛盾”的重要力量，是增强人民群众福祉与获得感的重要制度安排，是促进国家治理体系和治理能力现代化的重要举措，建议一方面加强青少年司法社会工作领域的跨专业合作顶层设计，另一方面，把社会服务的理念方法技术融入司法行政系统特别是公安系统在基层的社会矛盾处理、犯罪预防、公共安全秩序建设的执法过程中，夯实跨专业合作在预防青少年偏差和犯罪中的制度优势，促进基层社区治理的有效进行，使治理能力的提升与保障和维护人民对美好生活需求的满足有效统一，有效实现保护民众权益和维持社会稳定的目标。

四、进一步加强青少年司法社会工作者能力建设

自 2006 年以来，国家层面出台的大量社会工作人才队伍建设的专门政

策文件，已经指导全国各个行业建成了规模及素质双优的社会工作者队伍，也提出了社会工作者能力培育及培养的具体要求。开展青少年司法社会工作者能力建设，既能回应国家法律政策要求，又能有效满足青少年发展需求，目前又有全国青少年社会工作服务及未成年人司法服务的标准指引，可谓条件具备只需努力。

《预防未成年人犯罪法》第一章总则第一条规定"为了保障未成年人身心健康，培养未成年人良好品行，有效预防未成年人违法犯罪，制定本法"。该法条从未成年人个体及未成年人社会环境两个方面提出了保障身心健康、培养良好品质、有效预防违法犯罪的未成年人社会工作服务总目标，并在预防犯罪的各个环节提出了具体服务目标：

预防犯罪的教育（第二章），提出了国家、社会、学校和家庭应当对未成年人加强社会主义核心价值观教育，开展预防犯罪教育，增强未成年人的法治观念，使未成年人树立遵纪守法和防范违法犯罪的意识，提高自我管控能力的服务目标（第十五条）。

对不良行为的干预（第三章），提出了干预未成年人实施不利于其健康成长的不良行为的服务目标（第二十八条）。

对严重不良行为的矫治（第四章），提出了矫治未成年人实施的有刑法规定但因不满刑事责任年龄不予刑事处罚和严重危害社会行为的服务目标（第三十八条）。

对重新犯罪的预防（第五章），提出了对未成年人开展法治教育，及教育感化挽救的服务目标。

上述预防青少年犯罪工作的总目标和具体目标，即青少年司法社会工作者能力建设的基本要求和依据。

首先，无论以"社会化"理论，还是以"人在处境中"的视角来解读青少年偏差及犯罪，社会工作者及社会组织都要增强对青少年发展理论和青少年偏差理论的认知和理解，从尊重青少年主体性的角度，激发青少年对于社会工作服务的参与动机，发挥其积极性，激活其投入社会服务的自身潜能和优势。随着青少年司法社会工作服务的拓展，社会工作者的服务会越来越专精，但无论何种类型的青少年，其成长历程都与社会环境紧密相连，青少年发展理论和青少年偏差理论的观点及解释，依然是开展青少年司法社会工作服务的重要的依据和指引。因此，对于青少年司法社会工作者来说，学习和理解青少年社会化的一般规律，从社会环境与青少年成长关系的理论阐述中，去理解青少年服务需求，了解其自我建构的历程，找到其主体性发展的关键。唯有这样，青少年才能从被动接受服务变为主动积极参与，其自身蕴藏的改变动机及潜能才能成为实现其健康发展的动力之源。

其次，从社会工作专业化发展要求出发，青少年司法社会工作者要通过开展社会工作实践研究来实现其专业素养和职业能力的提升。

社会工作作为一门实践性专业，要求社会工作者一方面按照专业指引规范开展专业服务，另一方面也要求其具有对专业实践活动及时反思的能力。即社会工作者能够对其自我，对自我所处之社会位置、情境、社会经济政治的环境结构，对自己在某一社会情境下的行动或实践，以及对自己行动和实践所产生的影响开展反思，从而修正并创新专业实践知识的能力。

社会工作者可以遵循社会工作实践研究特别是行动研究的一般步骤，如：分析当前服务现状，指出改进之处，提出行动方案；执行，并仔细观察发生的事物；根据观察和发现修正研究计划进行调整实施，评估修正工作后所得的结果等。通过反复的研究，社会工作者在完成经验与专业知识体系之间的转化，从而在青少年司法社会工作专业化发展的过程中有效实现专业能力提升。

最后，要在提升专业权威、追求专业精神的过程中开展社会工作者专业能力建设。经过差不多二十年的发展，青少年司法社会工作的社会认可已经基本实现，但作为专业性重要体现的专业权威、系统理论、专业文化等要素，还并不显现，这直接影响到青少年社会工作服务的专业性和专业化发展。鉴于此，目前青少年司法社会工作者能力建设的重点应该是凝练实践智慧、提升专业权威。而要实现这个目标，专业文化建设是重中之重。专业文化建设的核心是树立专业精神。那些致力于使世界成为更美好之地的人们的无私奉献为社会工作注入了专业精神，并在一定程度上超越了专业区分。从目前青少年司法社会工作服务发展现状和专业化的长远发展来看，专业精神将是专业发展首位的、最主要的和不可或缺的标准，也是社会工作服务是否专业的最主要标准。在坚持专业精神的前提下通过营建专业文化，提升理论知识水平凸显专业权威，提升专业服务的社会认同，是青少年司法社会工作者能力建设的重要任务。

青少年司法社会工作发展进入前所未有的机遇与挑战并存的新阶段，唯有提升专业能力、做出专业成效，才能担当起时代赋予的重任。

小　结

本章依据 CIPP 评估模型，分别从服务背景、服务输入、服务过程、服务成果等四个方面开展了青少年司法社会工作服务成效评估，形成的初步结论是，青少年司法社会工作服务的发展，有效顺应和回应了上海预防及减少青少年犯罪的社会要求。在政府有力保障支持下，上海已经建成了一支专业素质较高、规模较大的专职青少年司法社会工作队伍，形成了政府、机构、高校、市场等各个系统相互合作支持的青少年司法社会工作服务行动体系，建成了涵盖闲散青少年、困境儿童、不良行为及严重不良行为青少年等六大类四十九小类的青少年司法社会工作服务体系，通过《未成年人司法社会工作服务规范》的上海地方标准的规范指引，各项服务有效有序得到推进。经过约二十年的实践，青少年司法社会工作服务在提升服务对象就业就学能力、改变其行为态度、优化其社会关系、实现社工及机构的成长、获得相关方的好评、促进环境改变等多个方面都成效显著，青少年服务对象及其家长对社会工作服务的满意度较高。社会工作已经成为预防和减少青少年犯罪、夯实基层平安体系建设，助力国家社会治理能力现代化的不可或缺的重要组成。这些成就的获得，源于上海预防和减少青少年犯罪的法律政策体系的有力保障，源于政府购买服务制度的有效运作，源于促进青少年司法社会工作人才队伍建设的一系列政策措施的推进落实，源于联席会议等多方联动协同并举的社会治理体系的有机推动，源于青少年司法社会工作服务标准的规范引领。通过全链式青少年司法社会工作服务的常态化运行、服务品牌的创新引领，上海已经形成了青少年司法社会工作服务的专业优势和特色。我们希望在现有社会制度法规政策的引领下，青少年司法社会工作服务能够继续发挥其不可替代的专业优势，积极回应青少年的成长性需求，进一步彰显其在预防和减少青少年犯罪工作中的守门人角色、进一步加强青少年司法社会工作服务体系的内涵建设、进一步优化司法工作与社会工作的跨专业合作模式、坚持不懈地开展青少年司法社会工作者能力建设，不断彰显专业成效，持续担当起时代赋予的重任。

参考文献

［1］ 费梅苹. 次生社会化：偏差青少年边缘化的社会互动过程研究[M]. 上海：上海人民出版社，2010.

［2］ 费梅苹. 社区青少年社会工作方法与技巧研究[M]. 上海：华东理工大学出版社，2006.

［3］ 郭开元. 青少年犯罪预防的理论和实务研究[M]. 北京：中国人民公安大学出版社，2014.

［4］ 关信平. 社会政策概论[M]. 3 版. 北京：高等教育出版社，2014.

［5］ 韩晓燕，费梅苹. 正面成长：青少年社会工作案例研究[M]. 上海：华东理工大学出版社，2017.

［6］ 香港青年协会，上海市青年联合会. 预防犯罪与青年工作：沪港两地的探索与实践[M]. 上海：华东理工大学出版社，2005：189.

［7］ 郑杭生. 社会学概论新修[M]. 3 版. 北京：中国人民大学出版社，2003：83.

［8］ ［美］ 劳伦斯·斯滕伯格. 青春期：青少年的心理发展和健康成长

[M]. 7 版. 戴俊毅译. 上海：上海科学院出版社，2007.
[9] 蔡忠. 项目为本：上海市青少年事务社会工作的本土探索[M]. 上海：华东理工大学出版社，2009.
[10] 陈枚. 儿童青少年的交友需要和友伴群的特点[J]. 心理科学，1991，14(1)：48-51.
[11] 邓锁. 国际社会工作实践研究会议系列宣言[J]. 中国社会工作研究，2017(2)：209-222.
[12] 董邦俊，王小鹏. 未成年人临界行为及预防对策研究[J]. 政法论丛，2016(4)：85-94.
[13] 董沛兴，刘玉珊. 启创：海珠区"青年地带"青少年事务社工服务的十年[J]. 大社会，2019(2)：74-75.
[14] 费梅苹. 促进未成年人保护领域社会工作发展的积极政策效应[J]. 中国社会工作，2022(1)：15.
[15] 费梅苹，李丹阳. 从入场、对话到合作：驻所社会工作者的实践策略研究：基于上海市 Y 机构驻所社会工作实践[J]. 社会工作，2022(1)：24-35.
[16] 费梅苹. 构建"提前及分级干预"的预防未成年人犯罪社会工作服务体系：基于新《中华人民共和国预防未成年人犯罪法》的要求[J]. 中国社会工作，2021(1)：14-15.
[17] 费梅苹，邓泉洋. 中国特色社区矫正社会工作服务体系研究：基于"社区矫正法"的要求[J]. 社会工作，2020(1)：49-59.
[18] 费梅苹. 上海青少年社会工作专业化发展的十年回顾与展望[J]. 青年学报，2014(4)：35-40.
[19] 费梅苹."融和型"社区青少年社会工作服务模式探究[J]. 华东理工大学学报(社会科学版)，2005(3)：35-38.
[20] 古学斌. 行动研究与社会工作的介入[J]. 中国社会工作研究，2013(1)：1-30.

[21] 江宪法.上海社区青少年工作与预防和减少犯罪工作体系建设[J].青少年犯罪问题,2006(1):27-29.

[22] 焦悦勤.西安市合适成年人参与刑事诉讼实证研究:以陕西指南针司法社工中心为样本[J].青少年犯罪问题,2018(5):105-111.

[23] 李林兰,吴先锋.深圳司法社工介入涉罪青少年五个模式[J].中国社会工作,2016(27):61-62.

[24] 李潇.汇聚力量　点亮心光:深圳市开展未成年人司法社会工作纪实[J].中国社会工作,2019(33):34-35.

[25] 龙雪津.青年婚姻道德观的变迁研究[J].中国青年研究,2015(2):75-78.

[26] 莫洪宪,叶小琴.学校教育的缺失与青少年犯罪[J].青少年犯罪问题,2006(2):16-19.

[27] 屈智勇,邹泓.家庭环境、父母监控、自我控制与青少年犯罪[J].心理科学,2009,32(2):360-363.

[28] 上海市高度重视做好未成年人社区矫正工作[J].中国司法,2012(9):109-110.

[29] 宋志军.论未成年人刑事司法的社会支持体系[J].法律科学(西北政法大学学报),2016,34(5):99-109.

[30] 汪明亮.逐级年龄非正式社会控制理论及其借鉴意义[J].青少年犯罪问题,2008(2):12-18.

[31] 王进文,徐炜.网络时代社会工作的新服务范式及其实践路向[J].江汉论坛,2022(11):137-144.

[32] 王思斌.中国特色社会工作体系建设的内容、特点与原则[J].中国社会工作,2019(13):14-15.

[33] 吴越菲.迈向跨区域服务传送的乡村振兴:网络社会工作的实践可能[J].中国农业大学学报(社会科学版),2021,38(5):39-48.

[34] 吴志明.社会管理创新:预防和减少犯罪的上海实践[M].上海:上

海人民出版社，2011：6 - 7.

[35] 吴宗宪. 赫希社会控制理论述评[J]. 预防青少年犯罪研究，2013(6)：76 - 88.

[36] 席小华. "两法"修改背景下未成年人司法社会工作服务体系建设研究[J]. 华东理工大学学报(社会科学版)，2021，36(5)：86 - 95.

[37] 席小华，史卫忠. 建构未成年人司法社会支持体系的理论框架与实践路径[J]. 预防青少年犯罪研究，2020(5)：25 - 37.

[38] 席小华. 社会工作在少年司法场域的嵌入性发展：以B市实践为例[J]. 青年研究，2017(6)：68 - 78.

[39] 席小华. 司法社会工作在北京的发展[J]. 中国社会工作，2017(4)：34 - 35.

[40] 席小华. 社会工作介入少年司法的基础与现状：以《刑事诉讼法》修改为背景[J]. 预防青少年犯罪研究，2013(1)：75 - 80.

[41] 项亚光. 西方社会越轨理论与青少年犯罪的预防和控制[J]. 外国中小学教育，2010(6)：31 - 35.

[42] 徐安琪，王友竹，田晓虹. 离婚诉讼中女性原告多的社会心理因素试析[J]. 上海科学院学术季刊. 1987(1)：116 - 123.

[43] 徐道稳. 我国社会工作发展模式研究：以深圳、长沙试点区调查为基础[J]. 华东理工大学学报(社会科学版)，2010，25(1)：1 - 6.

[44] 于改之，吴玉萍. 多元化视角下恢复性司法的理论基础[J]. 山东大学学报(哲学社会科学版)，2007(4)：39 - 44.

[45] 张寒玉，王英. 制作未成年人社会调查报告需要注意的问题[J]. 人民检察，2021(16)：55 - 58.

[46] 张文. 深圳青少年社会工作探索与展望[J]. 中国青年研究，2007(7)：45 - 48.

[47] 张晓灿. 体系化服务：少年司法社会工作的实践与反思[J]. 开封教育学院学报，2016，36(8)：245 - 247.

[48] 郑红丽,罗大华.低自我控制与家庭社会经济地位在青少年犯罪中的作用:我国青少年犯罪成因实证研究初探[J].青年研究,2009(3):10-17.

[49] 周建军.运用社会工作方法开展预防青少年犯罪工作的探索与思考[J].预防青少年犯罪研究,2013(1):72-74.

[50] 周晓耿.政府购买青少年社会工作服务的实践:以广州市海珠区为例[J].广东外语外贸大学学报,2013,24(6):76-80.

[51] 董宇文.专门学校教育矫治模式研究及对学校社会工作的启示[D].上海:华东理工大学,2021.

[52] ALDERFER C P. An empirical test of a new theory of human needs [J]. Organizational Behavior and Human Performance, 1969, 4(2): 142-175.

[53] GLUECK S. Ten years of "unraveling juvenile delinquency". An examination of criticisms [J]. The Journal of Criminal Law, Criminology, and Police Science, 1960, 51(3): 283.